公共卫生与健康传播译丛

Risk and Health
Communication in an
Evolving Media Environment

媒介演变环境下的风险与健康传播

［美］H. 丹·奥黑尔 主编

［美］希瑟·查普曼 梅根·希斯摩尔 副主编

Edited by H. Dan O'Hair

Assistant Editors Heather Chapman

Megan Sizemore

陈曦子 译

中国社会科学出版社

图字:01-2019-4720 号

图书在版编目(CIP)数据

媒介演变环境下的风险与健康传播/(美)H. 丹·奥黑尔主编；陈曦子译. —北京：中国社会科学出版社，2022.7

书名原文：Risk and Health Communication in an Evolving Media Environment

（公共卫生与健康传播译丛）

ISBN 978-7-5203-9204-4

Ⅰ.①媒…　Ⅱ.①H…②陈…　Ⅲ.①传播媒介—研究②健康—传播学—研究
Ⅳ.①G206.2②R193

中国版本图书馆 CIP 数据核字(2022)第 103635 号

出 版 人	赵剑英
责任编辑	耿晓明
责任校对	周　昊
责任印制	李寡寡

出　　版	中国社会科学出版社
社　　址	北京鼓楼西大街甲 158 号
邮　　编	100720
网　　址	http://www.csspw.cn
发 行 部	010-84083685
门 市 部	010-84029450
经　　销	新华书店及其他书店

印　　刷	北京明恒达印务有限公司
装　　订	廊坊市广阳区广增装订厂
版　　次	2022 年 7 月第 1 版
印　　次	2022 年 7 月第 1 次印刷

开　　本	787×1092　1/16
印　　张	22.75
字　　数	385 千字
定　　价	129.00 元

凡购买中国社会科学出版社图书，如有质量问题请与本社营销中心联系调换
电话：010-84083683
版权所有　侵权必究

公共卫生与健康传播译丛
编 委 会

总　序

　　健康，系人类永恒的话题，也是社会持续、稳定发展的前提条件。世界卫生组织将健康定义为"身体、心理和社会幸福感全面良好的状态，而不是简单的没有生病或者身强体壮"。在医学界，传统的"生物医学模式"正逐渐转变为"生物—心理—社会医学模式"。伴随人类生存质量的日益提升与医疗保健观念的变化，公共卫生、自身健康成为日常议题，人们不仅关心病症，还渴望探索疾病背后的心理、文化和社会动因。遵循这一思路，传播学者致力于探索将传播学理论有效整合于医疗教育及实践的途径。其中，"健康传播"的科普教育扮演着重要角色。

　　健康传播（Health Communication）主要指健康信息的传播和分享的行为与过程，作为有目的性的干预活动，其意义在于让大众建立起以事实和概念为依据的理性医学观念和疾病预防手段，参与健康传播活动的主体会通过拥护、采纳或维持某种健康行为或政策实践，以达到最终改善个体、社区和公共卫生的目的。健康传播作为相对独立的研究领域，20 世纪 70 年代初始于美国，基于跨学科视域的多元路径，受到不同学科和理论方法的影响，吸引了诸如心理学、医学、社会学和传播学领域的从业者与学者参与其中。总体而言，健康传播研究不仅涵盖医疗保健、健康教育、公共政策和健康管理等范畴，也涉及人文关怀、社会支持、叙事医学和社会营销等"非典型性"健康议题。历经五十多年的发展，随着专业协会、研究机构、学术期刊、医院组织、课程项目的渐次丰富，健康传播已经成为传播学研究版图中的重要分支。

　　在我国，对健康传播的研究与实践最初萌生于健康教育界，主要参与者为临床医生和卫生专家，现代健康宣教在公共政策、医疗环境、健康观念、社会交往、传播渠道等多维生态因素的综合影响下逐渐成熟。学者们从自身旨趣出发，侧重关注健康传播的某些特定方面，如风险沟通、人际交往、患者赋权、文化研究、传播技术等。

文化与心理因素如何影响健康态度和行为？互动媒介如何令受众重塑健康信息？医患之间应该如何建立良好的协作沟通？公共卫生离我们有多远？传播理论为何对健康研究和健康教育如此重要？不断发展的媒体格局为风险沟通带来了何种机遇和挑战？媒介叙事怎样才能兼顾科学性、专业性和艺术性？如何培养熟练驾驭传播技能的跨学科复合型人才？对上述问题的思考，促使我们需在知识普及、学理研究、实践应用、高水平人才培养机制等方面对"健康传播"这一重要传播学领域展开系统研究，关注健康的本质及其与传播的关系，加快形成利于健康的生活方式、生态环境和社会制度，实现健康和经济社会的良性协调发展。

习近平总书记于2016年8月在全国卫生与健康大会上明确指出"要把人民健康放在优先发展的战略地位，为人民群众提供全生命周期的卫生与健康服务"。这些服务包含了宣教、预防、保健、康复、护理多个层面。同年10月中共中央、国务院发布了《"健康中国2030"规划纲要》，纲要从"普及健康生活、优化健康服务、完善健康保障、建设健康环境、发展健康产业、健全支撑与保障"六大方面全面梳理了"健康中国"作为国家战略重要组成部分的主旨内涵。

无论是健康教育还是促进工作，都离不开健康信息的传播与行为科学的引导，尤其是在媒介化社会的当下，健康信息的精准有效传播至关重要，因此需要对信息设计、媒介叙事及传播效果进行及时、深入的思考和研究。"健康中国"作为国家的重大发展战略，具体落实在传播学教研领域，一定要对健康理念和公众政策制定做好传播服务。暨南大学新闻与传播学院于2019年成立了"健康传播与行为科学研究中心"，致力拓展学科视野，丰富学科内涵，积极回应"健康中国"战略背景下国家对健康传播研究和相关人才的社会需求，以"根植大传播，放眼大健康"的思路，促进医疗系统行政部门、医疗机构和社会组织的协同合作，完善健康传播理念，提升传播能力，达至服务社会、全民健康的美好愿景。

"他山之石，可以攻玉"。三年前我们与中国社会科学出版社携手，共同推动"暨南健康传播译丛"的译介出版。译丛选编相对科学，兼顾知识普及、理论研究、传播策略与效果评估等多个维度，为读者打开了健康传播研究与实践的一扇"窗口"。译丛涵括六册选题，分别是：

《健康传播：当前议题与未来展望（第 6 版）》（Communicating About Health：Current Issues and Perspectives）从文化、社会、组织等角度展开，通过患者、医护人员、公共卫生决策者的视角探讨健康传播，读者将从中了解文化、媒介、个体身份、技术、社会网络及其他因素对健康和康复的影响。

《健康行为：理论、研究与实践（第 5 版）》（Health behavior：Theory，research，and practice）反映了公共卫生领域的最新变化，重点关注健康行为研究，包括健康与社区、文化及传播的关系，并结合经典和时新的理论及案例做出翔实解析。作为健康行为研究的黄金指南，提出了公共卫生和健康行为研究的核心原则。

《公共卫生传播：关键工具与策略》（Public Health Communication：Critical Tools and Strategies）涉及公共卫生政策、健康促进、健康教育、社会营销及社区健康教育等，阐述公共卫生语境下的核心概念、传播策略、新媒体技术及效果研究等诸多话题。

《健康传播：理论到实践（第 2 版）》（Health Communication：From Theory to Practice）全面介绍了健康传播领域的理论与各种专题，涵及健康传播项目开发、实施与评估的操作指南。强调以人为本的理念和健康传播干预方法，以及健康与各种社会因素的互动关系，具体阐述在健康传播语境下行为、社交及组织传播的重要性。

《媒介演变环境下的风险与健康传播》（Risk and health communication in an evolving media environment）以论文集的形式呈现了风险与健康传播领域中顶尖学者的最新讨论。话题包括卫生保健、职业安全、气候变化传播、突发天气报道、恐怖袭击、风险沟通、公共政策等，驾驭媒体特征，形成独到见地。

《健康传播中的文化反思：作为跨文化接触的社会互动》（Rethinking Culture in Health Communication：Social Interactions as Intercultural Encounters）从文化视角对健康传播进行跨学科探讨，特别关注健康背景下的社会互动，阐述卫生保健过程中患者、专家与决策者的文化结构。探讨文化影响医疗保健的方式，引入新的方法来理解社会关系和健康政策，将其作为一个涉及文化价值观、期望、动机和行为模式的动态过程。

总　序

纵观国际健康传播领域积累的理论体系和经验方法，我们希冀这套译丛，能够为有志耕耘于健康传播领域的专家、学者及从业者带来启示，共同探求当前中国"健康传播"的研究方向、理论建构、方法路径与应用实践，不断完善符合中国国情的"健康传播"学科体系，争取政府、临床、社会和媒体协同创新，提升中国健康传播研究的国际影响力、参与度和话语权。

暨南大学新闻与传播学院院长、博士研究生导师

支庭荣

2022 年 10 月

目　　录

第三部分　风险与健康传播语境中的理论应用

第四部分　极端事件中的媒介与信息探析

致 谢

本次研讨会的负责人及本书编辑一行衷心地感谢以下各位在出版过程中予以的竞争性、创造性与学术性的帮助。

首先，由衷感谢曾担任美国广播教育协会（BEA）研究委员会主席的罗伯特·艾佛利（Robert Avery）先生提出这个想法，在专题研讨会制定计划时也极具远见且可靠。路易斯·本杰明（Louis Benjamin）先生接棒罗伯特成为主席，本着敬业精神对待该项目并充满热情。其次，感谢罗德里奇出版社的各位编辑：琳达·巴斯盖特（Linda Bathgate）、罗斯·瓦根霍夫（Ross Wagen-hofer），以及妮可·萨拉萨（Nicole Salazar）时刻与本书编辑及作者保持联系并能及时地提供出版期限等相关信息。最后，担任本次研讨会副主任及本书编辑助理的梅根·斯考特莫（Megan Sizemore）女士，担任编辑助理及文字编辑的希瑟·查普曼（Heather Chapman）先生，在此向诸位表示由衷的谢意。

撰稿人一览

乔丹·阿尔伯特（Jordan Alpert）：乔治梅森大学传播学博士，随后以博士后研究员身份于美国弗吉尼亚联邦大学医学院，国家癌症研究所 R25 培训计划中进行并完成行为与健康服务癌症控制研究。目前为美国佛罗里达大学新闻与传播学院广告学系助理教授。

宝拉·K. 鲍德温（Paula K. Baldwin）：俄勒冈州蒙茅斯西俄勒冈大学传播学副教授。目前研究聚焦于在多种传播语境下的人际沟通挑战，如非语言类沟通与残疾人士，临终关怀沟通等。她在西俄勒冈大学创办死亡咖啡馆（Death Cafe）以促进学生、教职工以及研究人员进一步探讨临终关怀问题。宝拉还是西俄勒冈大学的本科学术期刊《纯粹见解》（PURE Insights）的执行编辑，也是该校学生与社区食品储藏室的创始人之一。她在该校教授包括人际关系、健康、非言语、家庭、关系、小群体、临终关怀与阴暗面沟通与传播等多项课程。至今她已发表 20 多篇同行评议论文与 40 多篇学术会议论文。

香农·A. 鲍文（Shannon A. Bowen）：本科毕业于北卡罗来纳大学教堂山分校，硕士毕业于南卡罗来纳大学，后获得马里兰大学博士学位。为阿瑟佩奇协会（Arthur W. Page Society）信托委员会成员，国际公共关系研究会议理事会会员。直到 2012 年，香农都任职于雪城大学的纽豪斯公共传播学院（S. I. Newhouse School of Public Communications），后回到家乡南卡罗来纳州任教。她有关康德伦理学的论文曾获得罗伯特·希思杰出论文奖（Robert Heath Out-standing Dissertation Award）。

迈克尔·D. 布鲁斯（Michael D. Bruce）：新闻与创意媒介专业体育广播方向副教授，学术研究着重创意活动与学术相结合。其风险与危机传播研究聚焦于恐怖主义、冲突与暴力、健康与自然灾害等问题。在任职于阿拉巴马大学（UA）之前，他在母校俄克拉荷马州浸会大学教授传播学、广告学、广播电视与体育媒介课程长达 13 年。他的业界经历包括在电视台、企业公关、体育媒介中担任的各种视频及电视制作。

凯瑟琳·克里斯蒂（Katheryn Christy）：美国犹他大学博士后研究员。

钱德拉·克拉克（Chandra Clark）：阿拉巴马大学新闻与创意媒介专业助理教授，讲授电子新闻与新媒体市场营销课程。钱德拉在 16 岁时就在电视台做志愿者，而在美国广播公司（ABC）伯明翰分台担任高级制片人的经历让她对广播电视新闻的热情日益高涨。她现在是一位自由制片人，并担任阿拉巴马大学广播电视媒介市场营销专家。钱德拉曾制作一系列的获奖影片讲述在 2011 年 4 月至 5 月的塔斯卡卢萨龙卷风、乔普林龙卷风，席卷美国东海岸的飓风桑迪等自然灾害中，广播电视与电台所发挥的作用。钱德拉相信在行动中学习，并热衷于与亚拉巴马州中部的非营利性组织、企业、城市以及社区领导者合作。她与她的学生已经帮助 40 多个客户学会控制自己的资讯信息，并使用传统与社交媒介来帮自己在社区中更好地打响知名度。

利吉亚·科恩（Ligia Cohen）：2012 年获得乔治梅森大学传播学硕士学位。曾在美国海军担任公共事务官，于世界各地任职 20 年后退休并创立 Vet 火花能源公司（Vet SPARK Energy），该公司由边缘群体与退伍军人组成，致力于推广使用清洁太阳能以解决美国的能源安全问题。科恩还拥有欧道明大学幼年教育硕士学位以及哥伦比亚波哥大大学大众传播学学士学位。她是一位积极的退伍军人及环境保护倡导者，可通过 li. cohen@ vetSPARK. net 与她联系。

凯莉·克罗斯利（Kaylee Crossley）：在公共卫生与健康宣传方面富有经验，尤其对口腔健康教育感兴趣。她已与犹他州卫生部口腔健康计划合作开展了多个项目，以更好地满足犹他州居民的口腔健康需求。她将于 2017 年秋季在犹他大学继续攻读传播学博士学位。

劳拉·克洛斯维尔（Laura Crosswell）：克莱姆森大学传播学与媒介研究学士，查尔斯顿学院传播学硕士，路易斯安那州立大学大众传播学院媒介与公共事务博士。现任内华达大学里诺分校健康传播学助理教授，雷诺兹新闻学院与医学院双聘教授，雷诺兹新闻学院高级媒介研究中心助理主任。研究聚焦于消费主义与说服性文本的文化含义，媒介内容的生理及心理社会影响，重点专注于公共健康信息传播的政治化与商业化机制。她的 15 篇论文大多聚焦于数字时代健康传播与新信息传递模式的变化本质。

托马斯·R. 康尼汉姆（Thomas R. Cunningham）：弗吉尼亚理工大学临床心理学硕士及博士。行为科学家，美国教育与信息部国家职业安全卫生研究所（NIOSH）培训研究与评估部门负责人，还负责协调 NIOSH 小企业援助计划与实践转化研究计划。研究涉及针对建筑、医疗保健，部分小型企业部门的安全与健康应用的干预开发及研究的实践转化。

邓理峰：中国中山大学传播与设计学院副教授。研究兴趣包括科学传播、风险治理与传播、传播学在中国等。发表有数篇关于核能科学传播、风险传播中的信任与不信任的学术论文，著有《声音的竞争：解构企业公共关系影响新闻生产的机制》（中国传媒大学出版社 2014 年版）

林赛·L. 迪林汉姆（Lindsay L. Dillingham）：肯塔基大学博士（2014），田纳西州纳什维尔利普斯科姆大学商学院市场营销学助理教授。研究聚焦于社会影响力、抗拒说服、与风险与危机传播。

劳拉·C. 法瑞尔（Laura C. Farrell）：博士，无极限传播研究公司（Unbridled Communication Research Inc.）总裁兼创始人，该公司为美国国内税收法第 501（c）3 条款非营利组织，通过人马互动以研究人际传播。劳拉还担任家得宝（Home Depot）的特殊服务助理一职。她曾在朗沃德大学担任助理教授，指导本科生高级论文，并讲授有关公共关系、媒介、理论与研究课程，在此期间还协助打造市民领袖。在北达科他州立大学毕业后，她获得了在罗伯特·利特菲尔德领导下担任地区杂志《传播研究》（Communication Studies）助理编辑的机会。正是在北达科他州立大学的经历，让她对媒介、人际/关系传播、健康传播、风险与危机传播产生兴趣并奠定研究基础，并在广播、新闻、公共关系、市场营销、金融与马术领域积累了丰富的业界经验。

克里斯蒂·L. 佛尔斯特（Christy L. Forrester）：NIOSH 研究至实践（r2p）办公室健康科学家。领导该团队开发与调整创新策略及解决方案以弥合学术研究转化为实践应用间的沟壑，以此改善工人的安全与健康状况。研究兴趣包括组织与风险传播，以及伙伴关系在成功应用学术研究于有效工作环境安全与卫

3

生政策及实践中所扮演的角色等。辛辛那提大学心理学学士及硕士，目前正在乔治梅森大学攻读传播学博士学位。

摩根·盖特谢尔（Morgan Getchell）：肯塔基大学博士，莫得黑德州立大学战略传播与融合媒介助理教授。研究聚焦于风险与危机传播领域，博士论文研究的是 2014 年西弗吉尼亚州水污染危机中的紧急应对组织，并获得了美国国土安全卓越中心国家食品保护与防御中心的资助。她还曾为美国疾病控制与预防中心（CDC，以下简称疾控中心）以及美国农业部赞助的项目工作，研究成果发表在多本期刊上，并在地区、国家与国际会议上发表数篇会议论文。

米歇尔·M. 海格（Michel M. Haigh）：俄克拉荷马大学博士，德克萨斯州立大学新闻与传播学院教授。在加入德克萨斯州立大学之前，她在宾夕法尼亚州立大学的唐纳德·P. 贝利萨里奥传播学院工作了 11 年，曾讲授公共关系写作、竞选与研究方法等课程。她作为公共关系作家、编辑与设计师已有 6 年以上，独立及与他人合作发表了 40 多篇会议论文，其中有 7 篇获得"最佳论文奖"。在《新闻与大众传播季刊》《广播与电子媒介期刊》《传播学专论》《传播学研究》《社会与个人关系期刊》《报纸研究期刊》《企业传播：国际期刊》《传播学季刊》等发表了 35 篇论文。她在此感谢宾夕法尼亚州立大学唐纳德·P. 贝利萨里奥传播学院的本科生钟凯琳（音译）、冯依琳（音译）、沙拉·金、布鲁克·科勒与梅丽莎·佩恩等在本书收录的论文写作过程提供了编码协助，该编码工作受到了本科研究资助项目的赞助。此外，她还感谢阿瑟·佩奇中心公共传播诚信中心的资助以参加 2016 年广播教育协会年会并宣读该论文。

迈克尔·赫克特（Michael Hecht）：研究兴趣为健康、跨文化与人际传播理论与实践。他提出了新的理论方法如身份传播理论与文化基础原理等；还参与了多项基于不同社区的研究项目如滥用毒品干预、预防犯罪与心理健康支持等；讲授人际传播理论与非语言交际课程。赢得了众多奖项包括杰拉德·R. 菲利普斯传播学应用类杰出奖、两项国家传播协会国际与跨文化类杰出奖、跨文化教育培训和研究年会（SIETAR）年度论文奖等。

艾琳·赫斯特（Erin Hester）：维滕贝格大学心理学学士，肯塔基大学传播学硕士，肯塔基州公共卫生部肥胖预防计划健康传播专家。善于制定有效的传播策略以改变行为、解释复杂的健康信息并重塑信息，以促进肥胖症与慢性病预防领域的健康公平。她的公共健康宣传活动经验被应用于全州境内的多项营养与体育活动，如"肯塔基家庭健康数字5－2－1－0"（5－2－1－0 Healthy Numbers for Kentucky Families），"肯塔基进一步！"（Step It Up! Kentucky）等。

道格拉斯·布兰克斯·辛德曼（Douglas Blanks Hindman）：爱德华·R. 默罗传播学院新闻与媒介生产系主任，讲授新闻与社会、新通信技术与媒体、社会控制，以及社会变革等课程。辛德曼聚焦于社会结构对新闻内容、新闻组织、新闻发布与新闻生产的影响研究，最近的工作重点为信仰沟研究。信仰沟正在扩大具有不同政治或社会身份的群体间的信仰差异，而造成这种鸿沟的根源来自于政治精英所传播的错误信息。

斯考特·霍德森（Scott Hodgson）：俄克拉荷马大学盖洛德新闻与大众传播学院教授，制作人及导演。在被俄克拉荷马大学邀请授课一学期以后开始了教师生涯。他表示："以信息创造媒介是热情，有所作为是责任，与学生共事是乐趣。30 多年来我一直扮演着制片人/导演与教育者的双重角色，自 2006 年以来，我任职于俄克拉荷马大学并讲授视频生产课程，并与学院合作运营盖洛德·霍尔制作公司（Gaylord Hall Productions）。"

波比·伊万诺夫（Bobi Ivanov）：俄克拉荷马大学博士，肯塔基大学传播战略研究院副院长，综合传播战略专业教授。主要研究战略信息设计、消费者行为以及战略传播，并在不同的部门与专业讲授市场营销、传播、研究与战略传播相关课程。研究兴趣包括社会影响（说服与抵抗）与信息的设计、处理与保留。伊万诺夫着重于预防接种理论、图像与态度及其构成、阶级结构与功能在适用于商业、健康、跨文化、教育教学、人际关系、政治，以及风险与危机管理等语境下的理论研究。其学术成果在多个学术会议中发表并获得五个"最佳论文奖"，出版多本专著与合著，并在《传播学专论》《传播学研究》《人类传播研究》《国际图像期刊》《传播学报告》《传播学期刊》《爱荷华传播学期刊》《全球研究期刊》《健康传播》《公共关系研究期刊》《西方传播学研究》《传播学年鉴》《应用传播学研究》《中央商业评论》《传播学研究报告》《大西洋营销期刊》等期刊发表多篇论文。

雅各布·D. 詹森（Jakob D. Jensen）：健康传播专家。研究聚焦于公共健康信息的战略传播与沟通，尤其关注癌症相关信息的传播。长期与公共卫生部门合作设计与评估各类健康宣传活动、干预措施或计划。最近正在与犹他州卫生署合作设计与评估有关结肠直肠癌与乳腺癌筛查的健康宣传活动。

巴里·A. 克林格（Barry A. Klinger）：乔治梅森大学大气、海洋与地球科学专业副教授。研究聚焦于大规模海洋环流及其对气候的影响，对科学传播与全球变暖等话题很感兴趣。

约翰·科特切（John Kotcher）：乔治梅森大学气候变化传播中心研究助理教授。研究聚焦于减少政治两极化、提升公众对气候变化问题参与度的方法探索。

梅琳达·克拉科夫（Melinda Krakow）：公共健康传播研究员，目前为美国国家癌症研究所癌症预防博士后研究员。主要研究基于人群的癌症预防中的社会与行为。2015 年 5 月获得犹他大学传播系博士学位，与雅各布·D. 詹森主持的健康传播与技术研究实验室（HCAT）合作完成了多个项目。

加里·L. 克雷普斯（Gary L. Kreps）：科罗拉多大学博尔德分校文学学士，南加州大学博士，乔治梅森大学传播专业的校级杰出教授，健康与风险传播中心主任。研究聚焦于社会中的健康信息传播，尤其是面向高风险群体的传播。讲授传播学研究、健康传播、风险传播、健康宣传，以及电子健康传播等本科与硕士课程。曾担任美国国家癌症研究所健康传播与信息学研究部主任，并建立了几个主要国家健康传播研究倡议如健康信息国家趋势调查（HINTS）以及癌症传播卓越研究中心等。最近他成功启动了 HINTS 中国计划，并致力于建立 HINTS 德国。他的杰出贡献被广泛引用于 400 多种文章与书籍中。

李若韵（Jo-Yun Li）：南卡罗来纳大学新闻与大众传播学院博士生，最近还获得了健康传播硕士学位。曾作为记者任职于某族裔新闻媒介，主要报道纽约市的政治与健康新闻。也正是因为在纽约这一最为多元化的地区的工作经验，激发了她的学术研究热情，她的研究聚焦于不同人种/人口的健康传播，并着重研究如何利用大众传播以促进不同人群/人口间行为的有益变化。

罗伯特·利特菲尔德（Robert Littlefield）：尼克尔森传播学院主任，教授。曾作为教授任职于北达科他州立大学传播学专业。独著或合著超过 85 种学术专著，在州内、地区，乃至全国机构中享有盛名。他最近合作编辑出版的《风险与危机传播：化解组织与公众间的紧张关系》，就着重研究了决策者在面临风险或危机状况时进行工作确认的微观过程，以及探析如何预防或缓解这种状况的最佳方式。

凯文·J. 梅西－阿约特（Kevin J. Macy-Ayotte）：匹兹堡大学修辞学与传播学博士（2003），加州州立大学弗雷斯诺分校传播学教授。其研究兴趣广泛，包括古典希腊修辞乃至后结构主义修辞批评等领域。然而，其主要研究侧重于公开辩论中有关国际安全威胁与旨在应对这些威胁的外交政策的语言与权力研究。他近期的研究主要探索的是政府与媒介有关恐怖主义或大规模杀伤性武器的论述是如何塑造公众对这些问题的理解，以及对各类反恐或反扩散政策的支持。他在《演讲学季刊》《修辞社会季刊》《论证与倡导》等期刊上发表过多篇文章，也是《恐怖主义：传播学与修辞学的视角》一书的合作编辑。

爱德华·W. 迈巴赫（Edward W. Maibach）：斯坦福大学传播科学博士，圣地亚哥州立大学医学博士，乔治梅森大学教授，气候变化传播中心主任。他的研究受到来自 NSF，NASA 以及私人基金会的资助，主要聚焦于气候变化问题的公众参与研究，并共同主持"参与与传播工作组"进行了第三次国家气候评估。他曾担任美国国家癌症研究所副主任、波特·诺维利（Porter Novelli）全球社会营销总监，以及国际儿童保护协会（Kidsave International）的董事会主席等职务。

米歇尔·米勒－戴（Michelle Miller-Day）：亚利桑那州立大学博士，查普曼大学传播学教授。在 2012 年秋天加入查普曼之前，她曾任宾夕法尼亚大学州立大学并担任传播艺术与科学及生物行为健康副教授、医疗与政策研究中心教职员工等职位。

H. 丹·奥黑尔（H. Dan O'Hair）：肯塔基大学传播与信息学院院长，传播学教授。曾于 2006 年担任美国国家传播协会会长。在风险与健康传播期刊与著作中发表过 90 多篇学术论文与章节，撰写与编辑了 18 本学术专著，涉及传播、风险管理、健康与恐怖主义等领域。奥黑尔还曾任职于 30 个多学术期刊编辑委员会，并曾经是《应用传播学研究期刊》编辑。2013 年，他获得了美国广播教育协会颁发的学术研究终身成就奖。

金伯利·A. 帕克（Kimberly A. Parker）：俄克拉荷马大学博士（2004），该校传播与信息学院副教授。他在社会变革运动领域与非营利性组织合作已有

20 多年。其研究成果发表于《传播学专论》《传播学期刊》《人类传播研究》《公共关系研究期刊》《传播学季刊》《传播学研究报告》《健康传播》等。

兰斯·波特（Lance Porter）：自 1995 年创立他自己的第一个商业网站以来，波特一直专注于数字媒介并已拥有超过 19 年的营销经验。在加入路易斯安那州立大学之前，他还曾在迪士尼担任过 4 年的互联网营销执行总监。在这四年间，他为 80 多部电影进行了创意设计与媒介策略推广，并因出色地广告宣传获得克里奥奖。目前他主要讲授广告创意策略与宣传课程，研究则聚焦于数字媒介效果。他还受聘于计算技术中心（CCT），荣获 2009 年路易斯安那州立大学卓越校友奖，并且是 2010 年美国广告联合会唐纳德·G. 席乐曼年度教育家他获得了 2009 年路易斯安那州立大学校友卓越奖，并且荣获 2010 年美国广告联合会第七区唐纳德·希勒曼年度纪念教育家的称号。

切尔西·L. 拉特克利夫（Chelsea L. Ratcliff）：犹他大学传播学硕士生。研究兴趣包括癌症传播、信息效果、健康及医学研究报道、风险与健康传播中的伦理问题等。她在读研之前是一名健康新闻记者，是美国主要的几家健康新闻媒体的撰稿人。

黛博拉·塞尔诺－里希蒙德（Deborah Sellnow-Richmond）：明尼苏达大学学士，阿肯色大学克林顿公共服务学院公共服务硕士，底特律韦恩州立大学传播学博士，现为哥伦布州立大学传播学专业助理教授，讲授公共关系相关课程。她主要研究健康与组织危机语境下的公共关系信息功效与不可预期的影响，以及社交媒介在制造与解决组织危机中的作用。在《应用传播学期刊》《风险研究期刊》《传播学研究》等杂志上发表过多篇论文。她还发起过多个社区中心的州级、国家级乃至国际宣传活动。

凯瑟琳·E. 罗万（Katherine E. Rowan）：乔治梅森大学传播学教授。研究聚焦于风险与危机传播语境下获得信任所面临的挑战与复杂性阐述，主要讲授公共关系、科学传播、风险传播与危机传播等课程。她已撰写或编撰了 70 多种学术及政府出版物。作为美国科学促进协会的会员，她的工作还得到了美国国家科学基金会与弗吉尼亚海洋补助金的资助。此外，她也有讲授乔治梅森大学科学传播专业的硕士课程。

梅根·桑德斯（Meghan Sanders）：迪拉德大学大众传播学学士，宾夕法尼亚州立大学媒介研究硕士，大众传播学博士，现为路易斯安那州立大学大众传播学院副教授。研究聚焦于大众媒介的心理影响，尤其是涉及人们心理与主观幸福感、娱乐享受与鉴赏等层面。她在《传播学理论》《大众传播与社会》《大众传播文化心理学》上发表过多篇论文，并在全国及国际会议如美国国家传播协会、广播教育协会、国际传播学协会等发表多次会议论文。此外，她还是媒介效果实验室负责人，在该实验室她负责教育与培训本科生、研究生以及教职工最先进的媒介效果测量理论与方法（如反应时间、皮肤电传导、眼动追踪等）。2008年至2012年，她还担任了该校传播学院的研究与战略规划副院长，并促进、培养以及协助获得校外研究与教学的资金赞助，同时还担任了校级教授研究项目的监督工作。她还在美国南方大学与学校协会（The Southern Association of Colleges and Schools，Commision on Colleges，SACSCOC）的重新认证，美国教育认证委员会对新闻与大众传播专业的重新认证中负责监管。桑德斯现在仍在领导克利普斯·霍华德学术领导人学院项目，该项目旨在通过提供为期四天的领导力培训与职业网络构建课程，以培养新的领导者与潜在能力者。

朱利安·C.斯科尔（Juliann C. Scholl）：阿拉巴马大学传播学硕士，俄克拉荷马大学传播学博士，美国国家职业安全卫生研究所（NIOSH）国家生产老龄化与工作中心（NCPAW）健康传播研究家与联合主任。此外，她还共同指导实践转化研究，着重研究如何减少不同年龄组工人的肌肉骨骼类疾病；同时也关注职场中的代际紧张关系、评估利益攸关方的满意度与影响力的调研等。

马修·塞格（Matthew Seeger）：印第安纳大学博士（1982），该校美术、表演与传播艺术学院院长兼传播学教授。研究兴趣包括风险与危机传播、危机应对与机构协调、健康传播、危机中的媒介角色、危机与传播伦理、复合系统内的协调失败、危机后的复兴等。他一直与美国疾控中心在预防炭疽爆发或流行病问题上保持紧密合作。作为世界卫生组织的成员，他还曾负责处理食品与水安全问题如密歇根州弗林特的水危机问题等。最新的著作是《危机叙事：废墟与复兴的故事》（斯坦福大学出版社2016年版）。

蒂莫西·赛诺（Timothy Sellnow）：中佛罗里达大学尼克尔森传播学院教授（2015）。研究聚焦于生化恐怖主义、危机前规划、组织与健康机构的风险管理与缓解的战略传播。主持过多项受到美国国土安全部、农业部、疾病控制与预防中心、环境保护局以及地质调查局资助的研究项目；曾担任美国国家科学院与世界卫生组织顾问。发表过多篇有关风险与危机传播的高水平学术论文，合著有五本风险与危机传播的学术专著，最新的著作为《风险传播的理论化》。

申荣珠（音译 Young Ju Shin）：宾夕法尼亚州立大学健康传播学博士（2012），亚利桑那州立大学休·唐斯人类传播学院助理教授。研究兴趣包括健康传播、青少年滥用药物的预防与干预，以及家庭传播等。

郜子学：肯塔基大学新闻与媒介学院副教授。研究聚焦于中国新媒体的社会、政治、与文化影响。

贾佳迪什·T. 塔克（Jagadish T. Thaker）：新西兰梅西大学传播新闻与市场学院高级讲师。研究聚焦于理解与增强弱势群体对气候变化影响的适应能力的方法探索，重点研究科学与气候变化传播、健康传播，以及战略传播宣传活动。

坎迪斯·特雷希（Candice Tresch）：乔治梅森大学硕士，2002 年成为军事官员，2007 年担任美国海军公共事务官员一职。热衷于帮助人们发声并激励他人积极改变生活与组织结构。她以军事与政府传播为基础，在帮助少数群体与主流群体建立联系上富有经验。

珍妮·特罗布里奇（Janey Trowbridge）：乔治梅森大学传播学博士，讲师、校长研究员、研究生助理研究员。现为德克萨斯州立大学麦考伊商学院传播学专业讲师。曾发表多篇学术文章、专著章节以及会议论文。研究聚焦于战略传播在环境冲突管理与公共健康中的应用。

唐娜·M. 范博盖尔特（Donna M. Van Bogaert）：认知方式、健康传播、组织传播与行为领域的研究专家与顾问。她的范博盖尔特联合公司专注于认知教练、管理咨询，以及领导力发展。她还是美国国家职业安全卫生研究所（NIOSH）教育信息传播部的信息资源与传播处负责人。

詹妮尔·沃尔什-托马斯（Jenell Walsh-Thomas）：乔治梅森大学地球系统科学硕士，环境科学与公共政策博士。2016 年获得博士学位后，于 2017 年入选美国国家科学、工程与医学研究院的米尔扎扬国家科学技术政策研究生奖学金，并被指派与环境变化与社会委员会合作。在博士学习期间，她还参与协调气候变化交流中心与国家公园服务合作组织的项目，指导本科及研究生实习人员为公园员工、游客开发了各种有关气候变化传播的丰富材料。

王若旭（Ruoxu Wang）：北达科他州立大学硕士（2013），宾夕法尼亚州立大学博士（2017），孟菲斯大学助理教授。研究聚焦于信息技术与战略传播背景下的媒介效果与说服的交互。她的研究成果发表在多本同行评议期刊上如《互动广告期刊》《计算机与人类行为》《远程信息处理与信息学》《社交媒介 + 社会》《大众传播与社会》《美国行为科学家》等。

格雷格·威廉姆斯（Greg Williams）：南伊利诺斯大学艾德华兹维尔分校硕士，圣路易斯华盛顿大学医学外科专业数据协调员。研究兴趣包括临床结果、患者教育与健康传播。研究成果发表在《美国外科医生期刊》《健康传播》《传播学研究》等。他接下来的研究将着重于改善肝胆及胰腺癌患者的预后。

H. 乔·维特（H. Joe Witte）：华盛顿大学硕士，乔治梅森大学硕士。美国国家航空航天局喷气推进实验室（JPL-NASA，位于加州帕萨迪纳市）的气候科学外展专家。在当地互联网及电视台担任了四年气象学家后，他转职进行科学传播，现致力于全美两千多名电视气象学家的气候科学推广。他还制作各种简短的科学故事短片在电视与社交媒介播放。

切尔西·伍德斯（Chelsea Woods）：肯塔基大学博士，弗吉尼亚理工大学传播学助理教授，讲授公共关系课程。研究兴趣包括战略危机管理、危机后话语、问题管理，以及反联合行动主义等。她还协助参与了多项由恐怖主义事件风险与经济分析中心（CREATE）、国家科学基金会赞助的项目。研究成果多见于美国国内与国际会议以及期刊上。

俞南（Nan Yu）：俄亥俄州大学硕士（2005），宾夕法尼亚州立大学博士（2009），中佛罗里达大学副教授。研究聚焦于健康传播与信息基础，重点研究使用数字技术以促进健康。她现在还担任《亚洲传播学期刊》的副主编，其研究发表在多种同行评议的期刊上如《健康传播》《信息科学》《国际人类与计算机研究期刊》《移民与少数群体健康期刊》等。

张志安：中国中山大学传播与设计学院院长兼教授，国家治理研究所副所长，香港与澳门研究所副所长，中国国务院新闻办公室咨询委员会委员。主要研究领域为新闻社会学。

第一部分

健康传播研究的发展概述

第一章

序言：风险与健康传播语境下的
媒介研究发展概述

H. 丹·奥黑尔

疫情爆发、恐怖主义行为，以及自然灾害是风险与健康传播发挥关键作用的常用案例语境。尤其是在以故事引人入胜的广播电视媒介中，风险与健康危机事件总是相当地吸引眼球。此外，随着数字媒介惊人的迅猛发展，许多观众也开始扮演起新闻制作人或记者的角色（Kim, Brossard, Scheufele & Xenos, 2016）。虽然并不能完全确定这种演变会产生什么效果，但数字媒介已被证明具有许多实用功能：如充当向公众发出警告的渠道、成为衡量信息接收与接收方式的标准等（Fraustino & Ma, 2015）。而在这些动态条件的基础上，风险与健康传播研究者们则发现，极端事件与危险情况的发生也在增加，而当下不断演变的媒介格局则为应用沟通传播来解决这些问题提供了新的机遇与挑战。

本书则旨在解决这些问题的同时向大家阐述风险与健康传播语境下的研究本质。比如说，处理这些问题的最佳方式是什么：归纳法抑或是演绎法？研究者该如何在科学研究与社会文化问题之间取得平衡？媒介（包括传统媒介与数字媒介）能在多大程度上减轻风险与不良健康事件所带来的影响？如何在不断发展且无法预测的动态事件中发现传播中潜在的伦理问题？又比如：我们该如何运用传统的研究方法来研究当下日益媒介化的社会？

本书以章为单位，由各作者针对风险与健康传播的相关问题进行前沿讨论，并提供最佳的可用思维与分析方法。因此，各作者选取的都是当下风险与健康传播领域最为热门的话题，每章都关注一个独立问题或热点，并透过现象直指本质，向我们揭示风险与健康传播问题研究中参与者们所面临的艰难抉择与后续处理过程。此外，本书还将致力于将灾难、危机、风险与公共政策问题串联为一个有机整体的传统媒体与新媒体研究。

一 本著成书过程

最开始是由于美国广播教育协会（BEA）研究委员会与本书的编辑接触，希望在教育协会年会召开的同时，再举办一场年度研究专题研讨会。罗德里奇出版社作为我们发表研讨会论文的长期合作伙伴，招聘并组建了一个强力的审核团队以协助研讨会的负责人（与本书编辑）对众多竞争者进行筛选并参与大会。因此，美国广播教育协会年会 80% 的参会论文都受到了本书的参编邀请，而此外的章节则是由主编所邀请的风险与健康传播领域最为知名的学者们完成。

本书每位作者对问题及挑战的描述以及他们的独特观点都极具价值。本书的每一个章节都是该领域研究中的最佳范例、最佳实践，并为其未来发展的方向提供了深刻见解。大多数章节中，我们可以读到当下进行中的研究项目的研究成果，另一些章节中则向我们介绍了最新的研究模型与框架，这些研究模型及框架不仅梳理了复杂研究过程中的各种组成元素，还将其重塑为可被识别的框架结构，为研究者、从业人员以及政策制定者提供了极具价值的参考。为了确保能够达到上述的目标并保持章节间的连贯性，本书编者要求作者以概念化为意识来组织各章节内容，再单独处理其中的一些例外情况。但总体来说，作者们在各自的章节中都必须回答或解决以下问题：

1. 风险与健康传播研究领域最好且可行的媒介研究方式是什么？
2. 该研究领域最为相关与适用的传播学及媒介理论是什么？
3. 该领域有哪些新的框架、模型或理论？
4. 风险与健康传播研究有哪些可行的具体研究方向？
5. 您可以为风险与健康传播领域的从业人员提供什么实际建议？

因此，本书的价值在于它是风险与健康传播研究的顶尖思想荟萃，它所探讨的都是至关重要的话题，每一个主题都值得整理并展示。一直以来，学术专著都是知名学者展示研究成果的主要方式之一，这些著作未来甚至可能成为特定学科的发展基准与里程碑。

我们希望本书的编撰能成为当下风险与健康传播研究的基石，成为日益增多的危机传播研究学子们的研究基础。希望本书能激起人们对风险传播研究的兴趣，帮助健康传播与参与风险及危机讨论的其他人之间建立联系。此外，本书的内容充实但文本间又保留其独立性。且每一个章节都必须思考以下问题：

1. 是否具有充分或恰当的理论基础？
2. 是否探讨了重要的风险或健康事件（议题）？
3. 是否与"媒介演变环境"存在关联性？
4. 是否具有实践价值或影响？
5. 是否探讨了理论意义或展望？
6. 是否探讨了未来发展方向？

《媒介演变环境下的风险与健康传播》一书旨在面向多元化的读者群体，虽然读者群体之间可能会有一定程度的重叠。首先，本书最基本的读者群体主要是对学术出版以及学术研究较为熟悉的人群；其次，本书对专注于媒介与传播研究的传播学者而言非常有价值，而书中的部分章节对于灾难、风险与危机问题专家而言也极具吸引力；再次，本书还可以作为风险传播、危机管理、政策管理乃至政治学研讨会的基础或辅助材料；最后，本书也可收藏于各大学图书馆、公共图书馆以及健康科学中心，由于本书涉及多个学科领域，可以预见其潜在的读者群体是相当庞大的。

本书旨在紧随其他已出版的学术专著的脚步，成为传播学学术研究与专业贡献的重要组成部分。这些专著不仅为我们提供了了解相关问题的最佳视野与观点的机会，在激发后续讨论与促进相关研究议程发展方面也极具影响力。这些学术专著为各领域所带来的个人与集体影响及价值都是不可估量的。

二　本著章节介绍

接下来，主编奥黑尔将对各章节内容进行简单介绍，以便于读者更好地理解其中的理论与研究成果。首先，在第一部分"健康传播研究的发展概述"中，将有四章为媒介专业人士的研究提供新的问题语境。

第二章"青少年饮酒影响研究：媒介中的酒、媒介素养与亲子沟通"中，申容珠、米勒-戴与赫克特将聚焦于酒在媒介中的呈现方式；并着重研究媒介素养、亲子沟通会如何影响年轻人去理解媒介中的饮酒行为。研究指出，良好的媒介素养与亲子沟通能够减少饮酒频率，为家庭成员之间的信息交流将如何影响我们在基本的生活选择中作出关键行为决策提供了重要启示。

在第三章"大学生与大麻合法化：法律及健康影响中的知识沟与信念沟"中，辛德曼探讨的是合法的休闲类大麻使用并阐述了与不同使用者相关的不确定性。辛德曼以知识沟假说以及他自己提出的信念沟假说为理论基础，检测了美国华盛顿州通过大麻合法化法案的初期，作为潜在大麻使用者的学生们对使用大麻的健康后果的思考与认知会受到怎样的影响。研究指出，社交媒介与不断演变的媒介环境在如何将社交媒介呈现、社会身份表达与潜在（或已有的）大麻使用三者联系在一起这个问题上扮演了重要角色。

第四章"眼不见心不烦？——医疗保健传播中的品牌辨识研究"由克洛斯维尔、波特与桑德斯撰写。本章以医药广告为研究对象向我们展示了医药公司在进行信息宣传时所使用的视觉元素。通过关注消费者持有的潜在品牌辨识以及如何运用这种辨识来进行信息宣传，该研究发现对品牌视觉要素关注更多的被试者对宣传活动持有的怀疑态度更深。最为重要的是，该研究为类似的研究提供了一个名为"潜在辨识"的重要变量，尤其对于试图理解传播活动中品牌的"有意辨识"与"潜在辨识"的区别的研究者而言，这是个十分具有参考价值的概念。

作为本书第一部分的收尾，邰子学、张志安与邓理峰撰写的第五章"中国的风险与健康传播：研究现状与发展前景"则以国情为背景展开研究。三位作者对过去30年来呈现出无与伦比的发展速度与经济一派繁荣的中国进行介绍，伴随着这些发展变化而来的自然灾害与危害，如水与空气污染等环境恶化问题、自然资源的枯竭所导致的疾病、重大风险与健康问题等开始进入人们的视野。与其他章节不同的是，本章首次向我们介绍了中国风险传播研究领域的现状并提供了一些未来可发展的研究方向。在本章的后半部分，邰子学等人还以核能使用为例，阐述了风险与健康传播研究所面临的诸多挑战与问题。他们所提出的是一种综合了自然科学与基础科学研究、政府管理人员及公众视角的风险与健康传播管理基础策略。

在第二部分"面向公众和媒介的风险与科学宣传及教育"中，我们同样通过四章的篇幅来探讨信息是如何被塑造、加工、传递、评估并为公众使用的相关问题。

在第六章"职业安全与健康中的风险传播：媒介演变背景下接触多元受众"中，斯科尔、范博盖尔特、佛尔斯特与康尼汉姆聚焦于从实务视角展开风险与健康传播研究。作为美国国家职业安全与健康研究所（NIOSH）的科学家，作者们将理论与创新手段相结合，为我们提供了将研究转化为实践应用的有效办法。他们认为，职场作为一个承载了诸多有关化学或环境危害造成的风险及疾病信息的场所，与其他众多的传播语境一样，也处在一个不断演变的媒介环境之中。本章将重点放在了新兴媒介的影响上，并为如何开展最佳实践提供建议，为对职业安全环境感兴趣的风险与健康传播研究者们提供参考。

在接下来的第七章"电视气象学'创新者'作为气候变化教育家的最佳实践"中，罗万和她的同事一起研究了电视天气预报员对气候变化的概念与认知会带来怎样的影响。由于带来的后果与科学争议进程缓慢，气候变化问题一直都是一个较难应对的危害。而本章则拓展了我们对媒介的理解，阐述了其在展示科学能如何影响我们的生活与气候时的作用。尤其作者还列举了如何通过网络博客、电视、公园等不同的渠道与平台来吸引目标群体关注气候变化信息的方法。

为了扩展媒介如何在我们的风险与健康传播教育中发挥关键作用的认识，拉特克利夫、詹森、克里斯蒂、克罗斯利与克拉科夫在第八章"癌症报道研究：科学不确定性的报道能否增强可信度？"中，探讨了新闻重疾报道（本章的案例为癌症）如何影响受众的认知不确定性水平，从而影响其应对疾病时的决策举措。本章通过可靠的研究发现向我们展示了新闻科学报道的内容与如何让受众对其产生信任之间的关系。

在第二部分的最后一章，即第九章"在线健康信息系统评估"中，克雷普斯与阿尔伯特重点介绍了网络信息是如何被评估的。两位作者主要通过三个评估项目展开研究：（1）形成评估，包括需求评估与受众分析等初始分析；（2）过程评估，包括信息追踪与用户反馈两个方面；（3）结果评估，对进行中的项目的关键指标与成本进行追踪。以此，本章向我们阐述了如何利用各种方法在不同的阶段对传播活动及项目展开信息评估。

在第三部分"风险与健康传播语境中的理论应用"中，着重介绍了一些理论框架，以帮助我们更为清晰地理解风险与健康传播研究。

海格在第十章"风险的社会放大框架视角下的美加输油管道建设项目的纸媒报道研究"中，重点研究了著名的美加输油管道建设期间（2008—2015）的新闻报道。她运用数据分析法对该项目的新闻报道中引发环境争议的两个主体：美国的政府机构与能源公司的报道基调、框架与描述方式进行了确认。研究结果指出，新闻报道中运用了不同的框架对该风险问题进行描述，相较于经济与人为因素，媒介更倾向于对环境风险因素的呈现。该研究为探讨媒介对同类环境风险问题的描述手法提供了可靠的参考建议。

接下来的第十一章"恐怖主义、风险传播与多元化研究"，梅西－阿约特用更为细致且适用性广泛的方法来研究恐怖主义。他向其他学者提出挑战，要求他们运用"学科多元化"的视角，在分析风险环境（尤其是恐怖主义）时考量更为多元的观点与学科知识。他还主张我们应该重视迄今为止的许多风险研究中一直被忽视的修辞研究法。

而第十二章"公共健康、风险与危机背景下的传播伦理"的作者鲍文与李若韵则在研究风险与健康信息时，将道德伦理与专业主义精神放在了首要位置。作者在本章提出了相当令人信服的观点，认为当沟通者在必须作出决定的决策语境下为人们提供相关信息时，遵循伦理的信息传播是先决条件。他们在本章中探讨了不断演变的媒介所面临的挑战，以及各种可能的传播渠道。最后，以三大伦理理论学派为基础，为解决风险与健康问题提出了一个综合的决策框架。

第三部分的最后一章，第十三章"媒介演变环境下的风险与健康传播策略：预防接种"中，伊万诺夫、帕克与迪林汉姆探讨了如何运用预防接种理论来理解风险与健康传播的语境与研究。本章将一直以来独立的两个研究领域融合在了一起，尤其值得关注的是，本章为风险与健康传播的学者及从业者提供了独特的研究视角，帮助其运用预防接种理论丰富的发展历史与理论基础作为策略，以协助其在风险与健康语境下提供信息。

本书的第四部分"极端事件中的媒介与信息探析"收录的研究关注如龙卷风、健康危机与流行病爆发等极端事件之前、过程中，以及事后的传播与沟通中所面临的挑战。

布鲁斯、克拉克与霍德森在第十四章"天气情报预警：紧急天气情况下的地方台广播员信息传播"中检测了天气预报对观众的感知与潜在警惕行为可能产生的影响。本章细致研究了天气预报员在向观众讲授恶劣天气的细微差别时所扮演的角色。作者指出，美国联邦通信委员会要求天气预报员必须秉持坦诚态度为当地社区提供服务才能获得从业资格证，尤其是近年来，广播公司与观众所能使用的频道与不断发展的媒介都显著增加。本章基于疾病预防控制中心的危机与紧急风险传播模型，通过对广播公司进行采访以明确他们在三场极端天气灾害（两次龙卷风与一次飓风）中具体运用了哪些策略。

第十五章"即便无可避免，你仍负有责任——2012年西尼罗疫情中的媒介风险与归因评估"中，俞南、利特菲尔德、法瑞尔与王若旭以美国2012年的西尼罗疫情为背景，对极端事件中的信息与决策展开了调查。本章向我们揭示了在这种语境下较难被发现的一些有趣矛盾，如媒介一方面将西尼罗病毒描述为无法预防，另一方面又建议个人与社区采取应对措施以预防潜在的传染危险。本章为我们总结了一系列媒介演变环境中流行病报道的实况与影响。

在本书的最后一章"埃博拉疫情中的竞争与互补叙事"中，盖特谢尔与同事以叙事理论为核心对情况极度动荡的埃博拉危机进行了语境分析。作者认为叙事理论在风险与健康传播语境中至关重要，并针对"竞争"提出了一个有力的论据：不同的参与者在语境中都会用叙事作为其意见主张的基础。而在危机漫长时，叙述的多面性就变得更成问题，因为对其可能的解释会更为丰富。因此，作者建议采用叙事趋同来减少不确定性，并对不同的观点进行更深入的理解。

以上的这些章节为我们描绘了不同语境下的风险与健康研究图谱，当中相当重要的一个趋势就是网络社群是如何快速形成并解决风险与健康传播问题的相关研究。人们通过社交媒介不断地相互影响，并最终影响舆论（Kim et al.，2016）。广义而言，社交媒介（SNS）已被证明可以有效地促进健康行为。主要原因之一是网络信息为参与者创造了一个空间，使他们可以亲自参与风险与健康管理的进程，尤其是各类宣传活动之中（Namkoong et al.，2017）。也有一些不同的角度：例如如何快速地建立网络健康与风险社群以加深参与者对所面临的疾病或灾难的了解；这些在线社群使人们有机会与志趣相投的人互动（Willis & Royne，2017）等。还有学者用网络应对（cybercoping）一词来形容网络博客是如何作为问题对策的手段被运用（Donovan，Nelson & Scheinfeld，2017）。这里"网络应对"指的是网络中的传播与沟通活动如描述体验、寻求信息、深入了解应对策略，以及发展与其他网络用户的关系等。

新兴媒介还有其他用途如个性化的健康记录，该记录配合个性化警报非常有用。而当个人健康记录能够提供与主治医生的沟通功能时，便能促使患者更为主动地去联系他们的主治医生（Rief Hamm，Zickmund，Nikola，Roberts，2017）。医生们也开始在工作中使用新媒体。另一项研究（Allport & Womble，2016）指出，越来越多的医生认为推特（Twitter）可以让他们更好地与患者沟通、浏览新研究，以及与同事交流。由于推特能解决对隐私与时间限制的顾虑，今后会有更多的医生将其用于工作之中。此外，新兴媒介还为医患进行在线虚拟问诊提供了机会。研究（Jiang & Street，2017）指出，如果能够克服对隐私、安全性、可能提供较少个性化医疗保健的顾虑，会有更多的医生愿意与患者进行虚拟问诊。

综上所述，本书各章与以上的研究成果都印证了希斯与奥黑尔（Heath & O'Hair，2009）对风险与健康传播研究所面临的挑战的观点：在加工合适易懂的沟通信息的同时依据科学、观念与政策作出判断并不是一件易事。而新兴媒介正是克服这些挑战的关键。

参考文献

Allport, J. M., & Womble, F. E. (2016). Just what the doctor tweeted: Challenges and rewards of using Twitter. *Health Communication*, 31, 824–832.

Donovan, E. E., Nelson, E. C., & Scheinfeld, E. (2017). Cyberframing cancer: An exploratory investigation of valenced cybercoping on cancer blogs. *Health Communication*, 32, 1–10.

Fraustino, J. D., & Ma, L. (2015). CDC's use of social media and humor in a risk, campaign—"Preparedness 101: Zombie Apocalypse." *Journal of Applied Communication Research*, 43, 222–241.

Heath, R. L., & O'Hair, H. D. (2009). The significance of risk and crisis communication. In R. Heath & H. D. O'Hair (Eds.), *Handbook of risk and crisis communication* (pp. 5–30). New York: Routledge.

Jiang, S., & Street, R. L. (2017). Factors influencing communication with doctors via the Internet: A cross-sectional analysis of 2014 HINTS survey. *Health Communication*, 32, 108–188.

Kim, J., Brossard, D., Scheufele, D. A., & Xenos, M. (2016). "Shared" information in the age of big data: Exploring sentiment expression related to nuclear energy on Twitter. *Journalism & Mass Communication Quarterly*, 93, 430–445.

Moon, T., Chih, M., Shah, D. V., Yoo, W., & Gustafson, D. H. (2017). Breast cancer survivors' contribution to psychosocial adjustment of newly diagnosed breast cancer patients in a computer-mediated social support group. *Journalism & Mass Communication Quarterly*, 94, 486–514.

Namkoong, K., Nah, S., Record, R. A., & Stee, S. K. V. (2017). Communication, reasoning, and planned behaviors: Unveiling the effect of interactive communication in an anti-smoking social media campaign. *Health Communication*, 32, 41–50.

Rief, J. J., Hamm, M. E., Zickmund, S. L., Jikolajski, C., Lesky, D., Hess, R., Fisdcher, G. S., Weimer, M., Clark, S., Zieth, C., & Roberts, M. S. (2017). Using health information technology to foster engagement: Patients' experiences with an active patient health record. *Health Communication*, 32, 310–319.

Willis, E., & Royne, M. B. (2017). Online health communities and chronic disease self-management. *Health Communication*, 32, 269–278.

第二章

青少年饮酒影响研究：媒介中的酒、媒介素养与亲子沟通

申容珠　米歇尔·米勒－戴　迈克尔·赫克特

一　研究背景

青少年在青春期从事危险行为的可能性会激增（Griffin, Scheier, Botvin & Diaz, 2000；Wong et al., 2006）。最近的一项研究"监测未来"（Monitoring the Future, 2015）指出，美国的 8—12 年级青少年的烟酒药物滥用情况急速增加。这项全国性研究还指出，8 年级学生的饮酒行为占比最高（26%），然后是非法药物（21%）与吸烟（13%）。而到了 12 年级，长期饮酒、非法药物与吸烟的比率则分别增至 64%、49% 与 31%。

虽然造成青少年烟酒药物滥用的因素有很多，但近年来，越来越多的学者开始关注媒介对青少年在这方面行为的认知形成所造成的影响（Cewter on Alcohol Marketing and Youth, CAMY, 2009）。青少年们通过电影电视、纸质传媒乃至社交媒介接触到了更多描绘成年人或未成年人使用烟酒或药物的景象（Banarjee & Greene, 2007）。媒介中对烟酒与药物的使用呈现（Pro-use，包括刻意或无意），大众媒介使得烟酒与药物使用行为尤其是对青少年而言变得更具有吸引力（Kelly, Slater & Karan, 2002b；Sargent, Wills, Stoolmiller, Gibson & Gibbons, 2006），进而导致使用比例的增加（Anderson, De Bruin, Angus, Gordon & Hastings, 2009）。

值得庆幸的是，媒介中烟酒与药物的使用呈现并不一定会导致该类行为的必然增加，因为媒介的影响可以被削弱。其中一个方法就是通过提高青少年的媒介素养，以减轻媒介接触对这些潜在危险的影响（Greene et al., 2015b；

Hindmarsh，Jones & Kervin，2015；Peek & Beresin，2016；Potter，2013）。研究证明，具有较高媒介素养的青少年不太容易被媒介中的烟酒与药物使用呈现所影响，而具有较低媒介素养的青少年则较容易被说服（Draper et al.，2015；Scull，Kupersmidt & Erausquin，2014；Shensa Phelps-Tschang，Miller & Primack，2016）。因此，我们可以合理地推断在青少年的烟酒与药物使用干预中，媒介素养是一个有效的保护因子。然而，目前缺少有关媒介素养对青少年的饮酒频率与药物使用所产生的影响方面的研究。

除了媒介素养以外，亲子之间有关烟酒与药物使用的沟通也是一个有效的保护因子。更为重要的是，以往的研究成果指出，亲子沟通不但能影响青少年对烟酒与药物使用的态度、规范与倾向，还能影响他们的实际行为（Kam & Middleton，2013；Miller-Day & Kam，2010；Shin & Miller-Day，2017；Shin Lee，Lu & Hecht，2016）。然而以往的研究多建议在亲子沟通的对话中涉及期望、规矩与知识等要素（Miller-Day & Dodd，2004），却很少提及亲子沟通中对烟酒与药物使用的媒介呈现的认知，或是它们对青少年的实际行为会产生怎样影响的讨论。然而，亲子间对烟酒与药物使用的媒介呈现的探讨，可以帮助学生们认识到广告营销信息、娱乐节目中的烟酒与药物使用行为实际上会影响他们的态度，这些讨论也可以纠正媒介在这些行为上所推崇的错误观念（NIAAA，2004/2005）。遗憾的是，我们很少看到关于烟酒与药物的媒介呈现与青少年实际行为相关性的亲子沟通的效果研究。

为了填补这一学术上的空缺，本研究旨在评估青少年的媒介素养、亲子间就传媒中出现的饮酒内容的沟通这两个因子，对青少年的饮酒频率会产生怎样的影响。之所以选取酒作为研究重点，是因为饮酒与酗酒行为在青少年人群中占比最高（National Institucle on Drug Abuse，NIDA，2016）。

二 媒介素养与烟酒药物滥用

研究证明，烟酒药物使用的媒介呈现会让这类行为显得很常见并具有吸引力（Cin et al.，2009；Heatherton & Sargent，2009；Primack，Kraemer，Fine & Dalton，2009；Wills，Sargent，Stoolmiller，Gibbons & Gerrard，2008）。美国疾控中心 2013 年的研究更是指出，青少年观看酒类电视广告的实际比率已经远超

行业标准（24%）以及美国国家研究委员会与医学研究所制定的标准（36%）。大众媒介对酒精的使用呈现与过度曝光，促使青少年认为饮酒行为在青少年人群中十分普遍，让饮酒者更具有吸引力，进而导致青少年开始或继续饮酒（Anderson et al.，2009；Kelly et al.，2002b；McClure et al.，2016；Sargent et al.，2006；Wills, Sargent, Gibbons, Gerrard & Stoolmiller，2009）。

然而，青少年并不是一群毫无反抗能力，只能被媒介大亨们利用媒介中的饮酒行为呈现所操纵的受害者。实际上，具有较高媒介素养的青少年有足够的能力拒绝这些诱惑，这里媒介素养指的是"接触、分析、评估与生产各种形式的媒介信息的能力"（Kupersmidt, Scull & Austin，2010，p.526），媒介素养教育能够减轻媒介对青少年的负面影响（Greene et al.，2015b；Hindmarsh et al.，2015；Peek & Beresin，2016；Potter，2013）。除了饮酒，研究还证明提高媒介素养能够改变高中生对吸烟的态度与一般认知（Primack et al.，2014；Shensa et al.，2016），进而显著降低高中生对吸烟的向往（Phelps-Tschang, Miller, Rice & Primack，2016）。此外，媒介素养对青少年的潜在或实际的抽烟喝酒影响较强（Chang et al.，2016），也有研究证明，接受媒介素养干预的儿童相较于对照组而言，他们不仅对媒介的说服力呈现出更高程度的批判性思考与理解（Kupersmidt et al.，2010），对抽烟喝酒的兴趣也会更低。更多的研究还证明小学生的媒介素养教育能够显著影响他们对抽烟喝酒的一般认知与兴趣（Austin & Johnson，1997b；Scull et al.，2014）。然而，虽然有许多研究强有力地证明青少年的媒介素养提升有助于改变他们对烟酒的认知、态度与兴趣，却很少有研究检测对青少年实际抽烟喝酒情况的影响。而且大多数的研究都聚焦于儿童（幼儿园及小学1至6年级）或高年级学生（9年级及以上）群体，也就是说，我们需要更多地针对早期青少年（6—8年级）群体的媒介素养与实际抽烟喝酒行为的评估研究。

根据以往的研究，我们可以合理假设具有高媒介素养的青少年不容易被媒介中的饮酒行为所影响，反之亦然。因此，本研究的第一个研究假设如下：

RH1：青少年媒介素养与青少年饮酒行为之间呈负相关。

三 亲子沟通与烟酒药物使用的媒介呈现

父母在青少年建立健康的生活方式中一直扮演着反对烟酒药物滥用的社会化角色（Kam & Miller-Day，2017；Miller-Day，2008；Pettigrew et al. ，2017a；Van der Vorst, Engels, Meeus, Dekovic & Van Leeuwe，2005）。初级社会化理论（*The Primary Socialization Theory*，Oetting & Donnermeyer，1998）指出，父母在青少年的青春发育期十分重要，关于烟酒药物使用的亲子沟通对青少年在对此类行为的态度、规范、倾向的形成以及实际行为的作用十分关键（Choi et al. ，2017；Kam, Potocki & Hecht，2014；Pettigrew, Shin, Stein & Raalte，2017b；Shin & Miller-Day，2017）。以往的文献还指出，亲子间的信息沟通能够有效减轻儿童及青少年由媒介信息带来的负面影响，也能降低他们采取危险行为的可能性（Dalton et al. ，2006；Fisher et al. ，2009；Nathanson，1999）。这种影响在减轻青少年对饮酒的兴趣上作用十分显著（Tanski, Cin, Stoolmiller & Sargent，2010）。更重要的是，亲子沟通在降低刚成年或即将成年的青少年群体的烟酒药物使用方面，一直是一个十分有效的干预手段（Chen & Austin，2013）。

亲子沟通在反烟酒药物滥用上具有保护效果，媒介内容中酒的呈现具有说服力这两个认知是毋庸置疑的，此外我们并不清楚究竟亲子沟通对媒介内容，特别是酒的呈现会有怎样的影响，也并不清楚这种亲子沟通对青少年实际的饮酒行为会产生怎样的影响。虽然有研究表明，在交流中秉持公开的态度去探讨涉及烟酒药物使用的规则、期望并提供知识能够影响青少年的饮酒行为（Kelly, Comello & Hunn，2002a），但在父母探讨媒介中的酒精呈现这个问题上却没有明晰的解释：如果他们会谈及媒介的话，这些信息对青少年的饮酒行为是否会产生有效的影响呢？

我们推断在同样的媒介接触条件下，亲子间就如何解决该问题的沟通能产生与其他有关烟酒药物使用的一般谈话（规则、期望与知识等）同样积极的效果。本研究基于初级社会化理论（Oetting & Donnermeyer，1998）与以往的研究成果（Dalton et al. ，2006；Fisher et al. ，2009；Nathanson，1999；Tanski et al. ，2010），假设亲子沟通中谈及媒介中的烟酒药物使用呈现越多，青少年对饮酒的兴趣就会越低，反之亦然。因此，本研究的第二个假设如下：

RH2：亲子沟通对酒的媒介呈现的关注度与青少年饮酒行为之间呈负相关。

四　研究方法

1. 被试者与步骤

本研究作为"校园药物滥用预防与干预实践与适用过程研究"的子课题（Colby et al.，2013；Pettigrew et al.，2015），主要在美国中西部两个州的乡村社区进行了横断面问卷调查与数据采集①。我们首先让参与测试的 8 年级学生亲笔撰写自我陈述，并在控制条件下筛选出 603 名（N = 603）未接受任何烟酒药物行为干预的学生作为样本。研究开始前，我们已获得了大学机构审查委员会（IRB）对本研究程序的批准，也获得了父母与学生的同意。而研究最终筛选出的 603 个样本的性别比为男性 51%，女性 49%，其中 94% 为欧洲裔，3% 为非洲裔，2% 为西班牙裔，1% 为亚裔及大西洋岛裔，符合该地区人口分布与地理分布比例。

2. 测量

媒介素养：问卷中从普利马克与霍布斯（Primack & Hobbs，2009）的量表选取了六个项目以评估青少年的媒介素养程度，每个项目 4 分。被试的学生将对"人们会被广告影响""电影电视制作中的每一个镜头都是精心设置的"等问题进行评分（1 分 = "极不认同"，4 分 = "非常认同"），换言之，学生得到的分数越高，代表其媒介素养越高。该测试的克隆巴赫 α 系数信度检测结果为 0.73（mean = 2.83，SD = 0.64），达到可信度标准。

亲子沟通对酒的媒介呈现的关注度：研究样本需要回答父母与其探讨酒的媒介呈现的频率。问卷中有三个项目（Miller-Day & Kam，2010）用于该变量的检测，每个项目 4 分。学生需要对包括"当电视节目中的角色饮酒或醉酒时，至少父母其中一方会评价饮酒行为是有害的""至少父母一方曾向你展示过互联网、电视或新闻中讲述饮酒、吸烟/咀嚼烟草，或药物使用风险的信息"

---

① "乡村社区"指的是美国人口普查局认定为农村的注册地、普查指定地及非地方领土（U. S. Department of Education，2006）。

在内的问题进行打分（1 分 = "从来没有"，4 分 = "有且经常有"）。得分越高，亲子沟通中对媒介呈现的关注度就越高，该测试的克隆巴赫 α 系数信度检测结果为 0.90（mean = 1.79，SD = 0.89）。

饮酒频率：问卷中还设置了一个 10 分的量表项目（原表为 9 分，Hansen & Graham，1991）检测青少年的饮酒频率。学生需要对 "目前为止你喝过多少酒" 这个问题进行打分 [1 = "1 杯"（啤酒、红酒等皆可），10 = "超过 100 杯"]，分值越高，学生的饮酒频率越高（mean = 3.23，SD = 0.51）。由于该变量只有一个评估项，因此不需要进行克隆巴赫 α 系数信度检测，而且我们也有足够证据表明，使用单一项目评估烟酒药物的使用是有效的，在其他类似的研究中也很常见（Elek et al.，2006；Pettigrew et al.，2017b；Shin et al.，2016）。

3. 分析概述

首先，本研究使用 MPlus7.1（Muthén & Muthén，2012）进行验证性因子分析（CFA），对青少年媒介素养，以及亲子沟通对酒的媒介呈现的关注度等测量模型进行检测。根据模型拟合的标准：近似均方根误差（RMSEA） < 0.08，比较拟合指数（CFI） > 0.95，标准化均方根残差（SRMR） > 0.08（Kline，2005；Hu & Bentler，1999；Yu，2002），验证性因子分析模型与数据拟合良好：x^2（19） = 125.94，p < 0.001，RMSEA = 0.07，CFI = 0.96，SRMR = 0.03。

其次，对测量模型进行回归分析。本研究中，"青少年媒介素养" 与 "亲子沟通对酒的媒介呈现的关注度" 为自变量，"饮酒频率" 为因变量，此外，性别变量为回归分析中的控制变量。自变量与因变量的偏度分析结果（媒介素养 = -0.42，亲子沟通对酒的媒介呈现的关注度 = -0.90，饮酒频率 = 0.46）与峰度分析结果（媒介素养 = 0.06，亲子沟通对酒的媒介呈现的关注度 = -0.90，饮酒频率 = 0.46）都在可接受范围之内（Kline，2005），并采用最大似然（ML）估计法进行正态分布数据的处理。此外，缺失数据（0.02%）并不会影响本研究的数据结果，可被视为随机缺失（Graham，Cumsille & Elek-Fisk，2003）。该分析模型与数据拟合良好：x^2（33） = 90.09，p < 0.001，RMSEA = 0.05，CFI = 0.97，SRMR = 0.04。

4. 研究结果

本研究提出了两个研究假设，以检测青少年媒介素养与饮酒频率，亲子沟通中对酒的媒介呈现的关注度与饮酒频率之间的显著性关系。两个假设都得到了数据的支持：媒介素养与青少年饮酒频率之间显著相关（β = -0.149，SE = 0.049，p < 0.01），亲子沟通中对酒的媒介呈现的关注度与饮酒频率之间也呈现显著相关（β = -0.092，SE = 0.043，p < 0.05）。在控制性别的情况下，测量模型的回归分析能够解释约4%的方差。本研究的视觉分析模型如图2.1。

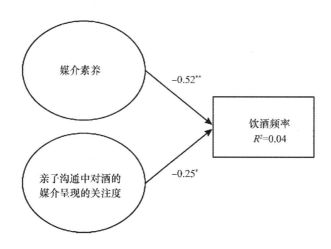

图 2.1　测量模型的回归分析

注：图中为标准化的回归系数，仅使用黑体突出显著的路径与相关性。[χ^2（33）= 90.086；RM-SEA = 0.05；CFI = 0.97；SRMR = 0.04]，分析中进行了性别变量控制但路径并未在图中展示。$^*p < 0.05$；$^{**}p < 0.01$；$^{***}p < 0.001$。

五　研究讨论

本研究旨在检测青少年媒介素养，亲子沟通中对酒的媒介呈现的关注度会如何影响青少年的饮酒频率。从分析结果来看，两个因子对 8 年级学生的饮酒频率都具有显著的影响。该结果与以往的研究一致认为，媒介素养与意图饮酒之间呈负相关，也能沿用至对实际饮酒行为的影响研究中。较高的媒介素养水平可以降低样本中的青少年饮酒的可能性，如提高他们分析图像的能力，或认知性地将媒介信息构筑得不那么具有说服力与魅力等。本研究证明，在中学中设置课程以提高有关烟酒药物使用方面的媒介素养是十分有必要的。过去曾有报道提及类似的干预尝试，但这些项目主要针对的是高中生的媒介素养教育以减少饮酒行为（Austin & Johnson，1997a；Greene et al.，2015a；Greene et al.，2015b）。而该领域研究在未来应该更多地关注早期青少年群体。我们也需要更多的研究以检测不同的大众媒介与新信息传播技术对烟酒药物使用的态度影响，也需要更多的研究去检测不同媒介中的媒介素养对行为结果（如烟酒药物的使用行为等）的影响。

值得关注的是，根据美国国家药物使用与健康调查（National Survey on Drug Use and Health）的纵向数据显示，相较于城市地区的青少年，乡村地区青少年的饮酒率更高（Lambert，Gale & Hartley，2008）。因此，将精力集中在可能面临更高风险的人口群体上是非常重要的。随着饮酒行为在乡村地区的青少年群体中的流行，我们需要采取干预措施以降低酒精饮用的风险。本研究通过基础研究以论证提高早期青少年群体媒介素养的必要性，为未来采取必要干预措施迈出了重要的一步。本研究的结果指出，具有更高媒介素养的乡村地区的青少年，其饮酒频率会更低。因此，我们有必要更关注针对乡村地区的青少年群体去采取有效的媒介素养教育与干预（Chang et al.，2016；Colby et al.，2013；Pettigrew，Miller-Day，Krieger & Hecht，2011；Rhew，Hawkins & Oesterle，2011；Shin，Miller-Day，Hecht & Krieger，2015）。

本研究还指出，亲子沟通中对酒的媒介呈现的高关注度可以降低青少年的饮酒频率。也就是说，与父母的交流中不太提及媒介印象这个话题的青少年相比，那些在与父母的交流中谈及此类话题较多的青少年的饮酒可能性较小。这一研究发现很好地印证了以往研究中指出的亲子沟通对烟酒药物使用的态度具有正面影响力这一观点（Reimuller，Hussong & Ennett，2011；Shin et al.，2016），并进一步证实了亲子沟通中有关媒介呈现的信息与烟酒药物使用之间的相关性。也正如以往的研究所指出的那般，关于烟酒药物使用的亲子沟通不仅需要秉持公开的态度，也需要针对媒介呈现进行有目的性的沟通（Miller-Day，2008；Miller-Day & Kam，2010；Shin & Miller-Day，2017）。

此外，亲子沟通有关酒的媒介呈现的特异性，还需要以不同类型的媒介为对象展开进一步的检验。当下大多数的研究都集中于电视或互联网中的饮酒行为呈现的亲子沟通之上，而我们需要将研究扩展至亲子沟通中涉及不同电视节目乃至社交媒介（油管、脸书、推特、阅后即焚和照片墙等）中对酒的媒介呈现这些内容之上。此外，诸如电影等其他媒介也需要进一步地检验。不同媒介渠道会产生不同的媒介说服效果，不同类型的媒介对青少年的烟酒药物使用也会产生不同的影响。例如，电视剧与电影的内容往往基于故事叙事，包含了介绍、发展、高潮与结局等多个部分；而在社交媒体上发布的信息往往十分简短并且能得到其他用户的即时反馈，因此可能会加强信息的传递效果。因此，在进行亲子沟通时，根据所谈及的媒介类型的不同，父母所选择的沟通策略也会改变。所以我们可以合理推断，涉及电视或广告的亲子沟通信息内容，与涉及社交媒介（如脸书或推特的信息）的亲子沟通信息内容必然是不一样的。

还有一个值得探讨的问题就是亲子沟通产生的时机是在媒介接触的过程中、结束后立即，还是完全不同的时间或地点。例如电视（包含数字电视）与互联网内容能够产生更好的即时并发与互动，继而促使亲子沟通的效果更为显著。再者，与作为数字原住民的青少年群体相比，他们的父母往往属于数字移民群体，因此，我们需要考虑到父母们对社交媒介、网络游戏等新兴媒介是较难以适应或接受的。当然目前来说，这仅是一种推测。未来我们需要通过对不同类型媒介的亲子沟通以及相关媒介素养的理解与研究，进而制定策略以增强沟通的有效性。

本研究结果表明，我们需要在基于家庭与父母的预防干预措施中增加一些素材，以指导他们如何在亲子沟通中探讨有关烟酒药物使用的媒介呈现这个话题。这些措施非常有效，如家庭巩固项目（Strengthening the Family，Kumpfer & Alvarado, 2003）目前的研究成果就指出，基于家庭与父母的预防干预效果显著，在亲子沟通中增添这类（有关媒介呈现）素材的话，能更有效的抵抗媒介影响。例如说，我们可以在这些项目中增加一个环节，目的在于提升亲子沟通中探讨媒介内容的技巧。这个环节可包含在媒介接触过程中（例如一起看电视时）与青少年的沟通策略制定，或是媒介接触后及其他时间节点（如父母浏览子女的脸书主页或过往发布信息）的沟通策略制定；此外，也可考虑在环节中增加有关媒介消费、社交媒介与网络游戏的家庭规则与规范的制定。

本研究的成果斐然，然而仍具有一定的局限性。首先，本研究的研究发现之间并不具有必然的因果联系。未来的研究中我们需要收集更多的纵向调研数据以检测媒介素养、亲子沟通对饮酒行为的长期影响。其次，本研究的分析模型中并未对参与者的媒介接触程度进行评估。而对媒介接触频率与媒介类型的理解分析，能帮助我们进一步理解媒介与青少年态度、规范、意图及实际行为之间的关系。例如，对媒介接触度与媒介说服质量进行比较研究应该会十分有趣。正如前言所及，不同的媒介平台（如电视与推特）与不同的媒介类型（如电视剧与综艺节目）对青少年的行为结果可能会产生不同的影响。

此外，我们也需要考量互联网内容与网络游戏这些相比父母而言，作为数字原住民的青少年群体更为拿手的新兴媒介。社交媒介内容是否需要不同的媒介素养以应对？我们是否需要讨论这些不同之处？而我们又该如何运用这些社交媒介来进行亲子沟通呢？

综上所述，本研究证明，青少年媒介素养、与亲子沟通中有关酒的媒介呈现的讨论具有保护作用。因此，我们可以制定干预措施以帮助青少年提升媒介素养，或指导父母如何在亲子沟通中探讨媒介中对饮酒行为的呈现。与此同时，我们也建议学校与社区项目进行协同应对，以预防或减少青少年的烟酒药物使用。

参考文献

Anderson, P., De Bruijin, A., Angus, K., Gordon, R., & Hasting, G. (2009). Impacts of alcohol advertising and media exposure on adolescent alcohol use: A systematic review of longitudinal studies. *Alcohol & Alcoholism*, 44(3), 229–243. doi: 10.1093/alcalc/agn115.

Austin, E. W., & Johnson, K. (1997a). Effects of general and alcohol-specific media literacy training on children's decision making about alcohol. *Journal of Health Communication*, 2(1), 17–42. doi: 10.1080/108107397127897.

Austin, E. W., & Johnson, K. K. (1997b). Immediate and delayed effects of media literacy training on third grader's decision making for alcohol. *Health Communication*, 9(4), 323–349. doi: 10.1080/108107397127897.

Banerjee, S. C., & Greene, K. (2007). Antismoking initiatives: Effects of analysis versus production media literacy interventions on smoking-related attitude, norm, and behavioral intention. *Health Communication*, 22(1), 37–48. doi: 10.1080/10410230701310281.

Center on Alcohol Marketing and Youth (CAMY). *Executive summary: Youth exposure to alcohol advertising on television, 2001–2009*. Retrieved January 15, 2016 from www.camy.org/research/Youth_Exposure_to_Alcohol_Ads_on_TV_Growing_Faster_Than_Adults/index.html.

Centers for Disease Control and Prevention (2012). *Alcohol-related disease impact*. Atlanta, GA: US Department of Health and Human Services, CDC; 2012. Retrieved January 29, 2016 from http://apps.nccd.cdc.gov/dach_ardi/default/default.aspx.

Centers for Disease Control and Prevention (2013). *Youth exposure to alcohol advertising on television—25 markets*, United States, 2010. Morbidity and Mortality Weekly Report. Retrieved January 20, 2016 from www.cdc.gov/mmwr/preview/mmwrhtml/mm6244a3.htm?s_cid=mm6244a3_w.

Chang, F. C., Miao, N. F., Lee, C. M., Chen, P. H., Chiu, C. H., & Lee, S. C. (2016). The association of media exposure and media literacy with adolescent alcohol and tobacco use. *Journal of Health Psychology*, *21*(4), 513–525. doi: 10.1177/1359105314530451.

Chen, Y. C. Y., & Austin, E. W. (2013). The role of parental mediation in the development of media literacy and the prevention of substance use. In A. N. Valdivia (Ed.) *The international encyclopedia of media studies* (pp.1–19). Hoboken, NJ: Blackwell Publishing.

Choi, H. J., Miller-Day, M., Shin, Y., Hecht, M. L., Pettigrew, J., Krieger, J., Lee, J. K., & Graham, J. W. (2017). Parent prevention communication profiles and adolescent substance use: A latent profile analysis and growth mixture model. *Journal of Family Communication*, *17*(1), 15–32. doi: 10.1080/15267431.2016.1251920.

Cin, S. D., Worth, K. A., Gerrard, M. G., Gibbons, F. X., Stoolmiller, M., Wills, T. A., & Sargent, J. D. (2009). Watching and drinking: Expectancies, prototypes, and friends' alcohol use mediate the effects of exposure to alcohol use in movies on adolescent drinking. *Health Psychology*, *28*(4), 473–483. doi: 10.1037/a0014777.

Colby, M., Hecht, M. L., Miller-Day, M., Krieger, J. L., Syvertsen, A. K., Graham, J. W., & Pettigrew, J. (2013). Adapting school-based substance use prevention curriculum through cultural grounding: A review and exemplar of adaptation processes for rural schools. *American Journal of Community Psychology*, *51*(1–2), 190–205. doi: 10.1007/s10464-012-9524-8.

Dalton, M. A., Adachi-Mejia, A. M., Longacre, M. R., Titus-Ernstoff, L. T., Gibson, J. J. Martin, S. K., Sargent, J. D., & Beach, M. L. (2006). Parental rules and monitoring of children's movie viewing associated with children's risk for smoking and drinking. *Pediatrics*, *118*(5), 1932–1942. doi: 10.1542/peds.2005-3082.

Draper, M., Appregilio, S., Kramer, A., Ketcherside, M., Campbell, S., Stewart, B., Rhodes, D., & Cox, C. (2015). Educational intervention/case study: Implementing an elementary-level, classroom-based media literacy education program for academically at-risk middle-school students in the non-classroom setting. *Journal of Alcohol and Drug Education*, *59*(2), 12–24.

Elek, E., Miller-Day, M., & Hecht, M. L. (2006). Influences of personal, injunctive, and descriptive norms on early adolescent substance use. *Journal of Drug Issues*, *36*(1), 147–172. doi: 10.1177/002204260603600107.

Fisher, D. A., Hill, D. L., Grube, J. W., Bersamin, M. M., Walker, S., & Gruber, E. L. (2009). Televised sexual content and parental mediation: Influences on adolescent sexuality. *Media Psychology*, *12*(2), 121–147. doi: 10.1080/15213260902849901.

Graham, J. W., Cumsille, P. E., & Elek-Fisk, E. (2003). Methods of handling missing data. In J. A. Schinka, & W. F. Velicer (Eds.), *Research methods in psychology* (pp. 87–114). New York, NY: John Wiley & Sons.

Greene, K., Elek, E., Catona, D., Magsamen-Conrad, K., Banerjee, S. C., &

Hecht, M. L. (2015a). *Improving prevention curricula: Lesson learned through formative research on the Youth Message Development Curriculum.* Paper presented at the National Communication Association, Las Vegas, NV.

Greene, K., Yanovitzky, I., Carpenter, A., Banerjee, S. C., Magsamen-Conrad, K., Hecht, M. L., & Elek, E. (2015b). A theory-grounded measure of adolescents' response to media literacy interventions. *Journal of Media Literacy Education*, 7(2), 35–49.

Griffin, K. W., Scheier, L. M., Botvin, G. J., & Diaz, T. (2000). Ethnic and gender differences in psychosocial risk, protection, and adolescent alcohol use. *Prevention Science*, 1(4), 199–212. doi: 10.1023/A:1026599112279.

Hansen W. B., & Graham, J. W. (1991). Preventing alcohol, marijuana, and cigarette use among adolescents: Peer pressure resistance training versus establishing conservative norms. *Preventive Medicine*, 20(3), 414–430. doi: 10.1016/0091-7435(91)90039-7.

Heatherton, T. F., & Sargent, J. D. (2009). Does watching smoking in movies promote teenage smoking? *Current Directions in Psychological Science*, 18(2), 63–67. doi: 10.1111/j.1467-8721.2009.01610.

Hindmarsh, C. S., Jones, S. C., & Kervin, L. (2015). Effectiveness of alcohol media literacy programmes: A systematic literature review. *Health Education Research*, 30(3), 449–465. doi: 10.1093/her/cyv015.

Hu, L., & Bentler, P. M. (1999). Cutoff criteria for fit indexes in covariance structure analysis: Conventional criteria versus new alternatives. *Structural Equation Modeling*, 6(1), 1–55. doi: 10.1080/10705519909540118.

Kam, J. A. & Middleton, A. V. (2013). The associations between parents' references to their own past substance use and youth's substance use beliefs and behaviors: A comparison of Latino and European American youth. *Human Communication Research*, 39(2), 208–229. doi: 10.1111/hcre.12001.

Kam, J. A., & Miller-Day, M. (2017). Introduction to special issue. *Journal of Family Communication*, 17(1), 1–14. doi: 10.1080/15267431.2016.1251922.

Kam, J. A., Potocki, B., & Hecht, M. L. (2014). Encouraging Mexican-heritage youth to intervene when friends drink: The role of targeted parent-child communication against alcohol. *Communication Research*, 41(5), 644–664. doi: 10.1177/0093650212446621

Kelly, K. J., Comello, M. L. G., & Hunn, L. C. P. (2002a). Parent-child communication, perceived sanctions against drug use, and youth drug involvement. *Adolescence*, 37(148), 775–783.

Kelly, K., Slater, M. D., & Karan, D. (2002b). Image advertisements' influence on adolescent perceptions of the desirability of beer and cigarettes. *Public Policy and Marketing*, 21, 295–304. doi: 10.1509/jppm.21.2.295.17585.

Kline, R. B. (2005). Principles and practice of structural equation modeling (2nd Ed.). New York: The Guilford Press.

Kumpfer, K. L., & Alvarado, R. (2003). Family-strengthening approaches for the prevention of youth problem behaviors. *American Psychologist*, 58(6–7),

457–465. doi: 10.1037/0003-066X.58.6-7.457.

Kupersmidt, J. B., Scull, T. M., & Austin, E. W. (2010). Media literacy education for elementary school substance use prevention: Study of media detective. *Pediatrics, 126*(3), 525–531. doi: 10.1542/peds.2010-0068.

Lambert, D., Gale, J. A., & Hartley, D. (2008). Substance abuse by youth and young adults in rural America. *The Journal of Rural Health, 24*(3), 221–228. doi: 10.1111/j.1748- 0361.2008.00162.

McClure, A. C., Tanski, S. E., Li, Z., Jackson, K., Morgenstern, M., Li, Z., & Sargent, J. D. (2016). Internet alcohol marketing and underage alcohol use. *Pediatrics, 137*(2), 1–8. doi: 10.1542/peds.2015-2149.

Miller-Day, M. (2008). Talking to youth about drugs: What do late adolescents say about parental strategies? *Family Relations, 57*(1), 1–12. doi: 10.1111/j.1741-3729.2007.00478.

Miller-Day, M., & Dodd, A. H. (2004). Toward a descriptive model of parent-offspring communication about alcohol and other drugs. *Journal of Social and Personal Relationships, 21*(1), 69–91. doi: 10.1177/0265407504039846.

Miller-Day, M., & Kam, J. A. (2010). More than just openness: Developing and validating a measure of targeted parent-child communication about alcohol. *Health Communication, 25*(4), 293–302. doi: 10.1080/10410231003698952.

Muthén, L. K., & Muthén, B. O. (1998–2012). *Mplus User's Guide* (7th Ed.). Los Angeles, CA: Muthén & Muthén.

Nathanson, A. I. (1999). Identifying and explaining the relationship between parental mediation and children's aggression. *Communication Research, 26*(2), 124–143. doi: 10.1177/009365099026002002.

National Institute on Alcohol Abuse and Alcoholism (NIAAA). (2004/2005). *Alcohol and development in youth—Multidisciplinary overview* (Volume 28, Number 3). Bethesda, MD: NIAAA.

National Institute on Drug Abuse (NIDA) (2016). Monitoring the Future survey: High school and youth trends. Retrieved March 17, 2017, from www.drugabuse.gov/publications/drugfacts/monitoring-future-survey-high-school-youth-trends.

Oetting, E. R., & Donnermeyer, J. F. (1998). Primary socialization theory: The etiology of drug use and deviance: I. *Substance Use & Misuse, 33*(4), 995–1026. doi: 10.3109/10826089809056252.

Peek, H. S., & Beresin, E. (2016). Reality check: How reality television can affect youth and how a media literacy curriculum can help. *Academic Psychiatry, 40*(1), 177–181. doi: 10.1007/s40596-015-0382-1.

Pettigrew, J., Miller-Day, M., Krieger, J., & Hecht, M. L. (2011). Alcohol and other drug resistance strategies employed by rural adolescents. *Journal of Applied Communication Research, 39*(2), 103–122. doi: 10.1080/00909882.2011.556139.

Pettigrew, J., Graham, J., Hecht, M. L., Miller-Day, M., Krieger, J., & Shin,. Y. (2015). Adherence and delivery: Implementation quality and program outcomes for the 7th grade keepin' it REAL program. *Prevention Science, 16*(1),

90–99. doi: 10.1007/s11121-014-0459-1.

Pettigrew, J., Miller-Day, M., Shin, Y., Krieger, J., Hecht, M. L., & Graham, J. W. (2017a). Parental messages about substances in early adolescence: Extending a model of drug talk styles. *Health Communication.*, 1–10. doi: 10.1080/10410236.2017.1283565.

Pettigrew, J., Shin, Y., Stein, J. B., & Raalte, L. J. (2017b). Family communication and adolescent alcohol use in Nicaragua, Central America: A test of primary socialization theory. *Journal of Family Communication, 17*(1), 33–48. doi: 10.1080/15267431.2016.1251921.

Phelps-Tschang, J. S., Miller, E., Rice, K. R., & Primack, B. A. (2016). Web-based media literacy to prevent tobacco use among high school students. *Journal of Media Literacy Education, 7*(3), 29–40.

Potter, W. J. (2013). *Media literacy.* Thousand Oaks, CA: SAGE Publications.

Primack, B. A., Douglas, E. L., Land, S. R., Miller, E., & Fine, M. J. (2014). Comparison of media literacy and usual education to prevent tobacco use: A cluster-randomized trial. *Journal of School Health, 84*(2), 106–115. doi: 10.1111/josh.12130.

Primack, B. A., & Hobbs, R. (2009). Association of various components of media literacy and adolescent smoking. *American Journal of Health Behavior, 33*(2), 192–201.

Primack, B. A., Kraemer, K. L., Fine, M. J., & Dalton, M. A. (2009). Media exposure and marijuana and alcohol use among adolescents. *Substance Use & Misuse, 44*(5), 722–739. doi: 10.1080/10826080802490097.

Reimuller, A., Hussong, A., & Ennett, S. T. (2011). The influence of alcohol-specific communication on adolescent alcohol use and alcohol-related consequences. *Prevention Science, 12*(4), 389–400. doi: 10.1007/s11121-011-0227-4.

Rhew, I. C., Hawkins, J. D., & Oesterle, S. (2011). Drug use and risk among youth in different rural contexts. *Health & Place, 17*(3), 775–783. doi: 10.1016/j. healthplace.2011.02.003.

Sargent, J. D., Wills, T. A., Stoolmiller, M., Gibson, J. J., & Gibbons, F. X. (2006). Alcohol use in motion pictures and its relation with early-onset teen drinking. *Journal of Studies on Alcohol, 67*(1), 54–65. doi: 10.15288/jsa.2006.67.54.

Scull, T. M., Kupersmidt, J. B., & Erausquin, J. T. (2014). The impact of media-related cognitions on children's substance use outcomes in the context of parental and peer substance use. *Journal of Youth and Adolescence, 43*(5), 717–728. doi: 10.1007/s10964-013-0012-8.

Shensa, A., Phelps-Tschang, J., Miller, E., & Primack, B. A. (2016). A randomized crossover study of web-based media literacy to prevent smoking. *Health Education Research, 31*(1), 48–59. doi: 10.1093/her/cyv062.

Shin, Y., & Miller-Day, M. (2017). A longitudinal study of parental anti substance-use socialization for early adolescents' substance use behaviors. *Communication Monographs, 84*, 277–297. doi: 10.1080/03637751.2017.1300821.

Shin, Y., Miller-Day, M., Hecht, M. L., & Krieger, J. (November 2015). *Effects of entertainment-education intervention for youth substance use prevention: Examining indirect effects of youth perception of narrative performance on alcohol use behavior via refusal efficacy.* Paper presented at the National Communication Association conference. Las Vegas, NV.

Shin, Y., Lee, J. K., Lu, Y., & Hecht, M. L. (2016). Exploring parental influence on the progression of alcohol use in Mexican-heritage youth: A latent transition analysis. *Prevention Science*, 17(2), 188–198. doi: 10.1007/s11121-015-0596-1.

Tanski, S E., Cin, S. D., Stoolmiller, M., & Sargent, J. D. (2010). Parental R-rated movie restriction and early-onset alcohol use. *Journal of Studies on Alcohol and Drugs*, 71(3), 452–459. www.jsad.com/doi/10.15288/jsad.2010.71.452.

U.S. Department of Education (2006). Documentation to the NCES Common Core of Data Public Elementary/Secondary School Locale Code File: School Year 2003–04. U.S. Department of Education Institute of Education Sciences NCES 2006-332.

Van der Vorst, H., Engels, R. C. M. E., Meeus, W., Dekovic, M., & Van Leeuwe, J. (2005). The role of alcohol specific socialization in adolescents' drinking behaviour. *Addiction*, 100(10), 1464–1476. doi: 10.1111/j.1360-0443.2005.01193.

Wills, T., Sargent, J., Gibbons, F., Gerrard, M., & Stoolmiller, M. (2009). Movie exposure to alcohol cues and adolescent alcohol problems: A longitudinal analysis in a national sample. *Psychology of Addictive Behaviors*, 23(1), 23–35. doi: 10.1037/a0014137.

Wills, T., Sargent, J., Stoolmiller, M., Gibbons, F., & Gerrad, M. (2008). Movie smoking exposure and smoking onset: A longitudinal study of mediation processes in a representative sample of U.S. adolescents. *Psychology of Addictive Behaviors*, 22(2), 269–277. doi: 10.1037/0893-164X.22.2.269.

Wong, M. M., Nigg, J. T., Zucker, R. A., Puttler, L. I., Fitzgerald, H. E., & Jester, J. M. (2006). Behavioral control and resiliency in the onset of alcohol and illicit drug use. A prospective study from preschool to adolescence. *Child Development*, 77(4), 1016–1033. doi: 10.1111/j.1467-8624.2006.00916.

Yu, C. Y. (2002). Evaluating cutoff criteria of model fit indices for latent variable models with binary and continuous outcomes. Doctoral dissertation, University of California, Los Angeles.

第三章

大学生与大麻合法化：法律及
健康影响中的知识沟与信念沟

道格拉斯·布兰克斯·辛德曼

传播研究近年来又开始关注传播过程中党派身份认同的影响。比如说，自我认知为民主党人或共和党人，自由派或保守派，可以预知其对群体内部或外部的敌对意识或媒介偏见（Gunther，1992；Gunther，Miller & Liebhart，2009；Gunther，Edgerly，Akin & Broesch，2012）。党派身份认同与动机推理相关，在这种情况下，对自己所属派别给予赞许的结论比无党派专家给予的结论要更获得青睐（Kruglanski & Webster，1996；Tabor & Lodge，2012）。而选择性的接触偏向其中一个党派的媒介，则会加剧党派之间的两极分化（Dillipane，2011；Iyengar & Hahn，2009；Knoblock-Westerwick & Meng，2011；Stroud，2008）。

本研究认为，派别认知是预测对广泛宣传的话题认识水平的重要因素。并以知识沟假说（Tichenor，Donohue & Olien，1970），以及该假说的延伸，即信念沟假说（Hindman，2009；2012；Hindman & Yan，2015）为基础，检测了在华盛顿州的休闲类大麻合法化法案通过的头三年中，学生对未成年人使用大麻的长期与短期健康影响的认知产生了怎样的变化。

还有一个潜在的问题就是，在2012年美国的休闲类大麻产业合法化以后，学生是否还认为吸食大麻是一件丢脸的事情。通过分析学生们各自在社交媒介中描述自己吸食大麻的感受，可得知他们对大麻使用行为是否感到丢脸。在不断演变的媒介环境中，人的社会身份认同、身份认同表达，以及社交媒介形象相互交织，而在不断演变的政治环境中，与各种潜在风险（如气候变化、医疗保健的负担能力、性健康等）相关的真相诉求越来越多的呈现为身份认同表达，而不是知识表达（Hindman，2009；2012；Hindman & Yan，2015）。

一　华盛顿州的大麻合法化

2012 年 11 月 6 日，美国华盛顿州选民以 55.7% 比 43.3% 的投票比通过了第 502 号法案，允许 21 岁以上的成年人持有不超过一盎司的大麻供私人休闲使用（Washington Secretary of State，2012.11.27）。该法案是 2011 年的一项超过 27 万人的签名请愿活动的结果（Ammons，2012.1.27），立法会未能通过该项法案之后，该法案在 11 月的大选投票中直接进行了投票表决。

第 502 号法案的宣传活动获得了 600 万美元的捐款支持，其中的 200 万美元来自于美国进步保险公司（Progressive Insurance）总裁彼得·B. 路易斯（Martin，2012.11.7）。支持者们指出，结束无效且昂贵的执法行动可为该州带来高额的税收。确实，自 2014 年 6 月以来，华盛顿州已征收了超过 4 亿美元的消费税与 1.37 亿美元的销售税；2016 年的总销售额更是超过了 10 亿美元（www.502data.com）。而在 2016 年 7 月，原先不受监管的医用大麻市场则与更名为"华盛顿州酒类与大麻委员会"的休闲大麻监管系统进行合并（已就绪，确切时间不详）。

值得注意的是，在合法化成年人的休闲大麻使用投票中，很少有人关注使用大麻对健康的影响。相关研究证明，那些从青少年时期便开始使用大麻并持续至中年的人群在神经系统方面显示出明显的衰退迹象（Meier et al.，2012）。而在 2015 年，美国的大麻使用人群中占比最高的是大学生群体（18—25 岁人群占比 19.8%）。与 2002—2010 年相比，该年龄段的大麻使用者占比在 2011—2015 年明显增加（Center for Behavioral Health Statistics and Quality，2016）。

二　文献综述

1. 知识沟假说

知识沟假说的主要贡献在于其认为大众媒介的影响受到社会结构差异如社会经济地位的影响，这种差异还影响着不同群体在获取知识上的差异。这与大众对媒介在民主中的角色所具有的传统认知不同，该假说的提出者指出，大众媒介实际上加剧了人们的知识水平差距。因为知识就是权力，而媒介最终起到的是加大甚至加剧民众权力差距的作用（Tichenor, Donohue & Olien, 1970）。

知识沟假说的关键，在于大众媒介强化了社会内部的权力差异这一概念。当事实与科学因与政治议程产生冲突，从而遭到非议、忽视与否认的时候，这一概念就变得更具有解释力。尤其我们当下两极分化的政治氛围与知识沟假说被首次提出时已大不相同（Abramowitz & Sanders, 2008; Fiorina, Abrams & Pope, 2008; Political polarization in the American public, 2015.6.12）。

早期的知识沟假说中的知识这一概念，与两极分化的政治氛围中所提及的知识并不是一回事。知识沟假说中所谈到的知识，指的是被大众所普遍接受的，毋庸置疑的科学及公共事务相关的认知（Tichenor et al., 1970）。而知识要在人群中得以传播的唯一要求就是足够的时间。在这个模型中，知识是可以被积累的，因此所有的群体都可以获得知识，仅仅是获取率有所不同（Tichenor, Donohue & Olien, 1970）。而媒介宣传，是在整个社会系统中传播有关科学与公共事务知识的主要手段。

然而，广义的知识沟假说相关文献中，十分缺乏具有政治争议的知识主张研究（Hindman, 2009）。官员、政治专家与发言人会对那些可能给他们的目标带来负面影响，或可能加重政府监管负担的事实提出异议。例如，吸烟与癌症之间具有相关性这一科学发现，会被代表烟草公司的研究人员质疑，目的在于阻止政府管制（Proctor, 1995）。同样的，石油公司的研究一开始就承认地球气候变暖是人类活动所导致的结果。在1981年，埃克森美孚石油公司则利用二氧化碳与化石燃料（煤或石油）之间的关联来制定避免未来监管的商业决策。该公司资助了一项长达30年的研究以质疑化石燃料与全球变暖之间的关联性（Goldenberg, 2015.7.8）。

2. 信念沟假说

信念沟假说是对知识沟假说的延伸。两个假说都建立在任何问题都存在"正确"答案这个基础之上，而这个"正确"答案可以让无党派专家轻松得到验证或达成共识。信念沟假说认为，在政治两极分化的语境下，相较于知识教育程度，在被广泛宣传且具有政治争议的话题中，派别认知是一个更好的预测因素（Hindman, 2009）。

当知识由具有政治争议的可证事实组成时，知识沟假说中的知识具有无争议性与积累性这一假设便不再合时宜了。顾名思义，在信念沟假说中，信念优先于知识。知识需要证据来支持，而信念仅仅只是个人观点的陈述，并不需要证据予以支持。

个人、官员、政治家或者某特殊利益团体的代表都可以自由地选择相信或者不相信与他们的自身利益、意识形态，以及价值观念相悖的东西（Graham，Haidt & Nosek，2009）。比方说，烟草公司的发言人认识到政府的未来管制可能会影响公司利益，而他们可以通过质疑烟草与癌症之间的关联性这一科学发现来加以阻挠，这种情况下，个人信念与事实之间就产生了冲突（Proctor，1995）。

新闻中关于烟草公司负责人在国会听证会的证词的相关报道，有助于传播关于吸烟风险的疑虑。新闻媒介出于记者的公平报道规范，不仅会报道烟草与癌症风险之间的科学发现，也会报道质疑这些科学发现的烟草公司的观点。而这些烟草公司的官员很清楚他们的质疑会引起那些经济上或生理上对烟草有所依赖的人群的共鸣（Proctor，1995）。在这个过程中，企业或政治精英们公开地表达与科学发现相反的观点或信念，旨在利用那些倾向于接受他们的观点或信念的人群的非理性冲动，而事实到底如何他们并不在乎（Hindman，2012）。

在针对具有政治争议话题的民意调查中，信念差距尤为显著。这是因为填写调查问卷的人并不知道问题的正确答案是什么，因此会将他们对这个问题的看法作为答案。故此，任何与他们的倾向一致的说法都会被认为是对的，而不利于他们倾向的说法就会在被试者那里被认为是错误的（Zaller，1992）。也就是说，当受访者不知道问题的正确答案时，他们就会借机进行政治表达（Bullock，Gerber，Hill & Huber，2013.5），民意调查的受访者们宁愿表达政治倾向也不愿让自己显得无知，然而在事实面前，这两种表达并没什么差别。

本研究将在以年轻人为研究对象的知识分析中应用信念沟假说。而研究中所指的知识特指：（1）有关华盛顿州休闲类大麻合法化的知识；（2）有关大麻使用的短期与长期健康影响的知识。

第一类知识，即有关大麻合法化法案的知识是很容易被验证的。笔者曾做过类似的研究，对比的是民主党人与共和党人辨别哪些内容属于《平价医疗法案》的能力（Hindman，2012）。研究证明，随着时间推移，民主党人对法案内容的理解会逐步加深，而共和党人则会减少，可见信念沟的确存在。而与知识沟假说所不同的是，信念沟假说中的知识只会在受益于该知识的政治群体中得到积累。

而本研究检验的第二类知识，则需要被试者根据进行大麻健康风险实证研究的专家共识来进行确认。笔者在类似的研究中曾指出，保守派与自由派在禁欲教育的观念接受差距在扩大；而不具有科学可信度的教育方法也无法有效地预防意外怀孕或性疾病的传播（Hindman & Yan，2015）。笔者的另一项基于无党派知识主张的研究则指出，在气候学家有关人类活动与全球变暖之间存在联系达成共识的背景下，在接受有确凿证据证明全球变暖这一说法上，相较于教育程度，意识形态是一个更好的预测因素（Hindman，2009）。就如知识沟一般，自由党与保守党之间的信念沟随着时间的推移也在不断扩大。

在知识沟假说中，这两类知识（可被轻易验证并广为宣传的法律内容；未成年人大麻使用的健康影响研究）与社会地位的衡量标准呈正相关，并可被视为自变量"教育程度"以进行操作。而在信念沟假说中，相较于将有关大麻法案及健康影响的知识视为自变量"健康程度"来进行预测，自变量"社会身份"将会是一个更好的预测因素。

3. 知识沟与信念沟中的预测变量

信念沟可以被概念化为知识沟假说中的特殊情况。知识沟假说中认为，随着时间的推移，社会地位较高与较低群体间在广泛宣传的科学与公共事务相关知识方面的差距会不断扩大（Tichenor，Donohue & Olien，1970）；而信念沟假说则仅限于具有政治争议的"知识主张"上（Hindman，2009）。在个人信念与可验证事实相悖的情况下，作为标准变量的知识就会被信念所替代。而针对那些不容易被验证的事实如全球变暖或禁欲教育有效性等问题时，无党派专家的共识则可提供有效验证。

知识沟中的主要预测变量为社会经济情况，需要将之转换为教育程度以进行测量。该假说认为具有较高教育程度的社会群体具有较高的知识获取率，而教育程度较低的社会群体其知识获取率则较低。知识沟假说的提出者们（Donohue，Tichenor & Olien，1975）还为知识沟的概念化提出了扩展解释，认为社会认同与社会组织中的各种指标也可以作为知识沟的预测因素。例如社区类型与社区经济结构，就是社会组织影响社会系统间知识分配的两个具体指标。曾有研究指出，冲突社区之间的知识沟会不断缩小；而与外部群体存在冲突的社区在本地与非本地群体间也有着显著的知识沟（Tichenor, Donohue & Olien, 1980）。而最近的研究则指出，身份认同指标是人们维持与科学共识相反信念的重要预测因素（Veenstra, Hossan & Lyons, 2014）。

此外，信念沟假说还依赖于将社会身份认同指标作为对可验证事实信念的预测因素。自我认同为保守派或自由派，或是政治派别认同，都是对具有政治争议但可验证事实的信念的最佳预测因素（Veenstra et al., 2014）。

如表3.1所示，知识沟假说与信念沟假说有不少相似之处，但在议题内容、预测变量与标准变量、假定影响三个方面有着显著的差异。

表 3.1　　　　　　　　　　　知识沟假说与信念沟假说的各层假设

	知识沟假说	信念沟假说
议题	广为宣传的科学或公共事务话题中的可证事实	广为宣传且具有争议的政治议题中的可证事实
类别变量	知识与信念	知识与信念，风险感知
预测变量	教育程度；群体属性（如存在冲突的乡村与城镇；环境问题中的职业从属等）	党派认同；民主或保守派的自我身份认同；宗教认同；社会群体身份认同等。
随时间加深的可测差距	时间×教育程度/社会经济地位	时间×党派认同/政治意识形态/群体身份认同
横向研究	媒介使用×教育程度/社会经济地位	媒介使用×党派认同/政治意识形态/群体身份认同
预测影响	（教育或经济）地位差距的恶化与同党派、意识形态、群体固化；社会制度无法影响社会变化身份认同差距的恶化与固化	社会制度无法调整社会变化

4. 社会身份认同与风险认知

当小组处于不利于健康结果的风险中时，社会身份认同与感知偏见间呈显著相关性。早期研究指出，相较于不属于高危人群的大学生而言，静脉注射吸毒者与同性恋者会更低估与艾滋病相关的风险行为的危害性（Campbell & Stewart, 1992）。换言之，积极维持群体身份认同的意愿越高，对已知风险行为的感知则越弱。

近期的研究（McCright & Dunlap，2013）还指出，即便是定义模糊的社会群体也会对风险感知产生影响。研究表明，保守的白人男性对环境风险如环境质量、污染与全球变暖等问题的关注程度明显低于其他各类群体。此外，该研究提出了两种有助于解释拒绝环境风险的认知机制：身份保护认知（Identity Protective Cognition）与系统合理性（System Justification）（McCright & Dunlap，2013, pp. 212 - 214）。在白人男性中，身份保护认知多表现为对环境风险问题的不屑一顾，而这实际上是对涉及其身份认同的核心行为（如就职于依赖能源的产业）的一种自我防御（Kahan et al. , 2007）。而通过保守派媒介广泛宣扬保守派白人男性精英领导保守派政党与依赖能源的产业的系统合法性，更是增强了保守派白人男性的群体身份认同感（McCright & Dunlap，2013）。

5. 大学生的社会身份认同

针对大学生有关大麻合法化的信念研究，可为信念沟假说提供许多潜在发展方向。首先，由于华盛顿州内并没有因为休闲类大麻使用而产生任何政治讨论，因此该研究为我们提供了一个没有媒介报道政党间两极化辩论的真空环境，以检验信念沟假说。因为两党并未因为该议题分化，专家或官员也不会就此议题作出公开质疑或维护，媒介报道也不会出现精英间就此议题展开的论证与辩论，人们也就不会把大麻合法化问题与自己的政治身份联系起来。

其次，大学生对党派政治的漠不关心（Kiley & Dimock，2014.9.25），也是该研究的一大机遇与挑战。由于大学生的政治身份还未得到充分发展，因此，在对未成年人大麻使用法与健康风险的认知上，党派身份认同就不是一个显著的预测变量。而取而代之发挥作用的，则是大学生的社会群体身份，以及群体中与自我利益相关的一些其他指标。本研究为我们提供了机会以考察社会认同中与休闲大麻合法化相关的各个层面。

6. 宗教保守身份与大麻合法化

虽然大学生可能缺乏政治身份认同，但是他们并不缺乏建构一个能与他人分享身份的机会。大学生可以发展出基于专业、生活安排、社会团体的多种身份。

而本研究重点关注的，则是大学生作为宗教保守人士的程度。一般来说，各类型的保守派人士对休闲大麻的合法化多持反对意见，他们更倾向于采取刑事手段严加管控。相较于 1979 年的 27%，全美目前支持大麻合法化的比率上升至了 47%，至 2012 年年底，民主党人（51%）与共和党人（27%）对大麻合法化的支持率再次上升（Backus & Condon，2012.11.29）。因为大麻存在被滥用与安全威胁等潜在问题，且在医疗使用上并不重要，美国联邦法律将大麻归为与海洛因、可卡因同等的第一类毒品。然而，美国司法部也已承诺不会干涉如科罗拉多州、华盛顿州的休闲大麻合法化法案实施（Southhall & Healy，2013.8.29）。

与保守派社区教会、全国保守派基督教组织有联系的个人，多倾向于公开自己的信仰、秉持信仰规范，且经常参加教会成员间的社交与礼拜活动（Evangelical Protestants，2015）。而通常来说，宗教保守群体对化学制品多持反对态度，他们更强调自我的克制与对群体教义的依赖（DeWall et al.，2014；Stewart，2001）。

从历史的角度来看，宗教团体一向反对大麻的使用，因为它会加剧使用者对当下的关注，而不是精神上的存在与超越。换言之，大麻的作用有悖于自我克制、牺牲、来世等保守宗教观念（Pollan，2002）。因此，在检验有关法律内容、大麻使用的健康风险等可核实事实的认知时，宗教身份将会是检测非宗教或非保守人士间差异的重要预测指标。

7. 作为社会身份的大麻使用频率

与大麻合法化问题相关的另一类社会群体涉及大麻使用的亚文化群体（Johnson，Bardhi，Sifaneck & Dunlap，2006）。大麻使用者是学生可能的社会身份之一，而经常使用大麻的学生可能会和其他使用者来往，以便彼此分享使用经验并参与其他的社会活动。使用大麻的学生可能会从个人利益与支持全体规范的角度，去看待有关健康风险及法律的知识主张。当他们的群体对法律内容表示支持时，这些大麻使用者们就可能会认可这些法律内容与主张，而他们可能会质疑或不相信大麻使用有害健康的主张，因为这些陈述并没有很好地反映出使用者的日常习惯。

8. 社交媒介对大麻使用与社会身份认同呈现的接受度

社交媒介已然是不断演变的媒介环境中，联系个体与群体社会身份的一个重要手段（Dominick, 1999；Livingstone, 2008；2014；Taddicken, 2014）。对不少人而言，在社交媒介上发布关于某个活动的帖子，实际上比活动本身更为重要。如果保守的基督教徒或者大麻使用者是个人身份的关键部分，那么他们对社交媒介中的行为呈现所持有的态度就与这一身份紧密相关。如果他们对社交媒介中的大麻使用呈现持正面态度的话，那么就更可能拒绝接受大麻使用有害健康的主张。

三　研究假设

与信念沟假说一致，本研究认为在对知识的预测性上，教育程度的衡量指标会低于社会身份认同指标。本研究中用以检测该假说的议题是：有关法律内容的易核实的事实（H1a，H1b，H1c，RQ1）；以及涉及大麻使用的短期及长期影响的科学研究主张（H2a，H2b，H2c，RQ2）。

基于前文中的讨论，本研究的假设如下：

H1a：休闲类大麻合法化法律内容的检验中，相较于准确认知的教育程度，社会身份是更好的检验指标。

人们可以在问卷中表达对某个议题的反对态度。他可以否定与议题相关的事实或专家主张的正确性，也可以表达对该议题相关事实或主张的不利信念。这与早期杰米森和卡佩拉的研究发现是相一致的（Jamieson & Cappella, 2008, pp. 230 – 235），他们在研究中发现，党派人士对所属党派的正面描述或对立党派的负面描述多持认同态度，反之亦然：对所属党派的负面描绘或对立党派的正面描绘多持否定态度。这与布洛克等学者的研究发现也是一致的（Bullock et al. , 2013.5），他们认为，党派人士在问卷中会使用"测量知识水平的问题"（Knowledge questions）来表达与党派立场一致的意见。

比如说，随着时间流逝，共和党人对奥巴马医疗改革的可证事实会知之甚少（Hindman，2012）。这主要是因为共和党人更倾向于否定《平价医疗法案》中被广为接受的内容，如允许父母的保险用于小孩直至 26 岁，无论受保人此前健康状况如何，保险公司都必须接受其为客户等（Hindman，2012）。

从目前的研究来看，无论事实真相如何，涉及社会身份的各类指标会影响人们对法律内容的信念。首先，本研究预测保守派、共和党人，以及自认的宗教人士对休闲类大麻合法化多持消极态度，且可反映于他们对法律内容相关的可证事实的认知水平上。

H1b：自我认知为保守派宗教人士与休闲大麻合法化的准确认知之间呈负相关。

其次，常使用大麻者以及愿意在社交媒介上分享使用过程的人对该法案的认知程度会较高。这是因为该法案使得其大麻使用行为合法化，因此了解更多相关的细节更符合其自身利益。

H1c：频繁使用大麻者，对社交媒介的大麻使用持认可态度者，与休闲大麻合法化的准确认知之间呈正相关。

信念沟假说认为，随着时间推移，社会身份对个人信念的影响会加深。这是基于知识沟假说的延伸：知识沟假说预测的是作为知识预测因子的教育程度与时间之间的相互作用。以往的研究证明，党派认同与社会身份认同以及时间之间存在显著的相互作用。而本研究则将信念沟假说的应用范围延展至没有政治争论的议题，以及不存在党派偏向的群体之上。因此，这里有必要以研究问题的方式阐述社会身份、时间，以及大麻合法化法案之间的关系。

RQ1：时间推移与社会身份认同之间的相互作用是否会影响人们对大麻合法化法案的认知？

虽然一般来说，相较于法案支持者，法案反对者对法律内容的了解与认知程度会较低；但涉及大麻使用有害健康的负面信息时，双方的了解与认知程度则是相反的：越是反对大麻使用，其对大麻有害健康的负面信息的认可度就越高，而大麻使用支持者的态度则截然相反，他们对这些负面主张多持否定态度。无论哪一种情况，相较于教育程度而言，社会身份在检验对大麻使用有害健康的负面主张认可度上是一个更好的预测因子。

H2a：相较于教育程度，社会身份认同更能反映人们对大麻有害健康等负面信息的认可程度。

反对大麻使用的人，更容易认可大麻有害健康的说法。本研究认为，大麻有害健康的认可程度，与宗教保守派的身份之间也存在关联。

H2b：自认为宗教保守派人士，与认可大麻有害健康的说法之间呈正相关。

相对地，因为自身频繁使用大麻从而支持大麻合法化的人，以及对通过社交媒介展示自己吸食大麻持认可态度的人，便不太会认可大麻有害健康这一说法。

H2c：频繁使用大麻者，对社交媒介展示大麻持认可态度者，与认可大麻有害健康的说法之间呈负相关。

以往检验随时间推移的信念沟假说研究，都是基于政治精英之间出于党派及意识形态信念，对可证事实进行辩论的议题来开展的。随着时间推移，媒介的激烈报道会进一步扩大党派间有关该议题的信念沟。而如前文所述，本研究所涉及的休闲大麻合法化问题，并不是一个存在政治争议的议题。此外，相较于长辈或政治官员而言，大学生的政治两极分化程度也相对较弱，因此，这里最好以如下的研究问题来阐述大麻使用的健康影响认知变化中，时间推移与社会身份认同之间的本质关系是什么。

RQ2：时间推移与社会身份认同之间的相互作用，是否会影响人们对大麻使用影响健康的认知？

四　研究方法

1. 概述

本研究中的检验数据来源于华盛顿州某公立大学传播学课程中 18 岁及以上学生参与的三份网络问卷调查。每份问卷都通过了校级伦理委员会的审核并获得许可。问卷调查通过在线学科管理系统招募学生参与，并为其参与提供额外的加分以示鼓励，并剔除了回收问卷中回答总时长不超过五分钟、大多数选项空白、大多数选项勾选同一答案的无效样本。

第一份问卷的发放时间段选定为 2012 年 11 月的总统大选结束后，华盛顿州大麻合法化法案生效前夕的 11 月 27 日至 12 月 7 日，共回收 312 份有效样本；第二份问卷发放于 2014 年 4 月 16 日至 5 月 1 日，正值大麻零售合法化前夕，共收回 402 份有效样本；第三份问卷发放于 2015 年 9 月 22 日至 11 月 7 日，共收回 295 份有效样本。

2. 预测变量与类别变量

表 3.2 展示的是本研究所使用的各预测变量与类别变量（操作定义如下）的均值。其中，"月份"这个变量指的是第一次调查与后面两次调查间的间隔，因此，2012 年的第一次调查，月份间隔为 0；2014 年第二次调查，月份变量值为 15；2015 年的第三次调查，月份变量值为 34。

表 3.2　　　　　　　　　　主要变量的描述性统计数据

		均值	标准差（SD）	最小值	最大值
教育期望程度	2012	2.17[a]	0.43	1	3
	2014	2.27[b]	0.50	1	3
	2015	2.31[b]	0.50	1	3
	总计	2.25	0.48	1	3
宗教保守程度	2012	−0.10[a]	0.73	−1.40	1.94
	2014	0.09[b]	0.71	−1.31	1.92
	2015	−0.02	0.76	−1.31	2.09
	总计	0.00	0.74	−1.40	2.09

续表

		均值	标准差（SD）	最小值	最大值
大麻使用频率	2012	0.54	0.41	0.00	1.00
	2014	0.56	0.43	0.00	1.00
	2015	0.53	0.44	0.00	1.00
	总计	0.54	0.43	0.00	1.00
社交媒介中大麻使用呈现的接受度	2012	0.56[a]	0.39	0.00	1.00
	2014	0.47[b]	0.42	0.00	1.00
	2015	0.45[b]	0.44	0.00	1.00
	总计	0.49	0.42	0.00	1.00
法律认知程度	2012	3.49[a]	1.92	0.00	7.00
	2014	4.93[b]	1.50	0.00	7.00
	2015	4.98[b]	1.31	0.00	7.00
	总计	4.50	1.73	0.00	7.00
短期健康影响认知程度	2012	2.32[a]	1.68	0.00	5.00
	2014	3.40[b]	1.59	0.00	5.00
	2015	3.48[b]	1.48	0.00	5.00
	总计	3.09	1.67	0.00	5.00
长期健康影响认知程度	2012	3.05[a]	2.81	0.00	10.00
	2014	5.81[b]	3.34	0.00	10.00
	2015	6.08[b]	3.06	0.00	10.00
	总计	5.03	3.38	0.00	10.00

注释：总体方差显著性分析中（$p<0.05$），不同上标的变量均值间差异显著（$p<0.05$）（Scheffe）。

3. 测量方法

性别即参与者的自我性别认同，0代表男性，1代表女性。由表3.2可见，本研究的参与者中有61%的女性，可从侧面反映出该调查的学生性别比例。相较于其他两次调查，2014年调查的参与者中女性的比例明显较低。

教育成就即教育期望。如果用传统的教育程度测量法来进行分类的话，本研究的所有样本都将被归为同一类别："大学，无学位"，显然，就教育程度而言，大学生样本是同质化的。"在校时间"是一个更直接的分类方法，然而在

39

本研究中，各次调查中的该变量值仍无法保持一致。因此，本研究中选取的是询问参与者："你认为自己会在学校待多久"，并提供"念至大学，但少于四年""大学毕业并拿到本科学位""念至研究生""我不确定"等选项以便于分类。最后一类的12个样本的变量均值为2.2，可见，考虑到样本集的性质，用教育期望以作为教育程度的区分是最好的办法。

宗教保守程度（克隆巴赫α系数=0.72）由四个标准项的均值组成：开放或保守派的自我认知（极端开放；开放；中立或无政治立场；保守；极端保守）；民主或共和派的自我认知（1=死忠民主或民主派；2=独立党派；3=死忠共和或共和派）；宗教信仰程度（1=不信教；2=不大信教；3=信教；4=较为信教；5=虔诚信徒）；宗教礼拜的参与频率（从不参与；仅主要节日参与；每年几次；每个月几次；一周一次；一周多次）。从表3.2中可以看出，2014年调查的参与者的宗教保守程度比2012年次显著高出不少。

大麻使用频率则是四个大麻使用相关标准项的总和（克隆巴赫α系数=0.86）。第一个标准项测量的是参与者到目前为止使用过几次大麻（从"0次"至"100次或更多"的七分量表题）；第二个标准项测量的是参与者在过去一个月中使用大麻的天数（我不使用大麻；1—2天；3—5天；6—9天；10—19天；20—29天；30天）；第三个项目测量的是每次的大麻使用量（我不使用大麻；香烟或烟斗中混1—2次/吃1—2口大麻食品；香烟或烟斗中混3—5次/吃3—5口大麻食品；整支香烟或烟斗中使用/食用整个大麻食品；香烟及烟斗中大量使用/大量服用大麻食品）；最后一个标准项则是通过六个小项以测量参与者个人大麻使用状况的自我认知（不使用大麻；轻度使用者；中度使用者；重度使用者；极重度使用者）。

由于28%的参与者都选择了不使用大麻，因此该项目数值呈正偏态分布。该量表随后被重新编码为一个四级量表：0指代不使用大麻者，0.25指代该类别四个项目中有一项勾选了大麻使用的被试，0.5指代四项中有两项勾选了大麻使用的被试，1.0则指代的是四项都勾选了大麻使用的被试。表3.2中可见，三次调查中该类别的各项数值间无显著差异。

社交媒介中大麻使用呈现的接受度（克隆巴赫α系数=0.82）通过五个标准项测量。针对"你怎么看待你的朋友或熟人把你使用大麻的照片发表在社交媒介上的举动"这一问题，参与者需对"自豪""生气"（反向题）、"高兴"

"羞耻"（反向题）、"尴尬"（反向题）五个选项进行五级程度选择包括："非常的（4）；比较的；有一点；完全不（1）"，该指标最后由这五项的均值得出。而由于35%的参与者都选择了最低程度项，因此该量表呈正偏态分布。为了控制偏差，该量表被重置为三级，其中0指代的是35%的最低程度项选择者，1指代的是均值在1—2的30%的被试，而2指代的则是均值超过2的35%的被试。

有关休闲大麻合法化法案内容的认知统计，包含以下能够正确识别华盛顿州大麻合法化法案的项目数：21岁以上的成年人可合法持有最多两盎司的大麻（错误）；21岁以上的成年人在家可合法种植最多六种不同的大麻植物（错误）；只有从国家许可的经销商处购买大麻才是合法的（正确）；在公共场所使用大麻是非法的（正确）；21岁以下的未成年人可分发大麻（错误）；21岁以下的未成年人不得进入持有执照的大麻零售点（正确）；使用大麻后禁止驾驶（正确）；大麻推销类广告将受到限制（正确）；大麻生产商、加工商及零售商都需缴税（正确）。从数据来看，2012年的被访者在休闲类大麻合法化的相关法律知识认知方面的得分明显较低。

对短期健康影响的认知统计，则包含以下能够正确识别"使用大麻对健康造成的直接后果"的项目数：影响认知（正确）；影响身体协调（正确）；影响睡眠（错误）；思考及解决问题困难（正确）；性功能障碍（错误）；影响学习及记忆（正确）；脚部麻痹（错误）；增加心脏疾病（心悸、心律不齐、心脏病等）风险（正确）；耳鸣（错误）；对健康无直接影响（错误）（Ammerman et al.，2015；Drug Facts，2017.2；Meier et al.，2012）。

对长期健康影响的认知统计主要包括以下正确识别"使用大麻对健康造成的长期后果"的项目数：药物成瘾（正确）；手抖（错误）；戒断症状（正确）；焦虑（正确）；脑癌（错误）；视力障碍（错误）；抑郁（正确）；精神分裂症（正确）；性功能障碍（错误）；骨关节退行性变化（错误）；呼吸问题增加（正确）；胃癌（错误）；肠易激综合征（错误）；短期记忆问题（正确）；专注力下降（正确）；学习障碍（正确）；缺乏动力（正确）（Ammerman et al.，2015；Drug Facts，2017.2；Meier et al.，2012）。

2012年，在使用大麻的短期与长期健康影响指数上，受访者的得分都明显低于2014年与2015年的同项评估。这足以证明：随着时间推移，人们对大麻所带来的健康影响认知有所提高。

五　研究结果

为检验假设，我们通过分层回归分析分别对三个项目中的预测变量进行分析：（1）对休闲大麻合法化法案的认知；（2）对大麻使用的短期健康影响的认知；（3）对大麻使用的长期健康影响的认知；结果如表3.3所示。

我们检测的第一个假设是：

H1a：休闲类大麻合法化法律内容的认知检验中，相较于准确认知的教育程度，是否为宗教保守主义者等社会身份认同是更好的检验指标。

表3.3　　　　休闲类大麻合法化法案认知的各变量分层回归分析概述（N＝1004）

	B	S. E.	β	校正决定系数	代表R平方变化的F值
（常量）	3.92	0.27			
性别	-0.31	0.11	-0.09 **		
				0.003	3.8
教育期望	0.06	0.10	0.02		
				0.005	3.100
大麻使用频率	0.29	0.13	0.07 *		
宗教保守程度	-0.18	0.07	-0.08 *		
社交媒介中大麻使用呈现的认同程度	-0.38	0.13	-0.09 **		
				0.021	6.4 ***
时间	0.04	0.00	0.34 ***		
				0.130	125.9 ***
时间×宗教保守程度		0.14	0.07	0.06 +	
时间×社交媒介呈现的认同程度	0.12	0.06	0.07 *		

续表

	B	S. E.	β	校正决定系数	代表 R 平方变化的 F 值
时间 × 大麻使用频率	−0.05	0.06	0.03*		
				0.134	2.6*

注释：*$p < 0.05$，**$p < 0.01$，***$p < 0.001$。

从表3.3中可见，无论是教育期望系数（β = 0.02，n. s.）还是 R 平方的 F 检验系数都无显著性差异。相较而言，分层回归中作为整体输入的三个社会身份认同指标的 F 检验值呈现显著的统计学意义（6.4，$p < 0.001$）。代表社会身份认同的这三个系数都呈现出显著性差异：大麻使用频率（β = 0.07），宗教保守程度（β = −0.08），社交媒介中大麻使用形象呈现的接受程度（β = −0.09），这些数据可共同证明假设 H1a 成立。

接下来检测的第二个假设是：

H1b：自我认知为保守派宗教人士与休闲大麻合法化的准确认知之间呈负相关。

而表3.3中总结了该假设的检验结果，可见宗教保守派人士的统计数据上呈现显著的负值（β = −0.08，$p < 0.05$）。也就是说，相较于非宗教保守派人士，宗教保守派人士正确辨别大麻合法化法案内容的能力较弱，该假设成立。

本研究的第三个假设是：

H1c：频繁使用大麻者，对社交媒介的大麻使用呈现持认可态度者，与休闲大麻合法化的准确认知之间呈正相关。

同样从表3.3的结果可见，大麻使用频率的统计数据呈现显著的正值（β = 0.07，$p < 0.05$），证明大麻使用频率越高的受访者，能更好地辨别出大麻合法化法案的正确内容。然而与该假设相反，另一种社会认同指标（即社交媒介的大麻使用呈现的认同程度）则呈现显著的负值（β = −0.09，$p < 0.01$）。换言

之，愿意将自己吸食大麻的行为发布在社交媒介上的受访者，并不比那些从不发帖的人更清楚了解大麻合法化法案的具体内容。因此，该假设仅部分成立。

而本研究的第一个研究问题是：

RQ1：时间推移与社会身份之间的相互作用与人们对大麻合法化法案的认知之间是否存在关系？

而表3.3中的交互项检测很好地解答了这一问题。从表中可见，测量R平方变化的F检验数值十分显著（$F = 2.6$，$p < 0.05$），证明了变量组与大麻合法化法案内容的认知之间的显著关联：两项与时间×社会身份相关的交互检测都具有显著性意义，其中一项显著性较低（时间×宗教保守程度，$\beta = 0.06$，$p < 0.1$）且呈现出负相关，这与此前关于保守派（共和党人）对他们所不认同的法律的认知会较低这一信念沟研究成果是一致的（Hindman，2012）。因此，我们可以预见，个人对其所不支持的法律知悉得越多，其对该法律内容，尤其是针对被普遍认可内容的反驳陈述也会随之增加。而另一组具显著性的交互项：时间×社交媒介呈现的认可程度（$\beta = 0.07$，$p < 0.05$）则呈现正相关。由此可见，随着时间推移，社交媒介中的大麻呈现认可程度与法案内容的认知之间有着显著的正向关联。换言之，对在社交媒介中展现大麻使用行为持赞成态度的人，随着时间的推移，他们会了解更多的有关大麻合法化法案的具体内容，而反之亦然。总体来说，时间与社会认同间的相互作用，会在一定程度上影响人们关于大麻合法化法案的认知。

而为了进一步确认信念沟假说于大学生对休闲大麻合法化认知中的有效性，我们采用了两个大麻使用对健康影响的认知项目来进行检验，验证以社会认同为预测变量的信念假说是否成立。这里我们的基本预测是：倾向于反对大麻使用的人，更愿意认定使用大麻对健康造成负面影响的陈述为真实。

因此，我们关于健康影响的第一个假设是：

H2a：相较于教育程度，社会身份认同更能反映人们对大麻有害健康等负面信息的认可程度。

该假设的检验结果可见表 3.4 及表 3.5。第一个指标是教育期望程度模块与社会认同模块之间的 R 平方变化 F 值的对比（大麻使用频率、宗教保守程度、社交媒介中大麻使用呈现的认同程度）。由表 3.4 可见，教育期望程度模块的 R 平方变化 F 值（2.6，n. s.）并不显著，而社会认同模块的 F 值（22.1，$p < 0.01$）则具有显著性意义，该假设成立。同样，表 3.5 中的教育期望程度模块 R 平方变化 F 值（3.7，n. s.）不具统计学意义，而社会认同模块的 F 值（43.7，$p < 0.001$）则具有显著意义，该假设同样成立。

表 3.4　　　　　　　　大麻使用的短期健康影响认知的

各变量分层回归分析概述（N = 1004）

	B	S. E.	β	校正决定系数	代表 R 平方变化的 F 值
（常量）	2.91	0.27			
性别	0.16	0.10	0.05		
				0.01	11.9 **
教育期望	0.06	0.10	0.02		
				0.01	2.60
大麻使用频率	−0.31	0.13	−0.08 *		
宗教保守程度	0.10	0.07	0.05		
社交媒介中大麻使用呈现的认同程度	−0.68	0.13	−0.17 ***		
				0.07	22.1 ***
时间	0.03	0.00	0.24 **		
				0.13	65.9 ***
时间 × 宗教保守程度	−0.04	0.07	−0.02		
时间 × 社交媒介呈现的认同程度	0.04	0.05	0.02		
时间 × 大麻使用频率	−0.042	0.054	−0.025		
				0.133	0.360

注释：$^*p < 0.05$，$^{**}p < 0.01$，$^{***}p < 0.001$。

关于健康影响的第二个假设是：

H2b：自认为宗教保守派人士，与认可大麻有害健康的说法之间呈正相关。

表 3.5　　　　　　　大麻使用的长期健康影响认知的
各变量分层回归分析概述（N = 1004）

	B	S. E.	β	校正决定系数	代表 R 平方变化的 F 值
（常量）	4.99	0.51			
性别	0.07	0.20	0.01		
				0.01	8.68***
教育期望 0.09	0.20	0.01			
				0.01	3.70
大麻使用频率	−1.18	0.24	−0.15***		
宗教保守程度	0.22	0.13	0.05		
社交媒介中大麻使用呈现的认同程度	−1.70	0.25	−0.21***		
				0.12	43.7***
时间	0.08	0.01	0.31***		
				0.22	123.80
时间×宗教保守程度	−0.04	0.13	−0.01		
时间×社交媒介呈现的认同程度	−0.07	0.10	−0.02		
时间×大麻使用频率	−0.04	0.10	−0.01		
				0.22	0.255

注释：$^*p < 0.05$，$^{**}p < 0.01$，$^{***}p < 0.001$。

　　从表 3.4 的数值可见，虽然宗教保守程度呈现的是符合我们预期的正值（β = 0.05，n. s.），然而却不具有显著性意义，表 3.5 也呈现出同样的结果（β = 0.05，n. s.），该假设并不成立。持宗教保守态度的受访者，并不能比其他人更好地确定哪些类目才是大麻使用所带来的短期或长期健康影响的真实陈述。

　　下一个假设，检验的是倾向于支持休闲大麻合法化的人对负面健康影响的认知：

H2c：频繁使用大麻者，对社交媒介的大麻使用呈现持认可态度者，与认可大麻有害健康的说法之间呈负相关。

该假设可通过对两项支持大麻使用的社会认同变量的测量得以检验。在表3.4中，大麻使用频率（$\beta = -0.08$，$p < 0.05$）以及社交媒介呈现的认可度（$\beta = -0.17$，$p < 0.001$）都呈现我们所预期的负值，且具有显著性意义。而在表3.5中，这两项的测量数值（大麻使用频率：$\beta = -0.15$，$p < 0.001$；社交媒介呈现的认可度：（$\beta = -0.21$，$p < 0.001$）也与我们的预期一致且具有显著性意义。该假设成立。

而本研究的第二个问题，旨在确认社会认同指标是否会随着时间推移而有所增强，并以此预测人们对大麻使用的负面健康影响的认知变化：

RQ2：时间推移与社会认同之间的相互作用，是否会影响人们对大麻使用影响健康的认知？

我们同样可以通过表3.4与表3.5的交互项检测来回答这个问题。无论是哪一张表，其交互项的R平方变化F值都不具有显著性意义，缺乏证明其关联性的证据；同样的，时间×社会认同的检测数值也并不具有显著性。因此可以得出，时间推移与社会认同之间的相互作用，并不会影响人们对大麻使用负面健康影响的认知。

六 研究结论

本书将信念沟假说应用于年轻人对休闲大麻合法化法案以及健康影响的认知分析研究。这里的知识指标包括两种类别：易证实的事实（休闲大麻合法化法案的具体内容），以及需要专家证实的事实（大麻使用的短期与长期健康影响）。

从研究结果来看，受访者的知识水平随着四年的研究全面有所提高。尤其2014年与2015年的研究结果显示，受访者对法案具体内容的认知水平明显要高于2012年。同样的，受访者对大麻使用的短期与长期健康认知水平，2015年也明显高于2012年。这一研究结果很好地证明了知识沟假说中的"知识积累"这一命题。此外，本研究的结果还可很好地证明：无争议的科学与公共事务知识会随着时间推移而不断积累。

与知识沟假说相反但与信念沟假说一致的是，教育（期望）程度并不是衡量上述两种事实的有效预测变量：易证实的事实——休闲大麻合法化法案的具体内容；需要专家证实的事实——大麻使用的短期与长期健康影响。

如信念沟假说指出的那般，相较于教育程度，社会认同在评估人们对上述两种事实的认知时，是更为有效的预测变量。此外，有关社群认同差异的假设也同样得到了支持。证据表明，拥有不同社会身份认同的群体对于法律内容以及负面健康影响的认知是完全相反的。本研究结果呈现的模式更是证明了过往研究结论的正确性，即人们在回答问卷调查的问题时，与其说他们根据自身知识水平来回答，不如说是在表达与自己社会认同一致的观念（Bullock et al.，2013.5）。

此外，本研究还在四个层面拓展了信念沟假说。首先，本研究发现，在缺乏政治争论的事实认定中，信念沟仍然存在。以往的信念沟研究大多关注的是具有政治争论的议题。而本研究中涉及的休闲大麻合法化法案，在华盛顿州内并不是一个具有政治争论的议题。因此受访者在回答有关法律内容或健康影响等问题时，并不能借助政治精英们的观点或暗示。其次，本研究发现在年轻人群体这样一个政治上并不两极分化的群体之间（Kiley & Dimock，2014.9.25），信念沟仍然存在。换言之，既有的以成年人为研究对象的研究指出，党派团体之间存在显著的信仰沟差异，而本研究则证实，信仰沟假说的应用还可延伸至社会身份认同这一领域。再次，本研究在假说中引入了三个可以预测认知水平（知识信念）的社会身份认同指标。最后，本研究证明，信念沟假说还可应用于健康风险感知评估。

人们对大麻使用的短期或长期负面健康影响的认知程度，与他们的行为（大麻使用频率）以及网络身份认同（社交媒介中大麻使用呈现的接受程度）是相一致的。这也证明过往研究结果是正确的，即群体认同是评估群体成员相关风险的一个重要指标（Campbell & Stewart，1992；McCright & Dunlap，2013）。

研究中选取了三个主要的社会身份认同指标：（1）宗教保守程度；（2）大麻使用者与否；（3）是否愿意在社交媒介中表达对大麻使用的支持。

之所以选取宗教保守程度为其中一个主要的指标，有以下三个原因：

1. 高校校园中有大量的宗教保守派团体。

2. 他们与休闲大麻合法化之间具有潜在相关性。

3. 群体成员的忠诚度极高。

如我们所预期，宗教保守程度与休闲大麻合法化法案的具体内容认知之间呈负相关。这也再一次证明了信念沟假说中的陈述：相较于对特定法案持支持态度的人士，持反对态度的人士对法案具体内容的了解会更少。之所以会产生这种效果，在于这些宗教保守派人士原则上既不支持法案本身，也不支持其中的某些具体内容，而在缺乏相关知识的情况下，信仰占据主导。

另一个有效的社会身份认同预测变量是大麻使用频率。在大学里，大麻使用者所共有的亚文化身份认同，必然对他们关于大麻使用的健康影响认知产生重要影响。也正如我们所预测的，大麻使用频率与负面健康影响认知之间呈负相关。在缺乏必要知识的情况下，受访者会利用有关负面健康影响的问题来表达符合其自身利益以及群体认同的观点。也就说，民意测验被受访者用以表达其对事实的信念认知，而不是知识。

第三个预测变量，是社交媒介中大麻使用呈现的认同度。重点评估的是那些当朋友把自己使用大麻的照片发到社交媒介上时，并不会觉得生气或羞耻，反而以此为荣的人群的认知。社交媒介在建构与维持大学生社会认同中起到了核心作用，因此这一变量尤为重要。研究证明，社交媒介中大麻使用呈现的认同度，与对大麻使用的负面健康影响认知之间呈负相关。因此可见，相较于关于使用大麻将影响健康的知识教育程度而言，社会身份认同是更好的预测变量。

此外，本研究的发现与风险意识及健康间的关联也是相关的。我们可以合理推测，对健康相关的科学事实持否定态度的人，实际上是在否认大麻使用所造成的健康风险。而有关大麻使用对健康影响的信念研究，未来我们还需纳入对休闲类大麻使用与特定影响相关联的风险感知程度的测量，以及对此类风险的专家评估；而不同群体的个人身份认同程度测量则需要纳入群体成员的指标考量之中；所需检验的假设与本研究一致：（1）支持大麻使用的人群相较于反对者而言，其风险感知程度更低；（2）社会身份认同中的信念沟差异相较于传统的知识预测因素（如教育程度等）更具有效性；（3）无论是对事实抑或是对风险的信念，都将对个人的社会身份与现有行为起到支持作用，尤其是与重要的社会身份认同相关的风险感知上，会与政治观念一般，可能呈现出不合理或反事实的倾向。

在当下不断演变的媒介环境中，身份认同与媒介之间的联系比以往任何时刻都更为紧密。过往的传统媒介环境中，受众通过大众审美的方式被动地展示身份认同。而社交媒介环境中的受众，则利用这个平台主动地进行自我表达与身份构建。例如通过脸书的点赞（Like）功能，研究者可以准确地推测出个人属性如性取向、种族出身、性别、智力，甚至是用户不经意透露的行为特征如政治观念、宗教信仰、人际关系与药物使用等（Kosinski, Stillwell & Graepel, 2012）。

同样的，对于许多大学生而言，他们的网络身份便是其社会身份。他们如何通过网络来呈现自我，或是如何通过其他人在社交活动中拍下的照片来呈现他们（的观点），事实上能帮助我们理解各种行为是如何从被污名化转向被接受的有效方式。在本研究中，有一系列的问题检验的是大学生对自己使用大麻的形象与场景被呈现于社交媒介的接受程度，这些数据成为本研究检测大学生的法律认知、健康影响认知的最强预测指标之一。也就是说，通过社交媒体展示的社会身份，是健康与风险研究中的一个关键指标。

当然，本研究也存在不少局限性。首先，本研究的数据来自于三份寻求额外学分的自选学生样本，因此本研究结果并不具备足够的普适性。其次，本研究的样本数太小且过于均衡，无法有效检测出可能存在的显著性差异，例如研究中使用的教育措施这一指标基于的教育期望而并非实际教育水平，因此，对该变量的结果必须谨慎解释。最后，研究中回归方程的解释方差，尤其是健康影响认知这一类目的数值较小。这表明我们需要谨慎对待研究所得数据并进行结论推断。而从研究中可以看到，显然还有其他因素在影响大学生对休闲类大麻使用的认知与信念，因此我们还需要进行更进一步的研究探讨。

参考文献

Abramowitz, A. A., & Saunders, K. K. (2008). Is polarization a myth? *Journal of Politics*, 70, 542–555.

Ammerman, S., Ryan, S., Adelman, W., The Committee on Substance Abuse, & The Committee on Adolescence. (2015, March). The impact of marijuana policies on youth: Clinical, research, and legal update. *Pediatrics*, 135(3).

Available: http://pediatrics.aappublications.org/content/135/3/e769.

Ammons, D. (2012, Jan. 27). Marijuana Initiative 502 certified to Legislature/ ballot. Available: http://blogs.sos.wa.gov/FromOurCorner/index.php/2012/ 01/marijuana-initiative-502-certified-to-legislatureballot/.

Backus, F., & Condon, S. (2012, November 29). Nearly half support legalization of marijuana. CBS NewsNews Polls. www.cbsnews.com/8301-250_162-57556286/ poll-nearly-half-support-legalization-of-marijuana/?pageNum=2#postComments.

Bullock, J., Gerber, A., Hill, S., & Huber, G. (2013, May). Partisan bias in factual beliefs about politics. NBER Working Paper Series, 19080. Available: www. nber.org/papers/w19080.

Campbell, L., & Stewart, A. (1992). Effects of group membership on perception of risk for AIDS. *Psychological Reports*, 70(3, supplement), 1075–1092.

DeWall, C. N., Pond, R. S., Jr., Carter, E. C., McCullough, M. E., Lambert, N. M., Fincham, F. D., & Nezlek, J. B. (2014). Explaining the relationship between religiousness and substance use: Self-control matters. *Journal of Personality and Social Psychology*,107(2), 339–351. doi:http://dx.doi.org/ 10.1037/a0036853.

Dominick, J. R. (1999). Who do you think you are? Personal home pages and self-presentation on the world wide web. *Journalism & Mass Communication Quarterly*, 76(4), 646–658.

Donohue, G., Tichenor, P., & Olien, C. (1975). Mass media and the knowledge gap: A hypothesis reconsidered. *Communication Research*, 2(1), 3–23.

Drug Facts. (2017, February). National Institute on Drug Abuse: Marijuana. Available: www.drugabuse.gov/publications/drugfacts/marijuana.

Evangelical Protestants. (2015). *Religious landscape study*. Pew Research Center for Religion and Public Life. Available: www.pewforum.org/religious-land scape-study/religious-tradition/evangelical-protestant/.

Fiorina, M., Abrams, S., & Pope. (2008). Polarization in the American public: Misconceptions and misreadings. *The Journal of Politics*, 70, 556–560.

Goldenberg, S. (2015, July 8). Exxon knew of climate change in 1981, email says—but it funded deniers for 27 more years. *The Guardian*. Available: www. theguardian.com/environment/2015/jul/08/exxon-climate-change-1981-climate- denier-funding.

Graham, J., Haidt, J., & Nosek, B. (2009). Liberals and conservatives rely on dif- ferent sets of moral foundations. *Journal of Personality and Social Psychology*, 96, 1029–1046.

Hindman, D. (2009). Mass media flow and the differential distribution of politically disputed beliefs: The belief gap hypothesis. *Journalism and Mass Communication Quarterly*, 86, 790–808.

Hindman, D. (2012). Knowledge gaps, belief gaps, and public opinion about health care reform. *Journalism and Mass Communication Quarterly*, 89, 585–605.

Hindman, D., & Yan, C. (2015). The knowledge gap vs. the belief gap and abstinence- only sex education. *Journal of Health Communication: International Perspectives*, 20(8), 949–957.

Iyengar, S., Sood, G., & Lelkes, Y. (2012). Affect, not ideology: A social identity perspective on polarization. *Public Opinion Quarterly*, 76, 405–431.

Jamieson, K. G. H., & Cappella, J. N. (2008). *Echo chamber: Rush Limbaugh and the conservative media establishment*. Oxford: Oxford University Press.

Johnson, G. (2015, July 4). Washington state has brought in $70 million in tax revenue from legal marijuana sales. *Business Insider*. Available: www.businessinsider.com/recreational-marijuana-washington-state-tax-revenue-2015-7.

Johnson, E., Bardhi, F., Sifaneck, N., & Dunlap, E. (2006). Marijuana argot as subculture threads: Social constructions by users in New York City. *The British Journal of Criminology*, 46(1), 46–77 Available: http://ssrn.com/abstract=905679 or http://dx.doi.org/10.1093/bjc/azi053.

Kahan, D., Braman, D., Gastil, J., Slovic, P., & Mertz, C. (2007). Culture and identity-protective cognition: Explaining the white-male effect in risk perception. *Journal of Empirical Legal Studies*, 4(3), 465–505.

Kiley, J., & Dimock, M. (2014, September 25). *The GOP's millennial problem runs deep*. Pew Reseach Center. Available: www.pewresearch.org/fact-tank/2014/09/25/the-gops-millennial-problem-runs-deep/.

Kosinski, M., Stillwell, D., & Graepel, T. (2013). Private traits and attributes are predictable from digital records of human behavior. *PNAS: Proceedings of the National Academy of Sciences of the United States of America*. Available: www.pnas.org/content/110/15/5802.full.pdf.

Livingstone, S. (2008). Taking risky opportunities in youthful content creation: Teenagers' use of social networking sites for intimacy, privacy and self-expression. *New Media & Society*, 10(3), 393–411.

Livingstone, S. (2014). Developing social media literacy: How children learn to interpret risky opportunities on social network sites. *Communications: The European Journal of Communication Research*, 39(3), 283–303. doi: 10.1515/commun-2014-0113.

Major, J. (2015, July 4). State presents new medical pot rules. *The Daily Record*. Avalable: www.dailyrecordnews.com/members/state-presents-new-medical-pot-rules/article_e8bd9c18-83e4-11e5-aa99-b737c89a0c35.html.

Martin, J. (2012, November 7). Voters approve I-502 legalizing marijuana. *The Seattle Times*, http://seattletimes.com/html/localnews/2019621894_elexmarijuana07m.html.

McCright, A. M., & Dunlap, R. E. (2013). Bringing ideology in: The conservative white male effect on worry about environmental problems in the USA. *Journal of Risk Research*, 16(2), 211–226. doi: 10.1080/13669877.2012.726242.

Meiera, M. Caspia, A., Ambler, A., Harrington, H., Houts, R., Keefe, R., McDonald, K. Ward, A., Poulton, R., & Moffitt, T. (2012). Persistent cannabis users show neuropsychological decline from childhood to midlife. *PNAS: Proceedings of the National Academy of Sciences of the United States of America*. Available: www.pnas.org/content/109/40/E2657.

Pollan, M. (2002). *Botany of desire: A plant's eye view of the world*. New York: Random House.

Political polarization in the American public. (2015, June 12). Pew Research Center. Available: www.people-press.org/2014/06/12/political-polarization-in-the-american-public/.

Proctor, R. (1995). *Cancer Wars: How politics shapes what we know & don't know about cancer*. New York: Basic Books.

Preparations in place for July 1 alignment of medical and recreational marijuana systems. (n.d.). Washington State Liquor and Cannabis Board: 2016 Press Releases. Available: http://lcb.wa.gov/pressreleases/alignment-med-and-rec-mj-systems.

Southhall, A. & Healy, J. (2013, August 29). U.S. won't sue to reverse states' legalization of marijuana. *The New York Times*. Available: www.nytimes.com/2013/08/30/us/politics/us-says-it-wont-sue-to-undo-state-marijuana-laws.html?_r=0.

Stewart, C. (2001). The influence of spirituality on substance use of college students. *Journal of Drug Education, 31*, 343–351.

Tichenor, P., Donohue, G., & Olien, C. (1970). Mass media flow and differential growth in knowledge. *Public Opinion Quarterly, 34*, 159–170.

Taddicken, M. (2014). The 'Privacy Paradox' in the social web: The impact of privacy concerns, individual characteristics, and the perceived social relevance on different forms of self-disclosure. *Journal of Computer-Mediated Communication, 19*(2), 248–273. doi: 10.1111/jcc4.12052.

Tichenor, P., Donohue, G., & Olien, C. (1980). *Community conflict and the press*. Beverly Hills, CA: SAGE.

Veenstra, A., Hossain, M., & Lyons, B. (2014). Partisan media and discussion as enhancers of the belief gap. *Mass Communication and Society, 17*, 874–897.

Washington Secretary of State. (2012, November 27). Nov. 6, 2012 election results: Initiative Measure No. 502 concerns marijuana. Available: http://vote.wa.gov/results/20121106/Initiative-Measure-No-502-Concerns-marijuana_ByCounty.html.

Willis, H. H., & DeKay, M. L. (2007). The roles of group membership, beliefs, and norms in ecological risk perception. *Risk Analysis: An International Journal, 27*(5), 1365–1380. doi:10.1111/j.1539-6924.2007.00958.

Zaller, J. (1992). *The nature and origins of mass opinion*. New York: Cambridge University Press.

第四章

眼不见心不烦？

——医疗保健传播中的品牌辨识研究

劳拉·克洛斯维尔　兰斯·波特　梅根·桑德斯

2006 年月 6 月 8 日，美国食品药物管理局（FDA）批准了世界上第一支预防人乳头瘤病毒（HPV）疾病的疫苗"加卫苗"[Gardasil（R）]。此后，该疫苗的开发方默克制药公司迅速在美国全国开展横跨纸媒、电视、网络等多媒介的全面广告宣传，以求引起公众的讨论并刺激消费需求（Petersen，2006）。然而，在获得食品药物管理局批准之前，默克制药实际上就已与非营利组织"癌症研究与预防基金会"（Cancer Research & Prevention Foundation）以及"赋能女性网络"（Step Up Women's Network）合作，通过史无前例的三层社会营销活动（Three-tiered Social Marketing Campain）来提高人们对 HPV 病毒的认识。

虽然 HPV 疫苗接种为宫颈癌的有效预防带来了希望，但默克制药早期发布的宣传信息却引发了关于企业意图的辩论。例如有报告称这些社会营销活动是默克制药为新研发疫苗"开辟市场"的"商业努力"（Serono, n. d.）；也有批评者指出葛兰素史克（Glaxo Smith Kline）正在致力于替代疫苗的研发，因此默克制药应该进行战略规划以提升品牌知名度，从而赢得市场先机（Herper，2012）。尽管默克制药一直坚称"这些活动是一项广泛且持久的公共卫生承诺的一部分，旨在鼓励加强对相关疾病的认识"（默克制药发言人 K. 多尔蒂于施瓦茨，2006），仍有不少人指责这些预先发布的宣传信息中存在欺骗性营销议程。锡尔·泊松（Siers-Poisson，2007，p. 32）进一步指出：通过与非营利组织，尤其是那些以患者健康与妇女问题为首要关注的组织合作，默克制药得以精准接触到那些原本对制药公司动机存在疑虑的人群。

现有的健康传播研究指出，消费者对疫苗接种广告的信任程度会影响其信息搜索行为（Nan, 2012；Manika, Ball & Stout, 2014）。因此，对于研究者、医学从业人员与市场营销专家而言，清楚把握公共健康意识宣传中的医药品牌与消费者信任之间的关系十分重要。本研究遵循"我们应停下并思考当企业将社会责任用作一种宣传手段时会发生什么"（Pardun, 2009, p. 175）这一论点，旨在通过"商业利益会阻碍品牌知名度提高"这一框架，挖掘企业主导的医疗信息中所蕴含的深意。接下来的分析中，我们将重点关注与健康传播中的公信力息息相关的，有意品牌认知度与"潜在"品牌认知度之间是如何脱节的。

一 商业化的社会认知

1969年，科特勒（Kotler）和利维（Levy）认为宏观市场研究无法充分解释商业化背景下的非营利性营销实践，因而创造了"社会营销"（Social Marketing）一词（Bolton, Cohen & Bloom, 2006；Andreasen, 2012）。而为了响应拓展行业术语的号召，美国市场营销协会（AMA）在2007年正式将"市场营销"的概念拓展为"为消费者、客户、市场人员以及全社会创造、传播、递送、交换有价值物品的过程、活动与系列机构"（AMA, 2012）。虽然我们可通过美国市场营销协会对市场营销的新定义以洞察整个营销领域中所发生的变化，但"社会营销"仍缺乏这种结构化的可操作性（Thackeray, 2012）。目前来说，社会营销一词的互换性较为模糊，常指代非营利性活动，或市场营销的整体社会影响（Kotler & Zaltman, 1971；Lazer & Kelly, 1973），现常被误用以指代社交媒介/网络营销（Andreasen, 2012）。

社会营销指代的是"旨在影响社会观念接受度的设计、措施与项目管控"，当下多数文献也都基于此定义进行衍生阐述（Andreasen, 2001, p. 71）。然而，这些定义并没有考虑到利润激励或支持动机，将该词局限在了慈善语境之下。而由于传统的定义及标准不明确，使得研究人员往往忽视了社会营销的准则，将其视为检验企业营销活动的一种手段。在医疗行业运用社会营销的好处包括全面提高在消费者中的知名度、病患教育，以及医学讨论等层面，然而其值得质疑的宣传工作可能会对信息接收与沟通效率构成威胁（Liang & Mackey, 2011），戴维森和诺维利（Davidson & Novelli, 2001）支持这种观点并解释道：

社会期望并接受企业推广其商品与服务并最终获利。然而，当企业冒险踏入社会营销领域并试图通过改变行为来促进社会福利改善时，却会令人感到困扰与疑惑，并加剧了原本就存在的对商业化的不安与不信任度。

随着媒介技术不断发展成熟，以及企业自由度的拓展，商业广告与非商业广告变得越来越难以区分（McChesney, 2000）。而这逐渐模糊的界限，使得我们对"公共知名度宣传""非营利性信息传递"，以及企业赞助的"善因营销"等概念的理解产生了疑问。

由于宽松的政策与监管监督环境，企业机构经常采用社会营销的方式来进行产品推广（Pardun, 2009）。此类消费者目标的信息传递手段逐渐覆盖整个媒介渠道之中，甚至导致欺骗手段被运用于公共卫生领域（Davidson & Novelli, 2001）。如贾拉米洛（Jaramillo, 2006, p. 271）指出的那般，"制药公司也学起了耐克（Nike）或迪士尼（Disney）的那一套，他们的药物旨在辅助构建向消费者承诺的生活方式，而不是为了治病"。当下，越来越多的人在健康出问题时会求助于各种媒介资源，因此有关人员更有必要清楚了解影响医疗决策制定的内部、人际，以及大众媒介的作用。

二　信息处理与消费者信任

健康意识宣传主要通过传递达成目标所需的信息、知识与技巧来促进信息接收与行为模仿（Lundgren & McMakin, 2004；Lee-Wingate, 2006）。然而，为了促使公共卫生信息产生影响，受众必须以某种方式进行信息处理。德席尔瓦和帕姆格林（D'Silva & Palmgreen, 2007, p. 67）指出："公益广告的目的在于让受众在未来的某个时间对信息采取积极反应。因此，除了注意力（Attention）以外，编码（Encoding）与回想（Recall）也是开发适当信息的必要组成部分"。如果信息发送者对目标人群而言具有代表性，其行为模式与受众价值观一致，信息构建与传递方式能被受众所接受并处理，并且信息设计能够吸引受众注意力，那么健康传播信息就更可能被接受（Bandura, 1997）。

西费特等学者（Siefert et al., 2008, p. 427）指出，"认知情感神经科学清楚表明，大脑处理信息的方式取决于信息的呈现与感知方式"。而社会认知理论的信条也反映了这些概念，并强调注意措施（Attention Measures）在信息处理与决策中的重要性。虽然人们可能没有意识到这种影响，仅仅只是"将产品与某些获得正面评价的刺激因素（如引人入胜的图像）联系起来……但也足以改变其对该产品的态度，并不会在效果产生前改变自身的任何'理性'信念"（Rossiter & Percy, 1983, p. 112）。考虑到产业会基于精心设计进行基础信息开发与活动，我们认为品牌定位与赞助整合对公共卫生信息具有一定的影响力。

既有研究不断强调在评估说服性文本时要考虑到信息的接触、关注、理解与保留（Russell & Roskos-Ewoldsen, 2005；Bandura, 2001）。而消费者研究则表明，受众所感受到的可信性会深刻影响其对广告宣传以及随后的消费行为的认同（Austin et al., 2002）。查特吉和乔杜里（Chatterjee & Chaudhuri, 2005）还发现，信任可通过提高受众注意力、广告显著性，以及品牌记忆来影响广告效果。此外，还有研究指出，受众怀疑与广告吸引力、信息接收、受众参与度，以及消费者反馈呈负相关（Obermiller, Spangenberg & MacLachlan, 2005）。因此，广告的可信度很大程度上决定了信息的有效性。在健康传播中，来源可信度还可以通过影响信念、态度，以及行为的方式来提升信息有效性（Pornpitakpan, 2004）。正如修辞学研究所认为的，信源可信性是一种建立在传播者可信度基础上的结构，依赖于感知可信性度与信源的专业性（O'Keefe, 1990）。

另一方面，关于信任与信誉的价值判断则源于"对知识与专业知识的理解、对公开与诚实的观念，以及对关心与关怀的看法"（Peters, Covello & Mc-Callum, 1997, p. 2）。我们推测，品牌的可检验性可能会影响人们对公开及诚实的感知，因而影响其感知信任与信誉。而通过解析商业化健康传播的实际案例，学者与行业人士可以更好地理解企业机构是如何为医疗保健消费者架构起特定的现实语境。

此外，符号学框架十分重视企业品牌的力量，并认为"观众是一个知识渊博、甚至技巧高超的解码者，可熟练地理解各类符号所指之意"（Bordwell, 2012, p. 44）。因此，尽管这可能不是一个有意识的思考过程，但非营利性健康宣传活动中的企业赞助，可能会影响观众对活动信誉与可信性的看法。故此，默克制药参与的原本是关于 HPV 的健康意识宣传活动，最终却成为向受众推广其产品的宣传活动，必然会影响受众对活动信誉与可信度的感知。而我们的研究，旨在对比隐性的微观行为外在的自我陈述检测，以挖掘企业赞助在健康信息传播中的"隐性"效应。

虽然有不少研究证实人们对疫苗接种信息的回想能力较强（Kobetz, Kornfeld, Vanderpool, Rutten, Parekh, O'Bryan & Menard, 2010），消费者对制药公司的广告也普遍存有顾虑（Shafter et al., 2011），但很少有研究关注品牌形象在知名度宣传活动中的潜在影响。而鉴于该领域的先行研究成果欠缺，我们选择开展归纳研究，并提出以下两个研究问题：

RQ1：消费者是否会注视营利性企业赞助场景？

RQ2：被试者是否能正确回想这些营利性企业赞助场景？

此外，为了研究不同程度的品牌知名度对信息接收的影响，我们首先需要确定品牌的可发现性。生理估量指标（Physiological Measures）常被用来测量人们的潜在认知，以及其他的一些无意或难以清楚表达的反应（Stern, Ray & Quigley, 2001; Potter & Bolls, 2012）。研究者可通过该指标推断出个体的媒介信息认知方式在注意力范围、信息观看与思考顺序方面的差异。因而作为延伸，本研究还需要回答以下几个问题：

RQ3：企业赞助场景的生理注视指标与被试者自述的品牌回想之间是否存在关联？

RQ4：对营利性企业赞助场景的生理认知是否会影响受众对广告可信度的看法？

RQ5：对营利性企业赞助场景的生理认知是否影响受众对默克制药的社会营销广告的信任度？

RQ6：品牌认同在哪些方面会影响消费者对加卫苗接种的感知效果？

三　研究方法

消费者研究非常依赖于深度剖析目标受众心理与行为的专项研究。而对潜意识或不引人关注的数据进行收集，是当代广告研究中较为前沿的研究方法

（Briggs，2006）。先进的测量系统与计算技术可通过揭示影响消费者决策的感知与认知过程来促进对广告效果的评估（Duchowski，2007）。其中，眼动追踪测量有助于定性与定量数据分析，使研究人员得以通过视觉化以及眼动统计测量来解析研究结果（Rosbergen，Pieters & Wedel，2004）。

莫恩、古特尼科夫和史蒂文斯（Maughan，Gutnikov & Stevens，2007，p. 342）认为，眼动追踪技术"将消费者对市场营销及广告的反馈研究建立在了坚实的科学基础之上"。考虑到该方法能够获得客观的关注度指标与可靠的消费者认知指标，我们将采用眼动追踪分析对默克制药的多阶段营销中的品牌影响力进行量化评估，并结合生物统计学以解读研究结果，多角度全方位地研究健康传播中被试者对药物品牌的态度。

1. 设备与材料

研究中我们主要使用 Tobii-T60 型眼动仪，一种外观酷似普通电脑显示器的眼球追踪装置以监测眼球运动模式。由于追踪硬件内嵌于监视器，因此被试者不需要在头部佩戴设备。在被试者看来，他们面前只是一台普通的电脑显示器，首先，他们可以在自然状态下观看默克制药的社会营销广告。观众一共要观看四条与默克制药的推广活动相关的广告：美国食品药物管理局批准加卫苗上市前播出的两支健康宣传广告——"建立联系"（Make the Connection）与"告诉某人"（Tell Someone）；以及加卫苗获批上市后的两支广告——"少一个"（One Less）和"我的选择"（I Chose）。其次，我们还使用一份包含了20个问题的前测问卷以测量被试者此前对 HPV 病毒以及加卫苗接种的认知与知识水平。最后，我们再使用一份包含了35个问题的后测问卷调查被试者对四个商业广告的看法、对加卫苗的态度，以及将来是否接种疫苗的意向。

2. 研究步骤

我们所设计的前测问卷旨在评估被试者在实验前对 HPV 病毒、宫颈癌，以及加卫苗接种等问题的认知与知识水平。为了避免启动效应，该问卷还涉及其他诸多健康问题如流感、轮状病毒、疱疹、结肠癌、肺癌、皮肤癌、心脏病与酒精中毒等。此外，我们的研究指南明确要求被试者需要在实验开始前的3—14 天之内完成这份问卷。

在研究的第二阶段，被试者需要观看四条 HPV 宣传广告。这些广告按照实际的上映顺序播放："建立联系"—"告诉某人"—"少一个"—"我的选择"。为了避免感知期望与视觉注意力改变，被试者并未被赋予任何观看任务，也并不知道其眼球运动有被记录。每位参与者在不间断地观看完四条广告之后，需要在旁边的电脑房完成后测问卷调查。该问卷包含了对被试者的人口地域信息、观众记忆、参与度、知识与接触、对疫苗的态度等类目的评估。我们的学生在帮助完成第二阶段的实验以后，可获得大众传播学课程的额外学分奖励。

3. 被试者

2013 年秋季，我们通过南部一所中等规模的大学学科库召集了志愿者。虽然默克制药的社会营销活动主要集中于以女性为对象的医疗保健行为上，但男性往往也会对女性家庭成员（如女儿、妻子、母亲）的医疗决策产生影响。再者，男性也是消费文化不可或缺的一部分，且积极参与口碑营销之中。因此，我们并未对志愿者的性别进行限制。在确保参与者都是匿名的基础上，我们收集了这些被试者的性别、年龄、种族、性活动频率，以及疫苗接种状况等信息。

最终共有 117 名被试者参与了本研究的数据收集，其中，女性被试者（65.8%）占比是男性（21.4%）的三倍，另有 12.8% 的被试者不愿透露性别。被试者年龄范围大约在 18—34 岁，平均年龄 20.2 岁。大多数被试者为白人或非西班牙裔（75.2%），其他种族占比分别为：非洲裔（11.1%）、西班牙裔（3.4%）、亚洲及太平洋岛裔（1.7%）、印第安人（0.9%），以及未告知种族（7.7%）。在本实验开始前，70.9% 的被试者曾听说过加卫苗，13.7% 的被试者对该疫苗并不了解，2.6% 的被试者表示不太确定是否了解，而 12.8% 的参与者没有告知其了解程度。

而自述对加卫苗有所了解的被试者认为其最初的信息来源主要有以下几类：商业广告（58.1%）、医生（47.9%）、朋友或家人（41%）、网站（10.3%），以及其他（5.1%）。其中，其他的信源包括大学卫生设施、大学教师或杂志广告。

4. 编码步骤

针对研究所选的四个广告，我们分别对其出现默克制药品牌的场景进行了确认。然后，我们用长方形将出现在这些指定场景中的推广展示划分为营利性、非营利性，以及产品等三个兴趣区（AOI，Area of Interest）。图4.1—图4.4展示的便是收集眼球注视数据的兴趣区。我们可以追踪记录被试者在各兴趣区的眼球注视频率与时长来帮助研究数据的分析。在本研究中，一个注视点需要被试者在35像素的区域中保持至少250毫秒的凝视才可被记录。

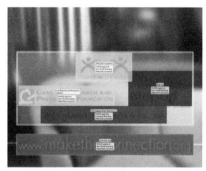

图4.1 建立联系

图4.2 告诉某人

图4.3 少一个

图4.4 我的选择

**图4.1—图4.4 场景划分与兴趣区分布。图中展示的是需收集
注视点数据的兴趣区划分**

兴趣区中的注视数据有很多种，其中最有价值数据就是各兴趣区的"注视次数"与"累计停留时间"这两个数值（Hallowell & Lansing，2004，p.23）。因此，我们采集了被试者首次注视时间、注视次数、访问时间、注视时间，以及总注视时间来作为本研究的生理认知测量指标。表4.1是对本研究不同追踪指标的概述。

表 4.1　　　　　　　　　　　　眼动追踪测量：指标定义

访问时间（VD）	初次注视兴趣区与移开注视至兴趣区外的时间间隔（Tobii Studio, 2010）	观察时长，眼跳运动
首次注视时间（TTFF）	注视点首次落在兴趣区的时间点	阐述其可发现性（Bojko & Adamczyk, 2010）
注视点数（FC）	落在兴趣区中的注视点次数	以阐述认知过程的强度与深度（Andreassi, 2007）
注视时间（FD）	以秒计算的落在兴趣区中的注视点持续时长（inspireUX, 2010）	对平面上所接收的各元素关注程度的最佳阐述指标

5. 测量类目

（1）注视指标

本研究中的注视指标是根据表 4.1 中所定义的 Tobbi 标准凝视测量指标收集的。注视点数指的是被试注视某一特定兴趣区的次数，而累积注视时间反映的则是所有兴趣区的注视时间总和。为了准备进一步分析，我们将整个实验过程中至少注视过一次默克制药品牌的被试与从未将注视落在品牌兴趣区的被试进行了区分，以此将注视点数测量进行了二元划分。我们还对整个广告过程中的企业品牌总注视时间进行了平均分割（M = 1.13 秒，SD = 1.11 秒）；因此，低注视时间范围指的是从最低注视时间至平均注视时间（0.00—1.13），高注视时间的范围则是从平均注视时间到最大总注视时间（1.131 – 6.53；M = 1.4，SD = 0.49）。品牌注视测量也沿用此标准（M = 1.4，SD = 0.50），低注视时间为 0.00—3.52 秒，高注视时间则是 3.521—6.73 秒。

然而，注视时间从数值上来看似乎较小，但相较于商标播放时长而言，其平均值还是比较大的。此外，虽然美国的广告法中明确规定制药公司需要通过一定程度的商标展示来证明其实际参与了广告推广；但此前的研究却并未明确指出广告中商标展示所需的平均注视时间是多少，美国食品药物管理局也并未针对企业赞助的宣传广告中的商标展示提出过任何具体要求（美国《联邦法规汇典》第 21 条）。因此，我们这里用人的平均眨眼时间来阐释默克制药在广告中商标展示的微妙之处。一般来说，人的平均眨眼时间为 0.1—0.4 秒（Schiffman, 2001）。而在加卫苗获批信息发布前所播出的广告中，默克制药的商标展示平均时长约为 2.406 秒。考虑到这一营利性信息在场景中所处的位置、标志大小，以及播放条件的局限性等因素，我们认为默克制药的商标展示虽满足了广告法的基本要求，但还未来得及让观众认出它就转眼消失了。

（2）回想指标与态度测量

为了检验生理注视与自我陈述的认知之间的关系，我们将自我陈述认知项与复合回想测量项进行了区分。针对每一支广告，要求被试者列举出他们所能回想到的任何一个赞助机构或企业。这里我们使用"无提示"回想指标为基准，在四个"有提示"的回想问题中将无法识别默克制药的被试与至少认出默克制药一次的被试进行了区分。在完成了所有的四个无提示的认知度问题后，被试者会被要求回想并根据特定信息，从我们所提供的列表中找出他们认为与某支广告相关的赞助商。所有的列表都包括同样的项目：辉瑞、葛兰素史克、默克制药、强生、赋能女性网络、美国癌症协会、苏珊科门乳腺癌基金会，以及宫颈癌基金会。然后，我们将默克制药被正确识别为赞助商的总次数，作为提示认知的附加测量分数进行记录。我们这里所使用的语义差别量表是以麦肯齐和卢茨（MacKenzie & Lutz, 1989）、普利斯特和佩蒂（Priester & Petty, 2003）的品牌相关信息处理量表为模板改编而成。该量表包括五点六项（表4.2），主要用以调查被试者对默克制药的广告的看法。

问题中会为每支广告提供一句话回顾，并要求被试者根据表4.2中所列的二分形容词对特定的广告进行评分。被试者对四个广告都需要进行评价，而为了防止被试者偏题，我们还对某些项目进行了反向编码。而由于我们想获取的是对整个广告过程的被试者态度指数，并非针对每一支广告，因此我们对每个问题都进行了因子分析，再分解重组以构建我们的指数。

四 研究结果

RQ1：消费者是否会注视营利性企业赞助场景？

研究数据显示，大多数的被试者确实会关注到企业赞助兴趣区（M = 0.87，SD = 0.33），且四个广告之间并没有显著差异。

RQ2：被试者是否能正确回想这些营利性企业赞助场景？

数据显示，87%（N=101）的被试者至少会注视一次默克商标，但只有10.4%的人能够识别或回想起默克制药是赞助商。图4.5与图4.6展示的是被试者注视最多的区域，可见默克制药的赞助信息受到了中等至较多的关注，这些例子凸显了被试者的有意认知与生理反应之间的矛盾。

图4.5展示的是被试者注视最多的区域。红色区域受到的注视时间最长，次数也最为频繁。

图4.5 "建立联系"中的热视图

图4.6记录的则是被试者的注视点数。

图4.6 "告诉某人"中的注视点群集分布

RQ3：企业赞助场景的生理注视指标与被试者自述的品牌回想之间是否存在关联？

如前所述，生理认知是评估受众对企业品牌关注程度的重要手段。本实验的数据表明，品牌注视与辅助认知之间呈正相关：（114）= 0.18，p < 0.01，也就是说，被试对默克商标的注视点数越高，就越容易回想到默克制药有参与到广告推广之中。此外，注视时间与企业回想之间也呈正相关：r（114）= 0.29，p < 0.001。简单来说，这些数字表明，如果观众能够关注默克的商标足够长或足够多次，他们越能够意识到企业的赞助行为。

如前所述，我们在前测中评估了被试者对 HPV、宫颈癌，以及加卫苗接种的认知与知识。即便我们将前测认知设置为控制变量，回想与注视时间之间仍呈正相关：r（82）= 0.326，p = 0.001。从表 4.2 中可见，品牌注视与回想评估之间存在显著相关性。

表4.2　　　　　　　　　双变量与偏相关分析：生理认知与回想能力

	注视时间（FD）	总注视时间（TFD）	注视点数（FC）
有提示回想	273 **	0.291 **	0.183 *
Sig.（单尾）	0.003	0.001	0.025
N	101	116	116

前测认知控制		总注视时间（TFD）	总注视点数（TFD）
你有听说过 加卫苗吗？	有提示回想	相关性	0.313 **	0.326 **
		Sig.（单尾）	0.002	0.001
		N	84	84
	无提示回想	相关性	0.326 **	0.321 **
		Sig.（单尾）	0.002	0.001
		N	84	84

RQ4：对营利性企业赞助场景的生理认知是否会影响受众对广告可信度的看法？

相较于高注视点数人群（M = − 0.33，SD = 0.94），低注视点数人群（M = 0.22，SD = 0.98）认为宣传广告更为可信：F（1，103）＝ 8.10，p < 0.01。实验结果还表明，注视营利性场景较少的被试者对默克制药的宣传推广更为信任（M = 0.15，SD = 1.03），而注视时间较长的观众则相反（M = − 2.6，SD = 0.91）：F（1103）＝ 4.32，p < 0.05。换言之，品牌信誉随着关注度的降低而增加。

RQ5：对营利性企业赞助场景的生理认知是否影响受众对默克制药的社会营销广告的信任度？

数值表明，品牌可发现性（以首次注视时间为评估指标）与被试者对广告内容的信任度呈正相关：r（99）＝ 0.30，p < 0.01。也就是说，更快注意到企业商标的被试者相较于需要花更多时间的人而言，他们对广告的信任度更低。然而方差检验结果显示，无论是品牌注视指标还是回想评估指标，都未显著影响被试者对广告内容的信任度，表4.3 中概括了几个重要的态度与生理指标之间的相关性。

表4.3　　　　　　　　　　　　变量相关性 M（SD）

	注视时间	总注视时间	注视点数	首次注视时间
	1.3（1.11）	1.13（1.11）	4.25（3.69）	4.07（3.55）
广告可信度	− 0.025	0.021	0.024	0.300 **
广告信誉	− 0.081	− 0.120	− 2.70 *	0.153

** 相关性在 0.01 为显著（单尾）

* 相关性在 0.05 为显著（单尾）

RQ6：品牌认同在哪些方面会影响消费者对加卫苗接种的感知效果？

从方差分析数据来看，注视时间 ［F（1115）＝ 1.296，p = 0.166］ 与消费者对加卫苗有效性的认知（M=4.26，SD=0.78），或注视点数［F（1115）=1.335，p=0.140］与消费者对加卫苗有效性的认知之间都不存在显著相关性。

综上所述，虽然大多数被试者的视线至少注视过企业商标一次，但只有极少数人能够自述这一点。而受众注视品牌的频率越多，时间越长，越容易认识到企业的赞助行为。鉴于赞助商信息在广告中出现的时间较短，因此对于大多数被试者而言，其认知还不足以提升广告信誉以及他们对广告内容的信任。

五　研究讨论

那么，企业商标在社会营销广告中的作用到底是什么？我们发现，大多数的被试者在观看广告时都会将注意力放到企业商标上。然而，他们却基本没有将这些广告与默克制药联系起来。为什么会产生这种认知上的脱节呢？受众无法从这些看似公益推广，实则是直接面向消费者的广告中辨别其来源，这又意味着什么呢？这些体现在商标的生理注视与联想能力上的差异，正凸显了默克制药剥离其商业标签的宣传活动的重要性。虽然注视的增加可导致更多的辅助认知，但这种认知还无法上升到有意认知的水平。我们的这一发现，证明潜在辨识（Unconscious Awareness）是可以被操纵的。这里的潜在辨识，指的是个体对企业品牌的视觉指标的潜在或本能反应。

也有其他学者提出过与"潜在辨识"类似的概念，如"注意力不集中时的潜在认知"（Greenwald，1992）。然而，正如雅各比、林赛和托斯（Jacoby，Lindsay & Toth，1992，p.806）所指出的，这些概念"仍无法解决如何确保注意力在假定的无意识环境中被完全消除这个问题"。简单来说，学者们质疑的是那些声称能够检测信息"自动处理"的传统心理分析方法（如任务分离、过程分离、词干补全等）。而眼动追踪技术可突破这些局限，并通过生理指标为我们提供对个体潜在认知的"纯粹"信息处理过程进行测量。回顾当代心理学研究，诺曼（Norman，2010）曾考察过"无意识"的属性，并发现了该术语在可操作指标上存在多种变体，他建议理论假设需建立在广泛的实验设计基础之上，尤其需要注意到主客观测量间的差异。而我们的研究则通过将定性与定量指标相融合，从而提供了一种全新的方法来评估与定义"潜在辨识"这个概念。诺曼的研究还指出，实证研究驳斥了将有意识与潜意识进行二元划分的传统观点，并认为个体的意识存在"有意与无意之间的中间状态"（Norman，2010，p. 193）。而我们的研究也支持这一观点，即个体的潜在辨识发生在信息处理过程中的一个脆弱阶段：注意力与记忆相互过渡时。

班杜拉（Bandura，1991）认为信息处理包括注意、记忆（存储）、生产与动机四个要素。其中，注意要求个体集中注意力、辨别并提取信息；记忆则需要将信息进行重新排列并归类；而在信息处理的生产阶段，个体需要将记忆中对信息传播的印象与具体行为相关联，以构建行为。而我们的研究结果证明，潜在辨识的产生，可能是由于个体处于注意与记忆阶段时信息处理的不完整所导致。

此外，我们还认为，短暂的商标注视（生理认知）促进了个体潜意识的信息回想。信息处理的生产阶段，似乎包含了可影响个体后续态度与行为的生物特征印象。而观众与商标互动的生理指标表明，虽然观众可能不会自述其在公益广告中意识到任何企业参与的迹象，但他们通常仍能在认知参与度较低的水平下，与品牌之间建立一种隐性联系。

视觉说服研究指出，对广告元素（颜色图案、广告词、信息价值、品牌吸引力与接触）无意识考量会激发受众的本能反应（Maddock & Fulton，1996）。而本研究的结果，则凸显了健康意识宣传中品牌策略的显著影响。研究首先指出了来源的重要性：被试者越早注意到默克制药的商标，对广告内容的信任度就会越低。风险沟通研究一直强调在评估信息可信度时，信息源不容小视。无论沟通表现如何，消费者信任与信源可信性很大程度上影响了沟通成功与否（Ruth & Eubanks，2005）。也就是说，信息传播的有效性取决于观众对信源的信任程度。

过往研究还认为，"当人处于危险之中时，他们只会理解并参考那些他们认为来源可信的信息并付诸行动"（Lundgren & McMakin，2004，p. 25）。因此，公众对 HPV 病毒、宫颈癌，以及加卫苗接种的认知，与默克制药向目标受众有效传递风险信息的能力息息相关。假设个体行为的学习依赖是通过观察、模仿与辨别，那么本研究探讨的便是默克制药与合作机构在建构公众对 HPV 病毒与宫颈癌认知时所采用的具体方法。

虽然默克制药的疫苗在降低宫颈癌风险方面十分具有潜力,但其接种率的高低取决于人们对 HPV 疫苗是否普遍接受或支持(Nan,2012)。默克制药的早期宣传广告证明,他们在隐藏品牌展示与公司参与上下了不少功夫,且有着充分理由这样去做。爱德曼信任度报告(The Edelman Trust Barometer)一直以来致力于调查公众对各类机构的信任度、信源可信度,以及可能影响政治或商业信任度的具体问题,并基于来自 28 个不同的国际市场,超过 33000 人的调查进行信任度排名。该报告的 2016 年指数调查表明,人们对医疗保健的信任度相对较低。在美国,人们对医疗保健行业的信任度与汽车行业并列位列倒数第二(White,2016),而相较于 2015 年,美国公众对制药与生物技术行业的信任度也下降了两个百分点。而从默克制药对商标的隐晦处理可见,他们很清楚过于显眼的企业标识会导致观众将公益广告与他们的产品上市联系在一起。

抑制表现(Suppression of Presence)是广告策略中十分值得注意的现象(Perelman & Olbrects Tyteca,1971)。默克制药在疫苗获批前所播放的广告中战略性地更换了商标与位置,证明他们是有意而为之。然而,从我们的研究结果来看,这个战略可能并不是那么奏效。

如果"当消费者认为广告商设计的广告是真实并有价值时,他们就会遵循其引导作出有益决策"这个观点成立,那么我们也可以推断,当观众意识到看似欺骗的营销策略时,便会产生怀疑情绪(Ball & Stout,2008,p. 4)。因此,虽然品牌展示可能并没有被消费者的直接意识所关注到,但隐性的企业赞助要素仍可能通过潜意识(或生理性认知)对传播有效性与健康行为造成阻碍。事实上我们的研究结果也证实,商业化社会营销活动会威胁到信息传播的有效性,从而导致为公共卫生进步而作出的宣传努力功亏一篑。

消费者的期望与他们如何看待医疗保健行业之间最大的沟壑在于透明度(White,2016)。随着提升公众意识的宣传活动因变相的社会营销逐渐演变为直接面向消费者的广告,公共卫生信息不得不让步于市场动机。如本章前言所述,我们的研究源自这样一个前提:即品牌可发现性可促进开放与诚实的感知,并因此对信息信任度与来源可信度产生积极影响。由此,本研究也为规范化商业健康广告中的企业的商标大小与可见性提供了充分依据。虽然直接面向公众的处方药推广准则（DTC Guidelines）要求默克制药需要通过一定程度的商标展示以明确其广告参与行为，但其宽松与暧昧的指导准则却放任了其创作（或欺骗）的自由。默克制药早期的宣传广告便是一个很好的例子，证明该公司在整个社会意识宣传过程（疫苗获批过程）中，一直努力避免被观众所识别。美国食品与药物管理局的现行法规中禁止可能干扰到药品风险信息接收的商业文本呈现，而考虑到信源可信性与透明度的深远影响，制定禁止视觉干扰企业商标展示的规定也非常重要。此外，广告设计策略很大程度上会影响个体对信息的记忆、检索与行为后果。因此，美国食品与药物管理局应该参照风险信息监管指南，要求广告中需全面披露与企业赞助相关的所有信息，包括公司信息、金额、合作方、投资方，以及与公益宣传相关的任何有利可图的机会。

美国市场激进的营销趋势，结合联邦政策的巨大漏洞，反映出当下公共卫生信息传播活动的监管亟待调整。此外，为了维护公民的知情权与抉择权，医疗保健消费者尤其需要更为准确及精准的信息传播环境。我们的建议旨在通过为受众提供有意识的处理企业参与及潜在信息议程的机会，从而实现竞争环境的公平与平衡。这些政策不仅能满足商业言论与联邦反垄断法的要求，还能保护公共卫生信息的神圣性。

六　结论

随着媒介的不断演变，人们思考、管理信息与相互联系的方式也在改变。健康传播如今是在一个全新的数字环境中运作，因为我们的媒介产业正处于不断创新、破坏、变化的阶段。药物影响、政府政策、政治议程、媒介报道，乃至互联网技术，都逐渐承载了健康信息与传播接收不断变化的本质（Kline，2003）。随着越来越多的声音产生影响，利益攸关方也越来越关注并采取现代化的诱导技术，以诱导目标在干扰中选择服从。在传统媒介时代，曾像教会与国家那般相互独立的广告与社论，却在当下的社交媒介新闻中逐渐变得难分彼此。

然而，美国的消费者通常并不具备理解公共卫生传播信息中所包含的基础科学、媒介框架,或政治意图的技能(Eysenbach,2007;Lippman,1922)。因此,持续不断的错误信息与虚假信息困扰着医疗决策与社会福祉。近年来,随着社交媒介与博客的崛起,以及所谓"虚假新闻"的盛行,使得推动公众对医疗保健信息信任的进程变得更为复杂。

传播媒介的变化意味着数字素养的必要性。随着信息传播渠道的大量涌现以及信源可信性观念的彻底变革,消费者很难辨别并找到可靠的信息获取平台。过往研究已证明,信息过载(即便是有用的)会阻碍受众进行信息接收(Bawden & Robinson,2009;Eppler & Mengis,2004;Bawden,Holtham & Courtney,1999)。然而,目前来说我们还不确定不断演变的媒介环境会如何改变人们对信任、信誉,以及可靠的健康信息的看法(Pearson & Raeke,2000;Bradford et al.,2005)。移动应用程序、社交媒介流行趋势以及数字技术创新都在为医疗保健专业人士带来复杂挑战,而随着行业领导者在当下数字环境中微妙的演变进化,曾经久负盛名的策略也开始受到质疑。

一方面专家需要直面新媒体领域中的不稳定因素,另一方面我们也必须考量行业策略与传播实践转变所带来的社会影响。也许我们永远都无法得知默克制药在其参与的前期广告中的真正议程是什么,但从长远来看,这可能无关紧要。哥伦比亚大学公共卫生学院(Mailman School of Public Health)的希拉·罗斯曼(Sheila Rothman)认为,"如果我们只是在重复制药公司的信息,那并不是教育,这是在模糊教育与营销的界限"(Stein,2009)。鉴于当今信息时代影响深远及辐射面广阔的信息传播能力,混合式营销策略变得越来越令人疑虑。因此,对于各领域及行业的研究者和从业人员而言,加强信息处理中企业影响的微观动力学学习与研究是十分必要的。

社会意识宣传活动中涉及制药商利益,实际上是在向公共卫生信息的传播伦理与法规发起挑战。如安德烈亚森(Andreasen,2001,p.17)指出,如果某些行为可以被社会所接受,那么我们所需要讨论的就不是"社会营销是否合乎道德"这个问题,我们应该探讨的是,"相较于教育与法律,把营销作为行为管理的备选方式的伦理性是什么",以及"分别在什么情况下,教育、营销、法律是最合适且最合乎伦理的选择"这两个问题。因此,本研究采用一种可量化的方式来研究医疗行业内品牌传播的潜意识认知及其存在条件,从而对这些问题进行进一步的探讨。

七　研究局限与展望

默克制药对其赞助行为的掩饰，一定程度地向我们揭示了企业暗中在医疗保健行业中设定议程这一现象。医疗保健信息中日益无形且迅猛发展的商业化趋势，为公众福祉带来了令人担忧的威胁。本研究初步揭示了广告赞助对被动交互的影响，同时也对影响公共卫生传播的这些可疑做法提出了质疑。我们的可视化数据记录了被试对认知信息的非自愿反应，促使区分有意识的品牌回想与企业影响下的潜意识辨识成为可能。被试者的副交感神经反馈帮助我们将与商业化健康传播息息相关的"潜意识辨识"成功概念化。而生理注视与回想能力这两个变量的数据证明，策略性的商标位置摆放在意图剥离品牌身份的宣传活动中相当重要。

本研究的学术价值在于记录了企业品牌在认知信息中影响，以及通过被试者的潜意识反馈来检验社会营销的影响力。然而，由于实验中被试者一次性观看了所有的四支广告，因此其生态效度较弱，导致普适性不足。此外，传播效果都是由被试者自述，且实验也是在最初的宣传活动结束后，在实验室中完成的。虽然我们对前测认知进行了控制，但是我们并没有检测已接种疫苗被试和未接种被试在信息处理上的差异。此外，鉴于我们想避免在前测或后测调查中引发被试的启动效应，我们也并未调查被试者是否知悉默克制药是一家营利性的制药公司。这些局限性为今后该领域的研究提供了强有力的发展空间，我们也期望未来在该领域进一步的研究工作能证实并拓展我们的研究发现。

最后，本研究虽然是个案分析，但研究者也可采用类似方法来研究与消费者信任相关的品牌健康传播的其他实例［如可使用生物反馈来评估韦伯麦德医疗网（Webmd Health Corp）的赞助影响］。此外，还需要挖掘更多的实例与媒介平台进行研究，以更为全面地阐述本研究的核心议题。

参考文献

Alberts, H. (2008). Transcript: Trust as an economic driver. *Forbes*. Retrieved on December 19, 2014, from www.forbes.com/2008/06/16/covey-trust-transcript-oped-cx_hra_0616long.html.

American Marketing Association (2012). Definition of marketing. Retrieved on May 1, 2012, from www.marketingpower.com/AboutAMA/Pages/Defini tionofMarketing.aspx.

Andreasen, A R. (2001). *Ethics in social marketing*. Washington, DC: Georgetown University Press.

Andreasen, A. R. (2012). Rethinking the relationship between social/nonprofit marketing and commercial marketing. *Journal of Public Policy & Marketing*, *31*(1), 36–41.

Austin, E. W., Miller, A. C., Silva, J., Guerra, P., Geisler, N., Gamboa, L., Phakakayai, O., & Kuechle B. (2002). The effects of increased cognitive involvement on college students' interpretations of magazine advertisements for alcohol. *Communication Research*, *29*(2), 155–179.

Ball, J. G., & Stout, P. A. (2008, May). *Factors associated with consumers' trust of DTC advertising*. Paper presented at the annual meeting of the International Communication Association, TBA, Montreal, Quebec, Canada, Online. Abstract retrieved from http://citation.allacademic.com/meta/p232587_index. html.

Bandura, A. (1991). Human agency: The rhetoric and the reality. *American Psychologist*, *46*, 157–162.

Bandura, A. (1997). Self-efficacy and health behaviour. In A. Baum, S. Newman, J. Wienman, R. West, & C. McManus (Eds.), *Cambridge handbook of psychology, health and medicine* (pp. 160–162). Cambridge, UK: Cambridge University Press.

Bandura, A. (2001). Social cognitive theory: An agentic perspective. *Annual Review of Psychology*, *52*, 1–16.

Bawden, D., & Robinson, L. (2009). The dark side of information: Overload, anxiety and other paradoxes and pathologies. *Journal of Information Science*, *35*(2), 180–191.

Bolton, L. E., Cohen, J. B., & Bloom, P. N. (2006). Does marketing products as remedies create "Get Out of Jail Free Cards"?. *Journal of Consumer Research*, *33* (June) 71–81.

Bordwell, D. (May, 2012). The viewer's share: Models of mind in explaining film. Retrieved on April 30, 2013, from www.davidbordwell.net/essays/view ersshare.php.

Bradford, W., Hesse, B. W., Nelson, D. E., Kreps, G., Croyle, R. T., Arora, N. K., Rimmer, B. K. (2005). Trust and sources of health information: The impact of the Internet and its implications for health care providers: Findings from the first health information national trends survey. *Internal Medicine*, *165*(22), 2618–2624.

Briggs, R. (2006). Marketers who measure the wrong thing get faulty answers. *Journal of Advertising Research*, 46(4), 462–468.

Chatterjee, S.C., & Chaudhuri, A. (2005). Are trusted brands important? *Marketing Management Journal*, 15, 1–16.

Davidson, D. K., & Novelli, W. D. (2001). Social marketing as a business strategy: The ethical dimension. In Alan R. Andreasen (Ed.), *Ethics in social marketing* (pp. 70–88). Washington, DC: Georgetown University Press.

D'Silva, M. U., & Palmgreen P. (2007). Individual differences and context: Factors mediating recall of anti-drug public service announcements. *Health Communication*, 21, 65–71.

Duchowski, A. (2007). *Eye tracking methodology: Theory and practice* (2nd Ed). New York: Springer-Verlag.

Eppler, M. J., & Mengis, J. (2004). The concept of information overload: A review of literature from organizational science, accounting, marketing, MIS and related disciplines. *Information Society*, 20(5), 325–344.

Eysenbach, G. (2007). Health communication and mass media: An integrated approach to policy. *British Medical Journal*, 324(7337), 573–577.

Greenwald, A. G. (1992). New Look 3: Unconscious cognition reclaimed. *American Psychologist*, 47, 766–779.

Hallowell, B., & Lansing, C. (2004). Tracking eye movements to study cognition and communication. *ASHA Leader*, 9(21), 1, 4–5, 22–25.

Herper, M. (2012, April 4). The Gardasil problem: How the U.S. lost faith in a promising vaccine. *Forbes*. Retrieved March 20, 2015, from www.forbes.com/sites/matthewherper/2012/04/04/americas-gardasil-problem-how-politics-poisons-public-health/.

Jaramillo, D. L. (2006). Pills gone wild: Medium specificity and the regulation of prescription drug advertising on television. *Television New Media*, 7(3), 261–281.

Jacoby, L. L., Lindsay, D. S., & Toth, J. P. (1992). Unconscious influences revealed: Attention, awareness, and control. *American Psychologist*, 47(6), 802–809. doi: 10.1037/0003066X.47.6.802.

Kobetz, E., Kornfeld, J., Vanderpool, R. C., Rutten, L., Parekh, N., O'Bryan, G., & Menard, J. (2010). Knowledge of HPV amond United States Hispanic women: Opportunities and challenges for cancer prevention. *Journal of Health Communication*, 15, 22–29.

Kotler, P., & Levy, S. (1969). Broadening the concept of marketing. *Journal of Marketing*, 33, 10–15. doi:10.2307/1248740.

Kotler, P., & Zaltman, G. (1971). Social marketing: An approach to planned social change. *Journal of Marketing*, 15(4), 679–691.

Lazer, W., & Kelley, E. J. (1973). *Social marketing: Perspectives and viewpoints*. Homewood, IL: Richard D. Irwin.

Lee-Wingate, S. R. (2006). Alleviating mommy's guilt: Emotional expression and guilt appeals in advertising. *Advances in Consumer Research*, 33, 262–263.

Liang, B. A., & Mackey, T. (2011). Reforming direct-to-consumer advertising. *Nature Biotechnology*, 29(5), 397–400.

Lippmann, W. (1922). *Public opinion*. New York: Harcourt, Brace.

Lundgren, R., & McMakin, A. (2004). Approaches to communicating risk. In *Risk communication: A handbook for communicating environmental, safety, and health risks* (3rd ed.). Columbus, OH: Battelle.

MacKenzie, S. B., & Lutz, R. J. (1989). An empirical examination of the structural antecedents of attitude toward the ad in an advertising pretesting context. *Journal of Marketing*, *53*, 48–65.

MacKenzie, S. B., & Lutz, R. J. (1989). An empirical examination of the structural antecedents of attitude toward the ad in an advertising pretesting context. *Journal of Marketing*, *53*, 48–65.

Maddock, R. C., & Fulton, R. L. (1996). *Marketing to the mind: Right brain strategies for advertising and marketing*. Westport, CT: Quorum Books.

Manika, D., Ball, J. G., & Stout, P. A. (2011). The influence of DTC advertising on college womens' decision to get vaccinated against HPV. American Academy of Advertising. Conference proceedings (Online): 46. Lubbock: American Academy of Advertising.

Manika, D. & Ball, J. G., & Stout, P. A. (2014). Factors associated with the persuasiveness of direct-to-consumer advertising on HPV vaccination among young women. *Journal of Health Communication*, *19*(11), 1232–1247.

Maughan, L., Gutnikov, S., & Stevens, R. (2007). Like more, look more. Look more, like more: The evidence from eye-tracking. *Journal of Brand Management*, *14*(4), 335–42.

McChesney, R. W. (2000). *Rich media, poor democracy: Communication politics in dubious times*. New York: The New Press.

Nan, X. (2012). Communicating to young adults about HPV vaccination: Consideration of message framing, motivation, and gender. *Health Communication*, *27*, 10–18.

Norman, E. (2010). "The unconscious" in current psychology. *European Psychologist*, *15*(3), 193–201. doi:10.1027/1016-9040/a000017.

Obermiller, C., Spangenberg, E. R., & MacLachlan, D. L. (2005). Ad skepticism: The consequences of disbelief. *Journal of Advertising*, *34*, 7–17.

O'Keefe, D. J. (1990). *Persuasion: Theory and research*. Thousand Oaks, CA: SAGE Publications.

Pardun, C. (2009). *Advertising and society: Controversies and consequences*. Hoboken, NJ: Wiley-Blackwell.

Pearson, S., & Raeke, L. (2000) Patients' trust in physicians: Many theories, few measures, and little data. *Journal of General Internal Medicine*, *15*(7), 509–513.

Perelman, C., & Olbrechts-Tyteca, L. (1971). *The new rhetoric: A treatise on argumentation* (J. Wilkinson & P. Weaver, Trans.) Notre Dame IN: University Press. (Original work published in 1958).

Peters, R. G., Covello, V. T., & McCallum, D. B. (1997). The determinants of trust and credibility in environmental risk communication: An empirical study. *Risk Analysis*, *17*(1), 43–54.

Petersen, L. (2006). Merck to women: 'Get vaccinated,' be 'one less' cancer statistic.

Retrieved June 10, 2007, from www.wcn.org/interior.cfm?featureid=7&id=1790.

Pieters, R. & Wedel, M. (2004). Attention capture and transfer in advertising: Brand, pictorial and text-size effects. *Journal of Marketing, 68*, 36–50.

Pornpitakpan, C. (2004). The persuasiveness of source credibility: A critical review of five decades' evidence. *Journal of Applied Social Psychology, 34*(2), 243–281.

Potter, R. F., & Bolls, P. D. (2012). *Psychophysiological measurement and meaning: Cognitive and emotional processing of media.* New York: Routledge.

Priester, J. R., & Petty, R. E. (2003). The influence of spokesperson trustworthiness on message elaboration, attitude strength, and advertising effectiveness. *Journal of Consumer Psychology, 13*(4), 408–421.

Rossiter, J., & Percy, L. (1983). Visual communication in advertising. In R. J. Harris (Ed.), *Information processing research in advertising* (pp. 83–125). Hillsdale, NJ: Lawrence Erlbaum.

Russell, F. H., & Roskos-Ewoldsen, D. R. (2005). Acting as we feel: When and how attitudes guide behavior. In T. C. Brock & M. C. Green, (Eds.), *Persuasion: Psychological insights and perspectives* (2nd ed.). Thousand Oaks, CA: SAGE.

Ruth, A., & Eubanks, E. (2005). Framing the mad cow media coverage. *Journal of Applied Communication, 89*(4), 39–54.

Schiffman, H. R. (2001). *Sensation and perception: An integrated approach.* New York: John Wiley and Sons, Inc.

Schwartz, J. (2006). More on Merck's "Tell Someone" HPV awareness program: Ethics of Vaccines. Penn Center for Bioethics. Retrieved on June 10, 2007, from http://vaccineethics.org/2006/05more-on-mercks-tell-someone-hpv.html.

Siefert, C., Gallent, J., Jacobs, D., Levine, B. Stipp, H., & Marci, C. (2008). Biometric and eye-tracking insights into the efficiency of information processing of television advertising during fast-forward viewing. *International Journal of Advertising, 27*(3).

Serono, M. (n.d.). A vaccine gives marketing lessons. Next Generation Pharmaceutical. Retrieved on April 2, 2013, from www.ngpharma.com/article/A-Vaccine-Gives-Marketing-Lessons/.

Siers-Poisson, J. (2007). Viral marketing (literally). COA News. Retrieved on August 10, 2007, from http://coanews.org/tiki-read_article.php?articleId=1980.

Stein, R. (2009, August 18). Medical groups promoted HPV vaccine using drug company money. *Washington Post.* Retrieved on May 1, 2017, from www.washingtonpost.com/wp-dyn/content/article/2009/08/18/AR2009081802499.html.

Stern, R. M., Ray, W. J., & Quigley, K. S. (2001). *Pyschophysiological recording* (2nd Ed.). New York: Oxford University Press.

Thackeray, R. (2012). Defining the product in social marketing: An analysis of published research. *Journal of Nonprofit & Public Sector Marketing, 24*(2), 83–100.

White, K. (2016, May 4). Warning signs for pharma. Edelman. Retrieved on December 30, 2016, from www.edelman.com/post/warning-signs-for-pharma/.

第五章

中国的风险与健康传播：
研究现状与发展前景

邰子学　张志安　邓理峰

一　中国风险社会的到来

过去 30 多年以来，中国经济高速增长，开创了一个空前繁荣的时代。随着技术进步、市场化、城市化、大规模工业化，以及与国际社会日益融合等多方面的同步发展，中国社会逐渐演变为乌尔里希·贝克（Ulrich Beck，1992）所描绘的"风险社会"。2004 年，贝克的《风险社会》与他的其他几部作品一起在中国发行中文版，这绝非偶然（Beck，Deng & Shen，2010），当时人们对各类风险的担忧已悄然在全国蔓延。而自 20 世纪 90 年代末以来，贝克的风险社会理论一直是中国学术界争论与思考的一个稳定的灵感来源。

中国自古以来经历过不少自然灾害如洪水、地震、干旱或台风等。而环境恶化导致的人为风险更是加剧了这一局面：如空气污染、物种灭绝、耕地流失、渔业枯竭、沙漠化、湿地干涸、草地消失等等……当下，人类所引起的自然灾害频率与规模更是不断增加，从物种入侵到过度放牧、河流断流、土地盐碱化、垃圾堆积，乃至水污染及水资源短缺等（Liu & Diamond，2005，p. 1179）。这些问题对人类日常生活的影响直接且深远，往往可能造成毁灭性的生命损失以及社会秩序的破坏。

在此背景下，风险传播研究近来在中国引起了许多研究者与从业者的极大兴趣。因此，本章旨在对中国的风险传播研究现状及一些关键领域进行讨论，以期突破并推动中国风险传播研究的发展。在接下来的章节中，我们将首先全面审视中国社会中的各种健康与医疗风险相关重要议题及挑战；其次，由于科学传播与核能发展息息相关，我们将重点梳理中国的科学传播研究现状；再次，重点介绍并梳理几个与开展中国研究的学者较为相关的风险与危机传播问题，并探讨传播学研究者可以为改进风险评估、风险管理以及风险治理实践做出怎样的贡献。最后，笔者认为，由于风险相关议题相当复杂，因此要求自然科学研究者、政府监管机构，以及公众能实现互助合作，采取综合且全面的方式才能有效应对与解决这些问题。

二　公共卫生问题与医疗风险

物质的繁荣，极大提高了当下中国人民的生活水平。与食物短缺、饮食结构严重受限的年代相比，当下中国人正生活在一个物资富足、选择丰富的好时代。因此，中国普通家庭对他们菜篮子里和餐桌上的食物越来越上心。近年来，为回应大众在饮食质量上高涨的需求，一种以电视节目为主要表现形式的媒介内容受到了广泛喜爱，这就是养生节目。养生之道，是传统医学中的一个概念，而这些节目着重向观众介绍养生之道的方方面面，包括改善生活方式、饮食疗法与实践等。举个例子，传统医学有一个历史悠久的观念就是认为日常饮食中的某些特定食物可预防疾病。因此，有不少有线电视频道会定期推出一些养生食疗节目，让传统医学专家针对观众不同的健康问题与身体状况制定饮食食谱。

养生电视节目之所以会受到欢迎，主要有两个原因。首先，由于近年来中国民众对健康问题与食品安全的认识不断提高，使得大众对各种健康宣传信息的需求也随之增长。电视，作为中国最受欢迎的大众娱乐媒介，自然成为广大受众获取信息的首选。其次，养生电视节目的典型拍摄模式是一个主持人搭配少数嘉宾主导，与演播室中的观众互动极其有限。因此与其他大多数的电视节目相比，这是一种低成本的制作模式。

2016 年 8 月 26 日，中国国家新闻出版广电总局发布了针对食品、饮食、药物、化妆品类电视节目制作、编排及放映的行政规范（国家新闻出版总署，2016）。该规范规定所有此类节目都必须由国家电视网内部制作，主持人需持有执照与认证，受邀嘉宾必须出示其所在专业领域的资格证明（如医药、营养师、健康专业人士执照等）。而对于对风险与危机议题充满兴趣的中国传播学者而言，他们所感兴趣的问题一个是为什么特定的观众群体会对他们从电视节目中获取的信息深信不疑，另一个是由虚假信息传播导致的食品囤积及其他类似群体行为的主要诱因是什么。

饮食，一直以来都是中国传统文化不可或缺的一部分。俗话说："民以食为天、食以安为先。"然而，近年来，食品安全问题一直是中国老百姓生活中的一个风险隐患，而自然环境恶化则是罪魁祸首。阎云翔（Yan, 2012）曾总结出三类问题：（1）食品卫生问题——如食品加工或卫生；（2）食品安全问题——如滥用杀虫剂、化肥、激素、类固醇或防腐剂；（3）有毒食品问题——如故意污染等。他同时指出，以上每一类问题都会造成不同类型的风险，需要卫生官员、政府监管部门和公众采取不同的解决方式以应对。2008 年的三聚氰胺毒奶粉事件便是一个典型案例，它证明中国的确在健康风险方面面临着诸多问题。毒奶粉事件涉及许多国内企业，也说明中国曾在食品检验、监督和监管过程中存在着漏洞（Chan, Griffiths & Chan, 2008）。

另外还有一个引起大众关注的话题，就是转基因食品问题。这一问题会受到公众关注的原因是多方面的，但正如养生节目那般，电视，发挥了不可否认的作用。而正如芬努卡内和霍洛普（Finucane & Holup, 2005）在其跨国研究文献回顾中指出的那般，早在 20 世纪 90 年代，许多欧洲国家也有过类似的研究表达了对转基因食品风险的担忧。

作为世界上人口最多的国家，中国自然面临着必须生产足够的粮食以养活本国人民这项艰巨任务。而农田的缺乏、快速城市化导致田地减少、滥用化肥导致土壤恶化等问题，都在加剧问题的严重性。而转基因作物的益处十分明显，如产量更高、农药用量更低等等，但与此同时，中国民众对转基因食品可为农业以及人民日常生活所带来的益处方面明显所知甚少。因此，必须推动媒介与其他公共平台采取更为平衡的报道方式，因为媒介报道对公众有关转基因食品或动物的态度形成起着至关重要的作用（Marques, Critchley & Walshe, 2015）。

中国所面临的一个更为重要的问题，是建立健全一个有效的政府监管与决策机制。在这个方面，我们可以从其他国家的经验与教训中获得启发。如芬努卡内和霍洛普（Finucane & Holup, 2005, p. 1607）就指出，"反对转基因食品的原因……可溯源至重要的社会文化信仰、价值观、历史风俗之上，这些要素在人类面临不确定性时，为其作出决策起到了指导作用"。而规范转基因食品商业化的可行性框架，取决于科学与政治两方面的考量。美国与欧洲对转基因玉米的风险监管就是个典型例子，列维多在其研究中指出，"来自行业、非政府组织，以及广大民众的压力，导致监管部门可能对某些特定的风险更为关注，从而忽略了其他的风险问题"（Levidow, 1999, p. 21）。

在中国，疾病与流行病问题对公众健康而言一直是一个重大威胁。相较于世界其他国家而言，中国由于人口密度高、幅员广阔，结合其独特的饮食习惯，更是需要关注流行病爆发所可能带来的潜在危害。而改革开放所带来的经济繁荣，使得中国政府能够在国家主导的疾病防治与公共卫生改善活动中投入更多的资源。世界银行报告（2017）指出，中国人的平均寿命从1980年的65.5岁增至2004年的76岁，这标志着我国在公共卫生改善取得了巨大进展。由于国家对先进领域研究及设施建设方面的资金投入与支持不断增加，中国在医学研究等各领域都取得了惊人进展。与此同时，大多数的大城市及城区都建设了拥有最新医疗设备的现代化医院。

另一方面，直到近几年，我们发现公共传播在疾病与流行病防控上可发挥相当巨大的作用。而这一里程碑式的发现源于2003年在中国的一次罕见流行病爆发，即造成全国瘫痪数月的非典型肺炎（SARS）。非典的爆发暴露出中国原本的传染病应对机制的软肋，由此中国政府对疾病监测系统进行全面改革，制定了"统一指挥、快速反应、协调有序"的《突发公共卫生事件应急条例》（Yao, Chen, Chen & Gong, 2013, p. 290）。除了统一的国家协调基础设施之外，新实施的疾病预防与控制系统将疾病信息的及时披露与全球合作摆在了重要位置，并在随后应对H7N9病毒爆发时取得了显著进展（Hvistendahl, 2013; Yao et al., 2013）。而新机制的一个重点领域，就是改进沟通与协调应对。

尽管越来越多的学者意识到健康传播研究的重要性，中国当下的健康传播各领域研究仍处于初级阶段，无论在方法或理论上的发展都十分有限（Tai, Zhang, Wang & Lin, 2013）。因此，为促进传播学成为中国风险与危机管理过程中的关键组成部分，我们还要很多工作要做。当下许多影响公共卫生的议题既是医学问题，也是传播问题。比如说，谣言在公共卫生与大众医学的日常实践中一直是一个活跃因素，在疫情爆发期间更是如此（Tai & Sun, 2011）。近年来，与健康相关的谣言在微信、新浪微博等中国热门的社交媒介上持续保持着显著影响力，而这些社交媒介连接着中国数亿的用户，是承载公众情绪的重要传播渠道。

医患关系恶化，是一直困扰着中国医疗领域的热点问题。而导致医患关系紧张的常见原因包括"卫生政策与法规缺陷、人文素质缺失、信息不对称、医患沟通不畅，以及医生压力过重"等等（Liu，Rohrer，Luo，Fang，He & Xie，2015，p. 4）。此外，刘新春等学者（Liu et al.，2015）指出，近年来，中国虽然在提升医患沟通技巧方面做了许多努力，但在实证研究与专有评估法制定方面仍有待发展。因此，若想要有效解决这一问题，我们还需要寻找一个更为全面的方法，将健康风险置于问题核心，并让患者、家属、医疗从业者，乃至整个社会都参与进来。

三　公众对科学及环境风险的认知

进入 21 世纪的第二个十年，科学技术成为提升人类整体生活质量日益重要的组成部分。科学素养，指的是公众对科学的本质、目的，以及一般局限性的理解与认知，是一个全球公认的重要概念架构与教育实践目标（Laugksch，2000）。中国也不例外，其国民经济的发展直接受益于将科技置于核心的举措。在 2016 年的全国科技创新大会上，中国国家主席习近平指出，提高公众，尤其是学龄儿童的科学素养与实现技术创新同等重要，这是"科学发展"的两翼（People's Daily Online，2016.06.03）。

然而，我们仍有许多巨大的障碍需要跨越。根据乔恩·D. 米勒（Jon D. Miller，1983；1992）提出的科学素养三维结构（关键词与概念；科学过程；科学技术的影响），中国科学技术协会日前进行了多次全国普查，以评估中国民众的科学素养水平。2015 年 9 月发布的中国科协报告指出，中国民众在地区间、职业间、教育程度，以及最为瞩目的城乡间存在显著差异；尤其占人口绝大多数的农村地区居民的科学素养要远远落后于城镇地区居民。不意外的是，北京、上海、天津三城居民的科学素养水平在全国处于领先地位：科学认知水平分别达到 18.71%、17.56%、12%，这与美国与西欧诸国 2000 年的数据持平。然而，中国全国人民平均科学素养水平为 6.2%，远远落后于美国与西欧

81

诸国的数据（News China，2015.09.21）。

当然，本章的目的并不在于讨论中国的科学素养具体情况。然而，作为衡量公众对科学的态度、关注度，以及认知水平的常规标准，这些关于中国科学素养的研究为我们提供了一个十分恰当的语境，以帮助我们评估在日益依赖技术的中国社会中，如何促进公众对风险要素的理解，以及我们可能面临怎样的挑战。接下来，我们将分别探讨过去几十年以来，触动大众警觉的几个典型环境风险问题。

中国经济的迅猛增长带来了更多的能源消耗需求，因此，自20世纪70年代末以来，电能发展在国家规划中占据了相当重要的地位。与此同时，中国城市地区的居民用电需求也呈爆炸式增长趋势。20世纪80年代，以水力发电为辅，燃煤发电为主仍是常态，但近年来，核能发电已成为主要的发展目标。2016年年初，中国政府宣布将在未来的五年（2016—2020）建造总计30个核反应堆机组，相当于过去30年（1985—2015）建成的核反应堆总量（China Business News Online，2016.03.04）。与此同时，2016年1月27日，国务院新闻办公室发布了《中国核应急准备白皮书》，对中国的核政策如利用核能的总体目标、确保公共安全的国家应急机制等内容进行了详细阐述。

在中国民众对核能潜在威胁的焦虑达到一个新高度之际，中国政府推出的核政策既承诺了核发展的安全，又彰显了其大力进行核电发展的决心。在1985年前后，中国的核电站建设还处于早期阶段，地方政府都纷纷竞争选址，因为若被选为新的核电站建设地，不但会获得来自国家的高额投资，还可为当地居民提供新的就业机会，也保证了当地稳定的电力供应。当然，这些最终都会转化为当地GDP的增长。而很大程度上，也依赖于各地政府成功获得了当地居民对核电站建设项目的支持。

然而，2011年3月11日发生在日本福岛第一核电站的核事故，却成为一个重要的转折点。由九级地震引发的海啸导致核电站反应堆堆芯熔化，并导致第二天的核燃料泄露，这是自1986年切尔诺贝利事件以来最为严重的一起核事故。中国的媒体对这场灾难进行了铺天盖地的报道，数月之内，中国各大媒介平台播放的建筑物倒塌、居民疏散的惨淡画面，给中国观众留下了深刻印象，并由此真正认识到了核能发展可能带来的潜在危害。中国媒体对这起发生在日本的核事故进行的深入报道，揭露了核事故对人类生命与环境所造成的各种短期影响及长期后果。这些报道产生了巨大影响，一定程度上改变了中国民众对核能的看法。

中国媒介前所未有的对核技术进行如此广泛的报道，而其关注点多集中于核辐射的潜在危害。而在日本发生的事情，自然也可能会发生在世界各地。无论政府多次重申这种可能性很小，核能危害问题，这个之前各大媒介平台未曾讨论的话题，成为公众关注的焦点。如徐一重（音译，Xu Yi-chong, 2008）的研究发现，从 20 世纪 80 年代至 21 世纪头十年，有关核能的争论焦点主要集中在如何实现政府的核能发展目标这个问题之上，很少有针对政府如何使用核能用途这个问题进行讨论。而在新一轮的讨论中，王一楠的反对意见十分突出。2014 年 4 月 4 日，王一楠在《中国能源报》发表了一篇文章，使她成为全国关注的焦点（Wang, 2014）。她在文章中出于技术与环境制约两方面的考虑，明确反对在中国内陆地区进行核电站建设。她的观点虽然受到了广泛关注，但这里值得我们注意的是，自 2015 年政府加大核电站建设的力度以来，针对相关国家政策以及提倡核能发展的反对声音已大大减少。

然而，近几年来，针对地方核电站建设项目的抗议活动在全国范围内达到了历史最高水平。例如持续的公众群体性事件，使得江苏省连云港市政府计划在当地修建核废料处理厂的计划搁浅（Meizhou Net, 2016.08.09）；广东省陆丰市郊区的村民与施工人员对峙，阻碍国家重点项目陆丰核电站的现场施工（NetEase, 2015.09.14）。甚至在日本福岛核电站核泄漏事故发生约一年以后，中国沿海城市青岛的数百名当地居民，集体抗议在居民区约 1 千米的范围内修建变电站，其原因是担心辐射对健康的潜在危害（Pheonix Daily Business Report, 2016.02.29）。

此外，引发群体性事件的环境问题远不止核能。过去几十年来，越来越多公众所关心的问题还包括如二甲苯工厂与焚烧炉等问题（Tai, 2015）。由于公众意识与共同关注的提升，越来越多被当地政府宣扬能带来巨大经济效益但同时存在潜在环境风险的重大发展项目，都开始受到当地居民的抵制。如斯坦哈特和吴逢时（Steinhardt & Wu, 2016）所指出，新一轮的争论越来越广泛，时常影响到地方及国家层面的政府决策。因此在这种情况下，在作出重要决策和采取行动之前，对项目所涉及的环境问题各方面进行适当通报，以帮助当地居民了解情况并评估潜在风险，是非常必要的①。

然而实际上，出于将经济发展优先于环境问题的目的，投资方、宣传方、利益集团对信息的控制与操纵，导致相关事务的沟通与审议议程被混为一谈。就核能问题而言，贺桂珍等学者（He et al.，2014）对福岛核事故后中国民众的认知调查显示，虽然中国民众对福岛核事故的认知大幅增加，但他们大多数人对中国的核电发展、核技术以及辐射风险等问题仍知之甚少。可见，普通中国民众获取核能信息的渠道有限，而政府作为公众信息的主要来源，需发挥举足轻重的作用。孙传旺等学者（Sun & Zhu，2014）就指出，更加平衡的信息传播与透明度，能显著降低公众对核电风险的疑虑，并增加其对国家核电政策的支持度。

笔者认为，现在是时候让更多人认识到，社会科学在促进中国民众对科学与其他领域风险的认识过程中可发挥有效作用。我们迫切需要寻求一种全面的方法，从技术可能性与社会结构的双重视野（Renn，1998）出发，将自然科学、技术，与社会科学的见解综合纳入风险评估与风险管理之中，以处理各类社会风险问题。具体而言，笔者认为，传播学在实现伯恩斯、奥康纳和斯托克梅尔（Burns，O'Connor & Stocklmayer）于 2003 年提出的"意识、享受、兴趣、意见形成与理解科学"（AEIOU）这一目标上有着至关重要的作用。

四 推动中国的风险传播研究发展：引入传播学

尽管风险问题自人类社会诞生以来便是其重要的组成部分，但其成为学术研究的一个重要课题，还是在二战结束以后（Renn，1998）。风险传播研究的领域形成与研究发展，源自 20 世纪 80 年代（Palenchar，2009）。相比之下，中国的风险研究历史则要短得多，风险传播作为专门学科也仅处于其起步阶段。而当下我们也目睹这一学科在面对着许多重大障碍与挑战同时，许多令人振奋的机遇也逐渐浮出水面。

风险，一般理解为"人类行为或事件所导致的，影响人类价值观各方面的后果的可能性"（Renn，1998，p.51）。随着中国几十年的惊人发展同步而来

---

① 例如，许多受到抵制的项目实际上都具有发达国家产业转移的背景。——编者注。

的，是一个充满各类风险问题的时代：（1）经济发展所带来的快速工业化以及技术驱动的现代化；（2）较短时间内的大规模城市化对传统社会结构与规范的破坏；（3）信息技术的广泛普及、不断演变的媒体环境，促进了公众对风险问题的关注与认知；（4）日益全球化与一体化促使越来越多的中国民众跟上了全球风险意识实践的步伐。中国社会这些错综复杂的转变，自然会导致公众不确定性的增加，有助于人们对实际存在的风险问题的感知。正如里宾杰（Lerbinger, 2012, p. 22）总结的，"随着技术与社会复杂性增长，危机发生率与严重程度也在相应的上升"。而当下以政府为中心的危机应对机制仍有所不足，更容易加剧这一局面。

风险与危机传播过程中，媒介无一例外地占据核心地位。不难想象，西方学者已然关注到了媒介的重要性。而由于中国的传播学研究历史中，新闻学研究一直占据着主导地位，因此在风险与危机相关议题方面的关注点也较为片面，过分强调媒介对重大事件的报道研究。虽然媒介报道研究也是一个重要领域，但正如我们之前探讨养生电视节目时所言，我们还需要进一步探讨影响受众选择与认知特定媒介来源的影响因素是什么，更为重要的是，这些中介信息是如何塑造公众行为的。

在中国，媒介产业中的国家参与是一个需要考量的重要因素。正如贺桂珍等学者（He et al., 2014）在其核能研究中指出的，官方媒介在向公众传递风险相关信息这一方面，发挥着至关重要的作用。相较于西方的商业化媒介体系，中国在国家层面对媒介的主导，可保障其报道方向与国家制定的目标相一致，因此在促进公共利益方面是十分具有优势的。此外，国家也有能力调动媒介与其他各领域资源，以告知公众、协调个人、并组织大规模的集体活动鼓励全民朝着宏观目标共同努力。另一方面，传播学者在评估媒介在风险与危机传播中的作用与设计其用途时，还必须把握当下的媒介环境与相关发展动态。

与此同时，社交媒介与其他新兴媒介平台在这个过程中占据了不可否认的重要地位。由于新媒体主要以用户生产的内容为主，因此新媒体传播为信息传播提供了新的可能性，也赋予了草根大众在传统媒介中所匮乏的群体权利。而对于学术研究者与从业人员而言，这是一个相当有前途的研究方向。在一个充斥着社交媒介、智能手机与移动设备且信息爆炸的时代，新的机遇与挑战是并存的。因此，与不断演变的新媒介环境并肩前行，也是研究者拓展新视野与取得新突破的有效方式。

例如裴佳音（Pei et al.，2017）在研究中就展示了如何监测新浪微博的技术，来预测公众对公共卫生问题的关注趋势。遵循类似思路的研究结果将具有重要的实际价值，因为一旦早期的发现机制能被证明是可靠的，那么就可以帮助危机管理人员及时、有效与主动地处理所预期的公众反应与社会紧张局面。

风险与危机传播学的标志性特征，在于其视角与方法上跨学科的本质。由于风险与问题总是在特定社会环境中与人类产生交集，因此"我们只有首先考察人类以及他们所构建社会的性质，才能理解风险与危机传播"（Heath & O'Hair，2009，p. 5）。因此，跨学科的交叉实践，对于破解风险传播的谜题至关重要。而为了满足传播学的科学目标，如巴鲁克·菲斯克霍夫（Baruch Fischhoff，2013，p. 14038）所指出，需要"具有专业知识的科学家、信息传播领域的专家、能够管理该传播过程的从业人员之间展开合作"。塞西尔·温德林（Cecile Wendling，2012）还敏锐的观察到，在西方国家的相关风险问题处理中，社会学家的实践工作与自然科学家及公共政策制定者的实际期望之间存在着显著差距：自然科学家通常认为风险评估与管理是一个线性且工具性的过程，但社会学家却认为他们扮演着调停自然科学家与公众间信息沟通的"调停者"或"沟通者"角色。因此，社会学家在风险过程中的参与，应能够替代线性的处理方法，并促进"更深入的讨论"。此外，他们还可帮助社会重新思考风险评估与管理的过程，让其变得更具迭代性、完整性与包容性。让社会学家参与到风险实践过程之中，可有效从现有且广泛的社会学研究中获益，从而作出更明智的决策与建议（Wendling，2012，p. 490）。

对于中国研究者而言，这也是一个极好的指导方向。尤其是中国的传播学研究领域，无论在跨学科方法或与其他社会学领域研究者的合作方面，都并不积极。此外，考虑到目前中国对环境、健康、技术与其他风险问题的监管研究由自然科学主导的现状，社会学既然被赋予了协助自然科学的任务，那么我们迫切的需要来自社会学研究者的意见与声音。这一方面而言，中国当下的倾向性与西方早期的风险监管研究有不少相似之处（Jasanoff，2009；Palenchar，2009；Renn，1998）。

当下各国学者普遍认为，风险是一个多维概念。尤其强调"客观风险"（基于科学事实、技术数据与计算概率）与"主观风险"（由情感与价值观塑造）的区分（Hermansson，2012），而风险传播则包含了科学（技术）与社会文化的双重维度（Heath & O'Hair，2009）。而根据风险仪式模型来说，"公众对风险的感知，是社会过程、性格与深层文化结构的象征"（Moore & Burgess，2011，p. 112）。而卡耐基－梅隆心理模型法（Morgan，Fischhoff，Bostrom & Atman，2002）则认为，关于风险的非专业性信念是基于人们对特定事实、社会与文化学习内化的认识的启发而形成的，这些观念会被媒介及其他信息传播过程所强化或修正。这里值得注意的是，传播都被内置于这些模型之中。就中国而言，其他还需要纳入考量的重要因素包括独有的文化价值观与社会传统，它们很大程度上也会影响公众对风险的认知。这些都是传播学者在风险研究中必须留意的关键领域。

风险的概念化方式，会影响风险评估、监管与管理的方式。由于信息传播在所有的风险过程中都起着关键作用，因此传播学者必须分享他们对如何通过实证与理论研究（评估）以理解风险的见解，为政府与公共机构指定风险知情决策或监管法规做出贡献，且需时刻在传播实务指导与应对及管理重要风险议题的准备方面持有发言权。战略上来说，作为应用研究领域，风险研究人员需要"在理论、意义与实际价值间保持平衡"（Lindell，2013，p. 812），并需要努力将实际问题与相适应的宏观理论与观点联系起来。更重要的是，传播学者应带头推动与公众的对话以及风险传播过程的参与，承担起为弱势群体及资源匮乏群体这些易受到社会风险负面影响的群体发声的角色。在中国当下的政治环境中，这些任务都十分艰难，但对传播学者而言，我们有道德与社会责任去承担这些任务。

五　结语

中国过去几十年的经济发展、工业化与城市化进程，伴随着风险。因此，当代中国在物质丰富时代到来的同时，正承受着来自环境恶化、食品污染、流行病、自然灾害等多领域不确定性与风险系数上升的困扰。近年来，中国政府高度重视并处理了许多以公共危机与突发事件形式出现的潜在风险问题，但成效各不相同：某些领域取得了显著成就，但在某些领域仍需要重大改进。

2003 年的非典爆发，成为中国风险与危机传播史上的一个里程碑事件，因为它前所未有地吸引了来自中国各领域人士的关注，如科学家（自然科学与社会学）、政府部门、地方与国家级监管机构、媒介学者与从业人员，乃至普通大众。学界与业界的积极研究与探讨产生了振奋人心的结果，如政府应对公共卫生危机的模式改变、新旧媒体在向公众传播健康风险信息的过程中逐渐扮演起重要角色等等。然而，中国宏观的风险研究，尤其是风险传播研究仍处于初级发展阶段，我们仍面临着巨大的挑战，在该领域也仍有许多工作亟待完成。在此，我们呼吁中国的传播学研究者能响应号召，迎接时代挑战。恰逢传播学在中国作为一门独立学科，正努力探寻其身份并寻求长足发展的时刻，风险传播研究也许正是实现这一目标，达成突破性成就的分支领域。

参考文献

Beck, U. (1992). *Risk society: Toward a new modernity*. London: SAGE.

Beck, U., Deng, Z., & Shen, G. (2010). Risk society and China: A dialogue with Ulrich Beck. Published in Chinese. *Sociological Studies*, *5*, 208–232.

Burns, T. W., O'Connor, D. J., & Stocklmayer, S. M. (2003). Science communication: A contemporary definition. *Public Understanding of Science*, *12*(2), 183–202.

Chan, E. Y. Y., Griffiths, S. M., & Chan, C. W. (2008). Public-health risks of melamine in milk products. *The Lancet*, *372*(9648), 1444–1445.

China Business News Online. The great leap forward in nuclear power plant construction. Retrieved from: http://finance.ifeng.com/a/20160304/14249005_0.shtml.

Finucane, M. L., & Holup, J. L. (2005). Psychosocial and cultural factors affecting the perceived risk of genetically modified food: An overview of the literature. *Social Science & Medicine*, *60*(7), 1603–1612.

Fischhoff, B. (2013). The sciences of science communication. *Proceedings of the National Academy of Sciences*, *110*(Supplement 3), 14033–14039.

He, G., Mol, A. P., Zhang, L., & Lu, Y. (2014). Nuclear power in China after Fukushima: Understanding public knowledge, attitudes, and trust. *Journal of Risk Research*, *17*(4), 435–451.

Heath, R. L. & O'Hair, H. D. (2009). The significance of crisis and risk communication. In R. L. Heath & H. D. O'Hair (Eds.), *Handbook of risk and crisis communication* (pp. 5–30). New York: Routledge.

Hermansson, H. (2012). Defending the conception of "objective risk". *Risk Analysis*, *32*(1), 16–24.

Hvistendahl, M. (2013). A decade after SARS, China's flu response wins cautious praise. *Science*, *340*(6129), 130.

Hu Xuecui. (2014, August 6). Wang yinan: Shocked by responses to my nuclear power comments. *Phoenix Daily Business Report*. Retrieved from: http://finance.ifeng.com/a/20140806/12873200_0.shtml.

Jasanoff, S. (2009). *The fifth branch: Science advisors and policy makers*. Cambridge, MA: Harvard University Press.

Laugksch, R. C. (2000). Scientific literacy: A conceptual overview. *Science Education, 84*(1), 71–94.

Lerbinger, O. (2012). *Facing disasters, conflicts, and failures* (2nd Ed). New York: Routledge.

Levidow, L. (1999). Regulating Bt maize in the United States and Europe: A scientific-cultural comparison. *Environment: Science and Policy for Sustainable Development, 41*(10), 10–23.

Lindell, M. K. (2013). Disaster studies. *Current Sociology, 61*(5-6), 797–825.

Liu, J., & Diamond, J. (2005). China's environment in a globalizing world. *Nature, 435*(7046), 1179–1186.

Liu, X., Rohrer, W., Luo, A., Fang, Z., He, T., & Xie, W. (2015). Doctor-patient communication skills training in mainland China: A systematic review of the literature. *Patient Education and Counseling, 98*(1), 3–14.

Marques, M. D., Critchley, C. R., & Walshe, J. (2015). Attitudes to genetically modified food over time: How trust in organizations and the media cycle predict support. *Public Understanding of Science, 24*(5), 601–618.

Meizhou Net. (2016, August 9). Citizens of Liangyungang protest against construction of nuclear waste plant. Retrieved from: www.meizhou.cn/2016/0809/460894.shtml.

Miller, J. D. (1983). Scientific literacy: A conceptual and empirical review. *Daedalus, 112*(2), 29–48.

Miller, J. D. (1992). Toward a scientific understanding of the public understanding of science and technology. *Public Understanding of Science, 1*(1), 23–26.

Moore, S., & Burgess, A. (2011). Risk rituals. *Journal of Risk Research, 14*, 111–124.

Morgan, M. G., Fischhoff, B., Bostrom, A., & Atman, C. J. (2002). *Risk communication: A mental models approach*. New York: Cambridge University Press.

NetEase. (2015, September 14). Police arrest 19 protestors opposing nuclear power plant. Retrieved from: http://help.3g.163.com/15/0914/18/B3GC8OM900964K9G.html.

News China. (2015). China association for science and technology: Survey shows dramatic increase of scientific literacy in China. Retrieved from: http://news.china.com/domestic/945/20150921/20437563.html.

Palenchar, M. J. (2009). Historical trends of risk and crisis communication. In R. L. Heath & H. D. O'Hair (Eds.), *Handbook of risk and crisis communication* (pp. 31–52). New York: Routledge.

Pei, J., Yu, G., Tian, X., & Donnelley, M. R. (2017). A new method for early detection of mass concern about public health issues. *Journal of Risk Research, 20*(4), 516–532.

Phoenix Daily Business Report. (2016, February 29). Property owners in Qingdao protest against building of transformer substation close to their apartments. Retrieved from: http://news.ifeng.com/photo/hdnews/detail_2012_02/29/12869381_0.shtml.

Renn, O. (1998). Three decades of risk research: Accomplishments and new challenges. *Journal of Risk Research*, *1*(1), 49–71.

State Administration of Press, Publication, Radio, Film and Television. (2016, August 26) Public notice on the regulation of medical, public health, diet programs and pharmaceutical commercials. Retrieved from: www.sarft.gov.cn/art/2016/8/26/art_113_31528.html.

Steinhardt, H. C., & Wu, F. (2016). In the name of the public: Environmental protest and the changing landscape of popular contention in China. *The China Journal*, *75*(1), 61–82.

Sun, C., & Zhu, X. (2014). Evaluating the public perceptions of nuclear power in China: Evidence from a contingent valuation survey. *Energy Policy*, *69*, 397–405.

Tai, Z. (2015). Finger power and smart mob politics: Social activism and mass dissent in China in the networked era. In P. Weibel (Ed.), *Global activism: Art and conflict in the 21st century* (pp. 396–407). Cambridge, MA: The MIT Press.

Tai, Z., & Sun, T. (2007). Media dependencies in a changing media environment: The case of the 2003 SARS epidemic in China. *New Media & Society*, *9*(6), 987–1009.

Tai, Z., & Sun, T. (2011). The rumouring of SARS during the 2003 epidemic in China. *Sociology of Health & Illness*, *33*(5), 677–693.

Tai, Z., Zhang, Y., Wang, D., & Lin, J. (2013). Researching health communication in China: Thematic orientations, methodological approaches, and topical enactments. *China Media Research*, *9*(3), 84–95.

Vilella-Vila, M., & Costa-Font, J. (2008). Press media reporting effects on risk perceptions and attitudes towards genetically modified (GM) food. *The Journal of Socio-Economics*, *37*(5), 2095–2106.

Wang Y. (2014, April 4). Nuclear power plant in hinterland areas is not an appropriate choice for China. *China Energy News*. Retrieved from: http://news.bjx.com.cn/html/20140414/503509.shtml.

Wendling, C. (2012). What role for social scientists in risk expertise? *Journal of Risk Research*, *15*(5), 477–493.

World Bank. (2017). Life expectancy at birth, total (years). Retrieved from: http://data.worldbank.org/indicator/SP.DYN.LE00.IN.

Xin Jinping. Cultivate a vibrant management and operation mechanism in promoting science and technology. *People's Daily Online*. Retrieved from: http://scitech.people.com.cn/n1/2016/0603/c1007-28410557.html.

Xu, Y. C. (2008). Nuclear energy in China: Contested regimes. *Energy*, *33*(8), 1197–1205.

Yan, Y. (2012). Food safety and social risk in contemporary China. *The Journal of Asian Studies*, *71*(3), 705–729.

Yao, L., Chen, E., Chen, Z., & Gong, Z. (2013). From SARS to H7N9: The mechanism of responding to emerging communicable diseases has made great progress in China. *Bioscience Trends*, *7*(6), 290–293.

第二部分

面向公众和媒介的风险与科学宣传及教育

第六章

职业安全与健康中的风险传播：
在媒介演变背景下接触多元受众

朱利安·C. 斯科尔　　唐娜·M. 范博盖尔特

克里斯蒂·L. 佛尔斯特　　托马斯·R. 康尼汉姆

本书中的调查结果与结论是作者的调查结果与结论，并不代表美国职业安全与健康研究局（National Insititution for Ocuppational Safty & Health，以下简称NIOSH）的观点。

一　序言

截至 2015 年，美国劳工人口总数超过 1.57 亿人（美国劳工统计局，2015）。许多美国工人的安全与健康受到诸多威胁如暴露、受伤、生病，甚至死亡，2007 年全年的医疗费用及生产力损失估计超过 2500 亿美元（Leigh，2011）。然而，这一估算仍被认为较低，因为该数据还不包括与劳动力流动以及伤病相关的成本。另一项成本则与"出勤主义"（Presenteeism，或自评为患病）所造成的损失有关，这是一种即使生病也要坚持上班的倾向，通常会降低工人的生产力（Aronsson & Gustafsson，2005；Guest & Conway，2009；Hansen & Anderson，2008）。而在不断演变的工作背景下，这一状况表明，我们需要大量的信息与干预措施来解决职业暴露所带来的风险如由化学或其他环境危害所引起的疾病（Riegelman & Kirkwood，2015）、致命与非致命伤害（如滑倒、绊倒、跌倒）（Turnock，2016）等。而为满足这一需求，我们要在几个复杂的领域进行引导以实现向工人的信息传递：

1. 职业安全与健康（OSH）研究：以确定构成安全与健康的工作场所的要素是什么。

2. 转化研究：着重了解将研究成果转化为信息的过程，这些信息可用于实践，并产生有意义的影响。

3. 风险传播：以立风险意识，分享关于消除伤害与死亡，改善工作场所安全与健康的最佳措施的信息。

4. 新兴的通信技术：用以有效地向工人传递职业安全与健康风险信息。

因此，首先，本章将简述职业安全与健康领域研究，进而对美国唯一专门从事职业安全与健康研究的政府机构，美国国家职业安全与健康研究局（NIOSH）进行简述。其次，本章将讨论风险与健康传播研究在职业安全与健康中的作用，以及数字媒介对传播的影响。最后，本章将继续探讨新兴媒介技术与渠道所带来的挑战及机遇，并在最后对最佳实践以及未来研究发展提出建议。

二　研究背景

自工业时代开始以来，职业安全与健康研究在全球范围内得到了显著发展。艾利在《职业健康与安全基本原则》（Alli, 2008, p. 7）中对职业安全与健康的多个方面进行确认，并将其定义为"对工作场所中可能损害工人健康与福祉的危险进行预测、识别、评估与控制的科学，并需要考虑到周围社区与一般环境可能产生的影响"。换言之，职业安全与健康研究关注的是保护工人的健康与安全，减少或预防因工作场所暴露与危险所导致的疾病、伤害，以及死亡。

有许多职业安全与健康的标准以及最佳实践得到了该领域的资深国际领导机构与人士的认可，如国际职业健康专员（ICOH，成立于 1906 年）、国际劳工组织（ILO，成立于 1919 年）、世界卫生组织（WHO，成立于 1948 年）、职业安全与健康管理局（OSHA，成立于 1970 年），以及美国国家职业安全与健康研究局（NIOSH，成立于 1970 年）。此外，包括美国和英国在内的一些国家还制定了相关法规，要求企业为雇员提供安全与健康的工作环境。在美国，还设立了一些专门机构来开展研究，以告知危险并执行安全与健康法规。这些联邦机构包括国家职业安全与健康研究局（NIOSH）以及职业安全与健康管理局（OSHA），以及分别成立于 1973 年和 1977 年的采矿执法与安全管理局（ME-SA）和矿山安全与健康管理局（MSHA）。目前美国有 28 个州与地区具有 OS-HA 批准的州计划，或联邦资助的安全与健康项目（OSHA，n. d. ）。

三　美国国家职业安全与健康研究局

美国国家职业安全与健康研究局是根据 1970 年的《职业安全与健康法》成立的联邦机构，主要负责进行研究并提出建议，以确保所有美国工人的安全与健康的工作条件。正如其声明的使命与价值观（NIOSH，2016. 1. 11），NIOSH 通过收集信息、开展研究、传播为满足利益攸关方需求而量身定制的产品、解决方案及服务，为预防与工作相关的疾病、伤害、残疾，以及死亡，发挥其全国性与全球性的领导作用。作为美国卫生与公众服务部（DHHS）下属疾病控制与预防中心（CDC，以下简称疾控中心）的一个研究机构，NIOSH 在全美八个研究实验室和办公室拥有 1300 多名员工。它们代表了广泛的学科，包括工业卫生学、医学、流行病学、心理学、经济学、统计学、传播学和工程学。NIOSH 的任务是推出新的职业安全与健康知识，并将这些知识转化为保护工人的安全实践、程序与政策（NIOSH，2015. 10）。NIOSH 并不是一个监管与执行机构；但是，该研究局经常与主要的联邦监管合作伙伴，即劳动部的职业安全与健康管理局（OSHA）和矿山安全与健康管理局（MSHA）合作，提出建议与最佳实践，以应用由 NIOSH 及其合作伙伴进行的最新研究（NIOSH，2015. 11. 4）。

与其职业风险因素研究同样重要的，是 NIOSH 为保护美国工人的健康与安全而提出的建议。NIOSH 必须将这些发现转化为实际的预防信息，并通过（无约束力或非强制执行的）指导文件、建议、教育材料，或改善工作条件的干预措施等来传达这些信息。由于现有和新出现的危害以及美国劳动力构成的持续变化（例如：更多的兼职、临时、老龄化，以及小型企业员工），有效率地传播信息成为一项挑战（Bureau of Labor Statistics，2013；Cummings & Kreiss，

2008）。

此外，其他重大挑战还包括：克服网络信息过载和在虚拟环境中争夺不同受众的注意力；防止政府机构充分参与定制内容的隐私授权；以及快速演变的通信技术与规范。在这些挑战中，NIOSH 很有机会在其职业安全与健康（OSH）传播中进行战略性探索与使用。

1. 信息传播机遇

其中一个机会，是更好地利用现在广泛使用的先进交互式技术。这些技术使科学知识得以迅速传播，并且还提供复杂的网络允许用户通过多种渠道与方式以多种途径传递信息内容。该技术还允许在多种类型的媒介上统一发布消息。

另一个机会，则是更好地利用 NIOSH 的身份认同，这是基于其在职业安全与健康社区中长期建立起来的领导能力与卓越研究的声誉。NIOSH 被公认为有助于促进工人健康与福祉的重要和值得信赖的信息及资源来源（NIOSH，2016.1.11）。因此，NIOSH 致力于通过成功的内容创作与传播策略来维护其作为受人尊敬的传播者的声誉，以满足其提供与不同受众产生共鸣的信息的使命。

NIOSH 信息产品基于的是识别风险因素，提供预防工人受伤、生病和死亡建议的研究。然而，NIOSH 信息与资源在工作场所的使用、调整，以及采用程度在很大程度上取决于超出风险因素与基础研究结果的因素。为此，NIOSH 依赖于两个倡议——NIOSH 转化研究计划和 NIOSH 研究用于实践（Research to Practice，r2p）框架来指导 NIOSH 的信息、干预与技术转化和转让。

2. 转化研究

转化研究（Translation Research）是研究如何有效地将研究成果转化为实践并产生影响的科学研究；它还包括研究阻止这一过程的障碍（Straus, Graham & Mazmanian, 2006）。2015 年，NIOSH 建立了转化研究项目，将转化研究确定为 NIOSH 的四大主要研究类别之一。该计划建立在四个探索阶段的基础上，其研究方法基于的是美国国立卫生研究院所采用的方法（Khoury, Gwinn & Ioannidis, 2010；Zerhouni, 2003）。

第一阶段考察的是基本风险研究结果转为应用程序的活动，如试点研究或案例报告。该应用程序有可能转变为全球推广工作或干预措施的应用程序，具体包括制定工作场所风险的解决方案和进行有限测试。第二阶段通过对新干预措施、流程或培训计划的观察与实验测试，评估其内部有效性对行业或工作场所（如当地建筑工地）的潜在影响。第三阶段侧重于外部有效性，将循证干预措施与建议纳入职业安全与健康领域内广为接受的实践之中。这需要通过传播研究来确定大规模传递与传播中的障碍或促进者，以供更广泛的受众（如建筑业）采用。而第四阶段考察的是"现实世界"的健康结果或新制定的干预措施和建议的影响。在这一阶段，将主要研究检查总体人口水平的成果转化工作，特别是对伤害，疾病与死亡的影响。

3. 研究用于实践（r2p）

研究用于实践（Research to Practice，简称 r2p）框架推动的是 NIOSH 知识、干预措施和技术在有效率的工作场所的实践以及产品中的适应和采用。该框架通过六个核心要素来实现这一目标：伙伴关系、NIOSH 内科学、NIOSH 外科学、技术转让、传播交流，以及影响评估。这些要素中的每一个都对工作场所的安全与健康有着独特贡献；然而，正是在它们的相互作用与融合中，它们能够完全符合 NIOSH 的使命，促进了可衡量的影响（参见图 6.1）。传播的核心要素对于 NIOSH 的科学转化为产品，然后传播给目标受众的方式而言至关

图 6.1　研究用于实践（r2p）框架包含的要素

重要。通过传播沟通、并采用基于证据的策略与工具，NIOSH 信息以关键利益攸关方理解和使用的方式进行传递（NIOSH，2015.12.4）。

四 传播风险

1. 职业安全与健康信息

与其他风险传播领域一样，对风险的感知对于激励保护与预防行为而言至关重要（Turner，Skubisz & Rimal，2011）。健康相关风险是指为防止不良后果而需要识别、描述、评估和管理的危害或危险（McComas，2006；Parrott，2004）。在职业安全与健康领域，风险是指危害发生的可能性，与工作场所存在的危害和暴露有关（Friend & Kohn，2010）。而风险传播涉及向不同的受众提供指导信息和忠告，以引发行为变化（Olaniran & Scholl，2016）。

风险传播需要了解目标受众的本质（Heath & O'Hair，2010），尤其是他们如何看待危害的可能性及其严重程度。希思、帕伦查尔和奥黑尔（Heath，Palenchar & O'Hair，2010，pp. 475 – 476）认为，"如果社会上相关的所有人都能感知到相同的风险，以同样的方式感知风险，并以同样的方式对风险作出反应，那么就没有所谓的风险传播这门学科了"。这一说法强调了认识到目标受众多样性的重要性，以及了解他们感知和应对风险的多样化是多么重要。根据风险感知态度（RPA）框架（Rimal & Real，2003），当根据受众对风险的感知和疗效信念对受众进行细分时，尤其是在设计旨在改变健康相关行为的干预措施时，可以看到这种多样化（Rimal，Brown，Mkandawire，Folda，Böse & Creel，2009）。风险感知态度框架表明，个体可以是反应灵敏型的（高感知风险，高效率），逃避型的（高风险感知，低效率信念），积极主动型的（低风险，高效率），或冷漠型的（低风险，低效率）。里尔（Real，2008，pp. 342 – 343）认为"创建理论上有意义的群体，传播研究人员可以对寻求安全信息和一般安全行为作出预测"。里尔将该框架应用于一项针对制造业工人的研究发现，具有更高效能信念的工人会表现出更积极的安全行为。此外，研究还发现，反应灵敏型的个体比逃避型的更安全，而积极主动型的员工比冷漠型的员工更安全。

在职业安全与健康领域，对风险的感知包含了广泛的关注。虽然其重点是保护工作场所个人的安全与健康，但根据协会规定，职业安全与健康还包括损失预防和自然资源以及设施资源的保护（Friend & Kohn，2010）。职业安全与健康研究不仅为个体工人提供了具体建议，而且具有深远影响。它推动了政策与程序的发展，帮助雇主和工人减少暴露于导致疾病和伤害的危险或风险因素。在评估风险和建议解决方案的过程中，职业安全与健康领域也有助于提高组织效率和质量。例如，为仓库员工找到更好的方法将箱子从一个地方移到另一个地方，这不仅有助于防止背痛，还可以减少工作时间，从而提高生产率。因此，职业安全与健康研究的受众包括安全专业人员以外的多个利益攸关方，包括决策者、效率专家、设施设计师和雇主。

2. 职业安全与健康风险传播研究的理论基础

风险传播不仅需要了解与风险相关的信息是如何形成、发送与接收的，还需要了解个人如何根据他们所面临的风险程度作出决策。传统上，风险传播过程意味着识别和验证与特定风险相关的证据（如：统计数据、事实），向处于风险中的社区传达并解释这些证据，并与利益攸关方建立伙伴关系，以了解如何控制风险（Fischhoff，1995；Morgan，Fischhoff，Bostrom & Atman，2002）。伙伴关系发展被认为是这一过程的重要组成部分之一，它促进社区和实体之间的双向沟通，并告知他们风险（Chess，Salomone，Hance & Saville，1995）。

与利益攸关方建立关系的典型范例是原因模型（CAUSE）的应用（Rowan，1991；Rowan，1994；Rowan，Botan，Kreps，Samoilenko & Farnsworth，2009；Rowan，Sparks，Pecchioni & Villagran，2003），该模型提出了五个传播目标：（1）信心——受众对信息和来源确定性的感知；（2）关注——注意风险的警告信号并了解主题；（3）理解——与风险相关的宏观结构与复杂流程的理解能力；（4）满意度——对拟议解决方案的认同；以及（5）条例——将受众的认同从言传转变为行动。这些目标代表了风险消息能够处理受众所经历的紧张关系的方式，如对消息或来源的怀疑、对风险缺乏关注、对与风险相关的术语和复杂过程的理解不足等等（Rowan et al.，2009）。

风险传播的既有文献承认，特定的风险传播理论在适用于不同受众（Lundgren & McMakin，2013），以及不同人群经历的风险水平不均衡方面存在局限性。尽管通过健康活动获得了信息，但最脆弱的人群在获取应对这些风险所需的信息和资源方面会遭遇最大的困难（Olaniran & Scholl，2016）。此外，并非所有文化与人群都以同样的方式或同样的认真态度看待风险（Lachlan，Burke，Spence & Griffin，2009）。某些种族或少数民族会使用不同于传播关键风险信息的其他沟通渠道，往往使他们得不到所需的信息（Lachlan et al.，2009）。因此，有效率的内容开发和传播渠道的使用应考虑到这些人口差异。

其他的风险传播模式则侧重于个体层面的受众的信息寻求行为。例如，计划风险信息寻求模型（PRISM；Kahlor，2010），是一个将计划行为理论（TPB；Ajzen，1991）的预测变量与风险信息寻求与处理模型（RISP；Griffin，Dunwoody & Neuwirth，1999）相联系的构想。计划风险信息寻求模型概念化了个人寻求有关自身健康风险的信息的构想。卡勒（Kahlor）对这一理论的检验表明，寻求个人信息具有社会心理学的复杂性。此外，某些预测因素，如健康问题是否与环境有关，或个人所知与所需之间的差异，可适用于特定的健康状况。

而在机构组织或大众层面考虑风险传播时，学者和从业者可采用多种不同的方法来传播有关风险的信息（Breakwell，2014；Morgan et al.，2002；Paek，Hilyard，Freimuth，Barge & Mindlin，2010）。这些方法大多来自于健康传播理论以及传播学和其他社会科学理论，如心理学和人类学。表 6.1 中提供了一些在健康传播教学和实践中使用的基础理论。

表 6.1　　　　　　　　　　　至今已发表的健康传播理论概述

理论	提出者	理论内涵
详尽可能性模型	佩蒂和卡乔波（Petty & Cacioppo，1986）	一种说服的双过程理论，解释了处理刺激的不同方式，为什么使用它们，以及它们如何影响态度的变化
社会学习理论	班杜拉（Bandura，1986）	识别个体如何通过观察到的行为、态度、模仿和建模相互学习
自我效能	班杜拉（Bandura，1986）	描述个人完成任务和达到目标的能力程度或信心的行为模型
自我决定	瑞恩和德西（Ryan & Deci，2000）	一种动机与人格模式，个人的能力程度取决于自主性、关系性和能力

续表

理论	提出者	理论内涵
合理行为理论	阿兹廷和菲什宾（Azjen & Fishbein, 1980）	关注个人对健康实践相关结果的信念预期和对这些结果的评估的结合；社会规范在行为意向中的作用
健康信念模型	霍克鲍姆、罗森斯托克和凯格尔（Hochbaum, Rosenstock & Kegels, 1950）	健康相关行为导致共同健康行为的可能性（有助于自我效能理论）
社会营销	科特勒和罗伯托（Kotlers & Roberto, 1980）	整合营销和行为概念，以影响对个人和社区都有利的行为，实现更大的利益
创新与扩散	罗杰斯（Rogers, 1983）	解释新思想和新技术在社会系统中传播的方式、原因和速度
健康行为改变的跨理论模型	普罗查斯卡和维利塞（Proc-haska & Velicer, 1997）	健康行为改变包括六个阶段：预设、沉思、准备、行动、维持和终止
风险感知态度框架	里马尔和里尔（Rimal & Real, 2003）	风险认知与疗效信念需要一起考虑，受众可以通过以下任何方式作出回应：反应灵敏型的（高感知风险，高效率），逃避型的（高风险感知，低效率信念），积极主动型的（低风险，高效率），或冷漠型的（低风险，低效率）

　　而数字和新媒介理论还有扩展的空间。新媒介是指可以在线获取并通过数字设备访问的内容；这些内容可以让用户参与反馈（Manovich, 2003）。数字和新媒介的理论发展可以解决风险与健康信息如何影响用户，以及他们如何分享和采纳建议和指导这些问题。例如，萨布里特、斯普林和霍华德（Sublet, Spring & Howard, 2011）认为，社会交换理论（Social Exchange Theory；Homans, 1958）可以帮助解释用户通过他们所使用的渠道，尤其是博客，所感知到的互动性。社会交换理论建议人们评估他们相互关系中的潜在风险与好处，当风险大于回报时，大多数人会放弃。而基于这一前提，萨布里特等学者还指出，博客允许读者超越单纯的消费信息行为，促使他们与另一端的人（即博客作者或评论人）建立联系，从而创造出具有成本和回报的联系的潜力。其他的学者则确定了新媒介改变跨文化交际的方式（c. f., Shuter, 2012），以及新媒介支持合作个体之间协调沟通的方式［即：媒体同步性理论（Media Synchronicity Theory）；Dennis, Fuller & Valacich, 2008；Dennis & Valacich, 1999］。

除了让信息消费者感受到与他们所使用的媒介的联系或关系之外，职业安全与健康风险传播的最终目标是推动行为的改变，从而引导预防。为此，除了健康传播理论外，职业安全与健康风险传播研究还必须涉及使用健康行为生态模型的推广工作，这些模型"强调行为的环境与政策背景，同时还纳入社会与心理影响考量。生态模型会明确考虑多个层次的影响，从而指导制定更为全面的干预措施"（Sallis, Owen & Fisher, 2008, p. 503）。在职业安全与健康中，影响程度通常包括个人、社区、团体组织与公共政策（Sallis, Owen & Fisher, 2008）。

五 在不断演变的数字媒介环境中传递职业安全与健康信息

向公众传达职业安全与健康信息和工作场所建议，还要求职业安全与健康专业人员适应媒介环境的变化。而当下最主要的转变在于传播方式从纸质改为电子，而以职业安全与健康组织机构开发内容、确定渠道选择和评估信息传播的方式，既带来了挑战，也创造了机遇。网络和社交媒介更是创造了一个任何人都可以发布并快速实践的环境。其结果导致我们需要在一个认知超载、导航与搜索策略、信息设计都至关重要的环境中争夺受众的注意力。从传统大众媒介（如电视、报纸杂志、广播电台）到数字媒介环境的巨大转变促进了新理论与最佳实践的出现。每个组织机构都面临着这样一个问题：他们的目标受众在多大程度上接受了数字环境，以及如何通过新兴及传统的媒介渠道有效地接触到这些受众。对于大多数组织机构来说，新媒介环境向他们提出了问题，并要求他们就如何将资源用于传播作出新的决定。

与许多长期存在的职业安全与健康的组织机构一样，NIOSH 历来依赖纸质与硬媒介产品。例如期刊文章、NIOSH 文件、光盘与录像带等来传递职业安全与健康信息。也正如他们今天继续通过数字媒介所做的那样，NIOSH 也依靠中介机构通过印刷形式传播其研究成果。这里的中介机构是指与企业和雇主建立了联系并能够共享 NIOSH 信息的组织机构或关键个体（Cunningham & Sinclair, 2014）。这些中介机构包括健康服务提供者、劳工组织、行业协会、保险公司和商会。评估这些传播策略的影响很大程度上取决于追踪出版物的发行量、发表的期刊论文数量，以及 NIOSH 期刊论文的引用数。虽然技术与教育文件仍然是研究所最重要的产出，但利用传统印刷与邮政服务生产和传播文件终端产品的情况已较以往大大减少。

1. NIOSH 与万维网

与其他政府机构一样，万维网的可用性为 NIOSH 信息的生成与传播带来了重大转变。自 1997 年以来，NIOSH 网站（即 NIOSH 网）一直是 NIOSH 研究、指引与信息的主要传播渠道。其主要受众包括职业安全与健康专业人士（NIOSH 用以接触工人的主要中介）、工人、雇主、决策者与公众。作为网站的早期使用者，NIOSH 最初提供的是纯文本信息，这些信息主要是由研究人员和更先端的技术用户通过文件共享来进行访问的。2007 年，NIOSH 增加了政务传递（GovDelivery）服务，这是一种订阅服务，用户可通过电子邮件自动接收 NIOSH 发送的定期信息更新与时事通讯。随后，NIOSH 将传播沟通工作扩展到了社交媒介平台包括聚友网（MySpace）、脸书（Facebook）、NIOSH 科学博客、e-新闻（eNews；NIOSH 每月电子通讯），以及特定项目的电子通讯服务等。为了接触到特定危险/行业中的受众，NIOSH 还增加了社交媒介渠道，因为它们在关键受众中的重要性逐渐显现（www. cdc. gov/niosh/socmed. html）。衡量影响的研究也涉及包括追踪网站浏览量和访问量，以及文档下载量等内容。

美国和其他国家的许多政府机构发现，网络与新媒介渠道是向公众提供大量信息的有效且及时的方式（Wigand, 2010）。除了发挥虚拟图书馆和档案馆的作用之外，网络还促使各机构能够改进其生成与传播信息的方式，并创造出中介渠道更愿意去分享的产品。这些变化同时还影响了政府研究人员、传播专家，以及他们的利益攸关方如何处理其工作的方式。例如，通过 NIOSH 科学博客等渠道，NIOSH 网已经成为 NIOSH 研究人员、利益攸关方和公众获取并分享最新信息以及发表评论的虚拟会议场所。

此外，NIOSH 还专门为维基百科编写了与职业安全与健康相关的内容，维基百科是 NIOSH 网站内嵌的第二大非搜索引擎内容。NIOSH 还成为了美国本土第二个联邦机构，同时也是第一个与维基百科建立正式合作关系的联邦科学机构（Temple-Wood, 2015）。这一伙伴关系不仅提高了职业安全与健康信息的可获得性，还有效地将 NIOSH 的科学发现与资源扩展到了比 NIOSH 单独能够接触到的更多的人群之中。

2. 新的数字信息传播技术与富媒体

新兴通信技术的两个重要方面是富媒体产品与不断更新迭代的数字设备。富媒体指的是涉及或结合音频、视频、动画，以及交互式功能的通信技术。受众的注意力以及认知加工偏好都与富媒体具有相关性。媒介丰富理论（Media Richness Theory；Daft & Lengel，1986）解释了富媒体形式的影响，该理论根据允许各种社交线索（如手势）的程度，对各种传播媒介进行了排序。媒介丰富理论最初是指以计算机为媒介的交流，但它也在更为现代的媒介格式中找到了相关模式，例如短信。

自从苹果手机（iPhone）于 2007 年推出以来（Reed，2010），人们对个人电脑的持有与使用逐渐转向了功能更丰富的移动设备（Heggestuen，2013）。美国的手机使用量持续增长，人们将大部分时间用于数字媒介参与移动应用之上（Marous，2014）。而通过移动技术提供内容的需求，在未来只会继续增长（Reed，2014）。

随着富媒体数字产品在传播环境中越来越普遍，NIOSH 和其他政府机构继续将实践扩展至其他数字通信技术，如网络与手机应用程序等。手机应用程序是从基础科学研究中获取知识并将其应用于该领域的有效工具之一，例如 NIOSH 梯子安全应用（www.cdc.gov/niosh/topics/falls/mobileapp.html），或是 NIOSH 化学危害口袋指南应用（www.cdc.gov/niosh/npg/mobilepocketguide.html）等，这些产品通常会将研究、指导，与培训融合到单一工具之中。这一类工具创造了更有效的信息与知识转移，以及技能构建的潜力。

3. 协作内容

也许数字环境中最重要的变化，在于内容的创造方式以及信息来源（如政府机构）在传播信息时如何争夺受众的注意力。虽然受众从传统媒介检索到的信息数量与种类有限，但新媒介的用户可以访问更大的信息存储，可以要求快速地传递内容，还可以对其消费内容提供即时反馈（Wahl & Scholl，2014）。这种与新媒介的互动是媒介内容创造与消费"民主化"的特征（Manovich，

2003）。在传统媒介中，用户是消费者，而新媒介则允许用户成为生产者，这意味着他们可以对能访问的信息具有更多的控制。

在网络出现之前，公众依赖各领域受过培训与认证的专家，这些专家得以获得与其专业相关的权威文献。专家包括医生、律师、行业卫生人员，以及其他职业安全与健康专业人员。凭借封闭的专业系统如同行评议期刊论文等，他们成为信息的把关人。而随着互联网的普及，获取信息的大门被打开，专业信息可以轻易地被提供给每一个个体。因为新的媒介环境鼓励用户成为自己的信息把关人，受众对更为传统的把关人也不再那么心存感激，甚至能够完全绕过这些传统的把关人来检索他们所需要的信息，并可以在他们认为合适的时候进行信息的重新分发。

传统的"把关"（Gatekeeping），转变为了"看门"（Gatewatching；Bruns，2008）。看门人可以采用网站形式发布小众新闻或信息，以吸引特定的读者。尽管看门人无法控制哪些信息可通过媒介渠道，但他们会密切关注着"大门"以获取相关信息，并选择通过大门后的哪些信息可被传递给其他人。根据韦斯特曼、思彭斯和范德海德（Westerman，Spence & Van Der Heide，2013）的观点，看门人在信息推广与传播方面拥有很大的权力。网关监视的出现对协作内容产生了更多的要求，即内容可以由多个用户在一个共同平台上进行编写、编辑与管理。像维基百科这样的在线百科网站就是协作内容的典范，它的内容可被几乎任何人进行编辑，且不需要经过同行评议的筛选。协作内容的日益规范化，对传统的、中心化的信息来源产生了根本性影响，并拓宽了公民新闻的概念。然而，看门人的盛行也导致确认作者专业性变得非常困难甚至是不可能的。不过，看门人代表了数字媒介环境的一个全新层面，而职业安全与健康传播科学应该寻求对其进行理解，从而达到更有效的传播。

尽管协作内容创作面临着显著挑战，但传播规范已经发生了改变。用户希望参与内容制作之中，无论是作为贡献者抑或是评估者。为了与受众保持联系，职业安全与健康组织需要接受并找到适当的方法来参与这种交流范式的转变。NIOSH 和其他权威的职业安全与健康机构，正在学习制定策略的重要性，以助于在创建和传播健康与安全信息时参与到利益攸关方与用户的协作之中。对于 NIOSH 来说，这意味着他们需要在假设其网站访问者可能会再利用这些内容的情况下，对网站内容进行构建。这就涉及开发产品与使用网络内容的管理系统，使用户能够轻松地检索信息并重新调整其用途以满足其特定需求。这种方法有助于确保高技术研究的完整性，同时也允许将内容转化为有意义、有影响力的信息产品，以满足具有不同文化水平、专业术语，以及人口特征的受众的需求。

六 新媒介渠道带来的机遇与挑战

技术，只是职业安全与健康组织在制定风险传播策略时面临的挑战与机遇的一部分。一方面，在指导战略上缺乏相应理论。虽然已有一个构建良好传播科学的理论基础（如前所述），但是指导新型的数字与交互式传播模式的理论还发展得不如技术那么迅速。另一方面，数字技术的本质与系统以某种方式影响着内容和产品的开发，使代理商很难跟上受众的需求与要求。此外，新媒介传播也产生了评估影响上寻求替代方法的需求（Barnes，2015）。研究人员与从业者越来越需要通过更快速的方式来记录他们的工作（Priem，Piwowar & Hemminger，2012），并必须考虑到更广泛的活动，例如在线讨论以及在现实生活中的应用，以彰显其影响。除了这些技术驱动的挑战之外，职业安全与健康组织还必须商讨与多元且不断演变的劳动者进行沟通等其他复杂的难题。

随着美国劳动力逐步适应移民以及年龄多元化相关的人口变化，职业安全与健康专业人士必须更多地了解身体、心理，以及文化差异是如何影响工作场所的风险及预防的。受众人口结构中，最显著的某些变化在于各种工种人数的增加，如临时工或非正式员工（Cummings & Kriess，2008）；小企业雇佣工人（Choi & Spletzer，2012；Cunningham，Sinclair & Schulte，2014）；老年工人（Hayutin，Beals & Borges，2013；Silverstein，2008；Society for Human Resource Management，2014；Toossi，2012；Truxillo，Cadiz & Hammer，2015）；女性工人（Toossi，2012）；弱势工人群体如年轻移民（NIOSH，ASSE，2015），以及拉丁美洲人（Diuguid，2014）等。

语言，是 NIOSH 受众多样化的另一个维度。许多到美国的移民都受雇于高伤亡率的工作，如建筑业或农业（NIOSH，ASSE，2015）。这些工人通常并不关注自己基于美国劳工法的权利有哪些，缺乏关键的英语技能，而具备语言技能可能会让他们不那么容易受到职业危害。语言障碍也会阻碍他们对旨在减少疾病、伤害和死亡的网络在线及纸质资源的理解与利用，与在美国出生的工人相比，移民工人更容易出现这种情况（NIOSH，ASSE 2015）。虽然将职业安全与健康信息译成英语以外的语言仍是一个迫在眉睫的需求，但是职业安全与健康研究也需要根据文化来定制材料，以满足特定受众的需求（Flynn，2014）。

当下趋势表明，数字传播环境将继续快速发展（Holliman，2017）。职业安全与健康组织需要有更多快捷的通信技术系统，从而使各组织能够更快地响应新的受众需求与法规变化，并通过所有渠道与受众进行交流。随着快捷性的提高，富媒体内容将包括复杂且交互式的图形、声音、视频，以及来自全球定位系统（GPS）和照片等数字设备源的多种数据流。此外，预计到 2020 年，可穿戴技术（如智能手表）和虚拟现实产品将被普遍应用，并占据更多的技术市场（Page，2015）。而创建这样的产品需要新的、高水平的技能与解决问题的能力，例如识别和消除程序错误以及高级图形设计（Robert Half Technology，2015）等。

为了在数字传播环境中发挥作用，职业安全与健康社区将需要应用其研究中所采用的相同证据标准来评估新通信技术、渠道与内容类型的效果及影响。要做到这一点，就需要在确定有意义的指标方面进行重点探索。Web2. 0 的交互性为传播引入了新的社会追踪要素，并对影响提出了新的诠释。新媒介的采用则引导职业安全与健康组织利用"替代指标"（Altmetrics）来评估对研究成果的关注（Priem，Taraborelli，Groth & Neylon，2010）。替代指标通过追踪 NIOSH 的网页、社交媒介活动，以及 NIOSH 科学博客即维基百科等新媒体产品的流量与对话来评估影响力、范围，以及参与度。而作为定性的注意力指标，替代指标可提供更广泛的受众与信息交互的蓝图。虽然替代指标并不能评估信息质量，但它可以使我们更加了解目标受众如何访问和参与满足其特定需求的信息。

数字传播，是一个受多元受众因素影响的复杂子系统。因而使得策略规划比以往任何时候都更加矛盾复杂。快速变化的数字环境使我们很难对遥远的未来进行规划。然而，各组织机构仍必须对大量的资源分配作出决策。这就需要具备基本的战略与能力，在一个有着无限机会的媒介环境中作出有效选择。对于许多与政府的架构有联系的职业安全与健康组织来说更是如此，因为这些组织往往资源适度、有限。另外，战略计划也是必不可少的，在数字环境中我们除需要覆盖较短的时间段以外，还需要囊括复杂的附属计划如数字产品战略、网络计划，以及移动生活圈等。

研究，可为继续使用网络作为组织传播的平台提供支持（Klimchak, Sherman, MacKenzie & Ward, 2013；Powell, Horvath & Brandtner, 2016；Saffer, Somerfeldt & Taylor, 2013）。为此，NIOSH 等政府机构的通信技术专家需要维护一个简单、灵活，以及可持续发展的网络环境。例如，NIOSH 已经制定了一个网络与新媒体战略，该战略是由 NIOSH 网站的历史所决定的，包含了通信技术的重大变革。该战略确定了 NIOSH 与其他政府机构在未来几年将面临的主要网络挑战，例如调整网络内容以实现移动网络传递、为当前及新数字产品的增长做好准备、评估这些产品的可持续性等。

七　新媒体时代对职业安全与健康风险传播的展望与建议

随着新技术与新渠道的出现，传播策略将继续发生戏剧性的变化。为了跟上这一变化并确保研究的最佳应用，传播研究者可从一些关键领域的研究与最佳实践指导中受益。其中一个领域便是新媒体理论的持续构建，包括了解新媒体对不同受众的影响，尤其是促进行为改变（Korda & Itani, 2013）方面。虽然职业安全与健康研究的重点是环境风险与工作性质，但研究不能仅依靠传统的传播与健康传播理论进行。在心理学、神经学，以及以技术为媒介的传播与学习领域，新媒体创造了更多跨学科研究与理论发展的需求。一个可行的建议就是使用案例研究法，它可为我们提供一个应用新媒体的特定环境以进行观察。案例研究还允许运用混合研究方法，并将重点更多地放在针对应用环境的风险传播之上。

而关于媒介理论，更具体地来说，需要理解通信技术是如何影响，以及被不同的劳动者受众所使用的。这意味着需要将知识扩展到不可控的范围（即信息披露），以识别影响受众参与的因素，并了解如何在特定问题上接触和吸引受众（Hudson & Hall, 2013）。职业安全与健康传播专业人士不仅需要了解信息是如何共享的，还需要了解信息是如何被采用的，以及对减少工人的疾病、伤害和死亡是否具有重要影响。值得关注的是，我们仍缺乏关于社交媒介是如何用于健康或风险传播信息方面的知识，尤其是在确定不同类型的社交媒介的有效性方面（Moorhead，Hazlett，Harrison，Carroll，Irwin & Hoving，2013）更是如此。因此，对看门人进行更集中的研究（Bruns，2008）可能会有所裨益。可帮助我们了解哪些类型的内容更有可能被用户共享，有助于我们了解哪些内容与目标受众更为相关且有用。

还有一个研究领域，就是理解新媒体在转化研究中的作用。现存知识的欠缺在于，我们在多大程度上了解如何利用媒介来提高旨在减少伤害并支持更安全的工作实践的产品，在工作场所被搜寻、采纳、共享，以及使用的可能性。特别是在对现场可被下载的应用程序的感知价值了解极少的情况下（Iris，Ellis，Yoder & Keifer，2016）。数字媒介该如何以尽可能最有效和最具影响力的方式，将指导、建议，以及技术应用到实践中，以最大限度地提高工人的安全、健康，以及福祉并加强损失控制，还需要我们开展更多的研究来找到答案（Desmarais & Lortie，2011；NAS，2009；Rantanen，1999；Schulte，Okun，Stephenson，Colligan，Ahlers，Gjessing，Loos，Niemeier & Sweeney，2003）。

进一步的研究调查，还有助于揭示妨碍某些转化努力与方法的障碍是什么，例如哪些被动手段实际上无法接触到工作场所中的直接受影响者（Baker，Chang，Bunting & Betit，2015），或与接触到的受众互动太有限（Brace，Padilla，DeJoy，Wilson，Vandenberg & Davis et al.，2015）等等。为此，上述的 NIOSH 转化研究项目得以立项，以开展并扩大在大规模传递、传播，以及扩散方面的研究。而由于与健康传播及数字媒介相关，NIOSH 还将转化研究的重点放在了如何提高受众对 NIOSH 活动与成果的认识上。为了促进 NIOSH 开展更多基于受众的研究，并解决这种研究规范中的不足（Rantanen，1999），健康传播专家目前正在开发一个调查项目数据库以收集受众数据如媒介偏好、健康信念，以及其他传播与心理特征，用以对可引起特定受众共鸣的信息与传播策略进行深度分析。

需要研究与开发的第三个领域，是创建新媒体内容的最佳实践标准，特别是针对可被视为"移动目标"的多元受众（Livingstone，2004）。关于某一特定话题或事项的内容不仅要与受众相关，还要与文化及语言（文化与职业）的差异相适应。此外，媒介内容还必须解决导致文化与职业受众间健康差异的交流障碍，因为这些差异包括了工人在获得劳动者保护（NIOSH，ASSE，2015）能力上的差异、疾病与伤害发生率的差异（Pinkerton，Harbaugh，Han，Le Saux，Van Winkle，Martin，Kosgei，Carter，Sitkin，Smiley-Jewell & George，2015），以及获取信息或健康促进项目的能力不足（Baron，Beard，Davis，Delp，Forst，Kidd-Taylor，Liebman，Linnan，Punnitt & Welch，2014）。

内容开发还必须通过特定格式或传递机制（如网页或智能手机应用程序等）来传递。这就要求创作者在可视化成品中需要做得更加流畅。而数字设备环境则要求内容更为灵活、更少的静态和更多的动态。动态内容有助于人们在任何一种设备上获得最佳的用户体验。而指导针对不同设备的内容版本开发则需要一套具体标准。例如，如何确定版本化内容的作者身份（De Alfaro & Shavlovsky，2013），在某些情况下，这些内容版本或可压缩内容包的编辑方式会有所不同，这取决于什么人会使用，以及这些人会在哪里使用它们。版本化内容还允许用户从广泛的内容源中提取细节信息并重新打包以满足个人需要，或者从不同的设备中提取较精简的版本以使用。随着新媒介渠道的不断涌现，我们可能还需要更多的策略来指导版本化内容的开发与管理。

后续研究的最后一个可发展领域是绩效指标的开发，即追踪职业安全与健康信息使用的影响。能否准确评估影响取决于是否了解谁在访问和使用职业安全与健康信息。而后续研究的重点可置于工作场所处于采纳与实施指导及建议的决策者与中间人身上（Smith，2008）。尽管中间人仍是 NIOSH 的主要受众，但不断扩大的互联网使用意味着我们需要更多基于受众的研究，以了解谁在访问信息以及交流模式又是如何改变的（Chou，Hunt，Hesse，Beckjord & Moser，2009）。

目标受众对信息的寻求，是评估影响的另一个重要指标，它反映了从纸媒主导的规范向当前数字规范的转变。追踪研究影响的传统方法包括文献引用频率与期刊影响因子等内容。而如前所述，替代指标（Altmetrics）在有关影响及其定义的讨论中越来越具有影响力。未来的研究必须探索通过社交媒介网络的参与和信息流动在确定影响方面的权重如何。此外，墨尔海德、哈兹利特、哈里森、卡罗尔、艾尔温和霍温（Moorhead，Hazlett，Harrison，Carroll，Irwin & Hoving，2013）还建议可使用多种研究方法来确认社交媒介对最佳实践的长期与短期影响有哪些。

八　结语

鉴于 1.57 亿的美国工人以及全球 30 亿的工人安全及健康正在受到威胁（Torres, 2013），职业风险的有效传播至关重要。自 1970 年以来，NIOSH 一直是风险传播领域的全球领导者。该研究所通过其在职业接触中的传播研究、理论驱动及基于证据的策略以及最佳实践，渐进式的转化研究计划，以及旨在传播创新的追踪记录，向我们证明了其领导能力。

快速演变的数字传播环境为我们带来了许多机遇与挑战。风险传播研究领域将持续发展，而 NIOSH 与其他机构组织仍需对传播策略与技术进行更多的基础研究。这些关键领域包括：（1）构建新媒介理论；（2）确认新媒介在转化研究中的作用；（3）为新媒介内容制定最佳实践标准；（4）制定变革与过程管理策略；（5）通过替代性或其他传播绩效指标来进行有效的评估影响。

参考文献

Ajzen, I. (1991). The theory of planned behavior. *Organizational Behavior and Human Decision Processes*, *50*, 179–211.

Ajzen, I., & Fishbein, M. (1980). *Understanding attitudes and predicting social behaviour*. Upper Saddle River, NJ: Prentice-Hall, Inc.

Alli, B. (2008). *Fundamental principles of occupational health and safety* (2nd ed.). Geneva, Switzerland: International Labor Organization.

Aronsson, G., & Gustafsson, K. (2005). Sickness presenteeism: Prevalence, attendance-pressure factors, and an outline of a model for research. *Journal of Occupational and Environmental Medicine*, *47*(9), 958.

Baker, R., Chang, C., Bunting, J., & Betit, E. (2015). Triage for action: Systematic assessment and dissemination of construction health and safety research. *American Journal of Industrial Medicine*, *58*(8), 838–848. doi: 10.1002/ajim.22477.

Bandura, A. (1986). *Social foundations of thought and action: A social cognitive theory*. Upper Saddle River, NJ: Prentice-Hall, Inc.

Bandura, A. (1993). Perceived self-efficacy in cognitive development and functioning. *Educational Psychologist*, *28*(2), 117–148.

Barnes, C. (2015). The use of altmetrics as a tool for measuring research impact. *Australian Academic & Research Libraries*, *46*(2), 121–134. doi: 10.1080/00048623.2014.1003174.

Baron, S. L., Beard, S., Davis, L. K., Delp, L., Forst, L., Kidd-Taylor, A., Liebman, A. K., Linnan, L., Punnett, L., & Welch, L. S. (2014). Promoting integrated approaches to reducing health inequities among low-income workers: Applying a social ecological framework. *American Journal of Industrial Medicine*, 57(5), 539–556. doi: 10.1002/ajim.22174.

Brace, A. M., Padilla, H. M., DeJoy, D. M., Wilson, M. G., Vandenberg, R. J., & Davis, M. (2015). Applying RE-AIM to the evaluation of FUEL Your Life: A worksite translation of DPP. *Health Promotion Practices*, 16(1), 28–35. doi: 10.1177/1524839914539329.

Breakwell, G. M. (2014). *The psychology of risk*. Cambridge, UK: Cambridge University Press.

Bruns, A. (2008). The active audience: Transforming journalism from gatekeeping to gatewatching. In C. Paterson & D. Domingo (Eds.), *Making online news: The ethnography of new media production*. New York: Peter Lang.

Bureau of Labor Statistics. (2015). *Employment status of the civilian noninstitutional population, 1945 to date*. Washington, DC: U.S. Department of Labor. www.bls.gov/cps/cpsaat01.pdf.

Chess, C., Salomone, K. L., Hance, B. J., & Saville, A. (1995). Results of a National Symposium on Risk Communication: Next steps for government agencies. *Risk Analysis*, 15, 115–125.

Choi, E. J., & Spletzer, J. R. (2012). The declining average size of establishments: Evidence and explanations. *Monthly Labor Review*, 135(3), 50–65. www.bls.gov/opub/mlr/2012/03/art4full.pdf.

Chou, W. S., Hunt, Y. M., Hesse, B. W., Beckjord, E. B., & Moser, R. P. (2009). Social media use in the United States: Implications for health communication. *Journal of Medical Internet Research*, 11(4), 9. doi: 10.2196/jmir.1259.

Cummings, K. J., & Kreiss, K. (2008). Contingent workers and contingent health: Risks of a modern economy. *Journal of the American Medical Association*, 299(4), 448–50. doi: 10.1001/jama.299.4.448.

Cunningham, T. R., & Sinclair, R. (2014). Application of a model for delivering occupational safety and health to smaller businesses: Case studies from the US. *Safety Science*, 71(C), 213–225. doi: 10.1016/j.ssci.2014.06.011.

Cunningham, T. R., Sinclair, R., & Schulte, P. (2014). Better understanding the small business construct to advance research on delivering workplace safety and health. *Small Enterprise Research*, 21(2), 148–160. doi: 10.1080/13215906.2014.11082084.

Daft, R. L, & Lengel, R. H. (1986). Organizational information requirements, media richness and structural design. *Management Science*, 32(5), 554–571. doi: 10.1287/mnsc.32.5.554.

Dennis, A. R., Fuller, R. M., & Valacich, J. S. (2008). Media, tasks, and communication processes: A theory of media synchronicity. *MIS Quarterly*, 32(3), 575–600.

Dennis, A. R., & Valacich, J. S. (1999, January). Rethinking media richness: Towards a theory of media synchronicity. Proceedings of the Thirty-Second Annual Hawaii International Conference on System Sciences, 1, p. 1017.

Desmarais, L., & Lortie, M. (2011). La dynamique du transfert des connaissances: Une perspective centrée sur l'usager. [The dynamics of knowledge transfer: A user-centered perspective]. The workplace collection of chair in health and safety in the workplace management. Quebec, Canada: Presses de l'université Laval.

Diuguid, L. (2014). Latino family wealth projected to rise with the Hispanic population growth in U.S. *Kansas City Star*. Retrieved October 21, 2014, from www.kansascity.com/opinion/opn-columns-blogs/lewis-diuguid/article2357663.html.

Fischhoff, B. (1995). Risk perception and communication unplugged: Twenty years of process. *Risk Analysis, 15*, 137–145.

Flynn, M. A. (2014). Safety and today's diverse workforce: Lessons from NIOSH's work with Latino immigrants. *Professional Safety, 59*(6), 52–57.

Friend, M. A., & Kohn, J. P. (2010). *Fundamentals of occupational safety and health* (5th ed.). Lanham, MD: Government Institutes.

Griffin, R., Dunwoody, S., & Neuwirth, K. (1999). Proposed model of the relationship of risk information seeking and processing to the development of preventive behaviors. *Environmental Research, 80*, 230–245.

Guest, D., & Conway, N. (2009). Health and well-being: The role of the psychological contract. In G. L. Cooper, J. C. Quick, & M. Schabracq (Eds.), *International handbook of work and health psychology* (3rd ed.), pp. 9–23. Malden, MA: Wiley-Blackwell.

Hansen, C. D., & Andersen, J. H. (2008). Going ill to work—What personal circumstances, attitudes and work-related factors are associated with sickness presenteeism? *Social Science and Medicine, 67,* 956–964.

Hayutin, A., Beals, M., & Borges, E. (2013). The aging US workforce: A chartbook of demographic shifts. Stanford Center on Longevity. Retrieved November 3, 2014, from http://longevity3.stanford.edu/wp-content/uploads/2013/09/The_Aging_U.S.-Workforce.pdf.

Heath, R. L., & O'Hair, H. D. (2010). The significance of crisis and risk communication. In R. L. Heath & H. D. O'Hair (Eds.), *Handbook of risk and crisis communication* (pp. 5–30). New York: Routledge.

Heath, R. L., Palenchar, M. J., & O'Hair, H. D. (2010). Community building through risk communication infrastructures. In R. L. Heath & H. D. O'Hair (Eds.), *Handbook of risk and crisis communication* (pp. 471–487). New York: Routledge.

Heggestuen, J. (2013). One in every 5 people in the world own a smartphone, one in every 17 own a tablet. *Business Insider*. Retrieved October 21, 2014, from www.businessinsider.com/smartphone-and-tablet-penetration-2013-10.

Hochbaum, G., Rosenstock, I., & Kegels, S. (1952). *Health belief model*. United States Public Health Service.

Holliman, R. (2017). Telling science stories in an evolving digital media ecosystem: From communication to conversation and confrontation. *Connections, 10*(4), 1–4.

Homans, G. (1958). Social behavior as exchange. *American Journal of Sociology, 63,* 597–606.

Hudson, H., & Hall, J. (2013). Value of social media in reaching and engaging employers in Total Worker Health. *Journal of Occupational and Environmental Medicine, 55*(12), S78–S81. doi: 10.1097/JOM.0000000000000035.

Iris, R., Ellis, T., Yoder, A., & Keifer, M. C. (2016). An evaluation tool for agricultural health and safety mobile applications. *Journal of Agromedicine, 21*(4), 301–309. doi: 10.1080/1059924X.2016.1211054.

Kahlor, L. (2010). PRISM: A planned risk information seeking model. *Health Communication, 25*(4), 345–356. doi: 10.1080/10410231003775172.

Khoury, M. J., Gwinn, M., & Ioannidis, J. P. A. (2010). The emergence of translational epidemiology: From scientific discovery to population health impact. *American Journal of Epidemiology, 172,* 517–524.

Klimchak, M., Sherman, J. D., MacKenzie, W. I., & Ward, A. K. (2013). Effects of communication media, trust, accuracy and completeness on organizational commitment. Academy of Management Proceedings. doi: 10.5465/AMBPP.2013.17051.

Korda, H., & Itani, Z. (2013). Harnessing social media for health promotion and behavior change. *Health Promotion Practice, 14*(1), 15–23. doi: 10.1177/1524839911405850.

Kotler, P., & Roberto, E. L. (1989). *Social marketing: Strategies for changing public behavior.* New York: Free Press.

Lachlan, K. A., Burke, J., Spence, P. R., & Griffin, D. (2009). Risk perceptions, race, and Hurricane Katrina. *The Howard Journal of Communications, 20,* 295–309.

Leigh, J. P. (2011). Economic burden of occupational injury and illness in the United States. *The Milibank Quarterly, 89*(4), 728–772. doi: 10.1111/j.1468-0009.2011.00648.x.

Livingstone, S. (2004). The challenge of changing audiences or, what is the audience research to do in the age of the internet? *European Journal of Communication, 19*(1), 75–86. doi: 10.1177/0267323104040695.

Lundgren, R. E., & McMakin, A. H. (2013*). Risk communication: A handbook for communicating environmental, safety, and health risks* (5th ed.). New York, NY: Wiley IEEE Press.

Manovich, L. (2003). New media from Borges to HTML. In N. Wardrip-Fruin & N. Montfort (Eds.), *The new media reader* (pp. 13–25). Cambridge, MA: MIT Press.

Marous, J. (2014). Mobile banking not keeping pace with digital growth. *The Financial Brand.* Retrieved October 21, 2014, from http://thefinancialbrand.com/41827/banking-lacks-mobile-plan/.

McComas, K. A. (2006). Defining moments in risk communication research: 1996–2005. *Journal of Health Communication, 11*(1), 75–91. doi: 10.1080/10810730500461091.

Moorhead, S. A., Hazlett, D., Harrison, L., Carroll, J. K., Irwin, A., & Hoving, C. (2013). A new dimension of health care: Systematic review of the uses, benefits, and limitations of social media for health communication. *Journal of Medical Internet Research*, 15(4), e85. doi: 10.2196/jmir.1933.

Morgan, M. G., Fischhoff, B., Bostrom, A., & Atman, C. J. (2002). *Risk communication: A mental models approach*. Cambridge, UK: Cambridge University Press.

MSHA. (n.d.): History. Retrieved February 7, 2017, from: www.msha.gov/about/history.

NAS. (2009). National Academy of Science. *Evaluating occupational health and safety research programs: Framework and next steps*. Washington, DC: National Academies Press.

NIOSH. (2015, October). National Institute for Occupational Safety and Health. Factsheet. Cincinnati, OH: U.S. Department of Health and Human Services, Centers for Disease Control and Prevention, National Institute for Occupational Safety and Health, DHHS (NIOSH) Publication No. 2013-140. www.cdc.gov/niosh/docs/2013-140/pdfs/2013-140.pdf.

NIOSH. (2015, November 4). NIOSH programs. National Institute for Occupational Safety and Health. www.cdc.gov/niosh/programs.html.

NIOSH. (2015, December 4). Research to practice (r2p). National Institute for Occupational Safety and Health. www.cdc.gov/niosh/r2p/.

NIOSH, ASSE. (2015). Overlapping vulnerabilities: The occupational safety and health of young workers in small construction firms. By Flynn, M. A., Cunningham, T. R., Guerin, R. J., Keller, B., Chapman, L. J., Hudson, D., & Salgado, C. Cincinnati, OH: U.S. Department of Health and Human Services, Centers for Disease Control and Prevention, National Institute for Occupational Safety and Health, DHHS (NIOSH) Publication No. 2015-178.

NIOSH. (2016, January 11). About NIOSH. National Institute for Occupational Safety and Health. Retrieved from www.cdc.gov/niosh/about/default.html.

NIOSH. (forthcoming). NIOSH translation research roadmap. Cincinnati, OH: U.S. Department of Health and Human Services, Centers for Disease Control and Prevention, National Institute for Occupational Safety and Health.

NIOSH. (forthcoming). NIOSH web 5-year plan, 2015–2019: A plan to meet NIOSH dissemination needs and new communication technology challenges. Cincinnati, OH: U.S. Department of Health and Human Services, Centers for Disease Control and Prevention, National Institute for Occupational Safety and Health.

Olaniran, B. A., & Scholl, J. C. (2016). *Handbook for the crisis communication center*. New York: Peter Lang.

OSHA. (n.d.) State Plans: Frequently asked questions. Retrieved February 7, 2017, from: www.osha.gov/dcsp/osp/.

Paek, H., Hilyard, K., Freimuth, V., Barge, K., & Mindlin, M. (2010). Theory-based approaches to understanding public emergency preparedness: Implications for effective health and risk communication. *Journal of Health Communication: International Perspectives*, 15(4), 428–444. doi:

10.1080/10810731003753083.

Page, T. (2015). A forecast of the adoption of wearable technology. *International Journal of Technology Diffusion*, 6(2). doi: 10.4018/IJTD.2015040102.

Parrott, R. (2004). Emphasizing "communication" in health communication. *Journal of Communication*, 54(4), 751–787. doi: 10.1111/j.1460-2466.2004. tb02653.x.

Petty, R. E., & Cacioppo, J. T. (1986). The elaboration likelihood model of persuasion. In R. E. Petty & J. Cacioppo, *Communication and persuasion* (pp. 1–24). New York: Springer.

Pinkerton, K. E., Harbaugh, M., Han, M. K., Le Saux, C. J., Van Winkle, L. S., Martin, W J., II, Kosgei, R. J., Carter, E. J., Sitkin, N., Smiley-Jewell, S. M., & George, M. (2015). Women and lung disease: Sex differences and global health disparities. *American Journal of Respiratory and Critical Care Medicine*, 192(1), 11–16.

Powell, W. W., Horvath, A., & Brandtner, C. (2016). Click and mortar: Organizations on the web. *Research in Organizational Behavior* [Online].

Priem, J., Piwowar, H. A., & Hemminger, B. M. (2012, March 20). Altmetrics in the wild: Using social media to explore scholarly impact. arXiv:1203.4745v1.

Priem, J., Taraborelli, D., Groth, P., & Neylon, C. (2010, October 26). Altmetrics: A manifesto. http://altmetrics.org/manifesto.

Prochaska, J. O., & Velicer, W. F. (1997). The transtheoretical model of health behavior change. *American Journal of Health Promotion*, 12(1), 38–48.

Rantanen, J. (1999). Research challenges arising from changes in work life. *Scandinavian Journal of Work and Environmental Health*, 25, 473–483.

Real, K. (2008). Information seeking and workplace safety: A field application of the risk perception attitude framework. *Journal of Applied Communication Research*, 36, 338–358. doi: 10.1080/00909880802101763.

Reed, B. (2010). A brief history of smartphones. *PCWorld*. Retrieved October 21, 2014, from www.techhive.com/article/199243/a_brief_history_of_smart phones.html.

Reed, M. (2014). Government indifference must not stand in the way of mobile health innovation. Retrieved October 21, 2014, from www.ihealthbeat.org/ perspectives/2014/government-indifference-must-not-stand-in-the-way-of-mobile-health-innovation.

Riegelman, R., & Kirkwood, B. (2015). *Public health 101: Healthy people—healthy populations* (2nd ed.). Burlington, MA: Jones & Bartlett Learning.

Rimal, R. N., Brown, J., Mkandawire, G., Folda, L., Böse, K., & Creel, A. H. (2009). Audience segmentation as a social-marketing tool in health promo-tion: Use of the risk perception attitude framework in HIV prevention in Malawi. *American Journal of Public Health*, 99, 2224–2229. doi: 10.2105/ AJPH.2008.155234.

Rimal, R. N., & Real, K. (2003). Perceived risk and self-efficacy as motivators of change: Support for the risk perception attitude framework from two studies.

Human Communication Research, 29, 370–399.

Robert Half Technology (2015, December 27). Must-have skills for mobile application development. Retrieved from www.roberthalf.com/technology/blog/must-have-skills-for-mobile-application-development.

Rogers, E. M. (1983). *Diffusion of innovations*. New York: Free Press.

Rowan, K. E. (1991). Goals, obstacles, and strategies in risk communication. *Journal of Applied Communication Research*, 19, 300–329.

Rowan, K. E. (1994). The technical and democratic approaches to risk situations: Their appeal, limitations, and rhetorical alternative. *Argumentation*, 8(4), 391–409. doi: 10.1007/BF00733482.

Rowan, K. E., Botan, C. H., Kreps, G. L., Samoilenko, S., & Farnsworth, K. (2009). Risk communication education for local emergency managers: Using the CAUSE model for research, education, and outreach. In R. L. Health & H. D. O'Hair (Eds.), *Handbook of risk and crisis communication* (pp. 168–191). New York: Routledge.

Rowan, K. E., Sparks, L., Pecchioni, L., & Villagran, M. (2003). The "CAUSE" model: A research-supported guide for physicians communicating cancer risk. *Health Communication*, 15, 239–252.

Ryan, R. M., & Deci, E. L. (2000). Self-determination theory and the facilitation of intrinsic motivation, social development, and well-being. *American Psychologist*, 55(1), 68–78.

Saffer, A. J., Sommerfeldt, E. J., & Taylor, M. (2013). The effects of organizational Twitter interactivity on organization-public relationships. *Public Relations Review*, 39(3), 213–215. doi: 10.1016/j.pubrev.2013.02.005.

Sallis, J. F., Owen, N., & Fisher, E. B. (2008). Ecological models of health behavior. In K. Glanz, B. K. Rimer, & K. Viswanath (Eds.), *Health behavior and health education: Theory, research, and practice*. San Francisco, CA: Jossey-Bass.

Schulte, P. A., Okun, A., Stephenson, C. M., Colligan, M., Ahlers, H., Gjessing, C., Loos, G., Niemeier, R. W., & Sweeney, M. H. (2003). Information dissemination and use: Critical components in occupational safety and health. *American Journal of Industrial Medicine*, 44(5), 515–531.

Shuter, R. (2012). Intercultural new media studies: The next frontier in intercultural communication. *Journal of Intercultural Communication Research*, 41(3), 219–327. doi: 10.1080/17475759.2012.728761.

Silverstein, M. (2008). Meeting the challenges of an aging workforce. *American Journal of Industrial Medicine*, 51, 269–280. doi: 10.1002/ajim.20569.

Smith, B. (2008). Can social marketing be everything to everyone? *Social Marketing Quarterly*, 14(1), 91–93.

Society for Human Resource Management (2014). Executive summary: Preparing for an aging workforce. Retrieved April 9, 2016, from www.shrm.org/Research/SurveyFindings/Documents/14-0765%20Executive%20Briefing%20Aging%20Workforce%20v4.pdf.

Straus, S. E., Graham, I. D., & Mazmanian, P. E. (2006). Knowledge translation: Resolving the confusion. *Journal of Continuing Education in the Health*

Professions, 26(1), 3–4.

Sublet, V., Spring, C., & Howard, J. (2011). Does social media improve communication? Evaluating the NIOSH Science Blog. *American Journal of Industrial Medicine*, 54, 384–394. doi: 10.1002/ajim.20921.

Temple-Wood, E. (2015, May 19). Collaboration with Wikipedia [Web log comment]. NIOSH Science Blog. http://blogs.cdc.gov/niosh-science-blog/2015/05/19/wikipedian/.

Toossi, M. (2012). Employment outlook: 2010–2020. Labor force projections to 2020: A more slowly growing workforce. *Monthly Labor Review*, 135(1), 43–64. Retrieved November 3, 2014, from www.bls.gov/opub/mlr/2012/01/art3full.pdf.

Torres, R. (ed.) (2013). *World of work report 2013: Repairing the economic and social fabric*. Geneva, Switzerland: International Labour Organisation, International Institute for Labour Studies.

Turner, M. M., Skubisz, C., & Rimal, R. N. (2011). Theory and practice in risk communication: A review of the literature and visions for the future. In T. L. Thompson, R. Parrott, & J. F. Nussbaum (Eds.), *The Routledge handbook of health communication* (2nd ed.). New York: Routledge.

Turnock, B. J. (2016). *Essentials of public health* (3rd ed.). Burlington, MA: Jones & Bartlett Learning.

Truxillo, D. M., Cadiz, D. E., & Hammer, L. B. (2015). Supporting the aging workforce: A review and recommendations for workplace intervention research. *Annual Review of Organizational Psychology and Organizational Behavior*, 2, 351–381.

Urquhart, C., & Vaast, E. (2012, October). *Building social media theory from case studies: A new frontier for research*. Thirty Third International Conference on Information Systems, Orlando, FL.

Wahl, S. T., & Scholl, J. C. (2014). *Communication and culture in your life*. Dubuque, IA: Kendall-Hunt.

Westerman, D., Spence, P. R., & Van Der Heide, B. (2013). Social media as information source: Recency of updates and credibility of information. *Journal of Computer-mediated Communication*, 19(2), 171–183. doi: 10.1111/jcc4.12041.

Wigand, F. D. L. (2010). *Adoption of Web 2.09 by Canadian and US governments*. New York: Springer.

Zerhouni, E. A. (2003). Medicine: The NIH roadmap. *Science*, 203, 63–72.

第七章

电视气象学"创新者"作为
气候变化教育家的最佳实践

凯瑟琳·E. 罗万　约翰·科特切　詹妮尔·沃尔什托马斯

宝拉·K. 鲍德温　珍妮·特罗布里奇　贾佳迪什·T. 塔克

H. 乔·维特　巴里·A. 克林格　利吉亚·科恩

坎迪斯·特雷希　爱德华·W. 迈巴赫

本研究受到美国国家科学基金赞助（赞助号：DRL-0917566 & DRL-1422431）

一　慢性自然灾害教育所面临的挑战

研究自然灾害的社会科学家将慢性自然灾害（如：干旱、荒漠化、海岸侵蚀、气候变化）与飓风、山火、山体滑坡等突发的自然灾害进行了区分（Alexander, 1999；Gaile & Willmott, 2003）。在健康与风险传播中，急性健康危害如心脏病发作或中风，与慢性病如Ⅱ型糖尿病发病率增加、久坐、导致不良健康结果的肥胖之间，也有类似的区分（Slovic & Peters, 2006；Swain, 2007）。总体来说，人们可能更关心像山火或心脏病发作这样的急性伤害，尤其是当这些伤害可能影响他们时，而对慢性危害的关注可能并不高。也就是说，正如桑德曼（Sandman, 1993）及其他诸多风险学者（Slovic & Peters, 2006）所指出的，令人感到不安的危险往往并不是最可能导致他们受伤或死亡的风险，而常造成死亡或伤害的危险可能通常不会特别令人感到不安。这里再举个例子来进一步解释这一概念：尽管只有两人死于埃博拉病毒，但埃博拉病毒可能在美国本土传播这一问题，却得到了最为广泛的媒介报道（Ashkenas et al., 2015）。

相比之下，过度久坐的行为如看电视或坐在电脑前，实际上会增加更多的死亡风险（Matthews et al.，2012）。

为应对激发人们对慢性自然灾害的关注这一挑战，研究人们在什么条件下会真正去了解这些灾害变得至关重要。其中一项工作，就涉及研究人们如何了解气候变化逐渐带来的危害。气候科学研究指出，全球平均气温正在不断上升，这是因为人类活动如交通运输、供暖或制冷所排放的热量在不断增加。而全球气温的上升造成了一系列越来越严重的危害影响，如洪水、虫媒疾病模式的变化、极端天气风险的增加、温暖潮湿地区的危险高温或潮湿天数增加，以及干旱地区的干旱风险增加（IPCC，2007；National Research Council，2011）等。

不幸的是，许多美国民众对气候变化的看法与科学共识并不相一致（IPCC，2007）。在最近的一次全国代表性调查中，70%的美国民众认为全球变暖正在发生，11%认为并没有发生，19%表示他们并"不知道"全球变暖是否正在发生。此外，只有53%的美国民众能正确指出气候变化是由人类活动造成的，34%的人则认为是由环境的自然力所造成的（Leiserowitz，Maibach，RoserRenouf，Feinberg & Rosenthal，2016）。越来越多的研究指出，至少有五个关键信念可高度预测个体对气候变化的态度，以及他们对采取社会行动以应对气候变化的支持：（1）相信气候变化是真实的；（2）相信气候变化主要是由人类活动引起的；（3）相信气候变化对人类有害；（4）认为气候变化是一个可以解决的问题；（5）相信大多数科学家都认为气候变化是人为造成的（Ding，Maibach，Zhao，RoserRenouf & Leiserowitz，2011；Krosnick，Holbrook，Lowe & Visser，2006）。而从关于气候变化的非正式科学教育倡议的观点来看，这五个关键信念既为教育工作者提供了一套教育目标，也为评估这些努力的成功与否提供了一系列重要指标。

二 作为非正式气候变化教育者的电视天气预报员

除了系统地选择重要的传播目标外，相关研究长期以来一直在强调战略性地选择一组可被信赖的信使来向目标受众传达关键信息的重要性（Maibach & Covello，2016）。而由于种种原因，地方台的电视天气预报员（全美约有2000

名）似乎完全有能力在气候变化问题上充当重要的非正式教育者，并能根据上述的关键信念以实现更好的教育成效。大多数美国成年人表示，他们主要通过电视来了解科学整体（Miller, Augenbraun, Schulhof & Kimmel, 2006）。此外，大多数美国成年人还经常收看地方性电视新闻与网络电视新闻（Miller et al., 2006）。自 2008 年以来，针对美国公众的全国性调查发现，大多数美国人相信电视天气预报员是气候变化信息的来源（Leiserowitz, Maibach & Roser-Renouf, 2008）。2012 年 9 月的一项分析还指出，电视天气预报员是这个问题上最值得信赖的信源之一：60% 的美国人表示他们信任电视天气预报员，仅次于受访者对气候科学家（76%），以及其他类型科学家（67%）的信任程度（Leiserowitz et al., 2012）。

电视天气预报员的可信度依据。那么电视天气预报员是靠什么来获得信任的呢？其可信度的其中一个来源是，他们会在最为需要的时刻向人们提供关键信息：例如在风暴或极端天气报道之中。正如丹尼尔斯和洛金斯（Daniels & Loggins, 2007, p. 62）解释道，"商业电视台的观众希望天气预报员能在一切为时已晚之前，告诉他们该何时采取掩护或其他自保措施。建议电视台在新闻人才中忽视天气预报员是十分不明智的。我们样本中的大多数电视台都会选择让天气预报员对飓风进行全天候 24 小时的报道"。换言之，地方电视台在相互争夺观众，而赢得观众的其中一种方法就是在获得美国气象学会认证的电视天气预报员身上大力投资，让他们提供基于证据的天气预报、辅以播放标识风暴位置的电脑图像、并在突发天气新闻中提供有价值且实用的报道。

电视天气预报员的另一个可信度来源，可能与教育观众了解慢性自然危害（如气候变化）有着更为直接的关系，这是来源可信度与信息接收研究中所确定的更为普适性的因素：亲和力、知识性，以及吸引力（O'Keefe, 2015）。对消息源的积极评估，通常有助于提高消息源可信度的感知，从而促使个体对消息内容的更多了解（Petty, Wegener & Fabrigar, 1997）。实际上在一项实验研究中，安德森等学者（Anderson et al., 2013）就发现，比较喜欢电视天气预报员的观众从其所提供的有关气候变化的教育视频中所学到的东西，比那些并不看好电视天气预报员的观众要更多。安德森等学者还注意到，这一发现与消息来源可信度与消息接收研究的结果是相一致的。

三　非正式科学教育的最佳实践

作为本研究的指导，我们选取了 2009 年由美国国家研究委员会（National Research Council，以下简称 NRC）发表的一篇非正式科学教育"最佳实践"报告（Bell, Lewenstein, Shouse & Feder, 2009）为参考依据。非正式的科学学习环境指的并非学校或工作环境，而是人们各自选择学习科学的环境，如自愿选择观看电视、搜索互联网、参观博物馆、科学中心或国家公园，以及玩电脑科学游戏等。该报告为我们提供了六个支持科学学习的最佳实践作为具体参考依据。

最佳实践 1：由教育者激发观众的情感与兴趣。研究指出，当学习令人感到兴奋、有趣和舒适时，人们就会在非正式环境中学习科学；也就是说，学习者从生理上会感到身体舒适、受到刺激，不会难以承受。例如萨查泰洛·索耶等学者（Sachatello Sawyer et al., 2002）就发现，博物馆通常会为有孩子的家庭——而不是成年人——来设计展品，还往往会过度使用诸如讲座类的教学方法——成年人往往觉得这很枯燥。他们指出，成年人更想要互动体验，让他们能够与其他爱好者建立联系。

最佳实践 2：由学习者生成并使用科学事实、论据与模型。例如兰多尔（Randol, 2005）发现，当鼓励观众参与讨论或控制变量时，他们就可能会开始学习（如：当你转动这个轮子时会发生什么；变暖的河流会如何影响像鳟鱼这样的鱼类呢）；也就是说，当学习者被提示由自己生成和使用科学观察与信息时，他们就会学习。

最佳实践 3：让人们学习科学时不但要关注内容实践猜想还要关注科学方法。具体来说，人们会从提问、探索、实验、实践猜想、预测、从证据中得出结论，以及与他人共同思考等活动中获益。例如，科学家和一些电视天气预报员会鼓励人们协助社区志愿者组织"可可拉"（CoCoRahs, Community Collaborative Rain, Hail, and Snow Network）的成员以收集和报告天气模式的数据。收集并报告这些经过仔细测量的结果，可帮助人们学习科学推理的各个层面（Brossard, Lewenstein & Bonney, 2005）。

最佳实践 4：学习者会受益于理解科学并不是一组既定的事实，而是持续不断的知识构建过程。有些学者认为，让人们思考影响科学家的人类、社会或历史进程并没有什么帮助，只会令人感到困惑。但非正式科学教育学者对此持反对意见。加拿大的安大略科学中心曾办过一个展览名为"有关真理的问题"，探索的是种族与智力测验研究中所体现的信仰准则（日心说或地心说）和偏见。佩德雷蒂（Pedretti，2004，p. 146）通过评估参观者对该展览的评论卡发现"84%的评论都是积极的"。

最佳实践5：人们在非正式环境中活跃实践、使用科学语言和工具来学习科学，效果最好。研究表明，与静态展品相比，互动式展品如让参观者转动转盘、作出预测、相互竞赛等，往往会吸引更多的参观者，并使他们参与的时间更长（Allen，2007；Borun，2003）。戈多夫斯基（Goldowsky，2002，p. 141）还研究了一个企鹅展览，展览中游客们可以在企鹅池底部移动光束，以促使企鹅追逐光源。而使用了光源的游客，比不使用的游客更可能对企鹅的动机进行科学推理。

最佳实践6：非正式科学教育应该鼓励人们喜欢科学，甚至享受为科学作出贡献。比如说可让并非科学家的个人参与研究的公民科学项目。在一个名为"公民科学"的网站（Citizen Science，www. citizenscience. org）有50篇发表于公民科学项目中的文章，其内容包括诸如对高速公路上野生动物袭击的研究，或是对银河系进行分类等。此类公民科学网络可帮助成员将自己视为有能力学习科学的个体（Brossard，Lewenstein & Bonney，2005）。

NRC报告（2009）中的这六种最佳实践，可能会因为相互关联而受到批评。例如在最佳实践5中鼓励寻找让受众活跃起来的方法，也可在最佳实践2中适用，因为学习者在自行进行观察并使用科学概念向彼此和教育者解释现象时，学到的最多。然而，最佳实践之间的内容重叠，并不会对本研究造成限制。因为本研究旨在了解电视天气预报员的既有实践与社区服务会在多大程度上与美国国家研究委员会建议的非正式科学传播最佳实践相一致。并针对非正式科学教育渠道——电视，以传播特定的慢性自然灾害——气候变化的最有效方式提出一系列新问题。

因此，本研究的第一个研究问题如下：

RQ1：电视天气预报员的气象与气候科学教育实践、态度与方法，在多大程度上与 NRC 报告（2009）中所描述的非正式科学教育最佳实践相一致？

四　研究方法

1. 参与者条件

为了回答我们的研究问题，在 2009 年，我们对 18 位电视天气预报员进行了深度访谈，他们都以传播气候变化科学闻名。我们采用滚雪球抽样法确定了这些"创新者"为样本，首先从作者认识的几位电视天气预报员（包括作者之一的 JW，他本人也是电视天气预报员）开始，每个受访者再进行推荐，另外还有一家环境科学新闻社的员工向我们推荐了其他人选。寻找和招募工作在研究过程中持续进行，直到通过这种方式再无新的"创新者"推荐为止。每位受访者都得到了 200 美元的奖励以参与这项研究。

在 18 名受访者中，17 位来自美国，1 位来自加拿大。大多数人（16 人）在不同地区与不同规模的地方性电视台工作，有 2 人在全国性频道或新闻网工作。所有人都拥有本科学位，7 人拥有硕士学位；最后，14 人为男性，4 人为女性。在进行访谈之后，本研究设置了三个采访对象纳入标准，这些电视天气预报员必须在采访中明确表示自己：（1）会教育观众学习了解气候科学；（2）会阅读同行评议的气候科学文献；（3）会避免用个人观点取代同行评议的科学结果；最后，在接受采访的 18 人中，有 16 人符合这三个标准。

2. 访谈规程

采访全程通过电话进行，并进行录音与转录。从平均时间来看，每一次访谈持续了大约 75 分钟。访谈中探讨了向电视观众解释天气与气候科学的动机，对什么内容有效或效果不佳的看法，以及受访者在多大程度上参考了 NRC 报告（2009）给出的非正式科学教育最佳实践的建议等问题。所有的采访都由一位经验丰富的研究采访者（本研究作者之一的 PB）进行。研究采访者按照访谈规程，通过对一位天气播报员、一位气候学家进行采访并接受第一位作者的反馈，以完成采访培训。

3. 数据处理与定性分析

由于文本都经过了匿名处理，因此编码人员无法确定受访者的姓名或地理信息。数据由三组编码人员（共7人）进行阅读并分析。每一组人员都专注于访谈的不同方面，并采用了不同的编码方法。本研究以这些编码小组中的两组编码结果为指导展开，这些结果都侧重于考察电视天气预报员的实践在多大程度上与 NRC 报告（2009）建议的非正式科学教育最佳实践的建议相一致。也就是说，我们使用了一种理论指导的常量比较法来进行定性编码（Creswell & Clark，2007）。它包括阅读与重读文本、编码团队对样本在讨论时对这些最佳实践的态度、方法与步骤的分析。这些被记录下来的步骤、态度与信息策略都被电视天气预报员们广泛应用于各类媒介渠道如社区演讲、与学童聊天、网络博客、网站，以及电视播报等。

五 结果与讨论

16 位创新电视天气预报员以多种方式教育观众关于气候变化的知识。由于他们都在电视台工作，人们可能会认为他们在社区服务中开展的气候变化教育活动主要针对的是他们的电视受众，但是，与威尔森的研究结果（Wilson，2009）相一致的是，他们更可能在学校与社区团体的受邀演讲中，或是通过网站与博客来讲授气候变化问题。以下是采访中他们所提及的具体教育步骤与分析，在此基础上，我们还将提出进阶问题以供未来进一步研究考察。

1. 最佳实践1——激发观众的情绪与兴趣

创新者天气预报员指出，在分享天气与气候科学时，他们至少有三种方式让儿童与成人在情感上产生兴趣（参见表7.1）。第一种方法是使用视觉辅助工具与道具来吸引并娱乐观众。1 号受访者会在学校演讲时带上无线电探空仪，并将一组气象仪器连接在氦或者氢气球上。无线电探空仪会被发送以测量温度、压力和湿度，并将数据发回进行分析（NOAA，n. d.）。他指出，"孩子们很喜欢气球，而当他们看到这个巨大的气象气球时，他们就会很兴奋。因为孩子很难见到这么大的气球。（所以我会告诉他们）要密切留意这些气球，因为其中的某一个可能会落在他们的前院里"（文本156—166）。

表7.1 　　　　　　　　最佳实践1概述：激发受众的情绪与兴趣

方法	例子
使用视觉辅助工具或道具来吸引观众将天气与气候与个人及职业抱负联系在一起	使用科学道具来进行描述（1号受访者） ·询问观众对天气和气候的兴趣 ·鼓励人们搜索同行评议的资料（13号受访者）
避免观点的两极分化	·展示观察并收集数据 ·避免对未来规划和预测的过多关注（16号受访者）

　　11号受访者在解释气候变化的科学知识时，会用道具来激发成年人的兴趣，"在一次演讲中，我拿出了一条面包然后开始吃其中的一片（模仿满嘴食物的样子），我就一直在那里吃，然后对他们说对不起，我知道在你们面前吃东西并不礼貌，但是……"（文本4116—4120）。用自嘲这种生动且令人难忘的方式来解释温室效应和气候变化，是一种不错的策略。具体来说，地球就像是一个温室，因为来自太阳的辐射会穿过大气层加热地球。这些辐射从地球反弹到太空中，但其中一部分被像温室玻璃屋顶一样的二氧化碳这类吸热气体所阻挡。这种吸热气体有助于地球形成大气层，但是过量的二氧化碳，会有点像面包上的硬皮，或是睡在床上的毯子，会吸收太多额外的热量，导致地球温度升高。正如11号参与者解释的，"你不能只是去那里然后就开始讲课，除非你是在一个类似大学的教学环境之中。（我使用）非语言暗示（如：大口吃面包）来确保他们会产生反应。然后我再提问题，看看他们是如何理解我说的话的"（文本4817—4859）。

　　电视天气预报员让观众了解天气与气候的第二种方式，是将天气与气候研究与观众的个人与职业抱负联系起来。例如，经常与学校团体交流的13号受访者指出：

　　　　在演讲开始时我会提问："有人想成为科学家吗？有人想聊聊天气吗？你想学习气象吗？"这时候可能会有几个孩子举起手来。（然后我会说）"有人想上电视吗？"这时每个人都会举手，因为他们都因为某种原因想上电视。所以我会说，"今天我们要聊的是如何成为一个电视天气预报员，以及怎么样上电视"，那么这两件事就变成相关的了，他们想知道关于上电视的信息，他们也想知道有什么信息能与人们分享。（文本4886—4899）

13号受访者还说，"人们非常渴望提出一些我可能无法回答的极端问题，我总是会鼓励他们说'去看看同行评议的科研结果'，'看看有什么新研究出现'。因为他们若能从研究者那里得到最新信息，那么他所知道的甚至会远超出电视上所谈论的内容"（文本4945—4949）。她的方法非常有趣，既可促使观众提出"难倒专家"问题的合理化，还可利用这种倾向来激励观众去学习同行评议的科研结果。

创新者调控观众情绪的第三种方式，是避免观点的两极分化。通常情况下，他们的讨论会始于对可被观察到的，而不是未来现象的侧重，或者是对科学结果进行讨论，而不是政治化的议题。其他情况下，他们也讨论环境政策，但会以积极的方式进行，而不会进行指责。例如，16号受访者向观众讲述了他所在地区减少温室气体排放的步骤，以作为气候变化教育的方法：

> 我认为在一个公平规范的基础上讨论空气质量问题，会真正让人们认识到空气质量的逐步改善是因为监管的有效性，虽然很多人不想听到这一点，但实际上我们从80年代开始就已经减少了一半以上的温室气体排放量，而这纯粹基于我们如何制造汽车而已。（文本5956—5962）

正如威尔森（Wilson, 2009）曾指出的，许多参与者更喜欢在社区或学校演讲中讨论气候科学。换言之，在面对面的环境中而不是通过电视，因为面对面环境一般都是他们受邀发言的场景。在这种场景中，不大可能发生影响学习机会的人身攻击或情绪过激等行为。

进阶问题。NRC报告（2009）指出，学习者需要足够的情感投入才能在非正式环境中学习科学，但过多的刺激会令他们感到不知所措。为了吸引观众，本研究中的受访者们使用了视觉上有趣味性的道具、以激发观众兴趣并展示学习目标，并尽可能避免观点的两极分化。这些策略能成功地为人们提供足够但不过度的情绪参与，帮助他们理解气候变化的原因。这一实践表明，健康与风险教育工作者应针对慢性危害传播探讨以下问题：

怎样的情绪条件会鼓励或阻碍人们对慢性健康与风险危险的兴趣？

2. 最佳实践 2——解释关键科学概念

NRC 报告（2009）中并没有对学习者在非正式环境中生成的科学解释类型进行分类。为了补充这一缺陷，本研究借鉴了罗万（Rowan）的解释性话语理论（Theory of Explanatory Discourse，1988，1990，1999，2003），该理论确定了学习复杂学科时的三个典型困惑来源，以及解决每个问题的循证步骤。虽然我们无法检验观众生成科学概念与信息的能力，但我们想了解的是电视天气预报员是否会采用与解释研究中相似的步骤。解决每个困难的步骤，都是为了克服每一类困惑而量身定制的，并归纳于下表 7.2 的第二行中。有趣的是，正如表 7.2 的第三行所示，有一些创新电视天气预报员会讨论每一个困惑来源，但会通过一系列的策略来解决这些困惑，这些策略有的是循证方法，有的则不是。

表 7.2　　　　　　最佳实践 2 概述：解释关键术语、结构与流程

困惑来源	令人困惑的关键术语	难以想象的结构或过程	打破常规的点子
循证解释实践	列举（不）描绘现象的例子：如举例解释什么叫作天气（短期）	增强可视性并结合图表、类比、预演等方式将新信息与知识建构相联系	先承认错误的大众认知的合理性，再指出人们所熟知的，什么叫作气候（长的经验与错误认知期）的不一致性，最后再解释科学如何能更好地解释这种经验
创新电视天气预报员的解释方法	为解释天气与气候的不同进行类比：一场球赛的结果不代表整个赛季的成绩（1 号受访者）	用道具展示什么是高气压，什么是低气压	鼓励观众用照片记录他们观察到的动物迁徙的过程（7 号受访者）

对相关概念进行区分。参与者们提供了几种有效策略，帮助观众"突破"相关概念的困惑，如气候与天气，或事件与趋势等等。以下是 1 号受访者具体

教导观众如何区别气候与天气、趋势与事件的方法：

> 实际上理解从天气到气候的变化并不难。天气是短期现象，会快速变化，而气候自然指的就是长期现象了。我用（足球）来做了个类比。天气对气候来说，就好比是整个足球赛季中的一场比赛。你不能因为这一天的天气就认为全球气候正在变暖，也不能认为全球变暖导致了这一场龙卷风的产生，这样理解是不对的。（文本221—229）

然后他继续进行类比，向人们强调整体趋势与单一事件之间的区别，并教育人们可从单一事件中得出与趋势完全相反的结论。1号受访者指出：

> 然而，仅仅因为联盟中最厉害的球员出局，或者他被拦截了一次，并不意味着从长远来看他就不再是联盟最厉害的球员了。这就是你有时看待问题的方式，因为人们太经常说："嗨，最近的气候变化怎么样？今天早上气温可是零下10摄氏度，全球不可能在变暖吧？"（文本231—234）

运用可视化以帮助观众建立复杂结构或过程的简易心理模型。一般来说，人们很难理解复杂结构或过程的科学描述，因为它们的许多组成部分或步骤超出了观众的理解能力。如果面对太多步骤或过程，学习者就希望能找到一种简易方式来具象化这些现象。就好比一张解剖照片可能很难令人理解，因此他们会希望找到一个简化图示那般（Mayer, Bove, Bryman, Mars & Tapangco, 1996；Rowan, 1988, 2003）。本研究中就有几位电视天气预报员认识到了这一问题，并向我们描述了他们在进行气候变化教育时辅以可视化的实践步骤。例如11号受访者指出：

> 所以我开发了一个道具，那是一个儿童玩具软球。我用它来展示高压脊带变化。（文本4110—4112）

11号受访者通过挤压一个儿童玩具球，让观众们发现玩具球被挤压时产生的凸起，与大气中吸热气体水平增加时的状况十分相似，从而让一个陌生现象变得令人熟悉起来。

　　反驳错误观念。参与者们有两种办法来反驳错误观念。一些人会使用可视化技术来反驳错误观点，或不受科学支持的非专业性观点。例如，5 号受访者就告诉我们如何使用图形来解释为什么在局部天气变化（如全球某些地区天气变冷、其他地区却变热）的情况下，全球变暖的总体趋势仍在存在：

　　　　在电视上我的时间有限，很多内容无法展开细说。但是一张图示却胜过千言万语。例如在上个月，我们的国家气候数据中心发布了 6 月至 8 月的全球温度异常，尤其海洋温度是有记录以来的最高值。他们就制作了一个非常棒的图示，上面用点来进行标识，红点越大，该地区温度就比正常值越高。（文本 22）

　　　　然后，今年美国中西部大部分地区的夏天都非常凉爽，所以即使在我们州，我也会听到人们说："我们的夏天很凉爽，全球还在变暖吗？"所以我会在节目中把地图拿出来展示："好吧那么大家现在看看这张图。如果你认为今年的夏天很凉爽，当然如果你住在丹佛中西部，或者说北达科他州，那你的确度过了一个凉爽的夏天。但是我们来看看世界其他地区，这张图展示的是全世界 6 月、7 月，以及 8 月的平均气温，它远远高于平均水平。"（文本 23）

　　可视化技术的一个重要方面，在于道具、类比或图示所起到的"桥梁"作用（Ausubel, 1978）。也就是说，它们可以将人们所熟悉的、具象化的、切实的现象与人们不太熟悉的现象联系在一起，促使这些新的或陌生的信息变得更容易获得人们的信任。例如冰川随着时间推移不断缩小的照片（将 20 世纪初和末期的冰川大小进行照片对比）既可作为知识桥梁，也可作为引人注目的典型范例。5 号受访者就介绍了他是如何使用这些照片的：

　　　　现在还有很多人甚至不相信地球正在变暖。我是说，还有很多人。在那些对气候科学持怀疑态度的人中，有大概 60%—70% 的人甚至不认为地球会变暖。所以我所展示的，是美国地质勘探局拍摄的一系列令人难以置信的前后对比照片，这些照片都是在地球同一处冰川拍摄的。我会在天气

预报结束时把它们放上去展示，然后也会展示在我的博客里。（文本32）

可见，5 号受访者还采取了其他办法，将他的解释放在其他媒介平台上，使其易于理解。他会在自己的博客里、网站图示中、甚至演讲中展示美国地质调查拍摄的冰川前后对比照。

另外几位电视天气预报员则表示，他们会通过展示过往的数据来反驳错误观点，并强调这些数据是已经发生的现象，而不是在预测未来事件。例如 6 号受访者表示：

> 我在博客中谈及的一件事就是降水模式的变化，它是如何从有益于农作物的温和降雨演变为干旱或极端暴雨的，而且并不是计算机预测，是基于观察得出的，从全球降水气候学项目中收集的数据。这些数据涵盖了自 1979 年到 2007 年的变化。（文本50）

同样的，7 号受访者还鼓励观众发送记录了过往他们所观察到的环境变化的照片，例如近年来被冲上海滩的动物，而观众在儿时并没有在同一地区见过这些动物。或者是海上的浮冰和冰川照片，它们的早期体积要比现在大不少。她会将这些照片整合到幻灯片中，并在社区演讲中分享。

进阶问题。创新者电视天气预报员都告诉我们他们有关注到罗万（Rowan，1999，2003）分类法中提及的每一种困难，也向我们介绍了他们解决这些困难的有趣方式。其办法大多基于直觉与经验，而并非正规训练所决定的。其中有一些策略例如类比和可视化展示特别有效，因为参与者表示他们会经常使用这些办法。那么，如果这些创新者能够获取简短的教育材料，以获悉他们所采用办法的研究结果，或是提供一些有研究支持但还未被应用的其他技巧，他们是否能发挥更好的教育作用呢？此外，NRC 报告（2009）的最佳实践建议还强调了学习者之间相互解释科学的价值，而不是仅依靠专家来处理所有的概念解释。而这种点对点的解释可能会发生在博物馆观展、教室或在线互动之中。因此我们的进阶问题如下：

> 对解释策略的正规培训，是否有助于健康与风险教育者向非专业的利

益攸关方解释慢性危害的复杂性？

在面对面交流或在线交流中，需要怎样的社会条件以支持学习者来相互解释慢性健康与风险危害的复杂性？

3. 最佳实践 3——鼓励观众学习科学方法与推理

最佳实践 3 鼓励非正式教育者帮助观众不仅要学习科学成果，还要学习得出结果的科学方法。在本研究中，创新电视天气预报员被问及他们是否曾帮助观众思考科学方法、证据和假设；以及科学家是如何在各种背景下，尤其是气候变化科学语境下，去检验假设。

这个问题的答案非常多元化（参见表 7.3）。有些人表示，他们没有在学校或专业团体演讲中谈及科学方法。例如，2 号受访者说，"当我谈到气候模型时，我会解释，例如科学家如何设计这些预测气候的计算机模型。我想可能有些讨论中确实涉及科学方法，但我应该并没有以演示科学方法为目的去进行演讲"（文本 49—54）。其他人则表示，他们没有帮助观众去思考科学方法，但他们对这个想法很感兴趣。7 号受访者表示："我没这么做，但我很希望成为一个更好的天气预报员，所以也许我应该这样去做。"

而那些表示他们的确有教授科学方法的参与者则主要采取了两种方式。他们有的认为这是必要步骤，有的表示自己本意并不是教授科学方法，但在他们的演讲、讨论，或者资料中间接进行了讲授。表 7.3 概括了这些参与者向观众传授科学方法的主要办法。

表 7.3　　　　　　**最佳实践 3 概述：鼓励观众学习科学方法与推理**

方法	案例
通过解释方法与证据，以向观众指出是人为造成的温室气体正在导致全球变暖	向观众们展示基于模拟或观察数据的气候模型，告知他们如果不是由于人为造成的温室气体，过去的 30 年气温应该更低（5 号受访者）
在特定案例中解释科学推理的方法，并提供帮助以便观众就方法与证据进行提问	向观众解释确定性与不确定性分别是什么（4 号受访者）
	鼓励观众提问并通过研究找到答案（13 号受访者）

第一组来自 5 号受访者，他在介绍自己为师生制作的网站和演讲时指出：

我从什么是科学、什么是理论、什么是科学定义开始我的演讲。我也会给他们一些展示以告诉他们什么并不是科学，什么才是科学。还有科学可以回答什么问题。我还谈道，宗教并不是一个科学可以回答的问题，因为宗教基于的是信仰体系，而科学基于的是可被检验的证据。我还向他们解释，不能因为科学无法解答，就意味着某些东西它不是真的。它只不过并不属于科学而已。（文本133—148）

同样的，9号受访者表示，"这是我所谈论的关键问题之一。如果我要讨论科学家是如何完成他们工作的。我通常会说，好吧，告诉我你首先会做的第一件是什么，然后我就会指导他们去做一些事情并告诉他们这实际上就是科学方法，如果你不告诉他们，他们基本不会意识到自己正在这么做"（文本408—415）。

表中的第二组创新者所展示的是介绍科学推理的方式，这些推理是天气预报的基础，也是支撑当下气候变化的人为解释。4号受访者说，"我当然提到了确定性与不确定性这个问题，这就是我们在日常的天气预报中常说的概率。这件事发生的可能性很高，但并不是100%确定的"（文本123—127）。而13号受访者向我们介绍了她的展示讲授技巧，例如鼓励小学生扮演科学家进行推理，"比如说，我会问学生们'你认为太阳会发生什么？这是怎么发生的？它真的会给地球加热吗？还是说它加热的其实是空气呢？'我会试着给他们机会，让他们自己进行猜测，然后我也不会马上把答案给他们。我会说：'这里有一些证据，让我们来参考一下……现在让我们来听听你的答案是什么？'"（文本469—473）。此外，她还解释了她的天气预报是如何推理的：

我们并不只是在那里敲敲板子就能得出结论告诉你们未来会发生什么，或是从美国宇航局（NASA）那里直接读取天气预报的结果。我们每天都通过工作来进行自我推断。我们的方式是，坐下来，拿出一张纸，画下接下来一周的天气趋势，我们认为哪些会偏高哪些会降低，我们会根据计算机模型与卫星雷达图像来推断出这些结论。所以，我们实际上是在做一些概念化的工作，而不是上来就说，这就是科学，这个是假设，然后这个就是结论。（文本488—498）

5 号受访者告诉我们，当有位观众反驳他说，科学家有证据显示在过去几十年里，全球气候实际上在变冷而不是变暖。他就会拿出幻灯片，将模拟气候模型与基于观测数据的模型进行对比展示。他向这位观众展示了这些模型的相匹配性，然后把模拟气候模型中的二氧化碳数据去除。然后他表示，做到这一步后，人们就会发现，过去的 30 年的确应该比现在更凉爽。5 号受访者还强调，这些模型不是由几个人完成的，而是"大量的不同模拟数据归纳而成。这不是一个人的观点；我解释过这是大量不同模拟模型的平均值，研究者们都一致同意这个观点。这时他们（观众）就会变得相当安静。我并没有听到什么人嘀咕说这都是胡说八道。我想我说服了他们，我有证据。我随身带着这些图像，向他们展示我的确在思考这个问题"（文本 560—596）。

这是反馈最清晰的例子之一，一位创新者天气预报员向我们介绍了他如何通过循序渐进的讨论，向观众展示气候变化的确与大气中温室气体增加相关这一观点的证据。这位受访者还提醒了他的观众，这并不是少数几个人的观点，而是基于多个不同模型得出的一致结论，该结论揭示了这样一种观点，即人类活动所释放的温室气体水平增加，是解释 20 世纪全球气温为何会以惊人速度上升的最佳答案。

进阶问题。多数的创新者要么在情感上表达了支持，要么已经在实践中向他们的观众介绍了科研成果背后的科学研究与推理方法。而他们在解释科学方法、证据及科学观点之间的联系方面取得了显著成效，这表明，这些方法在观众选择学习科学的不少语境中都可能产生成效。而他们的采访也促使我们提出以下的进阶问题：

人们在什么情境中会对学习科学推理与方法最感兴趣？

使用科学工具的经验，会如何影响人们在理解气候变化等慢性危害时的情感共鸣？

4. 最佳实践 4——帮助观众认识到科学家与科学机构也会犯错

NRC 报告（2009）的第四个最佳实践指出，如果人们发现科学并不来自于绝对可靠的信源，而是来自一个会犯错的普通人，或科学就是一个社会过程的话，那么非正式语境是最适合鼓励人们进行科学学习的。这意味着将科学家描述为同时具有缺陷与优势的个体,从长远来看对科学更有帮助,而普通观众也可通过科学观点的评判过程获益,比如说同行评议等。

或许是与传播被政治化的科学议题这个挑战相关的缘故,接受本研究采访的创新者们用各种不同的方式,回答了他们是否会向观众传递科学易错性或管理错误机制这一问题。如下表7.4所概括的,有些受访者介绍了在人们了解任何科学议题时,他们会如何鼓励人们表达反对意见。还有人则谈到了他们对一些电视天气预报员的科学资质的担忧。还有一些人则讲述了他们对待气候变化怀疑论者的方法,这些怀疑论者可以得到来自宣传团体的信息,但不会从同行评议研究中获取信息。

表7.4 最佳实践4概述:将科学家与科学机构描绘成会犯错的

方法	案例
解释什么是同行评议	向观众解释科学家之间的良性讨论与意见会带来深度思考与更为细致的结果与结论
探讨与气象学所需资质相关的内部专业辩论	向观众解释并不是所有的电视天气预报员都有科学资质,但是他们拥有其他的证书(8号受访者)
阐述一种解决否认全球变暖的宣传团体的办法	向观众列举类似的议题作为比较,例如在早期关于吸烟风险的争议中,不确定性是如何被夸大的(2号受访者)

一些受访者表示,他们会明确向听众传授同行评议及其对科学进步的重要性。5号受访者的网站是为英语国家的教师与学生设计的,在网站上明确写着"同行评议是科学家们进行争论的方式"(文本153),而在这句话后面还简要解释了同行评议在科学中的重要作用。同样,1号受访者强调了其对鼓励反对意见的支持,并且与哈贝马斯(Habermas)等学者提出的传播伦理理论持一致意见(Burleson & Kline, 1979)。哈贝马斯认为,相较于对权力或后果的关注,当社会条件只允许"更好论据的力量"作为决定一个观点是非曲直的考虑因素时,才会产生伦理传播。而当被问及"但你是否会向观众阐述这样一个事实,就是即便在该领域中也会存在各种讨论以及不同意见,而这是整个过程中的良性组成"时,1号受访者回答,"是的,当然有,这是非常健康的。人们对事物持怀

疑态度并没有什么问题，因为我希望这能让他们更深入地思考，而不是断言他们就是绝对正确的，并认为他们不需要再为此做任何事情"（文本14—18）。

5号受访者还对同行评议在解决科学争议方面的作用进行了评价。他说，"在科学领域，实行同行评议的一个好处在于，一旦问题被解决了，你就不能周而复始地再提出这个问题。也就是说，如果你想让你的论文发表，你需要提供一些新的东西。如果你只是继续说'不，我还是对的'，那你的论文没法发表了"（文本143—153）。

还有其他受访者表示，科学的乐趣在于产生分歧与发现探索的过程。6号受访者说："科学不只是一个单一且僵化的东西，它是很动态地发展着的。这是我认为科学家们相当享受的一点，就好像在做侦探一般。他们很享受探索与发现真相的过程，如果他们认为自己是对的，他们就会与你进行激烈辩论。但最终都会回到事实上来。科学家们争论的并不是事实，而是对这些事实的解释"（文本164—169）。

此外，还有一些受访者讨论了关于电视天气预报员资格的内部专业辩论问题。全球各地都有以科学为基础的课程让学生们学习气象学，他们还可获得气象资格认证。然而，有些电视公司会雇用一些具有文学学士学位或文学助理学位的人，而不是那些具有科学基础资质的人。8号受访者对这种情况评论道，"这些人并不具有真正的科学学位，他们不是理科出身，而是文科出身，或者是助理文科出身，也可能只持有一个允许他们传播天气信息的证书而已，但是美国气象学会在几年前就已经决定承认这个群体的资质，即便他们没有物理或微积分为基础的真正的理科学士学位"（文本312—315）。他接着指出："我可以理解城市节目的早间天气主播是一位穿着紧身毛衣的漂亮女孩，因为这就是电视，对吧？"（文本348—350）

有关谁应该成为电视天气预报员的辩论，是最佳实践4所列举的条件中相当重要的一个。该最佳实践指出，观众应该对从事科学研究的人的缺点与优势有所了解，他们也需要了解美国气象学会这样的社会机构的缺陷与优势是什么。而鼓励公众讨论此类专业辩论并非易事，但根据NRC报告（2009）的观点，从长远来看，公开讨论此类问题，有助于增强利益攸关方从科学中学习与信任科学家的能力，因为这些议题将科学家塑造成了既具有优势同时又有局限性的个体。

关于如何讨论科学家与科学机构的易错性这个问题，受访者给出的第三个方式是，他们如何处理那些坚持认为全球变暖并没有发生，或正在发生却不是因为人类向大气排放蓄热气体量的增加所导致的宣传团体。2 号受访者指出：

> 有一些非常突出的团体，非常善于向公众发表这些意见。他们的资金相当充足，这也是为什么公众到现在仍会感到困惑。但如果你回到大概 50 年前，第一次有医学研究证明吸烟会导致更多的健康风险与疾病时，也有医生会断言："噢那是不可能的。"（文本 45—53）

接着，2 号受访者还指出：

> 就好像吸烟问题会在社会中引起不同的社会反响一般，我们这个问题也是如此，人们总会说你打算对全球变暖做点什么的话，会产生一些后果或影响。我现在在社区或专业团体演讲中，不太会关心政策的影响，我只谈论全球变暖的科学，但不可避免地会有人问我这个问题，你知道我也必须要回答这个问题，但我不想谈及政策，也许这与社会或经济因素相关，但我会用吸烟问题来类比（文本 70—75）。我并不总是对政策建议持支持态度，但谈话中我不会涉及这一点。（文本 98—99）

2 号受访者认为，人们对气候变化的怀疑（以及不断强调气候变暖是人为导致的——译者注），是背后受到资助的团体的不断煽动所导致。而这（两——译者注）种类型的怀疑，与科学家或其他思考气候变化科学的人们，在试图弄清研究到底多大程度上能够支持科学观点时所提出的或分歧，是不一样的。

2 号受访者对这些主张质疑气候变化科学的团体的评价，和本研究其他受访者的意见是相一致的。他们都谈及了帮助受众反思事实与观点之间、科学与政策之间差异的重要性，还谈及了认真对待气候变化科学的理由，并同时承认这些研究结果存在不确定性。例如，10 号受访者表示：

> 有趣的是，不少杰出的科学家还是首次听说气候变暖将发生在高纬度地区，而这就是我们观察到的事实。所以，即便仍存在不确定性，我们对

气候系统中所发生的一切的观察，包括空气、陆地，土壤湿度，还有海洋等等，都与预测是一致的。（文本5415—5420）

进阶问题。解释科学的错误这一观点，让一些创新者望而生畏。他们有些人认为，最好还是专注于事实，而不是去讨论气候变化的（所谓）科学判断可能是错误的，或者这些观点的支持者可能是具有人类弱点的个体。但其他受访者显然比较接受甚至还挺喜欢这个任务，他们认为，外行需要认识到科学家之间的科学争论是良性的，是好的科学的固有组成。他们还指出，非专业人士需要了解同行评议在评判科学家之间的分歧方面所起的重要作用。因此，根据创新者的回答我们提出以下进阶问题：

了解特定气候科学家作为一个普通人的生活故事，失败与成功，是否会影响人们更深入地理解气候科学？

了解慢性危害研究如久坐不动的生活方式、营养、肥胖，或气候科学研究中的科学失败，会如何影响人们对这些危害的认知？它又会如何影响人们与之相关的态度及行为？

5. 最佳实践5——支持观众积极地学习科学

在谈论天气与气候科学时，受访者主要介绍了两种方式来为观众创造积极主动的条件，而不仅仅只是扮演听众或读者。如下表7.5所示，第一种方法是欢迎或鼓励观众就天气与气候进行交流。几位受访者表示，最简单步骤就是，先就一个天气问题与学生或成人开启小组讨论，通常会得到他们的回应。例如，3号受访者表示，"当我走进来，特别是和孩子们在一起时，我会问他们'外面的天气怎么样？'"（文本75—76）。而6号受访者则鼓励观众针对他在网站上发布的内容进行评论或提出问题。他说，"来，不要担心你是不是错了。试着表达你的看法，这是我知道你所认知的真相的唯一途径，如果我不知道你在想什么，我就没办法纠正它了。所以我会鼓励人们对我在网站上发布的内容进行评论，而且他们确实也自认为对科学相当了解"（文本218—222）。

表7.5　　　　　　最佳实践5概述：邀请观众在学习科学时积极主动

方法	案例
欢迎或鼓励观众就天气与气候进行交流	请观众就他们自己的观察对天气或天气预报进行点评（6号受访者）
创造或分享有关数据收集或报告活动的资源	鼓励观众加入到收集与报告数据的小组中（例如“可可拉”）（5号受访者）

而第二种方式，就是创造数据收集与报告的活动机会。有一些受访者关注到了那个很受欢迎的志愿者项目“可可拉”，在该项目中，气象观察员志愿者会测量他们家附近的雨与冰雹，并将收集到的数据发送给科学组织与当地电视台。

5号受访者表示，“不管什么时候，如果有一个成人、孩子，或是老师问我：‘我能做些什么让我的孩子们感兴趣呢？’我会告诉他们，我可以花29美元给他们搞到一个非常棒的项目，去申请一个可可拉测量仪，然后把它放在屋外。这可是真正的科学，因为这些数据非常有用。这些数据会被持续收集100年，我现在有几个学生正在使用它，还有几个班级也在用它”（文本137—141）。

9号采访者则指出，在他的电视台，有几十所学校参与了他们的气象观测活动，“我们从（年份被隐去）开始这个项目，当时有10个不同的学校气象观测站点。而现在我想我们应该有接近160个站点了吧”（文本292—293）。而18号参与者则着重于鼓励大家收集紧急天气信息，“我是天空预警项目（Sky Warn）的大力支持者，我鼓励学生、家长、整个家庭都接受天空预警项目的训练，为我们提供天气预报”（文本485—487）。另外，13号受访者向我们描述了他创立的天气观测计划与活动：

我们有一个天气观察程序，人们可以通过邮件给这个程序发送图片，还可以给我们发风暴报告。我还在网站上为孩子们设计了一系列的实验，基本上是利用回收材料来制作温度计、测风仪等小仪器。我还为孩子们设计了两本天气活动书籍。一本讲的是基本的天气活动，另一本讲述的是科学与棒球之间的关系。（文本379—380）

受访者们发现，通过动手学习可以让观众参与到科学之中。尤其是 18 号受访者的例子，让人们对紧急天气状况会更加警觉。受访者们还发现了电视台的宣传潜力：让几十所学校向电视台报告天气数据，是提高电视台知名度的一种有效方式。

也有一些受访者会利用各类活动来教授气候变化各方面的知识，例如记录花朵开放或鸟类抵达的时间，这些时间是否在改变等。9 号受访者表示，"这就是他们所说的物候学之类的。我通常会把这个作为'天气启迪小问题'（Weather Minds Question）的一个环节，这可是一个绝佳的教学机会"（文本 317—323）。这里提到的"天气启迪小问题"，指的是他在节目中做天气预报之前的开场环节，他会让观众在该环节提出一些问题如：为什么会发生雪崩，树木是否会提早发芽等问题。这个环节旨在帮助观众了解地区天气与气候条件，特别是适合户外娱乐的天气条件。

进阶问题。研究结果指出，创新者几乎一致支持运用提问、使用仪器，或成为公民科学家的方法以促使学习者活跃起来。他们的直觉与经验可很好地支持观众在了解慢性危害时的活跃参与，而不仅仅只是做一个倾听者。根据他们的反馈，我们提出以下的进阶问题：

积极参与到慢性危害的学习过程之中，是否能让观众更投入并促进其对科学的深度理解？换言之，人们是否能从提问、使用科学工具、观察现场或现象，以及编码数据等活动中得到更多的收获？

相较于由科学家单独使用科学工具或进行编码，让观众积极参与提问、推理、对科学进行对等解释这一系列的体验，能在多大程度上加深人们对慢性危害的认知与态度？

6. 最佳实践 6——鼓励观众把自己视为科学家

最佳实践 6 推荐鼓励观众把自己视为喜欢科学且能为科学做出贡献的个体。如表 7.6 所示，部分受访者对这种鼓励做法表示认同，尤其当观众表示出他们对电视气象学的认同，或对他们（观众成员）学习科学的能力感到自豪时，受访者们会感到很满足。

表7.6 最佳实践6概述：鼓励观众把自己视为科学家

方法	案例
鼓励观众把自己视为喜欢且能为科学做出贡献的个体	在户外社区科学活动中与观众进行面对面交流（13号受访者） 向观众介绍我们拥有许多为天文学与气候学做出贡献的公民科学家（5号受访者）
点名并称赞观众对科学的贡献	在电视节目中点出提供了观察、数据、评论，或提问的观众名字（5号受访者）
帮助观众学习如何成为科学家或做科学研究	在网站或博客帖子中鼓励公民科学与资源分享（5号参与者） 鼓励人们学习数学以开启科学工作生涯（1号参与者）

例如，当被问到"你认为你的行动会鼓励他们，你的观众把自己看作科学家吗"，13号受访者作出了以下回答：

> 我希望如此。我意思是，有时候孩子们给我回信的时候，他们会说，我知道什么是（气象科学的）前沿。我认为一旦孩子们与某个领域的人产生了直接联系，他们就觉得自己更像是其中的一部分。当然如果成年人见过你并和你就某事深度聊了一会儿，他们也会这么说。仿佛突然间他们就理解了你所知道的。（文本560—570）

同样的，4号受访者与16号受访者也表示，他们相信每个人都会有那么点科学家的资质：

P4：有很多人告诉过我他们对科学一直抱有兴趣，但要么是数学阻碍了他们，要么就是生活所迫，或者是发生了一些让他们无法继续追求科学的事情。所以我认为每个人心里都住着一个小科学家。（文本126—129）

P16：当然。特别是当我们谈到需要有一个温度计，或一个你自己专属的雨量计时。这正是我想要传达的信息：任何人都可以做——或本就是科学家。如果你曾对任何事情感到好奇，那么你就正在问正确的问题，你就已经在努力证明你的想法与理论了。（文本643—652）

具有科学性，通常被认为是一种复杂的状态，也是一种值得人们感到自豪的角色。研究指出，人们很看重朋友为其提供的自我与情感支持（Burleson，2003），而如果一个电视天气预报员，如本研究的受访者们，会鼓励观众为自身好奇心与学习科学的乐趣感到自豪，将他们视为朋友，认为他们值得一对一与相互尊重的互动，那么这种经历可能会让观众感到自豪，并以此激发他们学习科学的动力。

而第二种方式，就是创新者会认可观众对科学、天气观测、有时是气候科学的贡献，他们会点名并认可观众对科学的贡献与成就。例如，有几位受访者向我们介绍有不少学校（有些是数百所学校）会向电视台发送观测数据（测量学校所在地的温度或降雨量）的电视节目。而那些向电视台提供数据的人就会在节目中得到点名表扬。他们学校的名字也会被列在天气预报中的滚动字幕中。而另一位创新者会给学校科学展的获奖者颁发美国气象协会的认证书，还会给高中毕业典礼的致辞人最新的计算器作为奖品。而还有一位受访者会通过博客让观众参与到他们称之为"知识分子间的对话"来给予认可和尊重，而这些博客平时主要发布的都是具有领域影响力的同行评议科学研究报道。受访者表示：

P5：他们很喜欢当他们在我的博客上发表评论时，我会作出回答，让他们参与到对话之中。现在可能部分原因在于我还会上电视。不过如果你仔细阅读这些评论，就会发现，我从评论中感觉到的是，他们非常渴望对话。他们渴望进行一次明智的谈话。他们并不在意他们的身份是如何被定位的。（文本215—219）

电视天气预报员鼓励观众认同科学的第三种方式，是帮助观众学习成为科学家或如何从事科学研究。这一策略，又可被称为增强个体效能感，或完成某项任务的感知能力，是相当重要的。因为当人们自我感觉很有效率时，他们更能解决问题（Bandura，1986；Witte，1992）。一些受访者会很明确地鼓励观众要相信他们有能力去做科学研究。5号参与者表示：

你自己就可以进行科学研究。你不需要身穿实验服，或必须拥有博士学位才能做科学研究。我曾经写过一篇博客文章，指出我认为天文学与气象学是两门最伟大的科学，因为它们拥有最多的公民科学家参与其中。（文本153—158）

1号受访者则告诉学生们：

> 如果你想成为那种冲进飓风风眼、追逐龙卷风，或去南极科考的天气预报员，那么学习科学和数学是非常重要的。这些学者在他们二年级时，也会学习这些科目。如果你不是很擅长这些，那就和你的老师一起努力让自己变得更好。（文本11—14）

综上所述，许多分享气候科学知识的受访者都会感觉到他们的观众热爱科学，热爱学习，但是对科学有点敬畏。因此他们会通过提供情感支持和建议，来帮助观众去解决这种感觉，其中的一些受访者会明确地鼓励观众认识到他们所固有的好奇心就是一种科学特质，并鼓励他们参与科学活动如测量降雨量、阅读总结了同行评议气候科学研究的博客等等。他们还会鼓励听众在学校认真学习数学，并在校外或工作之余参与公民科学活动。

进阶问题。创新者们通常都很喜欢鼓励观众去认识到他们（观众）很享受学习科学的信息与过程，并且在某些情况下，他们可以像科学家一样去思考。有一些创新者会在教育过程中鼓励学生学习数学并热爱学习，告诉他们这是在科学或其他领域取得专业性成功的重要财富。而他们的回答为本研究提供了以下的进阶研究问题：

> 在怎样的社会或教育条件下，人们会把自己视为热爱科学并乐于为科学做出贡献的个体？
> 人们对科学的享受，或认为自己热爱科学的过往经验，是否会促使他们更为理解传统媒介中所报道的慢性危害？

六　总结：我们能从创新电视天气预报员身上学到什么？

从 2009 年对几位电视天气预报员开展的由理论指导的深入访谈中，我们了解到，这些创新者或多或少在实践中参考了 NRC 报告（2009）所推荐的最佳实践，有部分受访者虽然尚未使用所有实践，但也表示愿意接受这些实践的指导。这为 NRC 报告的研究结果提供了一定的表面效度支持，研究结果也表明，这些创新者在气候教育方面的努力可产生积极影响（尽管相较于正规培训，他们更多的是通过直觉、敢于尝试与试错的精神去进行的实践）。

除了对特定最佳实践的采访回答可引出新的研究问题以外，NRC 报告的指导作为一个整体框架，也可有助于我们解决慢性危害风险问题。风险认知与风险传播研究指出，成年人会对接受健康与环境风险教育产生矛盾情绪。一方面，如道格拉斯和威尔达夫斯基（Douglas & Wildavsky, 1983）阐述得那般，社会之所以被建构，就是为了保护人们免遭诸如野生动物、敌袭、饥饿等危险的伤害。而另一方面，人际传播研究却指出，成年人并不喜欢接受被主动提出的建议（MacGeorge, Feng & Thompson, 2008）。因此，即便慢性危害教育者具有足够令人信服的理由，也需要进行谨慎地沟通以见成效。

此外，最佳实践的框架还相当重视让观众与教育者一起思考，而不是简单地倾听与接受。研究中，受访者对他们是否会讨论科学方法、是否会讨论科学易错性这两个问题的回答尤其具有启发性。许多受访者都认可这种办法，也就是说，有不少受访者的确会通过鼓励观众去观察动物迁徙模式、冰川缩小、进行观察，或使用雨量计等科学仪器的方式，向观众教授科学的研究方法（如：最佳实践 3）。

然而，并不是所有受访者都愿意邀请观众去思考科学的易错性的，尤其是在教导诸如气候变化这种被政治化的议题时，当然也有一些受访者接受这一理念。这里有必要再次提到 5 号受访者，他的网站专为英语国家的教师与学生设计，而在网站中他会指出，"同行评议是科学家们进行争论的方式"（文本153），还有其他几位受访者表示，有分歧是良性的，这是科学中所必不可少的。那么，为什么这样的观念会让慢性危害教育者更为有效呢？因为尽管这在

144

某种程度上会促使教育者的工作变得困难，但它也能让观众认识到科学家和他们一样都是普通人，是对问题产生担忧并试图去解决问题的专业人士，而不是什么无懈可击的个体。而显然的，在某些情况下，与否认气候科学的人进行辩论是白费功夫，但我们也可以回想一下，70%的美国民众认为全球变暖正在发生，但他们大多数不确定具体原因为何（Leiserowitz et al.，2012，2016）。这也就是说，大多数的观众并不是否定者，他们只不过对这个话题知之甚少或者并不太关心而已。这就表明，随着时间推移，关于科学易错性和科学批判方式的教育，在今后可能会成为吸引观众了解气候变化在其所在地区重要性的一种重要方式。

找到让观众活跃参与的方法，会让学习变得愉快。而新媒介环境更是日益表明，人们既享受扮演信息的传递者，也享受扮演信息的接受者，他们热爱以任何方式让他们能够活跃参与的环境：无论是写博客、扮演公民科学家，抑或是在大自然中徒步旅行以研究海岸植物与侵蚀。最佳实践6就鼓励观众将自己视为喜欢科学的个体，这是一种令人感到欢迎与认可的信息策略。它所营造的并不是一种"我们VS他们"的风险学习语境，也不会坚持认为只有科学家才知道什么是危险，而是邀请观众亲自去了解更多，因为他们与科学家是一样的。正如5号受访者所说："你自己就可以进行科学研究。你不需要身穿实验服，或必须拥有博士学位才能做科学研究。"然而有趣的是，卡汉（Kahan，2015）曾指出，只要说出"气候变化"或"疫苗接种"这一类词语，就可以营造出一种敌对语境。因为对某些人而言，这些词汇代表的是对此类话题感兴趣的人，实际上对他们所属群体的需求与价值观并不感兴趣。而鼓励人们参与到与社区相关的科学问题与活动中并享受乐趣，会有助于削减有争议科学议题的政治化程度。

七　将创新者研究与当下研究成果联系起来

在采访结束后的几年里，电视天气预报员对气候变化的看法发生了重大变化（Maibach et al.，in press），越来越多的电视天气预报员开始承担起地方气候教育者的责任（Maibach et al.，2016）。一方面是基于这些创新者所提供的见解，以及他们所扮演的积极角色所起到的榜样作用，另一方面则是通过大学、政府机构（如美国宇航局［NASA］与美国国家海洋与大气管理局［NO-AA］）、美国气象学会（AMS）的共同努力得以实现的，此外，非营利组织气候中心（Climate Central）还通过提供及时的、地方性信息与放映用图示，让天气预报员更易于接受这一角色（Placky et al.，2016）。此外，气候中心还为电视天气预报员开发内容，供他们在广播、社交媒介，以及社区演讲中使用。例如，它的气象学家、科学家、数据分析师、记者，以及平面设计师团队能够将气候变化故事进行本地化，并开发适用于电视与社交媒介的图示，以助于分享这些信息。气候中心还会对来自美国国家海洋与大气管理局、美国宇航局的数据进行分析并广泛分发。这些数据明确显示，自1970年以来，美国各地区的气候变暖趋势正在持续加快（Samenow，2012）。而萨门诺（Samenow）在《华盛顿邮报》上发表的文章中还会为读者突出相关信息，尤其是涉及具有当地影响的危险，从而更容易引起人们的关注。

最佳实践为不断演变的媒介带来的启示。人们可能会更乐于使用新技术，仅仅只是因为它们是新的，而不是相较于传统的新闻报道或徒步旅行，我们需要用一个清晰的概念框架来解释为什么人们会使用博客、交互式图形或动画，以及引人入胜的视频这些新工具。NRC报告的最佳实践可为我们思考人们为何想要使用这些方式提供有效指导，比如说相较于创建教学活动，人们可能更想要一个可在线分享的动画。它还可以指导我们理解人们想要传播关于慢性危害的什么信息。电视天气预报员频繁提到，电视节目的时长限制，阻碍了他们解释现象复杂性的努力（Wilson，2009）。而NRC报告的最佳实践则提醒我们需要注意几个关键条件，这些条件有助于观众更为享受科学材料（即便是简短形式呈现的）、了解现象复杂性，并更有动力去学习更多的内容。例如该实践框架鼓励观众积极参与到科学方法运用之中，而不仅仅是倾听，这样更能吸引观众兴趣。该框架还鼓励将观众塑造成热爱科学的人，从而提升他们对科学材料的兴趣。而在未来的研究中，我们还应该探索将NRC报告的最佳实践推荐给由自然科学家、社会科学家、科学教育工作者、传播专业人士所组成的跨学科团队的应用有效性。而有关跨学科科学传播团队有效性的研究实证，可以参考赵晓泉等学者的研究（Zhao et al.，2014）。他们的研究指出，由气候中心开发,并由首席电视天气预报员吉姆·甘蒂(Jim Gandy,隶属于美国哥伦比亚广播电台[CBS]的 WLTX 电视台,哥伦比亚 SC 频道)在一年时间内展示的一系列解释性视频,有效提高了哥伦比亚广播电台的观众对气候变化区域影响的了解。此外,相较于对照组(其他主要新闻网观众),哥伦比亚广播电台的观众对气候变化的有害影响(如:高温、高湿天气,严重的致敏花粉传播)了解得更多。

八 研究局限性

本研究探讨的是在 2009 年,创新者电视天气预报员是如何处理复杂、缓慢发生并在政治上存有争议的社会风险气候变化这项沟通与传播任务。在当时,会向观众介绍气候变化影响的电视天气预报员还属于少数。而本研究的局限性在于,本研究中通过理论指导的定性方法提出了进一步的研究问题,但是未对其展开具体研究。而另一个局限性在于本研究的样本量(N = 16)较小。

九 结语

在不断演变的媒介环境中研究有关慢性自然灾害教育的最佳实践,是传播学研究应用实践领域可追求的一个重要目标。通过邀请观众积极主动得像科学家一样传播交流科学的伦理与方法,可能是让利益攸关方对慢性危害产生兴趣的有效途径。我们在 2009 年,通过对 16 位创新电视天气预报员的采访发现,这些电视天气预报员在总体上要么认可,要么已经在实践中应用了许多循证最佳实践方法,以提高非正规科学教育的有效性,比如说通过电视节目。然而,他们可能从这些最佳实践的正式培训中受益更多。

此外,当下流行的非正规科学教育方法可能过分强调对科学结论的坚持,而没有给予充分机会让利益攸关方去思考科学方法、失误,以及纠正错误的系统,也未能提供让他们可以积极地与科学家一起进行推理或进行研究的环境。电视天气预报员,就如其他许多科学传播者一样:资源管理者、推广人员、公园管理员、医生、健康传播者、记录员、记者、评论员或博客作者,以及其他领域的科学家等,都可借鉴 NRC 报告(2009)建议的最佳实践让观众参与并学习科学。这些方法可能更能引起观众的兴趣，从而鼓励他们更多地了解慢性危害，这些危险看似离我们很遥远，但其危害性往往比人们更容易关注到的急性危害更高且更致命。

参考文献

Alexander, D. E. (1999). *Natural disasters*. Dordecht, Netherlands: Kluwer.

Allen, S. (2007). *Secrets of circles summative evaluation report*. Report prepared for the Children's Discovery Museum of San Jose. Available: www.informal science.org/evaluation/sow/115 [accessed October 2008].

Anderson, A. A., Myers, T. A., Maibach, E. W., Cullen, H., Gandy, J., Witte, J., Stenhouse, N., & Leiserowitz, A. (2013). If they like you, they learn from you: How a brief weathercaster-delivered climate education segment is moderated by viewer evaluations of the weathercaster. *Weather, Climate, and Society*, *5*(4), 367–377.

Ashkenas, J., Buchanan, L., Burgess, J., Fairfield, H., Grady, D., Keller, J., Lai, K. K. R., Lyons, P. J., Murphy, H., Park, H., Peçanha, S., Tse, A., & Yourish, K. (2015, Jan. 26). How many Ebola patients have been treated outside of Africa? *New York Times*. Available: www.nytimes.com/interactive/2014/07/31/world/africa/ebola-virus-outbreak-qa.html?_r=0 [accessed May 31, 2016].

Ausubel, D. P. (1978). In defense of advance organizers. *Review of Educational Research*, 48, 251–257.

Bandura, A. (1986). *Social foundations of thought and action: A social cognitive theory*. Englewood Cliffs, NJ: Prentice-Hall.

Bell, P., Lewenstein, B., Shouse, A. W., & Feder, M. A. (Eds.). (2009). *Learning science in informal environments: People, places, and pursuits*. National Research Council, Committee on Learning Science in Informal Environments. Washington, DC: The National Academies Press.

Borun, M. (2003). *Space command summative evaluation*. Philadelphia: Franklin Institute Science Museum. Available: www.informalscience.org/evaluations/report_24.pdf [accessed October 2008].

Brossard, D., Lewenstein, B., & Bonney, R. (2005). Scientific knowledge and attitude change: The impact of a citizen science project. *International Journal of Science Education*, 27(9), 1099–1121.

Burleson, B. R. (2003). The experience and effects of emotional support: What the study of cultural and gender differences can tell us about close relationships, emotion, and interpersonal communication. *Personal Relationships*, *10*(1), 1–23.

Burleson, B. R., & Kline, S. L. (1979). Habermas' theory of communication: A critical explication. *Quarterly Journal of Speech*, *65*(4), 412–428.

Creswell, J. W., & Clark, V. L. P. (2007). *Designing and conducting mixed methods research*. Thousand Oaks, CA: SAGE.

Daniels, G. L., & Loggins, G. M. (2007). Conceptualizing continuous coverage:

A strategic model for wall-to-wall local television weather. *Journal of Applied Communication Research, 35*(1), 48–66.

Ding, D., Maibach, E. W., Zhao, X., Roser-Renouf, C., & Leiserowitz, A. (2011). Support for climate policy and societal action are linked to perceptions about scientific agreement. *Nature Climate Change, 1*(9), 462–466. doi: 10.1038/nclimate1295.

Douglas, M., & Wildavsky, A. (1983). *Risk and culture: An essay on the selection of technological and environmental dangers.* Berkeley, CA: University of California Press.

Gaile, G. L., & Willmott, C. J. (Eds.). (2003). *Geography in America at the dawn of the 21st century.* New York: Oxford University Press.

Goldowsky, N. (2002). *Lessons from life: Learning from exhibits, animals, and interaction in a museum.* UMI #3055856. Unpublished doctoral dissertation, Harvard University.

IPCC. (2007). *Climate change 2007: Synthesis report.* Contribution of working groups I, II and III to the Fourth Assessment Report of the Intergovernmental Panel on Climate Change. (R. K. Pachauri & A. Risinger, Eds.). Geneva, Switzerland: IPCC.

Kahan, D. M. (2015). Climate-science communication and the measurement problem. *Advances in Political Psychology, 36*(S1), 1–43.

Krosnick, J., Holbrook, A., Lowe, L., & Visser, P. (2006). The origins and consequences of democratic citizens' policy agendas: A study of popular concern about global warming. *Climatic Change, 77*(1), 7–43. doi: 10.1007/s10584-006-9068-8.

Leiserowitz, A., Maibach, E., & Roser-Renouf, C. (2008). Climate change in the American mind: Americans' global warming beliefs and attitudes in November 2008. New Haven, CT: Yale Project on Climate Change Communication, Yale University and George Mason University. Available: http://environment.yale.edu/climate/files/Climate-Beliefs-September-2012.pdf.

Leiserowitz, A., Maibach, E., Roser-Renouf, C., Feinberg, G., & Howe, P. (2012). Climate change in the American mind: Americans' global warming beliefs and attitudes in September 2012. Yale University and George Mason University. New Haven, CT: Yale Project on Climate Change Communication. Available: http://climatecommunication.yale.edu/wp-content/uploads/2016/02/2012_10_Americans%E2%80%99-Global-Warming-Beliefs-and-Attitudes-in-September-2012.pdf.

Leiserowitz, A., Maibach, E., Roser-Renouf, C., Feinberg, G., & Rosenthal, S. (2016). Climate change in the American mind: March 2016. Yale University and George Mason University. New Haven, CT: Yale Program on Climate Change Communication. Available: http://climatechangecommunication.org/wp-content/uploads/2016/06/Climate-Change-American-Mind-March-2016-FINAL.compressed.pdf.

MacGeorge, E. L., Feng, B., & Thompson, E. R. (2008). "Good" and "bad" advice: How to advise more effectively. In M. Motley (Ed.), *Applied interpersonal communication: Behaviors that affect outcomes*, pp. 145–164. Thousand Oaks, CA: SAGE.

Maibach, E., & Covello, V. (2016). Communicating environmental health. In H. Frumkin (Ed.) *Environmental health: From global to local* (3rd ed.), pp. 759–780. San Francisco, CA: Jossey-Bass.

Maibach, E., Cullen, H., Placky, B., Witte, J., Seitter, K., Gardiner, N., Myers, T., & Sublette, S. (2016). TV meteorologists as local climate educators. In M. Nisbet (Ed.) *Oxford Research Encyclopedia of Climate Science*. New York: Oxford University Press. doi: 10.1093/acrefore/9780190228620.013.505.

Maibach, E. W., Leiserowitz, A., Roser-Renouf, C., & Mertz, C. K. (2011). Identifying like-minded audiences for global warming public engagement campaigns: An audience segmentation analysis and tool development. *PLoS ONE*, 6(3), e17571. doi: 10.1371/journal.pone.0017571.

Maibach, E., Mazzone, R., Myers, T., Seitter, K., Hayhoe, K., Ryan, B., Witte, J., Gardiner, N., Hassol, S., Lazo, J., Placky, B., Sublette, S., & Cullen, H. (in press). TV weathercasters' views of climate change appear to be rapidly evolving. *Bulletin of the American Meteorological Society*.

Maibach, E. W., Roser-Renouf, C., & Leiserowitz, A. (2008). Communication and marketing as climate change–intervention assets: A public health perspective. *American Journal of Preventive Medicine*, 35(5), 488–500. doi: 10.1016/j.amepre.2008.08.016.

Matthews, C. E., George, S. M., Moore, S. C., Bowles, H. R., Blair, A., Park, Y., Troiano, R. P., Hollenbeck, A., & Schatzkin, A. (2012). Amount of time spent in sedentary behaviors and cause-specific mortality in US adults. *The American Journal of Clinical Nutrition*, 95(2), 437–445.

Mayer, R. E., Bove, W., Bryman, A., Mars, R., & Tapangco, L. (1996). When less is more: Meaningful learning from visual and verbal summaries of science textbook lessons. *Journal of Educational Psychology*, 88(1), 64.

Miller, J. D., Augenbraun, E., Schulhof, J., & Kimmel, L. G. (2006). Adult science learning from local television newscasts. *Science Communication*, 28(2), 216–242. doi: 10.1177/1075547006294461.

National Research Council. (2011). *America's climate choices*. Washington, DC: The National Academies Press.

National Oceanic and Atmospheric Administration (NOAA). (n.d.) National Weather Service: Radiosonde observations. Available: www.ua.nws.noaa.gov/factsheet.htm [accessed May 31, 2016].

O'Keefe, D. J. (2015). *Persuasion: Theory and research* (2nd ed.). Thousand Oaks, CA: SAGE.

Pedretti, E. G. (2004). *Perspectives on learning through research on critical issues-based science center exhibitions*. Hoboken, NJ: Wiley.

Petty, R. E., Wegener, D. T., & Fabrigar, L. R. (1997). Attitudes and attitude change. *Annual Review of Psychology*, 48(1), 609–647.

Placky, B., Maibach, E., Witte, J., Ward, B., Seitter, K. Gardiner, N., Herring, D., & Cullen, H. (2016). Climate matters: A comprehensive educational resource for broadcast meteorologists. *Bulletin of the American Meteorological Society*, doi: http://dx.doi.org/10.1175/BAMS-D-14-00235.1.

Randol, S. M. (2005). *The nature of inquiry in science centers: Describing and *assessing inquiry at exhibits*. Unpublished doctoral dissertation, University of California, Berkeley.

Rowan, K. E. (1988). A contemporary theory of explanatory writing. *Written Communication*, 5(1), 23–56.

Rowan, K. E. (1990). Cognitive correlates of explanatory writing skill: An analysis of individual differences. *Written Communication*, 7(3), 316–341.

Rowan, K. E. (1999). Effective explanation of uncertain and complex science. In S. Friedman, S. Dunwoody, & C. L. Rogers (Eds.), *Communicating uncertainty: Media coverage of new and controversial science*, pp. 201–220. Mahwah, NJ: Erlbaum.

Rowan, K. E. (2003). Informing and explaining skills: Theory and research on informative communication. In J. O. Greene & B. R. Burleson (Eds.), *The handbook of communication and social interaction skills*, pp. 403–438. Mahwah, NJ: Erlbaum.

Sachatello-Sawyer, B., Fellenz, R. A., Burton, H., Gittings-Carlson, L., Lewis-Mahony, J., & Woolbaugh, W. (2002*). Adult museum programs: Designing meaningful experiences*. American Association for State and Local History Book series. Blue Ridge Summit, PA: AltaMira Press.

Samenow, J. (2012, June 12). Report: Climate warming has accelerated in U.S. since 1970, including Va., Md. *Washington Post*. Available: www.washington post.com/blogs/capital-weather-gang/post/report-climate-warming-has-acceler ated-in-us-since-1970-including-in-va-md/2012/06/12/gJQAxr7bXV_blog. html?utm_term=.a2f4023fd8d9 [accessed March 10, 2017].

Sandman, P. M. (1993). *Responding to community outrage: Strategies for effective risk communication*. American Industrial Hygiene Association.

Slovic, P., & Peters, E. (2006). Risk perception and affect. *Current Directions in Psychological Science*, 15(6), 322–325.

Swain, K. A. (2007). Outrage factors and explanations in news coverage of the anthrax attacks. *Journalism and Mass Communication Quarterly*, 84(2), 335–352.

Wilson, K. (2009). Opportunities and obstacles for television weathercasters to report on climate change. *Bulletin of the American Meteorological Society*, 90(10), 1457–1465. doi: 10.1175/2009BAMS2947.1.

Witte, K. (1992). Putting the fear back into fear appeals: The extended parallel process model. *Communications Monographs*, 59(4), 329–349.

Zhao, X. Z., Maibach, E. W., Gandy, J., Witte, H. J., Cullen, H., Klinger, B., Rowan, K., Witte, J., & Pyle, A. (2014). TV weathercasters as climate educators: Results of a field experiment. *Bulletin of the American Meteorological Society*. doi: http://dx.doi.org/10.1175/BAMS-D-12-00144.1.

第八章

癌症报道研究：科学不确定性的报道能否增强可信度？

切尔西·L. 拉特克利夫　雅各布·D. 詹森　凯瑟琳·克里斯蒂
凯莉·克罗斯利　梅琳达·克拉科夫

新闻媒介被认为是向公众传播健康研究与建议的重要渠道（Atkin & Wallack，1990；Jensen，Krakow，John & Liu，2013；Johnson，1997）。而新闻报道可以让非专业人士了解关于预防各种健康风险的方法。例如癌症便是其中之一，而癌症，是美国人的第二大死亡原因（Siegel，Miller & Jemal，2015；Stryker，Moriarty & Jensen，2008）。然而，公众是否信任风险信息的来源，会影响他们如何解释与应对这些风险（Malka，Krosnick & Langer，2009；Prist，Bonfadelli & Rusanen，2003；Siegrist，Connor & Keller，2012）。

既有的针对健康新闻背景下的研究，已经确定了感知可信度与模糊用语（Hedged Language）之间的联系（Jensen，2008）。模糊用语，指的是一种使模糊性修饰语来进行试探性陈述的措辞。在科学语境下，"模糊"更确切指代的是科学不确定性的表述（Hyland，1996）。在接受同行评议的期刊上发表的科学研究中，通常还包括对研究限制与注意事项的阐述，或者是谨慎地进行判断（如：可能、也许等；Reyna，1981；Schwartz，Woloshin & Welch，1999）。

当向公众报道科学研究时，记者可自行选择报道所包含的不确定性程度。有时候，其所包含的模糊用语可能会直接与内容的其他新闻价值产生冲突。例如，准确性，是衡量新闻写作质量的一个重要标准（Dudo，Dahlstrom & Brossard，2007；Kovach & Rosenstiel，2007），也就是说，新闻工作者应简单明了地呈现信息，以便于读者理解（Bender，Drager，Davenport & Fedler，2009）。与此同时，记者还需要通过有吸引力的素材来抓住读者（Groot Kormelink & Costera

Meijer，2015）。这种矛盾就可能导致记者为了报道的清晰性、新颖性与价值感从而忽略不确定性这个要素。

此外，记者还可以选择是否将负责某项研究的主要科学家对研究不确定性的表述写入报道，还可以选择邀请一些不相关的科学家来发表评论。通过采访多个信息来源以形成平衡的观点，一直以来都是新闻学的重要原则之一（Bender et al.，2009）。然而，为了在科学报道中形成平衡观点，记者通常会选择征求第三方科学家的看法，而不是选择从相关科学家处获得科学不确定性的表述。这可能会造成两种表象：（1）相关科学家不愿意对科学不确定性进行公开陈述；（2）不同的科学家对研究结果持有不同意见。无论哪种情况，都有可能无意中影响受众的感知可信度。

本研究旨在检验特定的新闻实践是否会系统性地降低公众对癌症报道的"感知可信度"。尽管这种实践模式并非故意为之，但可能会导致人们对帮助公众避免健康风险的重要信息的处理产生偏差，甚至拒绝接受。本研究将根据詹森（Jensen，2008）在过往研究中使用的模型为基础展开，该研究发现，主要科学家对科学不确定性的表述，与提升记者及科学家的可信度之间存在关联。而我们的目的旨在观察詹森（2008）的研究结果是否符合以下情况：

（1）最新的新闻可信度指标（Yale，Jensen，Carcioppolo，Sun & Liu，2015）。

（2）更具代表性的大众样本的结果。

（3）当前的媒介环境情况。

此外，我们还将探讨不确定性的信源与数量是否会影响公众对科学研究的支持。

一　如何测量感知可信度

为了应对包括健康风险在内的当代社会中的各类风险，人们往往会选择信任其他具有可信度的社会参与者（Kohring & Matthes，2007）。而这些个人认为可信的社会参与者多隶属于各专业领域系统如新闻媒介、行业从业者、科学家，或政府官员等（Kohring & Matthes，2007）。这种情况下，信任替代了知识，而个人根据不同的领域与标准去选择他们所信任的信源（Kohring & Matthes，2007）。可信度这个概念，也由此而生。

然而，可信度的可操作定义复杂多变，不同文献有着不同标准。早期的信任与可信度研究多集中于信息传播者身上，因此确定了两个主要的分支：专业性（Expertise）与可信性（Trustworthiness；Hovland，Janis & Kelley，1959）。专业性衡量的是传播者的信息知晓度与知识水平；而可信性反映的则是一种信念，即传播者是公正客观且不具有游说性的（Hovland，Janis & Kelley，1959）。此外，麦克洛斯基和杨（McCroskey & Young，1981）对上述被广泛使用的可信度指标进行了改进，提出了构成专业性的三个要素：聪颖的（Intelligent）、有能力的（Competent）、专业水平（Expert）；以及构成可信度的三个要素：可信赖的（Trustworthy）、诚实的（Honest）、有道德的（Ethical）。

1. 新闻可信度

在评估报纸与电视新闻的可信度时，加齐亚诺和麦格拉斯（Gaziano & McGrath，1986）将以下12项因子整合为一个单一要素：公平、无偏见、叙事完整、准确、尊重隐私、关注公众兴趣、关注社区福祉、区分事实与观点、可信赖、关心公众利益、实事求是，以及训练有素。而他们这么做的理由是，在过往的研究中，这些因子都常被视为可信度指标。

迈耶（Meyer，1988）提出了一个更简单的衡量标准，共包括五项要素：公平、准确、无偏见、可信赖与叙事完整性。虽然这里的每一项都与可信性相关，但迈耶（1988，p. 574）指出，"以这五项为整体进行测量，能得出比任何单一项更为精准的结果"。他还指出，社会归属感（如关心社区福祉与公众利益）与可信度并不相同，应该用单独的指标来测量。然而，他的这个观点被韦斯特（West，1994）质疑为不可靠的。韦斯特还认为，加齐亚诺与麦格拉斯的测量指标中实际上还存在多个潜在因子需要考量。

此外，阿卜杜拉·加里森等学者（Abdulla Garrison et al.，2005）则以加齐亚诺和麦格拉斯（Gaziano & McGrath，1986）的量表为基础并进行改良，将以下11项因子划分为三个主要因素：（1）隶属于平衡性的平衡、准确、公平、客观与叙事完整性；（2）隶属于诚实性的诚实、可相信与可信赖；（3）隶属于及时性的当下、最新与及时。阿卜杜拉等学者修订后的量表与原有量表最主要的区别在于，用及时性这个概念替代了原本与接收者相关联的一系列意图性概念（如社区归属、善意等）。而在他们最新的量表之中还删除了原表的第12项，"偏见"。

在最近的一项研究中，耶鲁（Yale，2015）将阿卜杜拉（Abdulla，2005）的量表作为一个单一的二级因素（将九个项目整合）进行了检验，但并未将诚实、平衡与及时视为一级因素。这个新的因子结构减轻了原有量表的辨识效度问题，并以此建议在未来的可信度研究中，应该将平衡、诚实与作为一个整体指标进行可信度检测。

还有一些学者在进行新闻评估研究时，将信源可信度与信息可信度进行了区分。如基奥斯（Kiousis，2001）认为，信源可信度关注的是传播者变量（如记者个体、媒介机构等），而信息可信度关注的则是信息变量（如文章内容等）。此外还有第三个重要的可信度判断标准：平台的感知可信度。例如基奥斯（2001）在研究中发现，纸质媒介相较于电视媒介而言可信度更高，而他同时也指出，某种程度上，这些不同层次的认知可信度交织于受众脑海之中，不易区分。

最后，"记者"与"新闻媒介"两个概念在文献中有时是可以互换的（Kohring & Matthes，2007）。许多情况下，当传播学者提到对新闻媒介的信任时，实际上指的是对信源的信任，例如记者（Jensen，2008）。因为毕竟是记者在选择报道话题与内容，也是记者在负责准确地报道信息，最终也是由记者来评估新闻的可信度（即新闻可信度的关键指标；Kohring & Matthes，2007）。然而，基奥斯（2001）则认为感知可信度来自于记者、渠道，与媒介平台的多维影响。但在本研究中，我们要求被试者对新闻报道进行评估，而不是针对记者。我们的目的在于让被试者将评估的重心放在文章内容上，而不是将他们对作者的判断转移至报道之上，以便于检验信息特征变量的具体影响。而根据这个标准，被试者对文章内容的感知可行度也是可以转移至记者身上的。

2. 科学家可信度

很少有人会具体评估科学家的可信度。一般来说，对科学家与科学机构的信任调查，通常都是在大型的公众对专门机构信度调研中进行（如：科学家、产业、政府、非营利组织等；Malka, Krosnick & Langer, 2009；Prister, Bonfadelli & Rusanen, 2003；Siegrist, Connor & Keller, 2012）。

厄尔和西格里斯特（Earle & Siegrist, 2006）提出了一个宏观信任模型，该模型将信任分为基于道德与基于表现的两个评估，前者影响社会信任（Social Trust），后者影响竞争力（Perceived Competence）。西格里斯特、康纳和凯勒（Siegrist, Connor & Keller, 2012）还将此模型应用于检验科学家与企业的公信力，认为此类群体的公信力可从共同价值观念与竞争力两个要素来评估。他们还提出了一个多维量表以评估社会信任度的子维度（诚实、关注公共卫生与环境），以及社会信心的子维度（与竞争力相关的）。通过这些方式，可见信任与信心因素与科学家及产业的信任度息息相关，然而，这是环境风险语境中所特有的特征。

普利斯特、邦法德利和鲁萨宁（Priest, Bonfadelli & Rusanen, 2003, p. 754）还考察了公众分别对科学家、产业、政府与其他社会机构的信任度。他们将信任度解释为"为社会做好事"，并认为此变量涉及社会信任中的一个层面。此外，西格里斯特、康纳和凯勒（2012）则认为，信任与信心是相关但又彼此不同的两个概念：信任基于价值观相似性（即对社会的意图）；而信心（竞争力）则基于过往的表现。而这两个维度似乎都与信任度传统的关键子维度相呼应——可信赖度与专业性，但这里所指的对社会的意图可能与善意（Goodwill）更为相关。

自1971—1975年间进行的一系列相关研究中，麦克洛斯基等学者（McCroskey et al.）确定了信源可信度的几个具体维度包括竞争力、个性、社交能力、外向与沉着冷静。麦克洛斯基和杨（McCroskey & Young, 1981）还评估了多种专业信源如组织、同行、公众人物、媒介与导师。他们所确定的信源多适用于演讲传播案例，此类案例中，诸如沉着、社交能力，与个性等因素都可以被有效评估。随后，麦克洛斯基又设计了一个适用于检验专业人士可信度的量表（McCroskey & Teven, 1999），该量表成为了最为广泛被使用的，运用可信赖度与专业知识这两个维度来检测感知可信度的模型之一。

最后，舍伯格（Sjöberg, 2001, p. 189）认为，能力有两个方面："一个是知道（Knowing），另一个是认识到自己的知识局限性。"而他建议在评估信源可信度时，应主要考虑后者。在科学语境下，若要评估科学家对自身知识的局限性，可根据科学家披露自身研究中不确定性的意愿程度来进行衡量。此外，这也可能是受众用以评估科学家可信度的一个潜在指标。

二　不确定性与信任度

在科学研究中，"不确定性"指的是某事物（如研究发现或结论）的已知程度（Peters & Dunwoody, 2016）。当下我们还并不完全了解，非专业的受众是如何处理这种不确定性的，但是越来越多的研究开始致力于了解受众的反应（Binder, Hillback & Brossard, 2016；Guenther, Froehlich & Ruhrman, 2015；Guenther & Ruhrman, 2016；Jensen et al., 2017；Kimmerle, Flemming, Feinkohl & Cress, 2015；Niederdeppe et al., 2014；Post & Maier, 2016；Winter, Kramer, Rosner & Neubaum, 2015）。然而，不确定性与信任度这两个概念，在过往研究中已经被共同探讨过（Jensen, 2008；Prist, Bonfadelli & Rusanen, 2003），因此我们有足够理由相信，信息特征如是否披露、披露多少程度的不确定性，可能会影响受众的感知可信度（Hendriks, Kienhues & Bromme, 2016a；Hendriks, Kienhues & Bromme, 2016b）。

1. 不确定性的程度

健康新闻中所包含的不确定性可采用模糊用语的形式来表达，也可表现为研究结果的局限性阐述或事先声明。常用的一个新闻写作原则就是简化选词，或"删减冗余"（Bender et al., 2009, p. 99）。例如，记者常被灌输这样一种信念：大多数的副词与形容词都是不必要的（Bender et al., 2009）。而过分追求强大而简洁的措辞，则可能会导致模糊用语的缺失。

然而，有研究指出，科学的不确定性可能会受到非专业观众与科学界的重视。例如在一项实验中，阅读使用了模糊用语的癌症研究报道的被试者，他们对癌症的听天由命程度，会比阅读未使用模糊用语报道的被试者更低（Jensen et al., 2011a）。而若能将不确定性表达的更为完整，可能会对读写能力较差或科学知识较少的读者起到更好的启发作用。正如施瓦茨、沃洛辛和韦尔奇（Schwartz, Woloshin & Welch, 1999, p. 128）解释的，如果读者发觉文章中包含了不完整或未公开的数据，那么该文章会留给他们一种"试图说服而并非告知"的印象。也就是说，若读者感知到说服意图，就可能因此降低其信赖与可信度（Hovland, Janis & Kelley, 1959；Kohring & Matthes, 2007）。

即便信息尚未被完全理解，人们也总能找到各种方法来启发自己以评估信息是否可信（Chaiken & Maheswaran, 1994）。也就是说，非专业受众会潜意识地通过识别包含（或省略）矛盾的语言、谨慎的声明，以及支持结论的具体数据等内容，来评估新闻报道中科学研究结果的质量。实际上，达尔斯特伦、杜多和布罗萨德（Dahlstrom, Dudo & Brossard, 2012, p.156）的一项研究就发现，当关于健康风险的科学报道包含了精准信息时，受众的重视程度会更高。换言之，"有关风险的普遍性、影响力，以及后果的明确性"非常重要。

而不确定性的消除，可发生在研究报道传播过程中的各个阶段。例如记者可能会假设读者更喜欢精简的有关健康的信息（Allan, 2011）。我们的潜意识总是认为，强大的（确定性的）语言将增强健康研究中传播者的整体可信性，从而促进积极的健康信念与行为。然而，如多萝西·内尔金（Dorothy Nelkin, 1996, p.1601）指出："科学家急于推广他们的最新突破，因而夸大其词。"科学家在讨论他们的研究成果时可能会使用过分肯定的用语，因为他们认为这样能提高他们的可信度，或增加公众与决策者对其工作的支持（Star, 1983）。此外，在信息从期刊论文转变为新闻报道时，新闻审查者可能会进一步消除不确定性的陈述（Nelkin, 1996）。

实际上，试图用推销的方式来呈现研究成果，反而可能会误导受众。虽然在其他的语境——如商业领域（Ober, Zhao, Davis & Alexander, 1999）或公众演讲（Hosman, 2002）——中，强有力的语言可能会提高信息可信度。但在介绍健康与医学研究时，这个结论是不成立的（Jensen, 2008）。反而，研究者们认为在科学传播中使用更为温和的用语，是客观性的展现（Popper, 1934/2002），会增加科学家的可信度。因此，类似的用语模式在科学新闻记者身上也应该适用。

因此，结合过往的研究，本研究对科学研究相关的新闻报道中的不确定性的假设如下：

H1a：相较于低不确定性的报道，高不确定性的癌症报道与记者的感知可信度呈正相关。

H1b：相较于低不确定性的报道，高不确定性的癌症报道与该研究的首席科学家的感知可信度呈正相关。

2. 不确定性的来源

当记者实际在科学研究报道中包含了不确定性时，通常引用的都是与研究无关的专家或科学家所持有的反对观点。树立平衡的观点是新闻写作的基本原则之一，而寻求外部评论则是新闻业界常见且具有普遍建设性的实践（Bennett，1996）。然而，新闻读者是否能将这种平衡与质量或可信度联系起来，则需要具体问题具体分析（Jensen，2008）。在科学报道中，平衡的报道框架可能会产生意外后果：可能会给读者造成一种研究相关的科学家对其研究局限性一无所知，甚至试图掩盖的印象（Jensen，2008）。此外，还可能造成科学家之间互相批判，缺乏对健康研究一致性的假象（Allan，2011）。

还有学者认为，新闻媒介会为了达到其煽动性目的，或为了无谓的平衡性而强制加入一些边缘化的反对观点（Dixon & Clarke，2013）。记者们对待科学家就科研突破的讨论如同一场"足球赛"那般，在不仔细求证的情况下就会给予反对观点同等的重视（Allen，2011，p. 773）。欧若拉·奥尼尔（Onora O'Neill，2004，p. 269）指出，新闻读者接收的是被广泛报道的"医学与生物医药研究领域的丑闻、渎职、隐瞒，甚至是腐败"案例，其中有一些可能是有根据的，但大多数都没有。这种现象表明，新闻受众在处理有关科研发现的新闻报道时，可能存在一种既有偏见（Chingching，2015）。这种由来自外部信源指出不确定性从而建构的矛盾框架，可能会进一步影响受众对科学家可信度的认知。无论报道目的是为了创造一种冲突表象从而提升故事可读性，抑或仅仅只是为了建构一个平衡框架，都可能会产生这种结果。因此，我们推测，不确定性信息的信源属性会影响感知可信度：

H2a：相较于外部科学家，由研究相关科学家来揭示局限性，将使记者可信度更高。

H2b：相较于外部科学家，由研究相关科学家来揭示局限性，将使科学家可信度更高。

不确定性的程度与信源属性的相互作用，会潜在影响可信度判断。如詹森（Jensen，2008）的研究发现，不确定性程度与信源之间存在一个虽微小但却显著的相互作用：当高不确定性信息由研究相关的科学家阐述时，记者与科学家的可信度水平会有所提高。在本研究中，我们将采用更具代表性的多元化样本，以及最新的评估方式，来检测这一结果的有效性：

H3a：相较于外部科学家，相关科学家陈述的不确定性越高，记者的可信度越高。

H3b：相较于外部科学家，相关科学家陈述的不确定性越高，科学家的可信度越高。

3. 对科学研究的支持

科学研究的不确定性信息与感知可信度，都可能与公众是否支持科学相关。首先，以往的研究指出，科学不确定性信息的传播与公众的科学参与度相关（Retzbach & Maier，2015；Retzbach，Otto & Maier，2016）。那么，若不确定性信息与科学参与度相关，那么它也可与科学事业支持度相关，甚至相关性更高。举个例子，美国国家科学基金会每两年会进行一次调查，以评估美国公众对联邦科研经费的看法。调查表明，美国公众普遍持支持科学研究的态度；最新的调查显示，83%的美国人同意或强烈同意联邦政府支持推动前沿知识科学研究的举措，即便其可能不会带来立竿见影的益处（National Cetner for Science and Engineering Statistics，2014）。鉴于大多数美国公众都可能是通过新闻报道来了解科学研究，且还未有研究检测过健康研究新闻报道的感知可信度是否会影响公众对科学支持的态度，因此，我们还提出以下研究问题：

RQ1：在新闻报道中披露科学不确定性的方式，以及读者的感知可信度，与对科学支持的态度之间是否存在关系？

三　研究方法

1. 实验设计

将被试者随机分配至 2（不确定性程度）×2（不确定信源）×4（癌症新闻报道），共 16 种情况中的任意一种并进行组间对比实验。他们所接触到的文章中所包含的不确定性程度是随机的，其来源可能来自相关科学家，也可能来自外部科学家，而四篇不同的新闻报道则通过这几个变量进行随机分配。此外，每一个被试都需完成一个前测，再阅读一篇随机新闻报道，然后再完成一个后测。每一位实验参与者都将得到 10 美元的酬劳。

实验样本。本研究的实验样本（N＝880）是在美国中西部的七家购物中心招募的，并被随机分配至 16 种不同的报道阅读情境中。詹森（Jensen，2008）的原始研究中所采用的是更为便利的大学生样本，这是本研究的原点。而本研究中的实验样本具有更为多样化的教育背景，因此将更具有代表性。实验样本提供的人口统计学信息包括：年龄（M＝35.92，SD＝0.16；样本范围：18—84）；性别（女性占比 66.10%）；教育程度（12 年级以上学历占比53.30%）；以及种族（白人 83.2%，非洲裔 11.7% 拉丁或西班牙裔 3.1%，亚太裔 1.0%，印第安人 1.8%，其他地区 2.3%，被试可选复数选项）；平均家庭收入为 51769 美元（SD＝42954 美元）。

刺激材料。所有的被试者都将随机阅读一篇关于四个不同癌症研究的新闻报道，而他们所需要完成的调查问卷内容是一样的。这些文章的不确定性程度取决于四个不同的变量组合：低不确定性＋相关科学家陈述；高不确定性＋相关科学家陈述；低不确定性＋外部科学家陈述；高不确定性＋外部科学家陈述。

本研究中使用的刺激报道概念来自于詹森（Jensen，2008），并选用了来自律商联讯（Lexis Nexis）数据库中的真实新闻报道进行实验。研究使用的搜索参数包括：主流报纸或美国中西部地区报纸中的新闻报道；标题中含有"癌症研究"或等字样的新闻报道，主要段落或关键词中有关联词的新闻报道（Jensen，2008）。我们采用随机数生成器从搜索结果中抽取了四篇文章进行实验：两篇关于癌症治疗法的报道（纳米炸弹注射法、肺癌治疗广发），以及两篇关于癌症预防的报道（地中海饮食法、番茄红素丸）。刺激材料的完整内容请参见附录。

2. 评估方法

记者可信度。在阅读了相应新闻报道后，被试者需要对记者可信度进行评估。本研究中，记者可信度被设计为一个二级单项因子，由被试者对九个类目（准确、诚实、可信、平衡、叙事完整、客观、前端、当下与及时；M = 3.47，SD = 0.60，α = 0.88）作出"非常同意"至"非常不同意"的评价（Yale et al.，2015）。这九个类目在原始研究中，被认为是用以评估诚实、平衡、及时这三个一级因子的变量，但以往研究中的判别有效性等问题表明，若要将这些因子放在同一个分析中使用，应该将它们合并为一个单项量表（Yale et al.，2015）。换言之，研究者可以选择使用单一的可信度评估标准（将九个类目整合为一体），或分别对三个一级因素进行单独检验（例如使用只评估诚实因子的项目进行分析）。而本研究在选择全量表的同时，还检验了诚实因子相关的假设（M = 3.57，SD = 0.65，α = 0.80）。

科学家可信度。被试者还需要对报道中涉及的相关科学家进行可信度评价。专家可信度包括两个基本维度：专业知识（智力、专业性、竞争力；M = 3.65，SD = 0.68，α = 0.83）；与可信赖度（信任、诚实、道德；M = 3.48，SD = 0.68，α = 0.83）。这六个类目各有五个评价等级，从"非常反对"至"非常同意"（McCroskey & Teven，1999）。虽然麦克洛斯基和特文（McCroskey & Teven，1999）提出，"善意"可作为可信度评估的第三个维度，但詹森（Jensen，2008）则认为"善意"应该是一个独立结构，因而并未将其沿用于研究中。而本研究也将排除这一维度。

支持科学研究的程度。被试者还会被问及其总体上对科学研究的支持程度。他们需要具体阐述对以下说法的认可程度："即便不会带来立竿见影的益处，促进前沿知识的科学研究仍十分必要，并应该得到联邦政府的支持。"评估等级从"非常反对"至"非常同意"共四级（M = 3.09，SD = 0.87）。这一项评估指标来自于美国国家科学与工程统计中心发布的《国家科学基金会科学与工程指数》（NCSES，2014）。

功效分析。功率分析软件 G * Power 主要用以计算实验设计的功效（Faul，

Erdfelder，Buchner & Lang，2009）。詹森的过往研究呈现小效应量（Jensen，2008；Jensen et al.，2011a）结果。而对于一个 16 项的三因素方差分析而言，该设计有足够的功效（0.84）来检测到小效应量（f＝0.10）。也就是说，研究者在探寻小效应值时，应警惕Ⅰ型与Ⅱ型错误的出现。Ⅰ型错误可通过复制以回避，而Ⅱ型错误可通过关注效应值大小，而不过分依赖虚无假设检验的 p 值来进行规避。

四　研究结果

本研究进行五个三因素方差分析（ANOVA）以检验 H1a 至 H3b 以及 RQ1。在分析中，不确定性与信源被设定为固定因子，而新闻报道则为随机因子（Perjackson & Brashers，1994）。新闻报道之所以会被设定为随机因子，主要在于四篇随机新闻报道所代表的是自然可变性，而不是特定的兴趣水平（Jackson & Brashers，1994）。

第一个方差分析中包含了耶鲁等学者（Yale et al.，2015）的单维度记者可信度测量，以作为检验 H1a、H2a 与 H3a 的结果变量。类似于在过往研究中得出的低不确定性×信源属性的弱关系结果，本分析中再次体现为 F（1，3.15）＝6.44，p＝0.081。而其他因素或相互作用均不存在显著关联（参见表8.1）。可见与詹森（Jensen，2008）的研究结果一致的是，相较于由相关科学家陈述的低不确定性语境，由相关科学家陈述的高不确定性语境中，被试者认为记者更为可信（语境间的效应大小：r＝0.10；平均值与标准差参见表8.2）。

接下来，第二个方差分析中仅使用诚实子维度的可信度项目进行。詹森（2008）在运用较旧的测量方法基础上，发现了可信赖度类目中不确定性×信源间存在显著交互作用。与第一个方差分析以及詹森（2008）的研究一致的是，第二个方差分析中，不确定性×信源属性的相互作用也较小：F（1，3.18）＝7.58，p＝0.066。同样的，由相关科学家陈述高不确定性的语境，与记者的诚实度评价呈正相关（语境间效应大小：r＝0.10；平均值与标准差参见表8.3）。

H1b、H2b 与 H3b 假设的是：相关科学家陈述高不确定性内容，与相关科

学家的感知可信度存在关联。而专家可信度的测量维度一般有两个：专业知识
与可信赖度。这里我们分别对这两个维度进行了方差分析，但并未观测到显著
关联（参见表8.1）。

表8.1　　　　　　　　　　　结果变量的方差（ANOVA）分析

	记者可信度	记者可信赖度	科学家可信赖度	科学家的专业性	对科学的支持程度
不确定性	1.15	3.28	0.00	1.25	0.01
信源	0.06	0.02	0.10	1.53	0.69
新闻报道	5.69†	4.35	0.81	5.66**	4.06
不确定性 x 信源	6.44†	7.58 +	0.04	0.15	0.16

注释：所有主要效应与不确定度×信源相互作用的 F – 比值。$^†p < 0.10$　　$^{**}p < 0.01$。

表8.2　　　　不确定性×信源属性的相互作用对记者可信度的影响

	相关科学家陈述	外部科学家陈述
高不确定性	3.52（0.56）	3.47（0.52）
低不确定性	3.41（0.62）	3.48（0.68）

注释：括号内分别为均值与标准差。后测指出，高不确定性信息的陈述与低不确定性信息的陈述之间没有显著差异（$p < 0.05$）。其他数值也没有显著差异。

表8.3　　　　不确定性×信源属性对记者可信赖度的影响

	相关科学家陈述	外部科学家陈述
高不确定性	3.63（0.62）	3.52（0.58）
低不确定性	3.50（0.68）	3.56（0.72）

注释：括号内分别为均值与标准差。后测指出，高不确定性陈述与低不确定性间存在显著差异（$p < 0.05$）。其他数值没有显著差异。

在实验中使用四篇不同的癌症新闻报道，可帮助我们将结果进行类推。我
们关注的不是其中一个话题相较另一个话题是否会产生更多的可信度，而是我
们所设置的因子是否能类推甚至超越用以描述某篇特定报道的方差值。本研究
中，相关科学家陈述高不确定性内容语境中所产生的相互影响，可见于所有四

篇报道之中。我们在 RQ1 中提及的是不确定性与信源属性是否与支持科学研究的程度相关，然而研究结果显示这三者间不存在显著相互作用（参见表8.1）。

五　结论

记者被公认为将科学研究信息传播至公众的主要信源。而新闻报道，则是向人们传授癌症及其他主要健康风险相关知识的重要途径之一（Dudo，Dahlstrom & Brossard，2007；Jensen et al.，2013；Stryker et al.，2008）。然而，当下流行的健康研究新闻报道规范，却会系统性地降低公众对这些报道的信任。例如，记者在报道中会频繁地减少不确定性信息，还会构建一个冲突框架并征求外部科学家的评价，而不是直接寻求研究相关科学家们的意见（Jensen，2008）

本研究采用最新的新闻可信度测量法（Yale et al.，2015），发现癌症新闻报道中不确定性内容的程度与信源，可显著影响受众对记者的感知可信度。具言之，当被试者发现新闻报道中包含了由相关科学家陈述且程度较高的不确定性内容时，记者可信度会更高。虽然所观察到的效应值较小，但其具有显著性，且四篇文章结论一致。这表明这种效应是系统性的，而不是单篇报道或主题所特有的。同样的语境还可能会影响人们对科学家可信度的判断，尽管在本研究中其结果并不显著。詹森（Jensen，2008）的研究确实发现，由相关科学家陈述的高不确定性内容，可促使记者和科学家的可信度一并提高。而我们的研究，只是部分复制了詹森的早期发现。在我们的研究中，不确定性程度与信源并没有潜在地影响科学家的可信度，其原因在于还有更好的评估方法以检验科学家的可信度（如科学家可信度检测专用量表）。此外，还有可能产生小水滴效应（Small Drip Effect）：媒介效果是适度且可被积累的（Jensen，Bernat，Wilson & Goonwardene，2011b）。也就是说，在单次媒介接触中所产生的效果可能过于细微而不易察觉，但随着时间推移则可能产生更强烈的效果。因此，可能是因为在科学新闻报道中削减了不确定性信息，或者因为使用了冲突框架来陈述这种不确定性，从而逐渐地削弱了记者可信度。

1. 对公共卫生的影响

当记者比实际情况更夸张的断言医学发现时，公众对健康的理解就可能被置于危险境地（Allan，2011；Schwartz，Woloshin & Welch，1999；Thiebach，Mayweg-Paus & Jucks，2015）。这样可能会"传递一种对干预措施益处的重要性和确定性的错误认识，从而产生不切实际的期望"（Schwartz，Woloshin & Welch，1999，p.131）。然而，对健康风险过于直白地描述，则可能会导致人们滋生恐惧（Jensen，2011a）或听天由命的心理（Wolshen，2011a）。

此外，削减科学不确定性也会增加人们对科学与医学界的怀疑。过往的研究证明，精练的语言（如削减不确定性程度）可能导致人们对研究结果的反对与拒绝（Jensen et al.，2013）。而用某些特定词汇来传播关于健康与医学的研究发现，可能会引起公众的困惑甚至争议，因为这可能导致多个研究结果看上去相互矛盾。世界癌症研究基金会（WCRF）的一项调查指出，超过一半的受访者认为，"科学家总是在改变他们对癌症病因与预防措施的说法"（BBC，2009）。确实，就好像有时候新闻机构会在连续报道中指出，导致癌症的病因同时也是治愈癌症的关键（Anderson，Brossard & Scheufele，2010）。此类明显极端的状况，有时很可能就是简化研究结论与省略警示说明所造成的。此外，在冲突框架中陈述不确定性，也可能是另一个要因。

结合本研究及过往研究的结果，可以推测非专业的读者会将直白精简的科学研究报道，逐渐解读为记者或科学家夸大研究成果的指标。这可能会损害人们对这些重要的健康信息信源的信任。而不少学者曾指出，对风险信息信源的信任，会影响人们如何应对眼前的风险（Malka，Krosnick & Langer，2009；Priest，Bonfadelli & Rusanen，2003；Siegrist，Connor & Keller，2012）。

2. 在不断演变的媒介语境下

新闻媒介对受众感知具有潜在影响（Arendt，2010），因此，研究健康风险认知、信源（如科学家或记者）可信度，以及科学新闻报道规范之间的联系至关重要（Jensen，2008；Dahlstrom，Dudo & Brossard，2012）。本研究主要调查的是纸质媒介的新闻报道。虽然在已往的研究中，报纸的可信度相较于其他媒介平台更高（Kiousis，2001），但皮尤研究中心近期的一项调查显示，大多数的美国民众（57%）更倾向于通过电视获取新闻信息；38%的民众偏好互联网；而仅有20%的民众将纸媒作为主要的新闻信息来源（Mitchell，Gottfried，Barthel & Shearer，2016）。然而，对纸媒的可信度研究仍然十分重要，我们的研究结果对电视、广播、互联网受众的信任度研究也极具参考价值。正如基奥斯（Kiousis，2001）指出，新闻可信度的各层面：新闻内容、新闻记者、媒介渠道，与媒介平台之间是相互交织且彼此影响的。新闻消费者评估可信度的标准，在不同媒介平台上可能并不会改变，对可信度的判断也可能贯穿于新闻媒介的各个层面之中。

此外，人们对网上广泛传播的虚假新闻的担忧与日俱增（Barthel，Mitchel & Holcomb，2016），这可能会加剧受众对新闻媒介的怀疑。如皮尤研究中心的调查指出，约2/3的美国民众表示，虚假新闻对其获取时事信息造成了巨大困惑（Barthel，Mitchel & Holcomb，2016）。这可能标志着记者需更加努力才能赢得观众信任的时代正在到来。由此，谨慎处理癌症及其他健康风险研究的报道方式，也许正是一个值得考虑的重要领域。

3. 研究局限及未来展望

最后，本研究仍存在不少局限性。首先，新闻报道的篇幅也可能会影响人们的感知可信度。例如若包含高不确定性内容的段落超过两个，某些读者可能会作出判断并认为需要更多的信息才更值得信赖（虽然较长的高不确定性或矛盾性的文章，并不会提升记者的可信度）。其次，本研究仅评估了被试者阅读单篇文章后的影响。而鉴于不确定性信息陈述的显著影响较小，但具有持续一致性，因此其真实的影响效果可能需要通过时间积累才会显现。因此，对媒介效果研究者而言，采用长期的纵向实验设计来研究不确定性陈述的影响是非常有价值的。最后，鉴于新闻报道的规范对记者可信度具有显著影响，未来该领域的研究还可继续挖掘这种规范会如何影响科学家的可信度。

4. 结语

尽管具有一定的局限性，本研究对可信度测量仍做出了重要贡献。它复制了詹森（Jensen，2008）最为重要的发现之一，并使用了能代表更多人口的，更为多样化的美国民众样本来进行研究。我们的研究结果还补充了詹森的研究，指出科学的不确定性与来源属性可能会影响公众对记者的信任。研究还表明，非专业受众若能察觉到科学过程中存在某种程度的不确定性，反而会对使用了模糊用语的新闻报道（或撰写这些新闻的记者）产生更大的信任感。

虽然媒介并不总会"夸大风险、煽动狂热与扭曲现实"（Kitzinger，1999，p. 55），但这可能代表了一部分受众对媒介的看法。为了消除疑虑与无意的偏见，记者需要谨慎考量合适的新闻报道方式。例如在科学研究报道中纳入科学结果的不确定性，将有助于提升受众对新闻工作者与科学家的潜在信任。

参考文献

Abdulla, R., Garrison, B., Salwen, M., Driscoll, P., & Casey, D. (2005). Online news credibility. In M. Salwen, B. Garrison, & P. Driscoll (Eds.), *Online news and the public*. Mahwah, NJ: Lawrence Erlbaum Associates.

Allan, S. (2011). Introduction: Science journalism in a digital age. *Journalism: Theory, Practice and Criticism*, 12(7), 771–777.

Anderson, A. A., Brossard, D., & Scheufele, D. A. (2010). The changing information environment for nanotechnology: Online audiences and content. *Journal of Nanoparticle Research*, 12(4), 1083–1094.

Arendt, F. (2010). Cultivation effects of a newspaper on reality estimates and explicit and implicit attitudes. *Journal of Media Psychology*, 22(4), 147–159.

Atkin, C. K., & Wallack, L. (1990). *Mass communication and public health: Complexities and conflicts* (Vol. 121). Newbury Park, CA: SAGE Publications.

Barthel M., Mitchel, A., & Holcomb, J. (2016). Many Americans believe fake news is sowing confusion. Pew Research Center. Available from www.journalism.org/2016/12/15/many-americans-believe-fake-news-is-sowing-confusion (accessed on March 23, 2017).

BBC (2009, May 24). Britons "wary over cancer advice." Available from http://news.bbc.co.uk/2/hi/health/8059223.stm (accessed on December 15, 2015).

Bender, J. R., Drager, M. W., Davenport, L., & Fedler, F. (2009). *Reporting for the media* (9th ed.). New York: Oxford University Press.

Bennett, W. L. (1996). An introduction to journalism norms and representations of politics. *Political Communication*, 13, 373–384.

Binder, A. R., Hillback, E. D., & Brossard, D. (2016). Conflict or caveats? Effects of media portrayals of scientific uncertainty on audience perceptions of new technologies. *Risk Analysis*, 36(4), 831–846.

Chaiken, S., & Maheswaran, D. (1994). Heuristic processing can bias systematic processing: Effects of source credibility, argument ambiguity, and task importance on attitude judgment. *Journal of Personality and Social Psychology*, 66(3), 460–460.

Chingching, C. (2015). Motivated processing: How people perceive news covering novel or contradictory health research findings. *Science Communication*, 37(5), 602–634.

Dahlstrom, M. F., Dudo, A., & Brossard, D. (2012). Precision of information, sensational information, and self-efficacy information as message-level variables affecting risk perceptions. *Risk Analysis*, 32(1), 155–166.

Dixon, G. N., & Clarke, C. E. (2013). Heightening uncertainty around certain science: Media coverage, false balance, and the autism-vaccine controversy. *Science Communication*, 35(3), 358–382.

Dudo, A. D., Dahlstrom, M. F., & Brossard, D. (2007). Reporting a potential pandemic: A risk-related assessment of avian influenza coverage in U.S. newspapers. *Science Communication*, 28(4), 429–454.

Earle, T. C., & Siegrist, M. (2006). Morality information, performance information, and the distinction between trust and confidence. *Journal of Applied Social Psychology*, 36(2), 383–416.

Faul, F., Erdfelder, E., Buchner, A., & Lang, A.-G. (2009). Statistical power analyses using G*Power 3.1: Tests for correlation and regression analyses. *Behavior Research Methods*, 41(4), 1149–1160.

Gaziano, C., & McGrath, K. (1986). Measuring the concept of credibility. *Journalism Quarterly*, 63(3), 451–462.

Groot Kormelink, T., & Costera Meijer, I. (2015). Truthful or engaging? Surpassing the dilemma of reality versus storytelling in journalism. *Digital Journalism*, 3(2), 158–174.

Guenther, L., Froehlich, K., & Ruhrman, G. (2015). (Un)Certainty in the news: Journalists' decisions on communicating the scientific evidence of nanotechnology. *Journalism & Mass Communication Quarterly*, 92(1), 199–220.

Guenther, L., & Ruhrman, G. (2016). Scientific evidence and mass media: Investigating the journalistic intention to represent scientific uncertainty. *Public Understanding of Science*, 25(8), 927–943.

Hendriks, F., Kienhues, D., & Bromme, R. (2016a). Disclose your flaws! Admission positively affects the perceived trustworthiness of an expert blogger. *Studies in Communication Science*, 16(2), 124–131.

Hendriks, F., Kienhues, D., & Bromme, R. (2016b). Evoking vigilance: Would you (dis)trust a scientist who discusses ethical implications of research in a science blog? *Public Understanding of Science*, 25(8), 992–1008.

Hosman, L. A. (2002). Language and persuasion. In J. P. Dillard & M. Pfau (Eds.), *The persuasion handbook: Developments in theory and practice*. Thousand Oaks, CA: SAGE Publications.

Hovland, C. I., Janis, I. L., & Kelley, H. (1959). *Communication and persuasion: Psychological studies of opinion change* (3rd ed.). New Haven, CT: Yale University Press.

Hyland, K. (1996). Writing without conviction? Hedging in science research articles. *Applied Linguistics*, 17(4), 433–454.

Jackson, S., & Brashers, D. E. (1994). *Random factors in ANOVA*. Thousand Oaks, CA: SAGE Publications.

Jensen, J. D. (2008). Scientific uncertainty in news coverage of cancer research: Effects of hedging on scientists' and journalists' credibility. *Human Communication Research*, 34(3), 347–369.

Jensen, J. D., Carcioppolo, N., King, A. J., Bernat, J. K., Davis, L., Yale, R., & Smith, J. (2011a). Including limitations in news coverage of cancer research: Effects of news hedging on fatalism, medical skepticism, patient trust, and backlash. *Journal of Health Communication*, 16(5), 486–503.

Jensen, J. D., Bernat, J. K., Wilson, K., & Goonwardene, J. (2011b). The delay hypothesis: The manifestation of media effects over time. *Human Communication Research*, 37, 509–528.

Jensen, J. D., Krakow, M., John, K. K., & Liu, M. (2013). Against conventional wisdom: When the public, the media, and medical practice collide. *BMC Medical Informatics and Decision Making*, 13 (Suppl 3), S4.

Jensen, J. D., Scherr, C. L., Brown, N., Jones, C., Christy, K., & Hurley, R. J. (2014). Public estimates of cancer frequency: Cancer incidence perceptions mirror distorted media depictions. *Journal of Health Communication*, 19, 609–624.

Jensen, J. D., Pokharel, M., Scherr, C. L., King, A. J., Brown, N., & Jones, C. (2017). Communicating uncertain science to the public: How amount and source of uncertainty impact fatalism, backlash, and overload. *Risk Analysis*, 37(1), 40–51.

Johnson, J. D. (1997). *Cancer-related information seeking*. Cresskill, NJ: Hampton Press.

Kimmerle, J., Flemming, D., Feinkohl, I., & Cress, U. (2015). How laypeople understand the tentativeness of medical research news in the media: An experimental study on the perception of information about deep brain stimulation. *Science Communication*, 37(2), 173–189.

Kiousis, S. (2001). Public trust or mistrust? Perceptions of media credibility in the information age. *Mass Communication & Society*, 4(4), 381–403.

Kitzinger, J. (1999). Researching risk and the media. *Health, Risk & Society*, 1(1), 55–69.

Kohring, M., & Matthes, J. (2007). Trust in news media development and validation of a multidimensional scale. *Communication Research*, 34(2), 231–252.

Kovach, B., & Rosenstiel, T. (2007). *The elements of journalism: What newspeople should know and the public should expect*. New York: Three Rivers Press.

Malka, A., Krosnick, J. A., & Langer, G. (2009). The association of knowledge with concern about global warming: Trusted information sources shape public thinking. *Risk Analysis*, 29(5), 633–647.

McCroskey, J. C., & Teven, J. J. (1999). Goodwill: A reexamination of the construct and its measurement. *Communications Monographs*, 66(1), 90–103.

McCroskey, J. C., & Young, T. J. (1981). Ethos and credibility: The construct and its measurement after three decades. *Communication Studies*, 32(1), 24–34.

Meyer, P. (1988). Defining and measuring credibility of newspapers: Developing an index. *Journalism & Mass Communication Quarterly*, 65(3), 567–574.

Mitchell, A., Gottfried, J., Barthel, M., & Shearer, E. (2016). The modern news consumer: News attitudes and practices in the digital era. Pew Research Center. Available from www.journalism.org/2016/07/07/the-modern-news-consumer (accessed on March 23, 2017).

National Center for Science and Engineering Statistics (NCSES). (2014). *Science and Engineering Indicators*. Available from www.nsf.gov/statistics/seind14/index.cfm/chapter-7/c7s3.htm (accessed on December 14, 2015).

Nelkin, D. (1996). An uneasy relationship: The tensions between medicine and the media. *The Lancet*, 347(9015), 1600–1603.

Niederdeppe, J., Lee, T., Robbins, R., Kim, H. K., Kresovich, A., Kirshenblat, D., Standridge, K., Clarke, C. E., Jensen, J. D., & Fowler, E. F. (2014). Content and effects of news stories about uncertain cancer causes and preventive behaviors. *Health Communication*, 29, 332–346.

Ober, S., Zhao, J. J., Davis, R., & Alexander, M. W. (1999). Telling it like it is: The use of certainty in public business discourse. *Journal of Business Communication*, 36(3), 280–296.

O'Neill, O. (2004). Accountability, trust and informed consent in medical practice and research. *Clinical Medicine*, 4(3), 269–276.

Peters, H. P., & Dunwoody, S. (2016). Scientific uncertainty in media content: Introduction to this special issue. *Public Understanding of Science*, 25(8), 893–908.

Popper, K. (2002). *The logic of scientific discovery*. New York: Routledge. (Originally published in 1934)

Post, S., & Maier, M. (2016). Stakeholders' rationales for representing uncertainties of biotechnological research. *Public Understanding of Science*, 25(8), 944–960.

Priest, S. H., Bonfadelli, H., & Rusanen, M. (2003). The "trust gap" hypothesis: Predicting support for biotechnology across national cultures as a function of trust in actors. *Risk Analysis*, 23(4), 751–766.

Retzbach, A., & Maier, M. (2015). Communicating scientific uncertainty: Media effects on public engagement with science. *Communication Research*, 42(3), 429–456.

Retzbach, J., Otto, L., & Maier, M. (2016). Measuring the perceived uncertainty of scientific evidence and its relationship to engagement of science. *Public Understanding of Science*, 25(6), 638–655.

Reyna, V. F. (1981). The language of possibility and probability: Effects of negation on meaning. *Memory & Cognition*, 9(6), 642–650.

Schwartz, L. M., Woloshin, S., & Welch, H. G. (1999). Risk communication in clinical practice: Putting cancer in context. *Journal of the National Cancer Institute Monographs*, 25(1), 124–133.

Siegel, R. L., Miller, K. D., & Jemal, A. (2015). Cancer statistics, 2015. *CA: A Cancer Journal for Clinicians*, 65(1), 5–29.

Siegrist, M., Connor, M., & Keller, C. (2012). Trust, confidence, procedural fairness, outcome fairness, moral conviction, and the acceptance of GM field experiments. *Risk Analysis*, 32(8), 1394–1403.

Sjöberg, L. (2001). Limits of knowledge and the limited importance of trust. *Risk Analysis*, 21(1), 189–198.

Star, S. L. (1983). Simplification in scientific work: An example from neuroscience research. *Social Studies of Science*, 13, 205–228.

Stryker, J. E., Moriarty, C. M., & Jensen, J. D. (2008). Effects of newspaper coverage on public knowledge about modifiable cancer risks. *Health Communication*, 23(4), 380–390.

Thiebach, M., Mayweg-Paus, E., & Jucks, R. (2015). "Probably true" says the expert: How two types of lexical hedges influence students' evaluation of scientificness. *European Journal of Psychology of Education*, 30(3), 369–384.

Yale, R. N., Jensen, J. D., Carcioppolo, N., Sun, Y., & Liu, M. (2015). Examining first- and second-order factor structures for news credibility. *Communication Methods and Measures*, 9(3), 152–169.

West, M. D. (1994). Validating a scale for the measurement of credibility: A covariance structure modeling approach. *Journalism Quarterly*, 71(1), 159–168.

Winter, S., Kramer, N. C., Rosner, L. & Neubaum, G. (2015). Don't keep it (too) simple: How textual representations of scientific uncertainty affect laypersons' attitudes. *Journal of Language and Social Psychology*, 34(3), 251–272.

第九章

在线健康信息系统评估

加里·L. 克雷普斯　乔丹·阿尔伯特

一　序言

新颖且强大的在线健康信息系统，已被证明在加强风险与健康交流项目的传播与使用上极具前景（Kreps, 2015；2011b）。健康信息网站、交互式健康决策支援系统、移动医疗设备等在线健康信息系统的迅猛发展与广泛应用，展示出通过补充与拓展传统传播渠道，以增强健康与风险问题应对能力的巨大潜力（Kreps, 2015）。新健康信息技术的使用，可以广泛传播健康相关信息，且这些信息可根据面临健康风险的个体需求进行个性化设置（Kreps, in press；Neuhauser & Kreps, 2008）。这些电子健康传播渠道，还可向医疗保健消费者与提供者随时随地获得他们所需要的相关健康信息（Krist, Nease, Kreps, Overholser & McKenzie, 2016）。

遗憾的是，数字健康项目在促进风险与健康问题应对能力上被期盼的诸多惊人贡献尚未能实现，健康信息系统蕴含的巨大潜力给予的回报也相当有限（Kreps, 2014a；2014b）。由于系统的设计与实现方式与不同受众之间存在问题，卫生信息技术往往无法与用户进行有效的沟通（Kreps, 2014b；Neuhauser & Kreps, 2010；2008；2003）。为了提高在线健康与风险信息系统的质量，需要通过严格的评估研究来对这些系统的设计与改进作出指导（Alpert, Krist, Aycock & Kreps, 2016b；Kreps, 2002；2014a；2014c）。因此，我们有必要对健康与风险传播项目进行定期、严格、持续的战略评估，以指导发展、完善与战略规划（Green & Glasgow, 2006；Rootman et al., 2001）。

如果不进行谨慎且协调一致地评估研究，极可能会危及在线健康与风险传播系统的成功（Kreps，2002；2014a）。评估研究的目的，在于挖掘在线健康传播项目对不同受众群体的具体影响；明确哪些受众正在关注这些项目；以及他们能从这些项目中学到什么（Kreps，2014a；Kreps & Neuhauser，2013）。严格收集的评估数据，则有助于发现在线健康与风险传播计划何时会产生意外影响，如回旋镖（Boomerang）效应、（负面的）医源性（Iatrogenic）效应等（Cho & Salmon，2007；Rinegold，2002）。而设计存在缺陷的健康与风险传播项目则会对主要受众群体产生负面影响，如臭名昭著的全国青年反药物媒介宣传活动，该运动非但没有促进降低青少年滥用药物的风险，反而增强了高危青少年群体对非法药物的兴趣（Hornik，Jacobsohn，Orwin，Piesse & Kalton，2008）。因此，良好的评估研究，有助于解释为什么健康与风险传播计划是有效（或无效）的，以及这些计划的哪些部分最为有效（Kreps，2014a）。

二 形成性研究

首先，在引入健康与风险沟通信息系统之前，需要进行形成性评估研究（Formative Evaluation Research）以指导计划设计（Kreps，2002；2014a）。形成性评估，可帮助卫生信息系统设计者回答与正在开发的计划的目标及目的相关的关键问题。而披露形成性评估数据的过程，可阐明系统设计者希望通过特定的健康与风险传播项目实现怎样的目标，接触与影响哪些受众群体，以及受众对这些数字信息系统项目该做些什么。

此外，形成性数据还可向系统设计者提供他们所想要接触的受众群体的基本信息，如他们可能感兴趣的健康与风险问题是什么，他们当前对重要的健康与风险问题了解如何，哪些信息能让不同的受众群体产生共鸣。形成性评估数据可用于为在线健康与风险信息计划建立可测量的目标与结果。也可用形成性数据来建立基准线，以构建关于健康与风险问题的当前知识水平层级，确定关键的健康与风险活动并持续追踪。形成性评估研究还可指导相关理论与干预策略的运用，从而指导健康风险信息系统的开发与实施。此外，良好的形成性评估研究也有助于确保健康与风险传播项目对独特的受众需求、文化背景、教育水平、期望等要素保持敏感性（Kreps，2014a；Neuhauser & Paul，2011）。

　　形成性评估研究包括两种主要且相互关联的内容，对健康与风险信息系统的设计至关重要：需求分析与受众分析。需求分析（Needs Analysis）的目的在于帮助系统设计师全面了解健康与风险问题所涉及的范围、相关行为，以及不同受众群体对其面临的特定健康与风险问题当前的认知水平。需求分析的数据有助于系统设计者将注意力集中在与他们的计划最为相关的健康与风险问题之上，以便为受众提供最为有用与及时的健康风险信息。需求分析还有助于系统设计者确定当下为应对不同群体之间严重的健康与风险问题而正在进行的工作，与促进改善健康与福祉所必须采取的措施之间的实际差距。

　　需求分析的数据可通过多种研究方法有效获得。有时候，我们最好从观察现有数据开始做起。例如利用现有的数据与材料进行文献资料分析，包括回顾有关疾病发病率与结果的流行病学研究、评估有关不同社区面临的健康与风险问题的知识与经验的关键受众调查，对公共与私人健康设施使用记录或应对特定健康问题的最佳实践报告进行内容分析等等。这些都可为指导相关数字健康与风险传播计划的设计与实施提供丰富信息（Alpert, Krist, Aycock & Kreps, 2016c；Kreps, 2011a；2014a）。若现有相关具体数据不足时，则需要收集新的数据来全面评估特定社区中的健康问题。新的需求分析数据可通过多种方法来获取，如自我陈述报告、观察法、调查问卷、访谈，以及直接观察等。定量及定性需求数据都可以帮助健康与风险信息系统设计者全面了解相关的健康问题。

　　情况分析（Situation Analysis），是需求分析的一种具体形式，它主要检查的是社区内特定健康与风险问题的存在历史与程度，重点关注问题的广泛程度、受影响群体、过往应对问题的方法，以及针对解决问题的理想方法都提出过怎样的建议等。渠道分析（Channel Analysis），也是需求分析的一种。重点关注的是检验社区内现有的健康与风险传播系统、该渠道是否能够有效地传播相关的健康与风险信息等问题。最后，SWOT分析（即优势、劣势、机会、挑战分析）作为一种需求分析框架，着重于识别与分析可能对解决社区健康与风险问题产生影响的内外部因素（Van Wijngaarden, Scholten & Van Wijk, 2010）。总而言之，需求分析对帮助系统开发人员把握健康与风险问题的本质而言至关重要。不仅如此，它还能指明解决关键健康与风险问题所需的信息种类。

　　受众分析（Audience Analysis），是需求分析的另一种形式，其重点是提供系统设计者所想要接触与影响的不同关键群体的信息。受众分析应提供以下信息：各类健康威胁中的高风险人群；高危人群对关键健康威胁的认知现状；以及这些群体还需要了解什么内容。该分析可告知系统设计者，关键受众群体持有哪些与所需解决的健康与风险问题相关的信念、态度及价值观；他们以往是如何应对类似的健康与风险问题的；他们会使用哪些不同的传播渠道来获取健康与风险信息；这些渠道是否能够有效地为他们提供准确、相关且最新的信息。

　　受众分析还能为我们提供描述各关键受众群体重要传播特征的数据，如母语、健康素养水平、对不同信源的信任度，以及对不同健康与风险问题信息的接受度等。由此可见，受众分析数据对设计响应式健康与风险信息系统具有至关重要的指导意义。受众分析数据还可帮助系统设计者为不同的健康与风险系统进行受众区分，如最为相关或同质性最高的受众等。如此，信息系统设计可更具有针对性，对目标受众也更具价值。换言之，卫生信息系统是为特定受众量身定制的，正如当下流行语说的那般，"一个尺寸并不适用于所有受众"（Kreps, 2012）。一般来说，可运用访谈、焦点小组、调查问卷等方法来收集不同人群的自我陈述信息以作为受众分析数据。有时也可运用内容分析法分析如网站、论坛帖子、信件，以及报纸中的重要文献，以评估关键受众群体对焦点健康与风险问题的信念与态度。除一手资料研究之外，还可以对相关调查报告进行二次分析，如健康信息国家趋势调查（HINTS）的数据可为我们提供相关的受众分析数据（Finney Rutten, Hesse, Moser & Kreps, 2011；Hesse et al., 2005）。此外，观察数据也可为健康与风险信息系统设计提供颇有见地的指导数据。总而言之，形成性评估研究为健康与风险信息系统的设计提供了理论基础与方向，这些系统可以解决重要问题、提供最新健康与风险信息、并反映目标受众的文化特性、传播倾向性，以及健康信息需求（Kreps, 2014a）。

　　随着社交媒介逐渐成为开展在线健康传播活动的重要渠道，这些媒介平台也可成为形成性评估研究的有力工具。总体而言，相较于面对面的方式，基于互联网技术与渠道，使用当下流行的社交媒介如脸书（Facebook）或推特（Twitter）的信息传播更具有优势，因为这些数字渠道可跨越物理障碍（如空间距离与时间限制），让搜索变得更为简单，并鼓励用户间的互动交流（Chu & Chan, 1998；Kreps, in press）。社交媒介可以接触到具有共同兴趣且广泛的特定受众群体。数据显示，美国国内有高达60%的公共卫生部门会至少使用一种社交媒介应用程序，其中约90%使用推特，56%使用脸书（Thackeray, Neiger, Smith & Van Wagenen, 2012）。其中，脸书是最受个人用户欢迎的社交媒介平台，美国甚至有近62%的65岁以上成人群体在使用它（Greenwood, Perrin & Duggan, 2016）。其他的社交平台如推特、拼趣（Pinterest）和照片墙（Instagram）等也越来越受到大众喜爱，尤其是越来越多的年龄在18—29岁的网络用户都在使用它们，可见社交媒介在传播健康与风险信息方面具有无限潜能（Greenwood et al., 2016）。

通过查看网站、博客或社交网络群组，可收集社交媒介用户的反馈或意见（Burke Garcia, Berry, Kreps & Wright, 2017）。例如，若需要对持有特定健康与风险问题相关经验的分众群体进行需求收集或分析，我们可以通过在脸书的讨论区发布问题来引发讨论（Neiger et al., 2012）。这种方法在收集私下较难接触的人群中收集意见，或涉及污名化问题时特别有效。例如我们可以在当下流行的社交网站上创建一个讨论话题，以了解青少年预防艾滋病风险的策略（Levine et al., 2011）。这个办法可帮助研究人员了解青少年的用语习惯并将之套用在风险预防信息的设计之中。此外，这也是一种便利且低成本的收集有价值健康传播见解的办法。

三　过程评估研究

为确保在线健康信息系统能实现其健康传播目标，在数字健康与风险传播干预的推出和使用过程中开展过程评估研究（Process Evaluation Research），以测试项目的关键组成要素十分重要（Moore et al., 2014）。我们需要对健康与风险信息项目进行仔细评估，以确定其适用性与针对不同受众在解决特定的健康与风险问题时的有效性。我们可通过追踪用户反应，以确定项目是否在不同受众中都运行良好。这种测试需要经常进行，以确定信息策略与传播渠道是否一致保持有效。我们也需要进行实地考察，来确认数字与风险干预项目在关键环境中的具体实施状况如何。此外，在根据使用趋势对项目进行微调以后，还可对用户反应进行长期追踪。我们也可通过实验检测数字健康与风险信息项目，以确认它们对主要受众样本具有怎样的接受性与可用性。这些测试都可生成具体的用户建议，以帮助我们对项目功能进行改进，从而完善整个项目。因此，过程评估研究对决定提高系统质量与交付的策略而言至关重要。

我们可以通过用户反馈工具来进行过程评估数据的收集，如问卷调查、访谈，或焦点小组等。这些工具会询问代表性的项目参与者使用卫生信息系统的过往经验，并以此得出他们对项目要素的优缺点评价。此类工具也可被称为用户满意度调查。此外，关键事件法（The Criticial Incident Method）是一种相当有用但较为复杂的用户反馈工具，主要用以询问代表性用户健康和风险系统中的最佳与最差元素是什么，以提供有价值的数据，为健康与风险信息系统把握优势并消除劣势提供深度建议（Alpert，Kreps，Wright & Desens，2015）。

信息监测实验也常用来评估用户对健康与风险信息的反应，该实验检查用户对消息的喜爱程度，以及信息量、可信度及影响力。系统用户通常会被要求提供健康与风险信息的改进建议，以帮助其变得更为清晰、更为有趣、更具影响力。而 A/B 测试则是一种信息检验策略，该方法将网页或数字健康与风险传播应用程序的两个不同版本进行对比，以确定哪个版本的性能更好。有时候，还可用眼动追踪测试来确定受访者会关注哪些信息，以及哪些信息最能引起他们的兴趣。此外，还可采用标准文本分析法来评估健康与风险传播系统内容的可读性水平，例如疾控中心的清晰传播指数（Clear Communication Index）就是一个范例（Alpert，Desens，Krist & Kreps，2016a）。

可用性测试（Usability Test），通常用以确定不同群体的代表性用户于在线健康与风险信息系统中的导航能力（Kreps，2014a；Nielsen，1994；1999）。测试中，用户被要求演示他们如何使用系统，以及如何搜寻系统中的特定信息。研究人员通常会要求用户评价搜寻信息与使用系统的难易程度，并邀请他们针对系统设计提出更好的建议或办法，以促进系统更易上手与有效。此外，可用性测试数据还可揭示隐藏的系统缺陷，为改进系统设计提供策略建议。例如，由阿尔布、阿塔克和斯里瓦斯塔瓦（Albu，Atack & Srivastava，2015）设计的数字运动模拟系统"戴上它"（BringItOn），旨在提高用户的运动水平以促进健康、恢复与康复。该系统的可用性测试就包括了启发式专家分析与有声思维报告。启发式分析（Heuristic Analysis）指的是让一位专家（本案例中为软件工程师）对应用程序进行评估，并将其与行业最佳实践进行比较（Nielsen，1994）。有声思维报告（Think-aloud Verbal Protocol）则要求用户描述在完成解决问题的任务时，他所采用的决策标准是什么（Fonteyn, Kuipers & Grobe, 1993）。基于这些方法所收集的数据，"戴上它"系统就可改进软件系统以更好地满足用户需求。

最后，除了可用性测试以外，还可对系统使用数据进行追踪，以确定哪些人使用了系统、他们的使用频率，以及与系统交互的时间（Kreps, 2002）。通过对系统使用与消费记录的分析即可无痕收集到这些追踪数据。此外，还可追踪网站使用指标与调查问卷，以评估用户的接触与参与程度。此类过程性评估追踪曾被应用于"面空间"（FaceSpace）性健康促进项目中，这些指标提供了关于用户系统使用情况、沉浸系统时间长度等客观数据（Nguyen et al., 2013）。调查问卷的数据主要用以解释用户的在线及性行为，而团队会议日志则记录了运用社交媒介开展性健康促进项目所面临的挑战有哪些（Nguyen et al., 2013）。可用性数据虽然十分有趣，但通常需要我们直接咨询用户，以了解他们为什么使用系统、系统效果如何，以及他们从系统中获取的信息是否会影响他们的健康决策、行为与后果（Kreps, 2014a; Webb, Campbell, Schwartz & Sechrist, 1972）。综上所述，过程评估研究对于追踪用户的健康与风险信息系统使用反馈、提供改进组件以有效满足用户需求的相关证据而言是至关重要的（Kreps, 2002）。

四　总结性评估研究

总结性评估研究（Summative Evaluation Research）用于衡量在线健康与风险信息系统的整体影响及结果。这项研究需要在系统运行了较长时间之后再进行，以记录系统对解决关键健康问题所产生的积极或消极影响有哪些。这个阶段，诸多形成性、过程性评估研究中使用过的评估都将被再次进行，以比较系统随时间所产生的变化。通过比较用户信念、态度、知识、行为与健康状况的前测及后测基准线数据，我们可以进行准实验性的前后测检验，以评估系统使用期间所发生的变化。而这些变化，可以通过与未使用系统的对照组测量值进行比较以呈现，以说明实验组所产生的变化是否与系统使用相关。总结性评估数据是有关在线健康与风险传播项目在解决重要问题、促进公共卫生方面总体有效性的重要测量标准（Kreps, 2002; 2014a; Nutbeam, 1998）。

　　总结性评估数据主要用以检查健康与风险项目使用的总体模式、用户满意度、项目信息接触与记忆，以及与干预相关的后果变量（如学习、相关健康行为、卫生服务使用与健康状况等）的变化，并同时提供项目的成本效益分析（Cost-benefit Analysis）。总结性研究还可确定项目在一段时间内的最佳运营策略。高价值的总结性评估数据在确认健康与风险信息系统的总体价值、确定这些数字系统的具体改进方向、对构建项目可持续性与制度化的支持方面都具有十分重要的影响（Kreps，2014a）。

　　对在线社交媒介健康传播项目进行总结性评估，有一个好办法是利用社交媒介的追踪网络分析来识别关键项目绩效指标，即 KPI（Key Program Performance Indicator，以下简称 KPI）。KPI 是评估社交媒介项目预先设定目标的有效指标（Sterne，2010）。如点击次数、分享次数、引用次数、关注者数量等指标，都是可用以评估各类型的 KPI，如互动性与识别度的提升程度等。其他KPI 还包括浏览率——社交媒介内容的查看次数、接触率——使用过社交媒介应用的人次，以及参与度——对内容创建、共享与使用的参与（Neiger et al.，2012）等。若是在形成性与过程性评估阶段，应根据宣传目标来定义 KPI。而为了监控 KPI，我们通常会使用社交媒介绩效仪面板（Social Media Performence Dashboard），这是一种用于监控媒介绩效的有效洞察工具，可为数字健康与风险传播项目的增强优化提供指导（Murgoul，2009）。

　　社交媒介为我们提供了丰富信息，可用以进行定量与定性评估。总结性评估面板可用于评估接触、讨论与宏观效果。接触评估需关注几个要素包括：被提及次数、被提及地点（如推特、其他社交平台、博客、论坛等），以及讨论该话题的个人社会影响力（Murgoul，2009）。讨论则需要确认主要议题或主题是什么、讨论的基调如何（积极或消极），以及关于健康与风险问题的情绪是否发生了变化（Murgoul，2009）。

五　结论与展望

　　评估研究，是开发与完善在线健康与风险传播信息系统所不可或缺的（Kreps，2014a；Rootman et al.，2001）。这些研究可帮助系统开发人员根据用户体验来进行设计与改良。这一过程被称为参与式（Participatory）或以用户为中心设计（User-cetered Design, Nuehauser, 2001; Neuhauser et al., 2007; Neu-haser & Kreps, 2011; 2014）。以用户为中心设计，不仅有助于指导对用户友好的复杂系统开发，还会激励用户全面地参与信息系统使用（Neuhauser, 2001）。最好的健康与风险传播信息系统，旨在激励目标用户的参与，并有效反映用户的经验与意见（Neuhauser et al., 2007）。

评估研究人员在对健康与风险传播系统进行评估时，需仔细核实受众分析数据的来源：我们对这些项目的主要用户有多少了解？我们是否有可用于告知系统评估工作关键时间的自然信源？如医疗账单记录、公共记录，或消息日志等？健康与风险信息系统的设计者通常还可构建与内置用户响应的机制，以定期获得用户的使用反馈。此外，研究人员还应仔细辨别关键受众的属性与行为数据，以便用作使用后的对比基准，这些数据可从已有数据源及新来源中获取，从而建立关键基准线并追踪随时间的变化（最好有改善）。再者，我们还需定期开展可用性测试，以确定数字健康与风险传播项目对不同用户群体的适用性。研究人员应与目标用户代表密切合作，开展以用户为中心的设计与社区参与性评估研究，以检验用户对项目的反应（Neuhauser et al., 2007）。总体而言，评估研究数据需实际应用于完善与改进这些数字健康与风险传播项目。

参考文献

Albu, M., Atack, L., & Srivastava, I. (2015). Simulation and gaming to promote health education: Results of a usability test. *Health Education Journal*, 74(2), 244–254.

Alpert, J. M., Kreps, G. L., Wright, K. B., & Desens, L. C. (2015, May). *Humanizing patient-centered health information systems: Critical incidents data to increase engagement and promote healthy behaviors*. Presented to the International Communication Association conference, San Juan, Puerto Rico.

Alpert, J., Desens, L., Krist, A., & Kreps, G. L. (2016a). Measuring health literacy levels of a patient portal using the CDC's Clear Communication Index. *Health Promotion Practice*, 18(1), 140–149. doi: 10.1177/1524839916643703.

Alpert, J. M., Krist, A. H., Aycock, B. A., & Kreps, G. L. (2016b). Designing user-centric patient portals: Clinician and patients' uses and gratifications. *Telemedicine and e-Health*, advance online publication. doi:10.1089/tmj.2016.0096.

Alpert, J. M., Krist, A. H., Aycock, B. A., & Kreps, G. L. (2016c). Applying multiple methods to comprehensively evaluate a patient portal's effectiveness to convey information to patients. *Journal of Medical Internet Research*, 18(5), e112. doi: 10.2196/jmir.5451.

Burke-Garcia, A., Berry, C., Kreps, G. L., & Wright, K. (2017). The power and perspective of mommy-bloggers: Formative research with social media opinion leaders about HPV vaccination. *Proceedings of the Hawaii International Conference on System Sciences*, *HICSS-50*, pp. 1932–1941. IEEE Computer Society Digital Library. URI: http://hdl.handle.net/10125/41388.

Cho, H., & Salmon, C. T. (2007). Unintended effects of health communication campaigns. *Journal of Communication*, *57*(2), 293–317.

Chu, L. F., & Chan, B. K. (1998). Evolution of web site design: implications for medical education on the Internet. *Computers in Biology and Medicine*, *28*(5), 459–472.

Finney Rutten, L., Hesse, B., Moser, R., & Kreps, G. L. (Eds.) (2011). *Building the evidence base in cancer communication*. Cresskill, NJ: Hampton Press.

Fonteyn, M. E., Kuipers, B., & Grobe, S. J. (1993). A description of think aloud method and protocol analysis. *Qualitative Health Research*, *3*(4), 430–441.

Green, L. W., & Glasgow, R. E. (2006). Evaluating the relevance, generalization, and applicability of research: Issues in external validation and translation methodology. *Evaluation and the Health Professions*, *29*(1), 126–153.

Greenwood, S., Perrin, A., & Duggan, M. (2016, November 11). Social media update 2016. Retrieved March 16, 2017, from www.pewinternet. org/2016/11/11/social-media-update-2016/.

Hesse, B. W., Nelson, D. E., Kreps, G. L., Croyle, R. T., Arora, N. K., Rimer, B. K., & Viswanath, K. (2005). Trust and sources of health information. The impact of the Internet and its implications for health care providers: Findings from the first Health Information National Trends Survey. *Journal of the American Medical Association (JAMA) Internal Medicine* (formerly *Archives of Internal Medicine*), *165*(22), 2618–2624.

Hornik, R., Jacobsohn, L., Orwin, R., Piesse, A., & Kalton, G. (2008). Effects of the National Youth Anti-Drug Media Campaign on youths. *American Journal of Public Health*, *98*(12), 2229–2236.

Kreps, G. L. (in press). Strategic design of online information systems to enhance health outcomes through communication convergence. *Human Communication Research*.

Kreps, G. L. (2002). Evaluating new health information technologies: Expanding the frontiers of health care delivery and health promotion. *Studies in Health Technology and Informatics*, *80*, 205–212.

Kreps, G. L. (2011a). Methodological diversity and integration in health communication inquiry. *Patient Education and Counseling*, *82*, 285–291.

Kreps, G. L. (2011b). The information revolution and the changing face of health communication in modern society. *Journal of Health Psychology*, *16*, 192–193.

Kreps, G. L. (2012). Consumer control over and access to health information. *Annals of Family Medicine*, *10*(5). Retrieved from www.annfammed.org/con tent/10/5/428.full/reply#annalsfm_el_25148.

Kreps, G. L. (2014a). Evaluating health communication programs to enhance health care and health promotion. *Journal of Health Communication*, 19(12), 1449–1459. doi: 10.1080/10810730.2014.954080.

Kreps, G. L. (2014b). Achieving the promise of digital health information systems. *Journal of Public Health Research*, 3(3), 421, 128–129. doi: 10.4081/jphr.2014.471.

Kreps, G. L. (2014c). Epilogue: Lessons learned about evaluating health communication programs. *Journal of Health Communication*, 19(12), 1510–1514.

Kreps, G. L. (2015). Communication technology and health: The advent of ehealth applications. In L. Cantoni & J. A. Danowski (Eds.). *Communication and Technology*, Vol. 5 of *Handbooks of Communication Science*, pp. 483–493, (P. J. Schulz & P. Cobley, General Editors). Berlin, Germany: De Gruyter Mouton Publications.

Kreps, G. L., & Neuhauser, L. (2010). New directions in ehealth communication: Opportunities and challenges. *Patient Education and Counseling*, 78, 329–336.

Kreps, G. L., & Neuhauser, L. (2013). Artificial intelligence and immediacy: Designing health communication to personally engage consumers and providers. *Patient Education and Counseling*, 92, 205–210.

Krist, A. H., Nease, D. E., Kreps, G. L., Overholser, L., & McKenzie, M. (2016). Engaging patients in primary and specialty care. In Hesse, B. W., Ahern, D. K., & Beckjord, E. (Eds.), *Oncology informatics: Using health information technology to improve processes and outcomes in cancer care* (pp. 55–79). Amsterdam, The Netherlands: Elsevier.

Levine, D., Madsen, A., Wright, E., Barar, R. E., Santelli, J., & Bull, S. (2011). Formative research on MySpace: Online methods to engage hard-to-reach populations. *Journal of Health Communication*, 16(4), 448–454.

Moore, G., Audrey, S., Barker, M., Bond, L., Bonell, C., Cooper, C., Hardeman, W., Moore, L., O'Cathain, A., Tinati, T., Wight, D., & Baird, J. (2014). Process evaluation in complex public health intervention studies: The need for guidance. *Journal of Epidemiological Community Health*, 68, 101–102.

Murdough, C. (2009). Social media measurement: It's not impossible. *Journal of Interactive Advertising*, 10(1), 94–99.

Neiger, B. L., Thackeray, R., Van Wagenen, S. A., Hanson, C. L., West, J. H., Barnes, M. D., & Fagen, M. C. (2012). Use of social media in health promotion purposes, key performance indicators, and evaluation metrics. *Health Promotion Practice*, 13(2), 159–164.

Neuhauser, L. (2001). Participatory design for better interactive health communication: A statewide model in the USA. *Electronic Journal of Communication*, 11(3).

Neuhauser, L., Constantine, W. L., Constantine, N. A., Sokal-Gutierrez, K., Obarski, S. K., Clayton, L., Desai, M., Sumner, G., & Syme, S. L. (2007). Promoting prenatal and early childhood health: Evaluation of a statewide materials-based intervention for parents. *American Journal of Public Health*, 97(10), 813–819.

Neuhauser, L., and Kreps, G. L. (2003). Rethinking communication in the e-health era. *Journal of Health Psychology*, 8, 7–22.

Neuhauser, L., & Kreps, G. L. (2008). Online cancer communication interventions: Meeting the literacy, linguistic, and cultural needs of diverse audiences. *Patient Education and Counseling*, 71(3). 365–377.

Neuhauser, L., & Kreps, G. L. (2010). Ehealth communication and behavior change: Promise and performance. *Journal of Social Semiotics*, 20(1), 9–27.

Neuhauser, L., & Kreps, G. L. (2011). Participatory design and artificial intelligence: Strategies to improve health communication for diverse audiences. In N. Green, S. Rubinelli, & D. Scott. (Eds.), *Artificial intelligence and health communication* (pp 49–52). Cambridge, MA: AAAI Press.

Neuhauser, L., & Kreps, G. L. (2014). Integrating design science theory and methods to improve the development and evaluation of health communication programs. *Journal of Health Communication*, 19(12), 1460–1471.

Neuhauser, L., & Paul, K. (2011). Readability, comprehension and usability. In *Communicating risks and benefits: An evidence-based user's guide*. Silver Spring, MD: U.S. Department of Health and Human Services. Bethesda, MD: Food and Drug Administration.

Neuhauser, L., Schwab, M., Obarski, S. K., Syme, S. L., & Bieber, M. (1998). Community participation in health promotion: Evaluation of the California Wellness Guide. *Health Promotion International*, 13(3).

Nguyen, P., Gold, J., Pedrana, A., Chang, S., Howard, S., Ilic, O., Hellard, M., & Stoove, M. (2013). Sexual health promotion on social networking sites: A process evaluation of the FaceSpace project. *Journal of Adolescent Health*, 53(1), 98–104.

Nielsen, J. (1994). *Usability engineering*. Amsterdam, The Netherlands: Elsevier.

Nielsen, J. (1999). *Designing Web usability: The practice of simplicity*. Indianapolis, IN: New Riders Publishing.

Nutbeam, D. (1998). Evaluating health promotion—progress, problems, and solutions. *Health Promotion International*, 13, 27–44.

Ringold, D. J. (2002). Boomerang effects in response to public health interventions: Some unintended consequences in the alcoholic beverage market. *Journal of Consumer Policy*, 25, 27–63.

Rootman, I., Goodstadt, M., McQueen, D., Potvin, L., Springett, J., & Ziglio, E. (Eds.). (2001). *Evaluation in health promotion: Principles and perspectives*. Copenhagen, Denmark: WHO.

Sterne, J. (2010). *Social media metrics: How to measure and optimize your marketing investment*. Hoboken, NJ: John Wiley & Sons.

Thackeray, R., Neiger, B. L., Smith, A. K., & Van Wagenen, S. B. (2012). Adoption and use of social media among public health departments. *BMC Public Health*, 12(1), 242.

van Wijngaarden, J. D. H., Scholten, G. R. M., & van Wijk, K. P. (2010). Strategic analysis for health care organizations: The suitability of the SWOT-analysis. *International Journal of Health Planning and Management*. Retrieved from www.researchgate.net/profile/Jeroen_Wijngaarden/publication/45094861_Strategic_analysis_for_health_care_organizations_the_suitability_of_the_

SWOT-analysis/links/541fc9860cf203f155c25f28.pdf.
Webb, E. J., Campbell, D. T., Schwartz, R. D., & Sechrist, L. (1972). *Unobtrusive measures: Nonreactive research in the social sciences*. New York: Rand McNally & Company.

第三部分

风险与健康传播语境中的理论应用

第十章

风险的社会放大框架视角下的美加
输油管道建设项目的纸媒报道研究

米歇尔·M. 海格

一 运用风险的社会放大框架

2015 年 11 月 6 日，美国总统奥巴马宣布，美国政府拒绝了横加公司 (Trans Canada) 建设美加基斯通 XL 输油管道 (Keystone XL Pipeline，以下简称 KXL 项目) 北段的投标 (Carpenter, 2015)。这标志着政治家、环保主义者、与能源工业间长达七年的斗争告一段落①。

这场斗争始于 2008 年 9 月，当时横加公司向美国国务院提交了一份 KXL 项目的建设申请。由于这条管道必须穿过美加边界，因此必须申请美国国务院的批准。而在 2012 年 1 月，奥巴马总统拒绝批准最初设计长度为 1700 英里的这条管道，该计划预计管道从加拿大的阿尔伯塔省一直延伸至美国得克萨斯州的亚瑟港。而作为回应，横加公司将该项目一分为二，北段从加拿大阿尔伯塔省延伸至美国内布拉斯加州的斯蒂尔城，全长 875 英里 (Koch, 2014)。而南段则计划从美国俄克拉荷马州的库欣一直延伸到墨西哥湾沿岸。KXL 项目计划每天输送 83 万桶原油，将创造 4.2 万个就业机会。而横加公司还表示，该管道还将从美国北达科他州和蒙大拿州的巴肯油田运送石油 (Keystone XL Opposition turns to beetle..., 2013, 3.6)。

被称为墨西哥湾海岸管道的南段，于 2014 年 1 月正式开始运输石油。因

---

① 2017 年 1 月，美国总统特朗普签署了一项支持 KXL 项目建设的行政命令。然而，横加公司必须重新申请许可证，美国国务院则需研究申请并予以批准。本章则是在该总统行政命令签署前完成的。值得注意的是，有关 KXL 项目的争论至今仍未结束。

为南部地区并没有跨越美加国界，所以不需要美国国务院的批准（Mufson，2014）。而2015年11月，奥巴马拒绝了修建北段管道的计划。

　　而美国民众对KXL项目的意见却在改变。皮尤研究中心2013年的一项民意调查显示，超过65%的美国民众对KXL项目表示支持。然而到了2014年，由《今日美国》（USA Today）、斯坦福大学，以及无党派组织"未来资源"（Resources for the Future）共同进行的一项民意调查则发现，只有56%的美国民众对该项目表示支持（Koch，2014）。能源集团（The Energy Collective，Droitch，2014，para. 4）的一篇文章中，将公众舆论风向的转变归因于人们对KXL项目的了解深入并指出，"越来越多的美国人意识到焦油砂可能对气候、健康与水资源构成的风险，他们对清洁能源的要求就越高。一旦人们认识到KXL项目建设的不仅是一条输送常规石油的管道，还同时会运送焦油砂，而这种独特的腐蚀性及酸性混合物一旦泄露，就会破坏水源"，民众的支持必然会减弱。

　　奥巴马在宣布拒绝该管道建设项目时说道，"该管道既不会成为某些人承诺的经济发展的灵丹妙药，也不会成为其他人宣称的通往气候灾难的捷径"（Carpenter，2015，para. 8）。本研究旨在通过对这七年内国家及地区新闻报道，还原KXL项目的全貌。KXL项目报道的叙事框架有很多种，本研究主要考察的是这些新闻报道是否更侧重KXL项目的风险或利益中的某一层面、采用了怎样的叙事框架，以及国家与地区层面的报道对该项目的报道是否存在差异。因此，本研究通过纵向研究，以确定报道内容随着时间推移是如何发生改变的。

二　文献综述

　　本研究有两个基本研究框架，它们解决了媒介与政策之间的联系问题，即风险的社会放大框架与议程设置理论。

1. 风险的社会放大框架（SARF）

　　卡斯帕森等学者（Kasperson et al.，1988）开发的风险的社会放大框架这一个综合理论框架（以下简称SARF模型），将多个理论角度（媒介研究、心理测量学、文化学派与组织反应）的风险研究整合为一体。并指出"风险的社会放大指的是信息过程、制度结构、社会团体行为和个体反应共同塑造风险的社会体验"（1988，p. 181）。他们认为不存在"绝对"或"由社会决定"的风险，风险取决于公众对所获得信息的反应。

SARF 模型基于实际或假设的风险事件（Risk Events），并引发风险的放大（Amplification）或衰减（Attenuation）。有许多变量可能会导致风险的放大，如信源（Sources of Information，如个人经验、直接或间传播）；信息渠道（Information Channels，如个人感知、社会信息网络、专业信息传播者）；社会站点（Social Station，如意见领袖、政府机构、新闻媒介）；个体站点（Individual Station，如信息解码、启发依赖、评估与解释）；以及制度与社会行为（Institutional and Social Behavior，如态度改变、社会行为）等。这种风险的放大增加或减少了信息的社会接触程度与问题突出性，且这种社会放大效应还会引发连锁反应（Ripple Effects，Kasperson et al.，1988）。

这些连锁反应可能包括风险对市场的影响、社区反对，以及信任丧失。这一系列的反应还代表着利益群体与当地社区（可能受到风险影响的群体）可能会开始采取行动。

本研究重点关注的是风险的社会放大效应。具体来说，重点考察的是作为社会站点的新闻媒介的作用。辛格和恩德雷尼（Singer & Endreny，1993）指出，新闻媒介报道的是风险事件，但并不一定是风险问题。然而，威尔金斯（Wilkins，1987）与帕特森（Wilkins & Patterson，1987）则指出，媒介为风险构建了话语框架，"毫无疑问的是，大众媒介是传播系统中的重要元素、风险传播的重要放大站点，以及构建风险问题框架的重要因子"（Kasperson，Kasperson，Pidgeon & Slovic，2003，p. 22）。

2. 议程设置与框架理论

在最初的议程设置（Agenda Setting）研究中，麦考姆斯和肖（McCombs & Shaw，1972）认为新闻报道中所突出强调的问题，会对社会讨论的问题产生影响。而议程设置的研究通常有三种：政策、媒介与公共议程。政策议程设置研究的是问题如何进入政策议程；媒介议程研究旨在报道内容；而公共议程关注的是议程设置的过程（Dearing & Rogers，1996）。经过了 40 多年的研究发展，当下的议程设置包含了更多的层次：第一个层次解释了目标或议题如何从媒介转移至公共议程（Ghanem, 1997）；第二个层次检测的是"媒介报道问题或目标的具体方式"（Ghanem, 1997, p. 4）。了解一个问题是如何被报道的非常重要，因为这会影响该问题在公共议程中的重要性。因此，第二个层次的议程设置研究，通常被称为框架研究（Framing）。

框架理论。恩特曼（Entman, 1993, p. 54）指出，"框架选择并唤起人们对所描述现实特定方面的注意，这同时在逻辑上意味着框架将引开人们对其他方面的注意力"。媒介框架可分为四个主要维度：新闻主题（在框架中呈现什么）、呈现（大小与位置）、认知属性（内容细节），以及情感属性（语气与图片）（Willnat, 1997）。

框架的认知属性与情感属性，会影响公众对特定议题的感知与后果。尽管细节可能有所缺失，但个人可通过媒介的讨论内容对议题作出决定（Jasperson, Shah, Watts, Faber & Fan, 1998）。而定义省略、问题、评估，以及建议会改变公众现有可接触的信息（Entman, 1993）。

由于所忽略的框架与细节不同，所以每一个新闻报道都是独一无二的。而新闻报道中所使用的词语与图像，则会激发读者思考（Taber, Lodge & Glather, 2001）。读者们利用这些信息来构建知识网络，以便在其讨论话题时使用（Entman, 2004）。

框架有许多种类型。例如，情节框架（Episodic Frames）将故事作为个案研究、以事件为导向并运用具体实例；而主题框架（Thematic Frames）则将问题放在更广泛的宏观背景之中，并为其提供背景信息。使用情节或是主题框架会影响责任的属性：情节框架偏向个体责任，主题框架则倾向于社会责任（Iyengar, 1991）。当应用 SARF 模型时，框架指的就是通过媒介系统这个社会站点进行的放大或衰减过程（Kasperson et al. , 2003）。

尼斯贝和休奇（Nisbet & Huge, 2007）曾对用于讨论植物生物技术的框架进行研究。他们还开发了几种适用于科学传播研究的框架。例如政治战略框架用以讨论有关科学问题的政治辩论。该框架下大多讨论的是总统、国会议员，或其他政治机构的行为。而公众参与或教育框架则用于讨论投票结果、公众意见、意识，与个人关于议题的教育程度（Nisbet & Hunge, 2007）。

海格（Haigh, 2010）则发现，美国的经济与政治战略框架，是讨论替代能源时最常用的框架。而有关替代能源的新闻报道，多采用主题框架去建构。她还总结，个人可用来做决定的信息主要来源于政策，因为这是报道的主导框架。

卡斯帕森等学者（Kasperson et al.，1988）指出，社会放大效应会产生连锁反应。换言之，作为社会站点的媒介，通过报道框架的建构来引发连锁反应。本研究认为，媒介在报道 KXL 项目时所采用的框架会引发连锁反应。而这种连锁反应可能会导致利益群体与当地社区都参与其中，从而导致监管变化。框架研究最初包含了四条放大途径，卡斯帕森等学者（2003，p.31）则指出，现在还需增添第五条，即"由于缺乏公开性与透明度而导致的风险管控失误，使得社会对责任机构持有高度或日益增长的不信任感"。而本研究则旨在调查美国政府与能源企业在新闻报道中是如何被描述的，以确认公众可通过哪些信息来决定其对 KXL 项目的态度。此外，本研究还考察了国家与地方媒介在报道 KXL 项目时是否存在差异。例如受 KXL 项目直接影响的州，可能会关注项目的直接影响以及项目建设中的风险；而全国性媒介则可能会更多地探讨 KXL 项目对整个国家带来的影响是什么。

本研究调查的是媒介如何报道 KXL 项目，以确认媒介是否会谈及项目涉及的风险问题。研究将采用由尼斯贝和休奇（Nisbet & Huge，2007）以及海格（Haigh，2010）开发的框架类别，以考察媒介在报道 KXL 项目时是否会关注经济、公众、环境，或政府政策等议题。

由于 KXL 项目是一个全国性议题，因此将议题放在更为宏观的背景下并提供背景信息以展开更为适用，所以更常使用主题框架。此外，海格（2010）曾指出，主题框架是讨论替代能源时最常用的框架，因此本研究可能也是如此。她还指出，全国性报纸与地方报纸中用于讨论替代能源的框架各不相同（例如：美国的经济框架、替代能源的类型等方面有所不同）。而对能源行业的报道基调与描述也会随着时间推移而发生变化。因此，本研究提出以下的假设与研究问题：

H1：报纸会使用一个主导的主题框架来讨论 KXL 项目，而框架类别将侧重于：美国经济、环境、政策、公众参与四个方面。

RQ1：人类、环境、社会/环境三个层面中的哪一个层面相关的风险与效益，在 KXL 项目报道中会被最为频繁的讨论？

RQ2：报纸在报道 KXL 项目时，会如何描述（1）美国能源行业；（2）美国政府？

RQ3：全国性报纸和地方报纸的 KXL 项目报道有何差异？

RQ4：报纸对 KXL 项目的报道内容是否会随着时间推移而变化？

三　研究方法

1. 抽样方法与分析单位

本研究的分析单位为一篇新闻报道（N = 629），并对 2008 年 9 月 1 日至 2015 年 2 月 1 日的这些新闻报道进行了编码。之所以选择 2008 年 9 月 1 日为抽样起始点，是因为横加公司是在这个月第一次向美国国务院提交的 KXL 项目建设许可申请。而抽样周期截至 2015 年 2 月 1 日，则是因为这是拒绝建设的国情咨文发布大约两周以后的时间点。

研究中使用的新闻报道来自《纽约时报》《华尔街日报》《华盛顿邮报》《今日美国》与《洛杉矶时报》，前几种报纸属于具有全国影响力的全国性报纸，它们作为"纸媒代表"，会影响其他媒介的议程设置。而《洛杉矶时报》是美国西海岸发行量最大的报纸，以上这些报纸在它们的属地都具有最高的发行量。在对这些全国性报纸的报道进行采集后，我们还从 KXL 项目将贯穿的各州（蒙大拿州、北达科他州、南达科他州、内布拉斯加州、堪萨斯州、俄克拉荷马州、得克萨斯州）中选出了两份地方性日报作为研究对象。

本研究采集了自 2008 年 9 月 1 日至 2015 年 2 月 1 日期间，以上这些报纸中的所有的相关新闻报道。这些报道的全文，可在访问世界新闻（Acess World News）/新闻银行（Newsbank）以及律商联讯学术版（LexisNexis Academic U-niverse）上获取。我们采用了"Keystone XL""Keystone pipeline"为关键词对标题及导言进行搜索。只有在上述指定的时间段内出版，其标题或导言中包含了以上关键词的新闻报道，才会被纳入研究样本之中。此外，社论、信件，以及专栏文章将不会被纳入到最终的数据分析之中。

2. 编码人员培训

我们开发了一种书面编码工具来对样本（N＝629）进行编码，该编码工具解释了独立编码时应该采取的步骤。我们对几个名义框架类别、区间水平量表与信息类别（出版物、日期、年份）进行了编码。本研究招募了五名本科生来评估报道内容。他们在一起接受了几次时长一小时的培训后，分别对随机抽取的 10%（N＝63）的样本进行了独立编码。以此，编码人员在培训阶段建立了高度的标准化工作规范。由于编码人员已经建立了高度的可靠性，因此在编码了最初的 63 篇文章后，他们都没有再进行培训，也没有再进行编码员间信度检验。

本研究采用了罗森塔尔（Rosenthal, 1984; 1987）的公式来计算区间水平与其他多个编码的数据。研究采用的区间级标度（基调、总体框架、对美国政府的描述、对能源行业的描述）的内部编码可靠性在 0.86—0.99 之间。然后，这些研究助理接受了培训以使用编码来确认尼斯贝和休奇（Nisbet & huge, 2007），以及海格（Haigh, 2010）的框架类别（参加"测量变量"部分以了解具体类别）是否存在。这些名义类别的信度检验值（克里彭多夫 α）介于0.80—0.99 之间。

3. 测量变量

自变量。本研究中的自变量为报道出版年份：2008 年（n＝8）、2009 年（n＝31）、2010 年（n＝38）、2011 年（n＝138）、2012 年（n＝139）、2013 年（n＝110）、2014 年（n＝125）和 2015 年（n＝40）；以及报纸属性：全国性报纸（n＝223）、地方性报纸（n＝406）。

因变量。报道基调的评估，采用的是全球态度测量标准（Burgoon, Miller, Cohen & Montgomery, 1978）。海格（Haigh, 2010; 2014）曾使用这一标准来评估新闻报道的报道基调。该标准由六个七区间的语义差异量表组成：（1）好/坏；（2）积极/消极；（3）明智/愚蠢；（4）有价值/无价值；（5）有利/不利；（6）可接受/不可接受（α＝0.98; M＝3.88, SD＝0.51）。

故事框架。为单一项目，由七区间量表来评估单一新闻报道中采用情节框

架或主题框架的程度。其中 1 = 主题框架，7 = 情节框架（M = 2.65，SD =
1.44；Haigh，2010；2014）。

采用框架类别。研究中采用了尼斯贝和休奇（2007），以及海格（2010）
开发的框架类别。这些名义框架类别的编码包括：政治策略、公众参与/教育、
美国经济，以及环境框架。编码旨在确认这些类别框架是否存在于报道中。

风险/效益。编码人员还需要对 KXL 项目所带来的风险或效益进行编码。
风险编码类型包括：人类、环境、社会/经济。编码人员需要确认各类型风险
编码是否存在于报道中。而 KXL 项目相关的效益编码也包括同样的几个类别。

对美国能源行业的描述。本研究采用的是最早由惠利斯和格罗茨（Whee-
less & Grotz，1977）开发的个性化信任量表（Individualized Trsut Scale，即 ITS）
以进行评估。该量表由四个七区间的语义差异量表组成。具体项目包括：（1）
信任/不信任；（2）坦诚/欺骗；（3）真诚/不真诚；（4）诚实/不诚实（α =
0.99；M = 3.82，SD = 0.56）。海格（2010）曾在替代能源的内容分析中使用
过该量表。此外，该量表也被用以检测报道中对美国政府的描述（α = 0.98；
M = 3.89，SD = 0.60）。

四 研究结果

在 H1 中，本研究预测用于讨论 KXL 项目的主导框架是主体框架，并会以
美国经济框架、环境框架、政治策略框架，以及公共参与框架为主要特征。通
过描述性统计对框架类别进行检验，可发现 KXL 项目报道框架本质上的确是
主题性的（M = 2.65，SD = 1.44），其中，环境框架（59.6%）是最常用的框
架；其次是美国经济框架（45.9%）；政治策略框架（45.9%）；以及公众参
与/教育框架（10%）。因此，H1 的假设成立。

RQ1 询问的是哪一类风险与效益（人类、环境、社会/经济）在 KXL 项目
报道中会被更为频繁地讨论。从描述性统计结果来看，环境风险被讨论得最多
（11.8%）；人类风险（5.9%）被谈及的频率较社会/经济风险（4.5%）更
高。而在效益方面，被讨论最多的是经济效益（30.2%）；其次是人类效益
（29.7%）；项目的环境效益很少被提及（2.4%）。

RQ2 询问的是媒介在 KXL 项目的纸媒报道中是如何对美国政府、能源产业进行描述的。一方面，单样本 t 检验结果（M = 3.82，SD = 0.56）显示，纸媒报道对能源产业多为负面描述（测试值 4.0，t（628）= − 7.95，p < 0.001）。另一方面，对美国政府的描述结果（M = 3.89，SD = 0.56，测试值 4.0，t（224）= − 2.94，p < 0.001）存在显著差异。可见，媒介在讨论 KXL 项目时对美国政府也进行了负面描述。

RQ3 询问的是全国性报纸与地方性报纸对 KXL 项目的报道是否存在差异。从频率上来看，相较于地方性报纸（n = 223），全国性报纸（n = 406）对 KXL 项目的报道更多。此外，本研究使用方差（ANOVA）分析对"报纸版面位置"这个自变量，与各因变量（总体框架、基调、对美国政府的描述、对美国能源行业的描述）之间的关系进行了分析。有两个因变量的结果具有显著性差异：总体基调（F（1628）= 6.70，p = 0.01，α = 0.01）；总体框架（F（1628）= 32.80，p = 0.000），α = 0.05。而报纸版面位置与对美国政府或能源行业描述之间，并没有显著差异。

表 10.1   KXL 项目报道运用的框架类别

框架类别	不存在	存在
环境	40.4%	59.6%
美国经济	54.1%	45.9%
公众参与	90.0%	10.0%
政治策略	54.1%	45.9%

注释：编码器中的编码为：0 = 不存在，1 = 存在。表中列举了每个类别的百分比。框架类别由尼斯贝和休奇（Nisbet & Huge，2007），以及海格（Haigh，2010）开发。

在对 KXL 项目进行报道时，地方性报纸整体呈负面基调（M = 3.92，SD = 0.52），但略低于全国性报纸（M = 3.81，SD = 0.48）的水平。而地方性报纸在报道中使用的主题框架主导性（M = 2.41，SD = 1.40），比全国性报纸（M = 3.08，SD = 1.42）更高。此外，地方性报纸对美国政府的负面描述（M = 3.92，SD = 0.58）略低于全国性报纸（M = 3.84，SD = 0.54）的水平，这里

4.0被认为是七分量表中的中立值。最后，地方性报纸（M=3.83，SD=0.57）与全国性报纸（M=3.82，SD=0.55）对美国能源行业或政府的描述实际上并没有显著差异。

而在研究两类报纸关于风险/效益的名义框架类别差异时，本研究还运用了卡方检验。与全国性报纸相比，地方性报纸更倾向于使用政治框架（χ^2（1，N=629）=29.62，p=0.00）；以及环境框架（χ^2（1，N=629）=3.46，p=0.06）；以进行KXL项目报道，仅此两项结果具有统计学意义。

再者，相较于全国性报纸，地方性报纸更倾向于讨论KXL项目的社会效益［χ^2（1，N=629）=6.13，p=0.01］；以及人类利益［χ^2（1，N=629）=5.37，p=0.02］。而这些报道在讨论KXL项目的其他如环境、人类，或社会效益等，并没有显著差异。

本研究的RQ4询问的是纸媒的KXL项目报道内容是否会随着时间推移而变化。这里以年份为自变量，总体框架、基调、对美国政府的描述、对能源行业的描述为因变量进行方差分析。可见显著差异的因变量有：总体框架［F（1628）=4.08，p=0.00，α=0.04］；与能源行业描述［F（1628）=3.00，p=0.00，α=0.03］。未发现显著差异的因变量为：对美国政府的描述（F（1628）=1.05，p=0.40，α=0.03）；以及报道基调［F（1628）=0.22，p=0.98，α=0.00］。接下来，再进行图基事后检验法（Tukey HSD post hoc tests）以发现具体的显著差异。结果显示，从报道年份来看，2009年的报道是主题框架主导总体框架程度最高的一年（M=1.48，SD=1.09），这一年相较于之后几年（2010—2015），其总体框架的均值存在显著差异。而对能源行业的描述方面，2011年的数据最值得关注：2011年（M=3.70，SD=0.62）与2009年（M=4.03，SD=0.71），以及2014年（M=3.93，SD=0.53）相比，可见显著差异。而对能源行业的描述，在2013年的呈现最为负面（M=3.74，SD=0.55），在2009年则相对最为积极（M=4.00，SD=0.34）。

再者，2010年的报道总体基调最为负面（M=3.80，SD=0.92），而2011年的总体基调最为积极（M=4.01，SD=0.35）。对美国政府的描述在2015年是最为负面的（M=3.76，SD=0.55），2010年则最为积极（M=4.10，SD=0.32），在七分量表中，4.0为中立值。

表10.2　　　　　　　　　KXL项目报道中采用的不同框架

年份 框架类别	环境	美国经济	公众参与	政治策略
2008	2	3	1	0
2009	12	12	1	5
2010	25	18	2	8
2011	93	55	19	47
2012	77	75	15	64
2013	82	47	15	49
2014	68	55	10	83
2015	16	24	0	33
总计	375	289	63	289

注释：表中数值为报道实际采用的框架数量。

表10.3　　　　　　　　　因变量之间的差异：2008—2015

年份 类别	基调	对能源行业的描述	对美国政府的描述	框架
2008	3.88（0.35）	3.88（0.83）	4.00（0.20）	1.65（1.06）
2009	3.93（0.57）	4.03（0.71）	4.00（0.20）	1.48（1.09）
2010	3.84（0.55）	3.82（0.51）	4.10（0.31）	2.73（1.40）
2011	3.86（0.49）	3.67（0.61）	4.00（0.46）	2.69（1.39）
2012	3.87（0.46）	3.81（0.52）	3.91（0.60）	2.77（1.56）
2013	3.87（0.56）	3.81（0.54）	3.97（0.59）	2.62（1.22）
2014	3.91（0.51）	3.92（0.52）	3.79（0.61）	2.74（1.48）
2015	3.92（0.53）	3.92（0.35）	3.76（0.55）	2.92（1.48）
总计	3.88（0.51）	3.82（0.56）	3.89（0.56）	2.65（1.4）

在检验报道中使用的与风险/效益相关的名义框架类别差异时，同样也进行了卡方检验。这里仅报告存在显著性差异的类别：政治框架 χ^2（7，N = 629）= 80.24，p = 0.00；与环境框架 [χ^2（7，N = 629）= 31.50，p = 0.00]。在2014年的报道中，政治框架最常被使用（有83篇报道使用该框架），而2008年的报道完全没有使用该框架。环境框架在2011年被使用的最

多（93 篇报道），2008 年最少（仅采用两次）。从风险/效益报道模式来看，唯一具有显著差异的是环境风险 $[\chi^2 (7, N = 629) = 14.50, p = 0.04]$；该风险在 2013 年的报道中被讨论得最多（21 篇报道），在 2008 年的报道中未被提及。表 10.2 与表 10.3 记录的是各类别的均值、标准差，以及被提及次数。

五　研究讨论

本研究调查了七年内全国性与地方性报纸中关于 KXL 项目的报道。主要考察的是媒介在相关报道中讨论的风险议题、采用框架，以及报道内容是否会随着时间推移与位置变化而发生改变。

H1 发现，KXL 项目报道的框架是以主题框架为主导的。该结果印证了海格（Haigh, 2010）有关纸媒中替代能源报道的考察结果。而在 KXL 项目报道中使用的框架类型，也与替代能源报道中所采用的类型相似（Haigh, 2010）。伊扬格（Iyengar, 1991）指出，主题框架往往具有社会责任导向，而在全国性或地方性报纸中都没有记者试图使用情节框架来进行 KXL 项目报道。

其次，报纸在 KXL 项目报道中最为常用的是环境框架。此外，美国经济框架、政治策略框架与公众参与/教育框架也有被一定程度的采用。卡斯帕森等学者（Kasperson et al., 2001）曾探讨风险放大与污名化的问题并指出，当信息从媒介传播时，媒介以怎样的方式架构信息框架，会影响公众对风险本质的认知，并最终影响公众对风险的社会影响（本土或其他地区经济）的看法。本研究发现，KXL 项目报道中使用的框架暗示着公众对环境风险的理解。而这也符合 SARF 模型中提出的放大或衰减效应这一观点。而研究中发现的大多数框架，都与框架中包含的至少一个变量存在关联，如社会站点（意见领袖、政府机构），以及制度与社会行为（态度改变、政治变化；Kasperson et al., 2003）。

本研究的 RQ1 则发现，KXL 项目的纸媒报道中，讨论最多的风险是环境风险。媒介更热衷于探讨 KXL 项目可能对环境的影响，对其所涉及的人类或经济风险则讨论得较少。这可能是因为 KXL 项目原本是一个跨越国界的项目，会覆盖广阔的区域。而对环境风险的高关注也印证了能源集团（Droitch, 2014）那篇文章的说法，即美国民众越来越关注（KXL 管道所运输的）焦油砂对气候、健康与水的影响。而这里的"连锁反应"——让人们参与到风险讨论之中——最终造成了显著影响。而媒介对环境的关注，也符合卡斯帕森等学者（2003，p. 14）的研究结果。他们在修改后的 SARF 模型中明确加入了以下要素，"监管行为、组织变革、人身风险的增加或减少、社区关注，以及对机构失去信心"。

横加公司曾表示，KXL 项目的建设将带来大量的就业机会，并推动该项目所跨越地区各州（北达科他州、南达科他州、内布拉斯加州、堪萨斯州、俄克拉荷马州、得克萨斯州）的经济发展。然而，这些州的地方性报纸中却并没有提及 KXL 项目可通过创造就业机会来促进经济增长（Keystone XL Opposition turns to beetle…，2013，3.6）。

本研究的 RQ2 关注的是媒介在 KXL 项目报道中是如何描述美国政府及能源行业的。从结果来看，报道中二者都呈现为负面描述，这也印证了卡斯帕森等学者（2003，p. 31）的结论，即"社会对责任机构的不信任度很高或日益增高"。又如鲁克尔斯豪斯（Ruckelshaus，1996，p. 2）指出，"公众的不信任度越高，政府在满足民众需求方面的效率就越低；而政府越来越无能，人民就越不信任它"。信任是 SARF 模型中的一个重要组成部分。卡斯帕森等学者（2003）认为，理解与信任是理解社会（如新闻媒介）或个体站点如何处理风险的重要组成部分。以 KXL 项目为例，七年间的报道中对美国政府与能源行业都进行的是负面描述，所以公众不可能对它们产生信心。而如果公众对政府或行业缺乏信任，他们更关心的就会是 KXL 项目可能会给当地社区带来的风险，而不是效益。随着时间推移，公众对 KXL 项目的支持度也必然下降。尤其是美国政府前后花了七年时间来决定是否通过 KXL 项目，而公众早已厌倦了漫长的等待。

本研究的 RQ3，关注的是地方性报纸与全国性报纸对 KXL 项目的报道是否存在差异。从结果来看，全国性报纸的基调较地方性报纸更为负面，这可能是因为地方性报纸会细致探讨 KXL 项目对当地社区的具体影响，而全国性媒介很难做到这一点。而与地方性报纸相比，全国性报纸对美国政府的描述更为负面，这可以用一个事实来解释，即地方性报纸希望 KXL 项目报道更具"地方色彩"，而全国性报纸更倾向用国家的角度来阐述这一问题。

RQ4 关注的是报纸的 KXL 项目报道内容是否会随着时间推移而产生变化。

从结果来看，2010 年的相关报道基调最为负面，在这一年，美国国务院在计划建设 KXL 项目的沿线社区举行了 21 次公众评议会。值得注意的是，该时期的新闻中，并没有更多地采用公众参与框架进行报道，2010 年的报道中只有两篇采用了这个框架。而公众参与框架被采用最多的却是 2011 年，报道基调更为中立。

2015 年，是对美国政府描述最为负面的一年，在 2010 年则最为积极。有趣的是，2010 年并没有采用政治框架，而在最为负面的 2015 年，政治框架被明显采用的更多。

最后，2013 年是对能源行业描述最为负面的一年，2009 年则更为积极。从框架类别来看，2009 年并没有频繁使用环境框架，2011 年与 2013 年的报道中对环境框架的使用最频繁。这些研究发现表明，报道所采用的框架可能会影响美国政府与能源行业的公众形象。这也同时证实了基辛格（Kitzinger，1999，p. 59）的见解，"将相隔数年、不同时间点的媒介报道进行对比，是一个十分重要的研究视角，可帮助我们了解新闻报道在不同历史条件下是如何变化的"。

六　研究局限、展望与实践意义

本研究的局限性首先在于，并没有对有关 KXL 项目的专栏文章、致编辑的信，以及社论进行检验。接下来的研究首先应该将目光集中在这些类型的文章中，以检验政策议程是否会受到其内容的影响。此外，还可检查网络新闻报道中的公众评论，以了解媒介消费者所关心的是什么。

其次，媒介环境在不断演变，而本研究的研究对象仍着眼于传统的大众传媒形式之一：报纸。因此，还有其他许多媒介平台值得考察，我们可以考察地方或国家广播电视台的新闻报道，以了解广播电视报道中所使用的框架与基调是什么。也可以检验社交媒介平台中的报道，看看公众对奥巴马总统拒绝 KXL 项目建设的看法都有哪些。

最后，本研究还缺失一个环节，就是对公共议程与民意数据的审查，这可以帮助我们确认媒介报道是否让 KXL 项目问题变得更为突出，以及当公众支持率下降时媒介究竟在讨论什么内容。卡尔萨米格利亚和费雷罗（Calsamiglia

& Ferrero，2003，p. 170）指出，"科学的声音在新闻界的作用有限，比政治家的影响力要小得多"，虽然科学家由于其身份，被认为是权威的信源，但他们总被描绘得仿佛缺乏专业知识。因此，纸媒报道中所提到的有关 KXL 项目的信息来源，也应该被审查。如信源类型（科学家、政治家，或是经济学家），是当地人还是其他地区的，以及信源所处行业类型等，都会影响信源的公信力水平。最后，把握广播电视、纸媒、社交媒介对科学议题的报道方式，可以更好地了解公众对科学议题的看法是如何随着时间推移而变化的。

七　结语

本研究是仅从纵向角度展开 KXL 项目报道的研究之一。KXL 项目的新闻报道随着时间推移在不断变化，而报道所采用的框架集中于管道建设的环境问题、公众参与问题，以及与管道建设相关的政治策略问题等。通过运用 SARF 模型，本研究运用模型中的一个社会站点（新闻媒介）来检查信息流（框架）、制度与社会行为（政治家），以及风险讨论所带来的影响（政策的变化）。

参考文献

Burgoon, M., Miller, M. D., Cohen, M., & Montgomery, C. L. (1978). An empirical test of a model of resistance to persuasion. *Human Communication Research*, 5(1), 27–39. doi: 10.1111/j.1468-2958.1978.tb00620.

Calsamiglia, H., & Ferrero, C. L. (2003). Role and position of scientific voices: Reported speech in the media. *Discourse Studies*, 5(2), 147–173. doi: 10.1177/1461445603005002308.

Carpenter, Z. (2015, November 6). President Obama says no to Keystone XL. *The Nation*. Available at: www.thenation.com/article/breaking-president-obama-says-no-to-keystone-xl/. Last accessed on January 31, 2017.

Dearing, J. W., & Rogers, E. (1996). *Agenda-setting* (Communication Concepts, Vol. 6). Thousand Oaks, CA: SAGE Publications.

Droitsch, D. (2014, January 30). New poll on Keystone XL tar sands pipeline indicating growing opposition, waning support. The Energy Collective. Available at: www.theenergycollective.com/danielle-droitsch/334201/new-poll-keystone-xl-tar-sands-pipeline-indicating-growing-opposition-pipel. Last accessed on January 31, 2017.

Entman, R. (1991). Framing U.S. coverage of international news: Contrasts in narratives of the KAL and Iran air incidents. *Journal of Communication, 41*(4), 6–27. doi: 10.1111/j.1460-2466.1991.tb02328.x.

Entman, R. (1993). Framing: Toward clarification of a fractured paradigm. *Journal of Communication, 43*(4), 51–58. doi: 10.1111/j.1460-2466.1993.tb01304.x.

Entman, R. (2004). *Projections of power: Framing news, public opinion, and U.S. foreign policy.* Chicago, IL: University of Chicago Press.

Ghanem, S. (1997). Filling in the tapestry: The second level of agenda setting. In M. McCombs, D. Shaw, & D. Weaver (Eds.), *Communication and democracy: Exploring the intellectual frontiers in agenda-setting theory* (pp. 3–14). Mahwah, NJ: Lawrence Erlbaum.

Haigh, M. M. (2010). Newspapers use three frames to cover alternative energy. *Newspaper Research Journal, 31*(2), 47–63.

Haigh, M. M. (2014). Afghanistan war coverage more negative over time. *Newspaper Research Journal, 35*(3), 38–51.

Iyengar, S. (1991). *Is anyone responsible? How television frames political issues.* Chicago, IL: The University of Chicago Press.

Jasperson, A. E., Shah, E. V., Watts, M., Faber, R. J., & Fan, D. P. (1998). Framing and the public agenda: Media effects on the importance of the federal budget deficit. *Political Communication, 15*(2), 205–224. doi: 10.1080/10584609809342366.

Kasperson, R. E., Renn, O., Slovic, P., Brown, H. S., Emel, J., Goble, R., Kasperson, J. X., & Ratick, S. (1988). The social amplification of risk: A conceptual framework. *Risk Analysis, 8*(2), 177–187. doi: 10.1111/j.1539-6924.1988.tb01168.x.

Kasperson, R. E., Jhaveri, N., & Kasperson, J. X. (2001). Stigma, places, and the social amplification of risk: Toward a framework of analysis. In J. Flynn, P. Slovic, & J. Kunreuther (Eds.), *Risk, media and stigma: Understanding public challenges to modern science and technology* (pp. 9–28). London: Earthscan.

Kasperson, J. X., Kasperson, R. E., Pidgeon, N., & Slovic, P. (2003). The social amplification of risk: Assessing fifteen years of research and theory. In N. Pidgeon, R. E. Kasperson, & P. Slovic (Eds.), *The social amplification of risk* (pp. 13–46). Cambridge, UK: Cambridge University Press.

Keystone XL opposition turns to beetle in the effort to block the $7 billion project, its thousands of jobs, and energy security. (2013, March 6). United Sates House Committee on Energy and Commerce. Available at: http://energycommerce. house.gov/content/keystone-xl.

Kitzinger, J. (1999). Researching risk and the media. *Health, Risk & Society, 1*(1), 55–69. doi: 10.1080/13698579908407007.

Koch, W. (2014, January 28). *USA Today* poll: Slight majority backs Keystone pipeline. *USA Today.* Available at: www.usatoday.com/story/news/nation/2014/01/28/keystone-pipeline-poll/4935083/. Last accessed on January 31, 2017.

McCombs, M. E., & Shaw, D. L. (1972). The agenda-setting function of mass media. *Public Opinion Quarterly, 36*(2), 176–187. Available at: www.jstor. org/stable/2747787.

Mufson, S. (2014, January 21). Keystone pipeline's southern leg to begin transporting oil to U.S. Gulf Coast. *The Washington Post.* Available at: www.washingtonpost.

com/business/economy/oil-to-begin-flowing-in-southern-leg-of-keystone-pipe line/2014/01/21/ffe35abc-82bb-11e3-bbe5- 6a2a3141e3a9_story.html. Last accessed on January 31, 2017.

Nisbet, M. C., & Huge, M. (2007). Where do science debates come from? Understanding attention cycles and framing. In D. Brossard, J. Shanahan, & T. C. Nesbitt (Eds.), *The public, the media, & agricultural biotechnology* (pp. 193–230). Cambridge, MA: CABI.

Rosenthal, R. (1984). *Meta-analytic procedures for social research.* Beverly Hills, CA: SAGE.

Rosenthal, R. (1987). *Judgment studies: Design, analysis, and meta-analysis.* Cambridge, UK: Cambridge University Press.

Ruckelshaus, W. (1996, November 15). *Trust in government: A prescription for restoration.* The Webb Lecture to the National Academy of Public Administration. Washington, DC.

Singer, E., & Endreny, P. (2003). *Reporting on risk: How the mass media portray accidents, diseases, other hazards.* New York: Russell Sage Foundation.

Taber, C. S., Lodge, M., & Glathar, J. (2001). The motivated construction of political judgments. In J. H. Kuklinski (Ed.), *Citizens and politics: Perspectives from political psychology* (pp. 198–226). New York: Cambridge University Press.

Wheeless, L. R., & Grotz, J. (1977). The measurement of trust and its relationship to self-disclosure. *Human Communication Research*, 3(3), 250–257. doi: 10.1111/j.1468-2958.1977.tb00523.x.

Wilkins, L. (1987). Shared vulnerability: The mass media and American perception of the Bhopal disaster. Westport, CT: Greenwood Press.

Wilkins, L., & Patterson, P. (1987). Risk analysis and the construction of news. *Journal of Communication*, 37(3), 80–92. doi: 10.1111/j.1460-2466.1987.tb 00996.x.

Willnat, L. (1997). Agenda setting and priming: Conceptual links and differences. In M. McCombs, D. L. Shaw, & D. Weaver (Eds.), *Communication and democracy: Exploring the intellectual frontiers in agenda-setting theory* (pp. 51–66). Mahwah, NJ: Erlbaum.

第十一章

恐怖主义、风险传播与多元化研究

凯文·J. 梅西 - 阿约特

> 风险传播，可定义为利益攸关方之间关于风险的性质、规模、重要性，或控制的信息传播与交流。（Covello，1992，p. 359）

关于危险的起因、后果及控制的传播交流早已成为人类社会的一部分。尽管科维洛（Covello，1992，p. 359）罗列的利益攸关方，即"政府机构、企业或行业团体、工会、传播媒介、科学家、专业组织、公共利益团体、社区及公民个体"皆具有明显的现代特征，但帕伦查尔（Palenchar，2009）指出，对危险事件发生概率进行推测的传统则可追溯至古巴比伦时期。然而，风险传播被确立为科学与学术研究领域中的（不完全）正式的一个独特分支，则可追溯至人们开始关注工业危害以及新型核技术的潜在危险的 20 世纪中叶。某种程度而言，从风险研究早期萌芽到如今一直都是跨学科的。因为不同实践领域（如化学、工程、气象学、医学等）都需要处理潜在的危险状况，而各学术研究领域（如心理学、公共卫生、传播学等）都贡献了众多研究成果，为向不同利益攸关方传播风险信息提供了有价值的见解。我们有丰富的研究证明该学科的多元化发展：来自心理学、公共卫生、传播学、国际关系学以及其他领域的学者都曾发表过与风险传播相关的研究成果。然而，这些成果的潜在贡献却几乎未被专门进行整理与探讨。

一 传递关于恐怖主义风险的信息

尽管在美苏冷战的最后 20 年里，人们对恐怖主义威胁的传播交流产生了一些有限的兴趣，但直到 2001 年 9 月 11 日美国恐怖袭击事件发生后，有关恐怖主义威胁的传播交流才真正引起了风险传播学者的高度关注。此后不久的 2001 年 10 月与 11 月，美国的炭疽孢子邮件传播事件，更是进一步证明了与公众有效沟通生化恐怖主义风险的重要性。尤其是许多案例证明，疾控中心与其他政府机构就公众风险与适当的保护措施的沟通存在困难甚至是失败的（Becker，2005；Vanderford，2003）。此外，斯帕克斯、克利普斯、博坦和罗万（Sparks, Kreps, Botan & Rowan，2005，p. 1）则认识到，在传播过程中应用专业知识，对应对日益广泛的恐怖主义威胁是有潜在益处的。他们认为，"传播学者需要提供专业的理论与方法相关知识，以参与建构、定制与评估恐怖主义语境下的信息"。然而，直到近十年以后，鲁杰罗和沃斯（Ruggiero & Vos，2013，p. 163）仍发现，"在传播学期刊中，'恐怖主义的风险传播'这一主题受到的关注相对较少"。

鲁杰罗和沃斯（2013）对关于恐怖主义的风险传播研究较为缺乏的担忧，实际上也是一个好的起点。它警示我们，一方面此类研究的需求是持续存在的，另一方面风险传播研究在理论与方法上存在着狭隘性危险（有时候是一种彻底的狭隘主义）。鲁杰罗和沃斯首先认识到，他们所调查的大多数论文都依赖经验方法论，这本身就证明在该领域研究中，学者对定量研究的偏爱要大于人文研究（如修辞或批判性研究）。

然而，鲁杰罗和沃斯自己所采用的方法，就印证了关于什么是恐怖主义风险传播研究的假设，是存在潜在问题的。他们的研究首先整理了 435 篇与恐怖主义风险传播相关的文章，而在文献综述中，他们又根据其他领域的所谓"科学文献"的标准，将这些文章精选出 193 篇（2013，p. 154）。尽管他们明确表示会排除评论与社论文章，但对一篇文章是否符合"科学"标准却未进行明确阐述。欧洲学者有时会将哲学研究纳入科学范畴，而这在美国学界通常被认为是"人文研究"；欧洲学界对"科学"的描述就是"展开系统分析"，但在美国，科学研究通常指的是"开展定量实证研究"（有时候也包括定性实证研究，但较少）。如果对鲁杰罗和沃斯提及的案例进行细致分析，可发现他们根据标准过滤掉了某些被认为是不科学的理论与方法论文章。而被归纳在他们的文献综述中的研究角度则包括了文化知识及大众文化在影响对恐怖主义风险认知方面的作用（2013，p. 158）、"领袖传播与修辞"（2013，p. 159）如关于小布什在911恐袭事件中的公共传播与危机修辞研究等。然而，他们却并没有引用任何被公认长期在传播学期刊上发表关于恐怖主义研究的学者如达纳·克劳德（Dana Cloud）、杰里米·恩格斯（Jeremy Engels）、斯蒂芬·哈特内特（Stephen Hartnett）、罗伯特·艾维（Robert Ivie）、罗杰·斯塔尔（Roger Stahl），以及卡罗尔·温克勒（Carol Winkler）的文章。这说明，这些关于恐怖主义传播的批判或修辞研究，在他们最初的调查中并不是被主动排除，而是直接被忽略了。可见这种方法论上的假设，很大程度上限制了到底什么才是风险传播研究的内涵。

风险传播研究中缺乏修辞研究，并不是什么新鲜事。这是因为很少有学者会使用修辞研究法，而且编辑和评审也认为这类研究不值得发表（Grabill & Simmons，1998）。在反恐实践中，美国联邦政府的计划也同样倾向于假设风险经验的可量化性。例如，丹尼希（Danisch，2011，p. 242）指出，美国国土安全局"主要的风险管理的方法"，是在宏观生物恐怖主义风险研究中，在"多属性分析"（Multi-attribute Analysis）中增添"事件树与决策分析"（Event Tree and Decision Analysis）。在2005年的美国全国反恐演习"TOPPFF 3"中，他特别强调了这一点。这次演习内容是在多个城市的鼠疫菌、化学毒气，以及常规爆炸装置的反恐演练。而2003年的全国反恐演习"TOPOFF 2"中，演练的则是放射性物质恐袭应对，其中就包括重视那些对公众及公众行为的情感可能产生无形影响的要素。但贝克尔（Becker，2005，p. 525）指出，"TOPOFF 2并没有在获取相关信息与意见方面下足够的功夫"，因为他们的演练场所设定在两个医院里，所以在处理生化恐袭于社会心理方面的威胁以及伴随而来的公众行为方面是有问题的。

甚至现在，虽有一些声音呼吁对恐怖主义的风险传播研究进行反思，并承认目前主流的实证研究得出的结论存在不确定性与局限性，但这些声音也进一步加深了对具有潜在价值的理论及方法的狭隘认知。例如，海默斯（Haimes，2011，p. 1184）在指出精确量化恐怖主义风险研究存在不足之后（任何特定威胁的相关变量都在持续变化)，仍强调需要对恐怖主义"动态演变的功能进行持续量化"。在其他的案例中，即使学者们呼吁方法论需要多元化，但仍然会受到实证研究偏好的影响。例如有学者（Lee, Lemyre & Krewski, 2010, p. 242）就指出，"越来越多人认识到，这些更为定性、令人担忧与未知的风险对个人的感受与行为会产生实际影响，因此必须在风险管理的框架中对其进行考量"。然而，他们依然继续使用李克特量表类的调查对恐怖主义风险的定性认知进行量化研究。

斯帕克斯等学者（Sparks et al. , 2005, p. 3）列出了他们认为应运用于恐怖主义的风险传播研究中的几个传播学研究领域，虽然他们最后以"……等其他相关研究领域"这样的字眼来作为结尾，但很明显这些领域中并没有包含修辞研究或批判/文化研究。鉴于这两个领域是美国传播学会列出的传播学最具代表性的两大研究领域，并且有相当一部分传播学者运用这些研究法发表了不少有关恐怖主义的成果，因此在我们所认知的风险传播研究中找不到这些文献，是令人感到困惑的。还有一个重要的问题是，当下许多风险传播研究学者对待修辞这个概念的错误态度，他们认为大多数的修辞学家都无法辨别到底什么是修辞。例如，费施贺夫（Fischoff, 2011, p. 526）曾试图承认修辞的重要性，他认为风险传播必须采用一种修辞方式来进行，这种方式要么是说服性的，试图诱导某些行为（如：囤积或避险）；要么是非说服性的，试图促进知情决策（如：如何充分利用辐射到来前的时间）。然而，若信息的内容与传播方式对其说服力并无影响，那么信息是可以从其潜在说服力中被分离的，这一观点对于当下大多数的修辞理论学者而言并不可取。

这里要澄清的是，学者偏爱某些特定的理论框架，或者在描述他们所属领域时带有优越感，既不是个新发现，也并不是一个不寻常的现象。默顿（Merton, 1996, p. 36）在 20 年前就已发现，理论框架中"视角的巨大差异"，通常会导致学者们关注完全不同的问题。不幸的是，出于对特定理论的偏好所导致的与不同意见者之间的人为竞争甚至是相互排斥，也不是一个新现象。正如默顿所指出的，虽然"理论之间往往是相互补充或互不相关的，但不是相互矛盾的"，但由于学者们不能或拒绝承认这一事实，因此"往往会导致科学史中的争论周而复始地不断重演"（1996, p. 36）。几乎所有的学科中都会发生这种关于理论与方法的争论，在跨学科之间更是如此；在 20 世纪 90 年代，围绕将人文研究应用于自然科学研究的辩论并引发的"科学战争"尤其具有代表性（Slack & Semati, 1997; Sokal, 1996）。因此，这些知识分歧显然不是风险传播研究所独有的。此外，风险涉及人类生活的几乎方方面面，太多不同的学术领域都会受到风险传播研究与实践的影响，这本身就会导致理论上的党派分歧。

正如奥特豪斯（Althaus, 2005, p. 569）指出，"每一门学科都会应用一种特定形式的知识以应对不确定性，在应对其随机性的同时将之转化为一种风险命题"。在奥特豪斯的观点基础上，帕伦查尔和希斯（Palenchar & Heath, 2007, p. 122）更是指出，"每一门学科都是一个认识论系统，它以独特的焦点与解释来关注风险问题"。不同学科中存在不同的研究视角，这并不是一个值得批判的焦点；对于不同领域的学者而言，即便我们研究的可能是同一现象，我们也会从不同的兴趣出发，以不同的角度研究，并确立不同的假设。打个比方，医生可能最感兴趣的，是对生化恐袭中被散播的病原体进行准确判断，而公共卫生官员可能更关注该疾病是否具有传染性，健康传播专家在设计有关疑似恐袭的信息时，可能更关注的是受众是否理解感染性疾病（Infecious）与传染性疾病（Communicable）之间的区别，以便于其确定新闻稿中该使用的语言。然而大多数情况下，学科焦点上可理解的差异不仅仅造成了研究视角的不同，还限制了研究人员对相关或正确专业知识的认知。对传播学者而言，有一个特别突出的例子就是费施贺夫（Fischoff, 2011, p. 529）将"传播学专家"降级为创建"与公众保持联系的渠道"的角色，并认为"心理学家才可以研究受众需求、设计潜在有效的传播、并评估它们的用处"（2011, p. 528）。费施贺夫对心理学研究的推崇，无疑符合他发表这篇文章的期刊背景——《美国心理学家》，这也证明虽然不同的学科都在风险传播中发挥着重要作用，但学科间存在着根深蒂固的意见分歧。

如前所述，学科间的鸿沟往往在学术领域不断重现。有时候，这些差异是由于专业化过程中聚焦于特定领域的专业知识培养，而缺乏对其他理论或方法的经验所造成的必然后果。其他情况下，对某个理论框架更具优越性的认知，可给予特定理论由专业地位的隐含属性所带来的潜在解释力同等的影响。正如罗伯特·哈里曼（Robert Hariman, 1986, p. 45）在30年前所说的，"理论话语就是政治话语，它无可避免地会建构起支配与从属的关系"。

理论的政治性表现在许多方面。我们大多数人可能都听同事吐槽过他们所不认同的某个理论框架，而很多时候并不是因为这个理论框架的结论不准确或缺乏科学严谨性。他们的动机是多方面的：研究生院中竞争性的社会关系、系内政治、对特定期刊的附和、有时甚至是单纯的知识狭隘。这种学科、理论，以及方法上的分裂并不少见，但对于推进风险传播研究，尤其是恐怖主义的风险传播研究而言，无疑是毫无建树的。

二　跨学科理论与方法多元化

正如上一节提及，与恐怖主义的风险传播研究中的经验主义倾向一致的是，许多风险与危机传播的文献都将其目标定为帮助公众了解专家们所认为是特定危险的客观真相。长期以来，风险传播研究最令人遗憾的问题，在于公众态度及行为与危险专家或风险传播学者对特定威胁持有的"事实"认知之间的脱节。目前大多数的风险传播理论都是实证的，只专注于向公众提供客观可证实的信息，这也是为什么在这一类信息传播中，总是强调信息透明度与清晰度。当然，这些风险传播研究的实证方法是必要的，但并不足以全面分析恐怖主义的风险传播（Ayotte, Bernard & O'Hair, 2009）。格罗夫斯和纽曼（Groves & Newman, 1990, p. 106）在关于犯罪学的多元探究必要性观察中，提供了一个有用的类比，"实证主义在确定变量间的共变量层面十分有效。但它既不涉及，也不试图解释犯罪对于个人或社会的（意义）是什么"。若想要理解恐怖主义风险的"意义"，科维洛（Covello, 1992, p. 359）概括的"风险的性质、规模、重要性，以及控制"可为我们提供不少启发，但这些要素是无法用单一理论或方法就能评估的。

发展恐怖主义的风险传播研究最有前景的一种办法，是寻求并重视跨学科的理论与方法多元化。这一发展方向逻辑上十分符合风险的不确定性本质。正如贝克（Beck, 2002, p. 40）所假设的，风险作为一个概念，需要我们"推断决策"，并努力"计算那些无法被计算的"，这些都是充满不确定性的。同样的，帕伦查尔和希斯（Palenchar & Heath, 2007, p. 125）还在研究中引用亚里士多德的观点"人类之所以思考，是因为人类事务中不可能存在确定性"，并指出，"风险的本质就禁止绝对的定义与知识"。我们无法完全以客观确定认识，人类知识也不可避免地具有不完整性，伴随这一认知应运而生的对知识的谦卑，正是多元研究的动力。

首先，恐怖主义的风险传播研究必须具备跨学科的视野。最基本的层面上，学者必须认识到不同领域的研究对理解恐怖主义威胁的多个维度具有潜在价值。例如理解生化恐袭威胁的本质就包括对武器化病原体的生物学特性、药剂扩散的物理特性，以及敌方攻击动机的理解。风险发生的概率还取决于一系列的因素，而这些因素可通过多个学科来进行评估。风险的规模也不仅取决于病原体与扩散，还取决于流行病学的相关影响变量以及应对措施是否成功。而对风险的应对则涉及公共卫生信息的准确性与可行性、现有恐怖主义相关的文化话语背景下公众对信息的解读能力、未经编辑的新闻媒介传播此类信息的能力与兴趣，以及物资储备与分发计划等。因此，与其预设某个学科的方法更为优越，奥特豪斯（Althaus，2005）建议应该将我们所具备的不同领域的知识都引入风险传播研究中。然而，这些信息如果一直支离破碎，那么对风险传播研究的学科多元化也起不到什么作用。正如格罗夫斯和纽曼（Groves & Newman，1990，p. 106）指出，"真正的跨学科研究，应该能够将来自不同学科的素材整合并形成一个整体，而不仅是添加剂"。也就是说，不同学科的实践者应该以理解不同观点为目的进行相互交流，甚至在截然不同的观点之中寻求有助于理解特定风险的视角。

其次，严谨对待风险不确定性本质，就需要承认风险研究中的单一理论或方法的必然局限性。理论多元化不仅是一个好的发展方向，它也是对任何既定视角局限性的必要补充。帕伦查尔和希斯（Palenchar & Heath，2007）就相当认可叙事理论的深刻见解，认为人们并不是计算机那般用理性去理解世界与生活，而是参与故事之中，故事中发生的事件、出现的人物与情节都是他们的论据（Argument）而并非客观事实。这一见解认识到了修辞理论与方法，以及其他许多不仅仅是侧重于叙事的理论及方法的价值。而对于风险的不确定性本质，丹尼希（Danisch，2011，p. 238）得出结论并指出，"风险的概念本身就是一个丰富的知识库，我们可以从中得出许多不同的论点"。塞尔诺、利特菲尔德、维多洛夫和韦伯（Sellnow，Littlefield，Vidoloff & Webb，2009，p. 138）在他们有关恐袭恶作剧的风险传播研究中就使用了辩证理论，因为他们认为，恶作剧的本质就是虚假信息传播，需要驳斥，但不应局限于仅将恐怖分子的言论作为论据。所有的风险传播都可被认为是对威胁特定理解的辩证、建议的防备措施、应对政策，以及危机行为；所有的这些后果都依赖于"基于群体或社会认可的价值观与规范而作出的实践推理"。

政府机构及其他分析专家对恐怖主义威胁的评估，是所有后续风险传播的基础，并取决于对敌人能力及潜在目标的脆弱性分析。而后者，往往是"被激烈讨论的全国性问题"（Freedman，2005，p. 384），因为它涉及个人或集体有关政治、社会、经济，以及哲学的各种价值观念与制度规范。而对敌人能力与意图性质的报告，也是计算分析所得出的结果，而这种计算分析则不可避免地会受到意识形态、世界观、情感，以及一系列塑造人们对重要或相关数据认知的符号联系的影响。我们无法假设任何威胁或情报评估的客观特征，因为对各类政策的偏好以及对后果的期望，可在各种层面上形成具体的分析，"偏好特定战略的倡导者会在脆弱性理论上下功夫，从而促使其倾向性变得合理化，然后再通过情报评估为其理论增加权重"（Freedman，2005，p. 384）。例如，2003 年，美国政府对萨达姆·侯赛因持有大规模杀伤性武器（WMD）的能力情报进行精心挑选以达到其发动伊拉克战争的目的，就为此后有关大规模杀伤性武器与恐怖主义威胁的风险传播可能带来的后果研究提供了一个典型案例。我们需谨记伯克（Burke，1969，p. 59）的忠告：对现实的描述实际上是对"现实的选择"，因此必然会产生"现实的偏差"。如果我们作为风险传播研究者的目标，是以最小化风险的目的去了解它以及伴随而来的行为，那我们必须积极鼓励对多元的"现实选择"进行解释。

三　恐怖主义、风险与狭隘主义的局限性

作为拓展，本节运用两个例子来阐述理论与方法上的多元化，对开展跨学科的恐怖主义风险传播研究的必要性与价值。也就是说，我们需要认真对待不同学科所带来的贡献，秉持开放的态度从一系列不同的理论与方法中汲取学术营养。本节的第一个例子，考察的是媒介作为恐怖主义的风险传播主要渠道的作用；第二个例子考察的是期刊《恐怖主义与政治暴力》的某期特刊中的几篇文章，这些文章攻击了几位恐怖主义的批判学者，认为他们在将恐怖主义合法化。研究这两个例子的目的并不是为了完成详细的案例分析，而是为了通过这些实例来具体展示学科、理论，以及方法论中的狭隘主义，在恐怖主义的风险

传播研究中可能造成的后果。

恐怖主义的风险传播有一个基本事实就是"绝大多数美国人必须完全依赖媒介以获取恐怖主义的相关信息"（Nellis & Savage, 2012, p. 751；Dobkin, 1992）。而幸运的是，大多数美国人并没有以受害者或目击者的身份直接经历过恐怖袭击，更不用说作为参与者了。尽管媒介在传播关于恐怖主义的信息方面的作用是有目共睹的，但有趣的是，海布伦、沃布兰斯基、沙阿和凯利（Heilbrun, Wolbransky, Shah & Kelly, 2010, p. 721）将新闻媒介作为风险信息来源并与政府进行区分，写道，"尽管媒介在信息提供方面发挥着重要作用，个人也可依赖联邦政府持续获取有关个人或集体恐袭风险的信息"，在他们看来，联邦政府的信息传播似乎并不总是依赖于新闻媒介的。即便新闻媒介可从政府渠道获得未经编辑的公告原文，但这些官方信息几乎一定是以解释性评论作为结语的，从而会导致受众在理解威胁本质时，无法对这些信息进行辨别。我们这里的重点，并不在于单一研究无法理解媒介作为风险传播基本渠道的普遍性，而在于探索能够完全理解媒介框架普遍性的媒介理论与该研究充分结合的价值。

另一个问题，在于无法充分理解因受限的新闻结构、受众反应、媒介信息互文性而不可避免被塑造的恐怖主义概念，最终被公众所获取的各种方式。风险传播的失败，常被归咎于媒介（Murray, Schwartz & Lichter, 2001；Willis & Okunade, 1997）。海布伦等学者（Heilbrun et al., 2010, p. 719）指出，除了"媒介影响"之外、"非理性恐惧"与"理解困难的概率"，"可能导致人们高估或低估风险的严重性，并作出不恰当的应对"。虽然这是承认影响公众对风险传播的解释变量范围（并非都是可量化的）的第一步，但若是由媒介研究领域以外的学者来提出解决方案，或是忽视尤其是来自媒介批判理论的见解，最终就会演变成对寻求理想传播模式的实证研究进行简单复制。譬如洛瑞等学者（Lowrey et al., 2007, p. 2）就承认，"有关恐袭与自然灾害的新闻报道，有时可能会因为报道不准确、不完整，或耸人听闻而被质疑会导致公众对风险的误解"，但他们还强调，"研究表明，记者之所以未做好充分准备以进行恐袭或其他各类自然灾害的报道，部分原因在于他们缺乏足够的科学与医学专业知识"。因此，洛瑞等学者（2007, p. 7）呼吁，风险传播研究者应该做好"转化与传播健康与风险传播研究成果的工作"，以供新闻记者与公共信息官员使用。尽管这也许是解决办法的一部分，但无论是培训科学家与非专业受众进行沟通，还是培训记者掌握基本的科学与研究方法，风险传播研究仍需要运用跨学科的方法，以解决媒介传播内在复杂性这个首当其冲的问题，而不只是简单地进行实证研究的"转化"，因为媒介渠道自身并不会塑造公众最终获取的信息。即便科学传播的这些缺陷得以被弥补，也无法解决穆勒（Mueller, 2005, p. 226）指出的新闻媒介"无法处理风险与相对概率事件的先天能力不足"问题。而当我们跨学科地进行阅读，愿意认真考虑那些我们并不熟悉，甚至被怀疑主义预判为不合适的理论与方法之后，就会发现，至少有三个显而易见的挑战，促使媒介作为准确传递恐怖主义相关信息的透明渠道的能力变得复杂多变。

首先，许多结构性因素同时刺激媒介夸大风险，并遏制了更为冷静与细致的报道。用穆勒（2005, p. 226）的话来说，"大多数的记者与政客都发现，极端与危言耸听的信息比广泛背景下的讨论更具吸引力，更不用说统计现实了"，而原因是多面的。在防恐相关企业持有股份或有接受赞助的专家可能会夸大威胁；政治家或分析师若误判恐怖事件可能会面临巨大的名誉危机；而媒介与政治话语消费者则推动了公共文化对戏剧性的需求（Dobkin, 1992; Lowrey et al., 2007）。许多媒介学者都指出，记者的财力与时间有限，在交稿截止日期临近等压力下，他们会过度依赖于政府和其他精英信源（Ericson, Barane & Chan, 1987; Hall, Critcher, Jefferson, Clarke & Roberts, 1978; Herman & Chomsky, 2002; Singer & Endreny, 1993; Vincent, 1992）。而这些官方信源中的某些人可能由于直接利益动机从而选择危言耸听而不是准确的信息，因为"对于国家实验室或情报机构来说，没有比炒作恐怖主义威胁更可靠的方式能让他们从财政部获得更多的拨款，尤其是与核能扯上关系的时候"（Weiss, 2015, p. 84）。2001 年以后，美国联邦政府对生化恐袭研究的资助也是类似的情况，一个良好的生化恐袭媒介传播研究，必须考虑到来自各层级的动因，因为这些动因会影响威胁信息的主观解释。

其次，风险研究专家已充分证明，许多因素造成公众难以根据数学标准理解概率事件（Slovic, 1987）。其中一个困难就如森斯坦（Sunstein, 2003, p. 121）解释的：

　　当面对无知时，人们会通过各种启发方式来评估概率，最常见的就是可得性启发（Availability Heuristic）：人们会尝试联想一个现成例子以评估概率。在恐袭发生以及此后的一段时间中，若发生了某种受到瞩目的行为，人们就会认为这种行为可能再次发生。

森斯坦认为，解释新近发生的恐袭事件对未来可能的恐袭事件的影响这一点十分重要。但更广阔的理论范围有助于研究人员发现，有许多元素可作为"可用且突出"的范例来帮助受众理解风险情境。霍尔等学者（Hall et al., 1978，p.54）就曾指出，新闻媒介依赖"文化地图"（cultrual maps）以帮助读者理解不同寻常的、意外的，以及不可预测的事件，而这些事件构成了"新闻价值"的基本内容（Altheide, 2007）。阿约特（Ayotte, 2011, pp.8, 11）则认为不仅仅是疾控中心或联邦政府，新闻媒介也过分依赖于根植在美国流行文化中的文化地图以解释 2001 年的炭疽袭击，导致美国有线电视新闻网（CNN）甚至将小说家理查德·普雷斯顿（Richard Preston）视作"生化恐袭专家"。普雷斯顿的"专家认证"，源于其畅销小说《眼镜蛇事件》（*The Cobra Event*, 1997），以及非小说类畅销作《热区》（*The Hot Zone*, 1994）。1998 年，他甚至被邀请到美国参议院就苏联的生物武器项目进行作证，在证词中他将炭疽病的历史传播率夸大了 10 倍。因此，在某些案例中，流行文化中的类似符号在向公众提供可用信息方面的作用，可能会与新近发生的重大事件同样重要。而对风险传播研究者而言最关键的教训就是，在 2001 年炭疽袭击以及后来的非典疫情中，我们的全国性新闻媒介为获取有关疾病风险的公共信息，求助于流行小说作家的次数居然与求助于疾控中心的疾病专家的次数差不多。因此，我们的研究模式必须从更为广阔的理论与学科中汲取灵感，以应对此类复杂现象。

最后，森斯坦（Sunstein, 2003, pp.122, 124 - 126）还指出，人们很可能会陷入"概率忽略"（Probability Neglect）的困境。指的是人们过于关注负面影响的恐怖性，从而未能准确把握既定风险的（不）可能性危害。他在这里引用了一个小型研究，该研究指出，对癌症死亡的生动描述（作为影响程度的情感阐述）会对被试者的反应产生实质影响。而传播学（Ayotte, 2011; Keränen, 2008）与公共政策（Stern, 1999）研究则证实，人们对大规模杀伤性武器危害的本能厌恶可能会导致不平衡的担忧或恐惧情绪，而森斯坦（2003）

的研究则有助于解释为何新闻媒介的戏剧化倾向会实质性影响公众对媒介化风险传播的理解。

上述各种媒介批判理论包括宣传研究、马克思主义政治经济学、后结构主义符号学、文化研究等多种研究方法，都向我们证明了当下风险传播研究中既有的媒介批判存在不足之处。上述结论都可得到修辞学的支持，因为"被认为是关于恐怖主义风险的知识，很大程度上是由描述这些风险的修辞构成的"（Ayotte et al.，2009，p. 608）。不管风险传播的修辞特征是出现于信息设计过程中、媒介传播风险信息时，抑或是受众解读风险话语时，多元化的风险传播研究方式必然能够提升整体结论的质量。我们的重点不是为了贬低未整合媒介与修辞学理论的实证研究的价值，而是为了强调我们需要在实证研究的基础上认识到存在于结构、语言与意识形态研究层面的局限，以实现新闻媒介在传达恐怖主义风险时能够保持透明、准确与清晰。

四 恐怖主义（非）批判研究

帕伦查尔和希斯（Palenchar & Heath，2007，p. 127）曾尝试在一定程度上拓宽风险传播学者的理论视野，并纳入对可能威胁社会结构的细节问题的考量，他们认为"风险传播在描述人们对风险的意识、态度，以及行为的同时，也是一种传播价值观与身份认同的工具"。风险的本质就是对某个有价值的东西存在潜在危害性，这必然会引出一个问题：价值是如何确立的，又是谁的利益会受惠或受害于这种危害？然而，这些受众或风险传播者自身的价值观与身份认同，并不是事先就建立好的，而是通过描述风险与建立应对措施的话语来架构与强化的。例如贝克（Beck，2002，p. 51）对"民族主义方法论"（Methodological Nationalism）现象的关注，正是此类问题的基础，"民族主义方法论中，社会即民族国家社会，国家及其政府即社会科学分析的基石。这一前提条件决定了实证研究的结构，例如在选择量化指标时，总是会挑选国家相关的标准"。而在当下跨学科与多元化研究中备受瞩目的媒介批评与文化研究学者诺姆·乔姆斯基（Noam Chomsky，1989；Herman & Chomsky，2002），对美国政府针对恐怖主义的官方话语中并未谈及其盟国也在遭受恐袭暴力这一现象，提出了类似的批评。

在 20 世纪 90 年代末，一些主要供职于国际关系与地理领域的批判理论学家，开始利用广泛的哲学、语言学，以及社会学理论以挑战他们认为当时主导了国际关系领域的狭隘主义实证研究方法；该领域的工作后来被归类为安全批判研究（Critical Security Studies）之中（Campbell，1998；Krause & Williams，1997；Shapiro，1997）。这一着眼于国际安全威胁尤其是恐怖主义研究与表现的批判性研究在当代得到了延伸，即"恐怖主义批判研究"（Critical Terrorism Studies，简称 CTS；Dixit & Stump，2016；Jackson，2007；Jackson, Smyth & Gunning，2009；Jarvis，2009）。这一多元化的发展与当时的反恐研究大环境有所出入，因而造成了一些恐怖主义研究者对其作出了令人惊讶的非学术性回应；这里我找到了一个很好的例子，以帮助我们更好地理解在恐怖主义风险传播研究方面，理论多元化所面临的抵制与机遇。

2013 年，期刊《恐怖主义与政治暴力》出版了一期题为"知识分子与恐怖主义：致命的吸引力"的特刊。这期特刊的内容虽然并不完全集中于恐怖主义风险传播研究，但它是目前有关恐怖主义威胁最权威的学术成果之一。如果严格参照科维洛（Covello，1992）对风险传播的定义，即"风险包含了关于风险本质的信息"的话，那么这期特刊刊登的成果的确属于恐怖主义风险传播的范畴。再回顾帕伦查尔与希斯（2007）之前的阐述，即风险传播既是"传播价值观与身份认同的工具"，也描述了"与风险本身相关的意识、态度与行为"；那么我们对这期特刊中的研究所阐述的价值观与身份认同提出质疑，可谓是探索理论多元化的一次宝贵实践。

除了出自恐怖主义批判学者之手的成果之外，这期特刊中还有几篇文章涉及恐怖主义批判研究中的常见论点。本期特刊的编辑们打着"知识分子在各种关键时刻赋予暴力行为实施者以合法性"的口号（Rimon & Schleifer，2013，p. 511），为几位作者提供平台以诋毁另一批批判学者，而这些批判学者正是与此前提及的帕伦查尔与希斯（2007）、贝克（2002）等学者一样，向风险传播研究中建构价值与身份认同的话语与方法提出了质疑的研究者们。本章的重点，在于指出该特刊正是抵制理论多元化的一个典型范例。正如霍普金斯（Hopkins，2014，p. 301）指出的，《恐怖主义与政治暴力》的这一期特刊"是在这样一种背景下出版的：编辑、作者，以及他们所使用的参考文献，都对恐怖主义持有单一化的意识形态认知，特别是他们对权力与合法性的假定是不容置疑的"。其中，兰德斯（Landes，2013）、霍兰德尔（Hollander，2013），以及盖夫曼（Geifman，2013）的三篇文章，充分反映了本期特刊所展示的理论狭隘性。

首先，我们可以先看看兰德斯（2013，p. 622）的文章中的这一段话，这段话确定了他的论述基调：

> 对于圣战野心而言，没有比非穆斯林的知识分子更好用的帮手。他们坚持认为伊斯兰教是一个和平的宗教；认为它与民主是完全一致的；坚信恐怖分子代表的只是非常微小的、甚至不能称之为伊斯兰教信徒的一小撮人。然而回顾历史，根本找不到比称信奉好战（如果不是最好战的）信条的宗教为"和平的宗教"更为空洞的主张。

这里要注意的是，兰德斯没有提供哪怕是一个证据来支持他的观点，甚至连一个明确的对比也没有，比如说被大量记录在案的十字军东征血腥历史之类的。兰德斯（显然还包括编辑）自证真理般地对一个宗教做出如此尖锐且消极的定论，会令任何一个严谨治学的研究者都感到震惊。而相比之下，许多不同学科的研究者都已在研究中驳斥了同质化或丑化伊斯兰教派与信徒的合理性，并证明了其危害性（Ayotte & Husain，2005；Said，1994；Said，1997）。

兰德斯（p. 626）接下来还断言，后现代主义与后殖民理论是恐怖主义合法化的罪魁祸首，"受到列维纳斯—德里达（Levinasian-Derridean）的后现代主义理论启发，后殖民主义话语中的'他者'占据了如此重要的位置，以至于一些思想家真的会争论民族或国家中'他者'的认识论优先问题"。兰德斯同样没举出任何例子，脚注只列出了他自己的博客文章作为论据，而这篇文章仅对雅克·德里达（Jacques Derrida），一位已故法国哲学家的两篇会议论文进行了二次引用。然而有学者指出，根本无须引用这位哲学家的著作，就可将他与恐怖主义批判研究撇清关系（Jones & Smith，2009）。后现代主义理论尤其是德里达的非批判性讽刺，反映了后现代主义理论学者们对摒弃分歧的理论框架持普遍认同的态度，但对知识分子参与其中并没抱什么期望。德里达去世以后，这一观点还被写入了他的讣告（some eulogistic and others bizarrely gleeful；Tumolo，Biedendorf & Ayotte，2014）。

特刊的另外两位作者则提起了广泛指控，目标是那些认为巴勒斯坦自杀式爆炸袭击是对美国与以色列外交政策的回应的学者们。霍兰德尔（Hollander，2013，pp. 519，528）认为，这些研究都是"中间偏左"的西方学者，尤其是"人文社科领域"的学者，在为恐怖主义贴上"合理化"的标签。盖夫曼（Geifman，2013，p. 557）更甚一步，断言那些对以色列反恐政策提出批评的恐怖主义研究学者可能患有斯德哥尔摩综合征。她暗示这种批评的观点相当于"将暴行的责任从始作俑者转移至受害者身上"，据称是"斯德哥尔摩综合征的典型症状"。然而，人类漫长的历史中有太多的记录告诉我们，无论是医生还是蛊惑民心者，都会利用精神错乱的暗示来贬低或边缘化那些持有不同观点者（van Voren，2009）。可以说，盖夫曼的伪精神病学说，不是一个能令人信服，能用以反驳恰好与她持不同观点的一整个学者群体的理由。

其次，更重要的问题是，如果按照希斯和韦默（Heath & Waymer，2014，p. 242）的建议来看，风险传播研究者与政策制定者必须询问这样的问题："恐怖分子在试图传达怎样的信息、价值定位、身份认同或利益？"。相对于霍兰德尔（2013）与盖夫曼（2013），我们非常有必要在研究中纳入对恐怖分子自述动机的分析，如在2001年，本·拉登就自述认为以色列和西方大国的暴力行为是基地组织发动恐袭的动力。对本·拉登的自陈理由进行简单的描述，并不是在将其合法化，这就好比检察官在试图赢得审判时需要对杀人犯的动机进行合理陈述一般。又比如说，环球航空公司第847航班的劫持者们声称，他们劫机的部分动机是为了报复美国中情局在黎巴嫩首都贝鲁特对谢赫·法德拉拉（Sheik Fadlallah）发动的汽车炸弹袭击，这起爆炸未能抓住法德拉拉，反而造成了数十人的平民死亡，多人受伤的后果（Dobkin，1992）。此外，与霍兰德尔和盖夫曼的"左派宣传"臆想不同的是，美国中情局用"后坐力"（Blowback）一词来描述此类现象（Johnson，2000，p. 8）。而几十年来，军事专家也一直将恐怖主义、大规模杀伤性武器扩散，以及游击战等，称为对美国与其他国家常规军事优势的"不对等"回应（Burrows & Windrem，1994；Cottam，1988；Klare，1995；Sloan，1998）。

最后，由于杂志特刊的特殊性质，上述兰德斯（2013）、霍兰德尔（2013），以及盖夫曼（2013）的文章可能并没有经过旨在确保研究严谨性与客观性的、正规的同行匿名评审程序。然而，在出版文章中省略了对证据资料、分析推理，与知识分歧开放性的基本要求，是无法满足我们发展稳健的恐怖主义风险传播研究的需要的。我们不能依靠自以为是的论据或是轻率的推理来贬低与我们不同的观点，我们必须拒绝在遇到该情况时用这种方法去进行学术研究。

五　结语

正如默顿（Merton，1996）指出的，理论多元化的呼声由来已久，跨越了自然科学、社会科学，以及人文科学。这是一项尚未完成且极具价值的项目，因为持续稳健的研究需要多样化成果的积累。风险传播研究成败与否，特别是恐怖主义的风险传播研究成败与否，取决于其能否发展成为一个多元化研究的重要领域。恐怖主义的风险传播研究中的任何一种单一研究方法，都不可避免地存在视野不完整性的问题，这也使得多元化迫在眉睫。因为理解恐怖主义风险传播的"背景复杂性"，"需要一种多维度的方法，将不同学科、方法、理论，以及分析层次整合于一体"（Crelinsten，2002，p. 110）。本章通过对已往恐怖主义风险传播文献的回顾，对"媒介化风险传播"以及"批判性恐怖主义研究争议"两个实例的分析，以证明跨学科理论与方法多元化的必要性与价值。此外，本章还通过对恐怖主义相关文献的引证与相互补充，尝试将恐怖主义风险传播研究的多元化呼吁付诸实践。

能否成功提升恐怖主义风险信息有效性，取决于研究人员对影响媒介与公众认知风险的各类影响的解读能力。恐怖主义风险传播研究、批判性恐怖主义研究，乃至《恐怖主义与政治暴力》杂志特刊中所暴露的理论匮乏，虽然还不足以成为该领域中的一个独立研究方向，但可以为风险传播学者研究风险威胁提供新的视角。当然，这并不代表着我们每个人都必须亲自使用那些我们所不熟悉或不认可的理论框架与方法，我们也应该继续毫不犹豫地批评那些我们认为缺乏理论连贯性或方法严谨性的研究。但是，我们必须培育不同于现有观念的理论观点，并期望它们能够在促进风险传播研究发展上发挥价值，以帮助我们更为彻底地理解与应对风险。

参考文献

Althaus, C. (2005). A disciplinary perspective on the epistemological status of risk. *Risk Analysis, 25*(3), 567–588. doi: 10.1111/j.1539-6924.2005.00625.x.

Altheide, D. (2007). The mass media and terrorism. *Discourse & Communication, 1*(3), 287–308. doi: 10.1177/1750481307079207.

Ayotte, K. J. (2011). A vocabulary of dis-ease: Argumentation, hot zones, and the intertextuality of bioterrorism. *Argumentation and Advocacy, 48*(1), 1–21.

Ayotte, K. J., Bernard, D. R., & O'Hair, H. D. (2009). Knowing terror: On the epistemology and rhetoric of risk. In R. L. Heath & H. D. O'Hair (Eds.), *Handbook of risk and crisis communication* (pp. 607–628). New York: Routledge.

Ayotte, K. J., & Husain, M. E. (2005). Securing Afghan women: Neocolonialism, epistemic violence, and the rhetoric of the veil. *NWSA Journal, 17*(3), 112–133.

Beck, U. (2002). The terrorist threat: World risk society revisited. *Theory, Culture & Society, 19*(4), 39–55. doi: 10.1177/0263276402019004003.

Becker, S. M. (2005). Addressing the psychosocial and communication challenges posed by radiological/nuclear terrorism: Key developments since NCRP Report no. 138. *Health Physics, 89*(5), 521–530. doi: 10.1097/01.HP.0000172142.89475.d2.

bin Laden, O. (2001, December 27). Transcript: Bin Laden video excerpts. *BBC News.* Retrieved from http://news.bbc.co.uk/1/hi/world/middle_east/1729882.stm.

Burke, K. (1969). *A grammar of motives.* Berkeley: University of California Press.

Burrows, W., & Windrem, R. (1994). *Critical mass: The dangerous race for superweapons in a fragmenting world.* New York: Simon and Schuster.

Campbell, D. (1998). *Writing security: United States foreign policy and the politics of identity* (Rev. ed.). Minneapolis: University of Minnesota Press.

Chomsky, N. (1989). *Necessary illusions: Thought control in democratic societies.* Boston, MA: South End Press.

Cottam, R. (1988). *Iran and the United States: A cold war case study.* Pittsburgh, PA: University of Pittsburgh Press.

Covello, V. T. (1992). Risk communication: An emerging area of health communication research. In S. A. Deetz (Ed.), *Communication yearbook 15* (pp. 359–373). Newbury Park, CA: SAGE.

Crelinsten, R. D. (2002). Analysing terrorism and counter-terrorism: A communication model. *Terrorism and Political Violence, 14*(2), 77–122. doi: 10.1080/714005618.

Danisch, R. (2011). Risk assessment as rhetorical practice: The ironic mathematics behind terrorism, banking, and public policy. *Public Understanding of Science, 22*(2), 236–251. doi: 10.1177/0963662511403039.

Dixit, P., & Stump, J. L. (Eds.). (2016). *Critical methods in terrorism studies.* New York: Routledge.

Dobkin, B. (1992). *Tales of terror: Television news and the construction of the terrorist threat.* New York: Praeger.

Ericson, R., Baranek, P., & Chan, J. (1987). *Visualizing deviance: A study of news organization.* Toronto, Canada: University of Toronto Press.

Fischhoff, B. (2011). Communicating about the risks of terrorism (or anything else). *American Psychologist, 66*(6), 520–531. doi: 10.1037/a0024570.

Freedman, L. (2005). The politics of warning: Terrorism and risk communication. *Intelligence and National Security, 20*(3), 379–418. doi: 10.1080/02684520 500281502.

Geifman, A. (2013). The liberal left opts for terror. *Terrorism and Political Violence, 25*(4), 550–560. doi: 10.1080/09546553.2013.814494.

Grabill, J., & Simmons, W. (1998). Toward a critical rhetoric of risk communication: Producing citizens and the role of technical communicators. *Technical Communication Quarterly, 7*(4), 415–441. doi: 10.1080/10572259809364640.

Groves, W. B., & Newman, G. (1990). Criminology and epistemology: The case for a creative criminology. In D. M. Gottfredson & R. V. Clarke (Eds.), *Policy and theory in criminal justice: Contributions in honour of Leslie T. Wilkins* (pp. 91–112). Aldershot, Hants, UK: Avebury.

Haimes, Y. (2011). On the complex quantification of risk: Systems-based perspective on terrorism. *Risk Analysis, 31*(8), 1175–1186. doi: 10.1111/j.1539-6924.2011.01603.x.

Hall, S., Critcher, C., Jefferson, T., Clarke, J., & Roberts, B. (1978). *Policing the crisis: Mugging, the state, and law and order.* New York: Holmes and Meier.

Hariman, R. (1986). Status, marginality, and rhetorical theory. *Quarterly Journal of Speech, 72*(1), 38–54. doi: 10.1080/00335638609383757.

Heath, R., & Waymer, D. (2014). Terrorism: Social capital, social construction, and constructive society? *Public Relations Inquiry, 3*(2), 227–244. doi: 10.1177/2046147X14529683.

Heilbrun, K., Wolbransky, M., Shah, S., & Kelly, R. (2010). Risk communication of terrorist acts, natural disasters, and criminal violence: Comparing the processes of understanding and responding. *Behavioral Sciences and the Law, 28*(6), 717–729. doi: 10.1002/bsl.940.

Herman, E. S., & Chomsky, N. (2002). *Manufacturing consent: The political economy of the mass media* (Rev. ed.). New York: Pantheon Books.

Hollander, P. (2013). Righteous political violence and contemporary western intellectuals. *Terrorism and Political Violence, 25*(4), 518–530. doi: 10.1080/09546553.2013.814491.

Hopkins, J. (2014). Psychologically disturbed and on the side of the terrorists: The delegitimisation of critical intellectuals in *Terrorism and Political Violence. Critical Studies on Terrorism, 7*(2), 297–312. doi: 10.1080/17539 153.2014.906983.

Jackson, R. (2007). The core commitments of critical terrorism studies. *European Political Science, 6*(3), 244–251. doi: 10.1057/palgrave.eps.2210141.

Jackson, R., Smyth, M. B., & Gunning, J. (Eds.). (2009). *Critical terrorism studies: A new research agenda.* New York: Routledge.

Jarvis, L. (2009). The spaces and faces of critical terrorism studies. *Security Dialogue, 40*(1), 5–27. doi: 10.1177/0967010608100845.

Johnson, C. A. (2000). *Blowback: The costs and consequences of American empire.* New York: Metropolitan Books.

Jones, D., & Smith, M. (2009). We're all terrorists now: Critical—or hypocritical—studies "on" terrorism? *Studies in Conflict & Terrorism, 32*(4), 292–302.

Keränen, L. (2008). Bio(in)security: Rhetoric, scientists, and citizens in the age of bio-terrorism. In D. Zarefsky & E. Benacka (Eds.), *Sizing up rhetoric* (pp. 227–249). Long Grove, IL: Waveland Press.

Klare, M. (1995). *Rogue states and nuclear outlaws: America's search for a new foreign policy.* New York: Hill and Wang.

Krause, K., & Williams, M. C. (Eds.). (1997). *Critical security studies: Concepts and cases.* Minneapolis: University of Minnesota Press.

Landes, R. (2013). From useful idiot to useful infidel: Meditations on the folly of 21st-century "intellectuals." *Terrorism and Political Violence, 25*(4), 621–634. doi: 10.1080/09546553.2013.814504.

Lee, J., Lemyre, L., & Krewski, D. (2010). A multi-method, multi-hazard approach to explore the uniqueness of terrorism risk perceptions and worry. *Journal of Applied Social Psychology, 40*(1), 241–272. doi: 10.1111/j.1559-1816.2009.00572.x.

Lowrey, W., Evans, W., Gower, K., Robinson, J., Ginter, P., McCormick, L. C., & Abdolrasulnia, M. (2007). Effective media communication of disasters: Pressing problems and recommendations. *BMC Public Health, 7,* 97. doi: 10.1186/1471-2458-7-97.

Merton, R. K. (1996). Theoretical pluralism. In P. Sztompka (Ed.), *On social structure and science* (pp. 34–40). Chicago, IL: University of Chicago Press.

Mueller, J. (2005). Simplicity and spook: Terrorism and the dynamics of threat exaggeration. *International Studies Perspectives, 6*(2), 208–234. doi: 10.1111/j.1528-3577.2005.00203.x.

Murray, D., Schwartz, J., & Lichter, S. R. (2001). *It ain't necessarily so: How media make and unmake the scientific picture of reality.* Lanham, MD: Rowman & Littlefield.

Nellis, A., & Savage, J. (2012). Does watching the news affect fear of terrorism? The importance of media exposure on terrorism fear. *Crime & Delinquency, 58*(5), 748–768. doi: 10.1177/0011128712452961.

Palenchar, M. J. (2009). Historical trends of risk and crisis communication. In R. L. Heath & H. D. O'Hair (Eds.), *Handbook of risk and crisis communication* (pp. 31–52). New York: Routledge.

Palenchar, M., & Heath, R. (2007). Strategic risk communication: Adding value to society. *Public Relations Review, 33*(2), 120–129. doi: 10.1016/j.pubrev.2006.11.014.

Preston, R. (1994). *The hot zone: A terrifying true story.* New York: Random House.

Preston, R. (1997). *The cobra event.* New York: Random House.

Rimon, H., & Schleifer, R. (2013). Who will guard the guardians? Introduction to the special issue on the intellectuals and terror: A fatal attraction. *Terrorism and Political Violence, 25*(4), 621–634. doi: 10.1080/09546553.2013.814484.

Ruggiero, A., & Vos, M. (2013). Terrorism communication: Characteristics and emerging perspectives in the scientific literature 2002–2011. *Journal of Contingencies and Crisis Management, 21*(3), 153–166. doi: 10.1111/1468-5973.12022.

Said, E. (1994). *Orientalism.* New York: Vintage Books.

Said, E. (1997). *Covering Islam: How the media and the experts determine how we see the rest of the world.* New York: Vintage Books.

Sellnow, T., Littlefield, R., Vidoloff, K., & Webb, E. (2009). The interacting arguments of risk communication in response to terrorist hoaxes. *Argumentation and Advocacy, 45*(3), 135–150.

Shapiro, M. J. (1997). *Violent cartographies: Mapping cultures of war.* Minneapolis: University of Minnesota Press.

Singer, E., & Endreny, P. M. (1993). *Reporting on risk: How the mass media portray accidents, diseases, disasters, and other hazards.* New York: Russell Sage Foundation.

Slack, J., & Semati, M. (1997). Intellectual and political hygiene: The "Sokal affair." *Critical Studies in Mass Communication, 14*(3), 201–227. doi: 10.1080/15295039709367012.

Sloan, S. (1998). Terrorism and asymmetry. In L. J. Matthews (Ed.), *Challenging the United States symmetrically and asymmetrically: Can America be defeated?* (pp. 173–193). Carlisle Barracks, PA: Strategic Studies Institute, U.S. Army War College.

Slovic, P. (1987, April 17). Perceptions of risk. *Science, 236,* 280–285.

Sokal, A. (1996). Transgressing the boundaries: Toward a transformative hermeneutics of quantum gravity. *Social Text, 14*(1/2), 217–252. Retrieved from www.jstor.org/stable/466856.

Sparks, L., Kreps, G., Botan, C., & Rowan, K. (2005). Responding to terrorism: Translating communication research into practice. *Communication Research Reports, 22*(1), 1–5. doi: 10.1080/0882409052000343462.

Stern, J. (1999). *The ultimate terrorists.* Cambridge, MA: Harvard University Press.

Sunstein, C. (2003). Terrorism and probability neglect. *Journal of Risk and Uncertainty, 26*(2), 121–136. doi: 10.1023/A:1024111006336.

Tumolo, M., Biedendorf, J., & Ayotte, K. (2014). Un/civil mourning: Remembering with Jacques Derrida. *Rhetoric Society Quarterly, 44*(2), 107–128. doi: 10.1080/02773945.2014.888463.

van Voren, R. (2009). Political abuse of psychiatry—an historical overview. *Schizophrenia Bulletin, 36*(1), 33–35. doi: 10.1093/schbul/sbp119.

Vanderford, M. (2003). Communication lessons learned in the emergency operations center during CDC's anthrax response: A commentary. *Journal of Health Communication, 8*(Suppl 1), 11–12. doi: 10.1080/10810730390224820.

Vincent, R. C. (1992). CNN: Elites talking to elites. In H. Mowlana, G. Gerbner, and H. I. Schiller (Eds.), *Triumph of the image: The media's war in the Persian Gulf* (pp. 181–201). Boulder, CO: Westview Press.

Weiss, L. (2015). On fear and nuclear terrorism. *Bulletin of the Atomic Scientists, 71*(2), 75–87. doi: 10.1177/0096340215571909.

Willis, J., & Okunade, A. A. (1997). *Reporting on risks: The practice and ethics of health and safety communication.* Westport, CT: Praeger.

第十二章

公共健康、风险与危机背景下的传播伦理

香农·A. 鲍文　李若韵

> 作为导语，我把伦理学定义为一门科学，它教导的不是我们如何获得幸福，而是我们如何变得值得幸福。
>
> ——伊曼纽尔·康德《老生常谈：这在理论上可能是正确的，但在实践中却行不通》（1974，p. 45）

一　伦理传播、风险、危机与公共卫生的交汇

当代社会，人们被各种各样的风险所包围。其中许多风险会导致危机产生，随之而来的便是诸多健康后果。例如，在 2011 年造成了数万人伤亡的地震与海啸之后，2016 年发生在日本的 6500 多次地震，相对而言算是一种已知风险。而当这些地震袭来时，对于急救人员、伤者、各类企业组织而言，他们都面临着一场公共卫生危机。他们不得不处理由此造成的电力、食品供应、交通、水源，以及其他基本服务的短缺，包括诸多对幸存者造成的其他影响。

在危机发生期间与之后，人们最需要的物资便是信息的获取与传播。当风险演变成危机时，人们会本能地发问："到底在发生什么？情况会有多糟糕？这场危机会持续多久？我的亲人们情况还好吗？"因此，无论这是一场传染病大流行抑或是自然灾害、传播，都起着至关重要的作用；而伦理传播，则是必要条件。

风险与危机管理的相关理论及原则，已经被广泛地从公共关系学、修辞学、商学、政府与金融学等角度展开了研究。这些属于风险与危机传播专门领域的成果，可用于提高公众与他们在紧急情况下所依赖的组织或政府之间的沟

通有效性。此外，由于在危机期间，人们的生命可能会受到威胁，因此我们也需要明确界定伦理传播的目标是什么。

伦理传播指的是提供直接、坦诚、诚实的信息（Bowen，2016），并且涉及对信息披露（Contextual Disclosure）的定义，要求相关信息与事实不会被隐瞒，而是会在以帮助人们作出充分知情选择的语境下被公开（Bowen，2016）。也就是说，若提供的信息量低于这一诚实标准，会被认为是不道德的。而本章旨在解释其原因。首先，本章将通过文献综述，梳理当下风险、危机与应急伦理学研究的现状。其次，从不断演变的媒介与社交媒介的角度来审视这些文献。最后，本章将对伦理学的三个主流学派——功利论、道义论与美德伦理学——进行概述，并以此将三个流派的视角进行整合，并提供一个全新的综合性伦理决策指南，以应对风险、危机及健康问题。总体来说，本章旨在帮助人们理解如何使用严格的伦理框架，以确定在面对风险、危机或公共卫生突发事件时正确的沟通交流与信息传播方式。

二　风险、危机与应急传播的伦理研究现状

风险管理涉及多种风险的集体管理与风险降低，而风险传播则有助于了解风险。公共卫生中的风险传播，则与卫生专业人员提供的关于特定行为潜在风险的信息密切相关（Freimuth，Linnan，Potter，2000；Witte，Meyer & Martell，2001）。这些信息需要提醒目标受众注意到某些行为的风险，如不健康的饮食习惯、不安全的性行为等等，并在此基础上说服他们对行为进行相应调整。

而另一方面，危机传播，则通常被称为危机与灾害管理（Barton，2001；Coombs，1995）。它帮助企业与组织遵循一定原则与策略，在危机与灾难发生后修复声誉。

虽然存在差异，但根据所面临的问题不同，风险传播与危机传播在不同的节点上会产生相互作用（Reynolds & Seeger，2005）。因此，为了提供全面的信息传播指南，公共卫生组织如疾病控制与预防中心（以下简称疾控中心）将这两种传统融会贯通，开发了一种名为危机与应急风险沟通（Crisis and Emergency Risk Communication）的综合处理办法（Reynolds，Galdo & Sokler，2002）。该办法包含五个阶段：风险、爆发、清理、恢复、评估；用以处理对利益攸关方

与公众而言的紧迫危机或灾难。只有当风险与危机都被纳入计划考量中时，我们所面临的传播挑战才能够被克服。与此同时，对伦理的考量也是计划成功的关键，这是公共卫生传播发展与实施中的一个重要因素（Guttman & Salmon，2004）。无论是从计划目标至目标人群、信息开发至有效性评估，还是内容一致性至信息准确性，公共卫生传播中对伦理的要求，往往比战略计划考量更为重要（Guttman & Salmon，2004）。

　　应急传播的伦理研究成果。近几十年来，该领域的研究主要集中在公共应急信息的有效性与伦理原则（Glik，2007）；信息接收者在接收信息时必需的警告用语；如何理解这些用语；如何（提醒他们）意识到这些信息与他们相关；如何使他们意识到需要采取保护措施以避免风险；以及如何促使他们采取指定的行动（Mileti & Fitzpatrick，1991；Mileti & Sorensen，1990）等问题上。而这些警告信息的透明度、准确性与一致性，在信息传递的过程中起着至关重要的作用（WHO，2003）。公开透明的公共传播，能够帮助公共卫生组织与政府当局有效传达指导意见与所建议的防护行动。与此同时，它也能建立应急响应部门的权威性与可信度（O'Malley，Rainford & Thompson，2009）。

　　2010年，在应对美国有史以来最大的一次石油泄漏事故时，当地政府与英国石油公司（BP）都由于缺乏透明度而招致批评，批评的内容包括如信息披露的延迟以及媒体采访受到限制等。而媒介大量的报道，强化了人们对英国石油公司的负面看法，也反映出私营企业在危机管理方面的彻底失败（Kimberly，2010）。而从该事故以及其他类似的危机中我们应该吸取的教训是：快速、全面、真实地披露信息，既是一个机构组织的伦理责任，也是一种战略方法，可最大限度地减少媒介恶意报道所带来的影响，以促进与客户及利益攸关方的关系（Bowen，2016）。

　　而这些伦理原则，不仅适用于企业与组织的危机与风险管理，也同样适用于政府、公共卫生专家与公众之间建立信任的过程之中（Bowen，Hung-Bae-secke & Chen，2016）。当面临可能会广泛传播的传染病问题时，公共卫生领域的坦诚，以及充分的沟通交流，能促使政府当局作出适当的决定并提供足够信息，以帮助公众采取必要的保护措施。此外，透明度也是公共卫生专家建立公信力的有效策略（O'Malley et al.，2009）。特别是当流行病爆发等突发事件发生时，限制个人自由的指令的有效性，会直接影响公共卫生专家的危机与应急管理顺利与否（Menon & Goh, 2005）。当局与公众之间的相互信任度，决定了个人是否会合作并采取相应行动。

信息一致性、诚实性与公众遵从性。缺乏伦理的公众传播会破坏公信力，也会摧毁应急管理各阶段的努力。一个臭名昭著的例子，就是 2014 年的埃博拉危机管理问题（Ratzan & Moritsugu, 2014）。在纽约医生克雷格·斯宾塞（Craig Spencer，他在几内亚接诊埃博拉患者后回国，却未被要求进行自我隔离）被检测为病毒阳性后的第二天，纽约政府当局对来自疫区的所有旅客实施了强制隔离措施。然而，几天后这项政策又被修改为允许旅客在卫生专家的监督下进行居家隔离。这些模棱两可的信息传递引起了巨大争议，也极大地损害了当局的公信力，从而引发了美国对埃博拉的全国性恐慌。

因此，除了在信息传递过程中需要保持透明公开以外，信息的一致性与准确性，也是信息接收者感知与行为的关键决定因素（WHO, 2003）。特别是随着时间推移，具有一致性的信息，其传播效果比不一致的信息更为有效，尤其是个体对风险的理解与信念方面尤为显著（Mileti & Sorensen, 1990；Perry, Greene & Lindell, 1980）。例如，疾控中心关于埃博拉高危人群的不一致信息，导致了美国的全国性严重恐慌（Begley, 2014）。而这一教训还不仅仅限于埃博拉，还来自于疯牛病、非典（SARS）、H1N1，以及新近的中东呼吸综合征（MERS）等疾病的应对实践之中。此外，清晰明确的传播与沟通，也是公共卫生领域背负的一项重要伦理义务（Ratzan, 2013）。尤其是与公众的沟通和与决策者或医疗人员的沟通存在显著的差异。在当下这个信息过载的时代，如何为身处风险之中的公众提供一致的信息，尤为重要。

此外，信息的准确性与确定性，可决定人们对警告信息采取怎样的反应（Glik, 2007）。当突发事件发生时，公众会迫切地想要了解政府当局所掌握的每一条信息。特别是在公共卫生危机期间，每一个词语都很重要，无论它准确与否（Reynolds & Seeger, 2005）。而为了提高预警效果，说服目标群体遵从这些信息，公共卫生专家、政府当局，以及媒介经常采取强力的动机呼吁（Motivating Appeals，如恐惧呼吁）并试图强化风险（Guttman & Salmon, 2004）。然而，不准确且夸大的信息反而可能导致负面效果，如对个人的心理行为或文化信仰产生负面影响。可见，此类公共卫生干预措施往往都会导致无意的负面效果（Cho & Salmon, 2007）。

传播健康或警告信息，尤其是限制个人自由的信息，可能会促使信息接收者采取与信息倡导期望相反的行为（Dillard & Shen，2005）。例如禁烟信息，反而可能会引发尝试戒烟的烟民抽烟的冲动（Stewart & Martin，1994）。当下社会，媒介传播对个体行为的说服力与影响力，可能比医疗人员要大得多（Ratzan，2013），但只有当公共卫生组织与政府当局传播的是准确且基于证据的信息时，其对个体的预期传播效果与非预期反效果之间才能达到平衡。总体来说，遵循伦理准则的公共卫生传播策略，才能有效实施并获取公信力（Guttman & Salmon，2004）。

三　快速发展的媒介在风险、危机与 紧急情况中的角色

在这个媒介全天候覆盖的时代，信息获取的便利性提高了人们对实时新闻报道的期望，尤其在出现公共卫生危机与紧急情况时更是如此。而在信息传递的过程中，大众媒介在向公众传递风险与应急公共信息方面，起着越来越重要的作用（Bennett，2010；Reese，Gandy & Grant，2001；Stryker，2003；Stryker，Emmons & Viswanath，2007）。

在媒介不断演变的环境中，信息越来越碎片化，信源质量往往较差，且信息传播迅猛飞速。这些动态最终就孕育了"假新闻"——本质上是就是错误信息与虚假信息，它们传播迅速，且往往难以追踪或溯源。而假新闻这种"流行病"的蔓延，导致人们对信息的不信任，也使得伦理传播的重要性日益凸显：以透明的信源提供合乎伦理的诚实信息，对于在利益攸关方与公众之中建立信誉、信任与信念而言，变得前所未有的重要。

在健康信息方面，尤其如此。当下超过半数的美国民众表示，全国性、地方性和有线电视新闻是他们接收相关健康信息的主要来源（Kaiser Family Foundation/Harvard School of Public Health，2001；Newport，2002）。而个体除了被动接受信息，也会主动寻求健康信息，从而更多地关注新闻媒介中的相关报道。在美国国家科学委员会（National Science Board，2014）的一项关于美国民众最感兴趣的新闻内容调查中，参与调查的美国民众被要求用10分制来评价对包括健康、科学、经济、政治在内的六个领域的感兴趣程度，而健康信息是仅次

于天气、犯罪，以及体育的受关注领域（平均7.8分）。

此外，在卫生危机或紧急情况下，公众严重依赖媒介与互联网以获取最新信息（Glik，2007）。研究表明，美国911恐怖袭击后的互联网使用量与新闻网站访问量，是危机发生前几天的两倍（Glass，2002）。其中，美国有线电视新闻网（CNN）的在线新闻网站的访问次数比前一周增加了23%，达到1700万人次。而在恐袭发生后的一周内，美国红十字会的网站的日访问人数达到了约40万。公众利用媒介与互联网来获取健康信息，说明公共卫生组织必须为危机期间与大众媒介的沟通做好更万全的准备。否则，公共卫生专家与政府当局可能会因为在媒介对危机的持续报道中缺乏对信息的控制从而导致失败。

议题重要性的认知与框架。风险管理中有一个重要焦点就是媒介报道与个人对议题重要性的认知之间的关系（如麦考姆斯和肖的议程设置理论，1972）。已往的研究表明，媒介的重视议程与受众的优先事项之间存在高度相似性（Kim，Scheufele & Shanahan，2002）。仅仅通过报道的数量，媒介就能告诉人们应该思考什么，关注什么（Scheufele，Shanahan & Kim，2002）。尽管人们可能并不了解某些议题的具体内容，但他们确实会认为这些议题比其他议题更为重要，因为媒介报道了这些内容。因此，媒介对议题的夸大或放大，可能会带来意外的不利影响，从而阻碍公共卫生组织的信息传播与沟通计划。

另外还有一个关键是信息的媒介框架。框架理论认为，媒介如何为议题建构框架，会影响人们如何去思考它（Scheufele，1999，2000）。对同一信息的不同表达与框架建构，会产生不同的受众反应，尤其是，当危机期间媒介与公共卫生组织对新闻相关性持不同观点时（Shoaf & Rottman，2000）。记者更乐于报道危机或紧急情况中的冲突、后果，以及责任归属，而公共卫生专家更希望能最小化冲突与后果的影响（Barnes et al.，2008）。正如安祖尔（Anzur，2000，p.197）总结的，"记者被危险与戏剧性所吸引，而卫生专家则看重预防、保障与恢复"。当危机爆发时新闻议程的观点出现两极分化，与大众媒介保持持续有效的关系就有助于公共卫生组织处理这一问题。

互动性。传统媒介（报纸与电视）仍然是公共卫生组织与公众之间沟通的重要信源。但在过去的十年中，互联网与社交媒体已逐步成为健康危机期间公众的主要信源（Jones & Salaah，2009）。互联网上的用户生成内容（UGC）极大地改变了公共卫生传播的形式，公众不再是被动地接收信息，而是积极地参与到知识转化的各个阶段，成为信息的生成者、传递者，有时甚至是"夸大者"（Chew & Eysenbach，2010）。如皮卡尔德（Picard，2010，p.2）曾解释说：

> 在新闻24小时不间断的时代，传统的每日一次，由带着一堆花哨头衔的主持人召开的记者招待会都改头换面为推特的帖子、油管的视频和点赞。公众需要参与到公共卫生问题相关的对话与辩论之中，而不是被教育。

鉴于公共卫生传播新兴的互动形式，危机与应急传播的第一步，便是制定有效的信息传播计划。在互联网高度普及之前，公共卫生专家会利用传统的评估方法，如民意调查或焦点小组，来衡量目标人群的感知与行为反应，以检验干预措施或传播计划成功与否。而现在，在危机期间于互联网上的即时反应与公开表达，成为保证公共卫生传播有效性的一个重要因素。因此，公共卫生机构在处理紧急情况时，必须即时并持续地评估互联网与社交媒介上的信息。

信息流动性与动态性。当公共卫生危机爆发时，不确定性与问题严重性通常会引发信息快速且广泛地传播，从而导致焦虑、错误信息、混乱、甚至恐慌。在紧急情况发生的早期阶段，总是普遍存在着猜测与谣言（Saman et al.，2005；Smith，2006；Tai & Sun，2011）。而在参与式的社交媒介时代，谣言与假新闻的传播速度会更快，更是凸显了公开、准确、真实、清晰、透明的公共信息传播的重要性。由于时间紧迫、恐惧，以及缺乏准确信息，危机与紧急情况发生期间的信息尤为容易出现信源不清与夸大事实的现象。因此，公共卫生专家必须随时监控互联网上的信息与公众反应，以谨慎处理问题与猜测。

2014年纽约的埃博拉隔离措施争议，是凸显社交媒介在危机与应急传播中影响力的典型范例。在纽约政府当局对来自疫区的所有旅客采取强制隔离措施后，相关消息便在推特上迅速传播，也迅速引起一些公众的反对，他们认为这项政策是"不人道"的。而在舆论的压力下，纽约与新泽西州地方政府在几天内就对这项争议政策进行了修改。这一结果向我们证明了社交媒介的力量：吸引关注、促成传统媒介报道、有效地导致实际政策变化。

社交媒介日益发展为公众获取信息以了解公共卫生危机或紧急情况的主要

平台（Vos & Buckner，2016）。它能够澄清不正确的信息并停止信息传播，并有效遵守危机与应急风险传播框架的要求（Veil，Reynolds，Sellnow & Seeger，2008）。然而，社交媒介上仍有很大一部分信息并不会动员人们采取保护措施，大量极具破坏性的谣言仍可以在其中被广泛传播（Vos & Buckner，2016）。

在 21 世纪，不断演变的媒介就是一把双刃剑。恰当的报道与讨论，可帮助公共卫生专家提高公众对危机与紧急情况的意识；而另一方面，大众媒介与社交媒介的夸张与渲染可能会导致不必要的焦虑等负面后果。而如何在危机与紧急情况下，通过媒介与公众进行有效、合乎伦理的信息传播与沟通，已成为我们的首要挑战。

四 伦理责任要求

无论是对公共机构还是民间组织来说，伦理都是一个必要条件（De George，2010）。随着对现有社交媒介渠道批评声不断上升（Li，2015），公众对问责制与社会责任的要求也越来越高。诸多臭名昭著的政府不当行为、企业丑闻与伦理失范案例，造成了社会广泛的质疑。这导致公众对企业的不信任、对政府机构的怀疑，以及对官员或领导人的厌恶。全球范围内，人们对企业与政府的信任度下降至历史最低水平（Edelman Trust Barometer，2015）。然而，媒介的快速发展，意味着机构组织现在可以直接与利益攸关方及公众进行对话，以反击谣言、假新闻或不准确的报道。而在这个过程中，我们有必要进行伦理考量。

为了与内部和外部的利益攸关方及公众建立长期关系，机构组织必须在内外部作出最合乎伦理的呼吁。例如，员工对于机构组织而言尤为重要。有人认为，员工是机构组织最重要的资产，在其他因素相同的情况下可为其提供竞争优势，在必要时甚至能为其代言。但是，为了给予雇主这两种帮助，员工必须对组织保持信任，相信他们会被善意对待。而伦理就能建立这份信任：对公平与正直的关注能促进伦理意识的建立，创造负有道德感的行为，从而反过来增强信任。

有研究指出，伦理是战略管理与组织决策的重要组成部分（Bowen，2008，2009）。然而，有的人看重性格与正直、有的人侧重诚信与道德原则；还有的人以更大的利益或公共福祉与社会公正为切入点，也有人更看重企业的社会责任（Corporate Social Responsiblity，CSR）。当组织机构不致力于创造自身的伦理价值观念时，他人的价值观就会被强加于其身。因此，为了保持自主性与独立决策，"负责任"似乎是建立道德框架时最具道德意识、战略性，以及最有效的手段。

伦理传播需要关注许多问题，但在职业实践中的伦理术语使用仍存在很多混乱现象（Bowen，2016），因此我们需要从伦理学中寻求一个具体定义。而伦理学文献，就是我们寻求理解伦理的自然归宿。伦理学，或者说伦理学研究，以及我们应该如何决策，是一个可以追溯至文明起源时期的古老学科。作为一门古老与严谨的正规学科，伦理学可为公共事务或公共卫生等更为年轻的应用领域提供许多帮助。伦理学，可被定义为指导人们行动的规则、原则、思维方式，或"对我们应如何行动的推理进行系统研究"（Singer，1994，p.4）。而应用伦理学，可定义为从错误行为中辨别是非。

伦理学是研究对行为或潜在行为适用，以及应当适用的标准与伦理原则。伦理是由其内在价值决定的，包括责任、幸福、责任、真理，以及决定进一步或维护如正直等美德的能力。伦理学有三大流派：功利主义伦理学、道义伦理学，以及美德伦理学。各学派对伦理道德的定义略有不同，且各有优缺点。因此，本章尝试将伦理学的三大学派进行整合，发展成一个更为现代化且相当实用的决策测试。在此之前，我们需要对各流派进行简要回顾以奠定理解基础，因为每一个流派都可为加强政府机构、企业、非政府组织与公民进行伦理决策的能力提供启发。

五　功利主义伦理学

由约翰·斯图亚特·密尔（John Stuart Mill，1861—1957）改良并推广的功利主义伦理学派又称"功利论"，将伦理定义为"为最多的人创造最大利益，同时将伤害最小化"。虽然，对于什么是"好的"可能存在争议，但功利论伦理框架可适用于公共卫生领域，因为该框架旨在为公共利益服务。而事实上，功利论是美国法律体系的基础，也常用于公共卫生领域（例如：基于功利论，学校要求学生进行疫苗接种）。

功利论是一种基于结果的范式，它意味着结果或潜在结果决定了伦理行为的过程。这一框架与其他伦理学流派是相悖的，其他的伦理学派认为伦理原则、真理或品格是道德行为的决定因素；而对功利论而言，结果决定一切。个体必须善于预测总体利益的后果，以及评估行动的潜在结果。

功利论的首要要求是"冷静客观"，即决策者在个人利益与他人利益方面需要秉持"真正的公正"（Elliott，2007，p. 101）。大多数的伦理学都要求从理性开始，要求人们保持客观、消除偏见、摒弃自私与利己顾虑，所有的这些都会影响决策。而开展基于伦理学的分析研究，等同于进行严格的逻辑思维训练。

功利主义演算，指的是对获益人数的估算。从社群主义角度来说，即潜在行动减去行为的负面影响或后果。换句话说，决策方案及其后果需要进行相互权衡，能产生最大的善与最少的恶的决定，就是合乎道德的行为。然而，功利论的准则非常具体，即便是那些可能被伤害的群体，他们的权利与正义也必须得到维护，严禁通过不道德的行为去获得最大的利益。换言之，个体不能为了创造一个更合乎道德的后果而最终牺牲伦理道德原则，这样做既不合逻辑且非常自私。

密尔认为，幸福就是善的最大化。他写道，"作为道德、功利或最大幸福原则的基本信条认为，若行为是正确的，那是因为它们倾向于促进幸福；若行为是错误的，则是因为它们往往产生幸福的反面"（1991，p. 137）。密尔也坚信，他的哲学必须被用来维护个人权利与建构社群，因为幸福是在社群与维护伦理中被发现的，这就是现代所谓的社群主义（French & Weis，2000）。

功利论是非常有用的一个理论，它有助于我们确定特定行为的后果是否符合公共利益。然而，功利论常常被误用，因此会产生一些局限。例如，可能会导致多数人的暴政，这意味着我们可能听不到少数派的声音。虽然密尔反对简单地使用算术来确定行为是否合乎道德，但在实践中人们往往只会如此运用它。因此有一些哲学家会驳斥说，人与伦理道德观念不能简化为数字。从这个角度来说的话，功利论就是一种简化主义，因为它衡量的就是行为的结果，而不是所涉及行为的伦理原则。最后，功利论要求我们具备预测未来结果的能力，但是我们都知道，许多事物的后果是不可预测，甚至是不可知的（如自然灾害、突发事故等）。

我们在日常生活中所面临的风险已对人类构成了足够的挑战；预测风险、危机或公共卫生等复杂情况的潜在后果，也许是一个令人望而生畏的未来。一些学者担心，对功利论的误用，会导致为寻求更好结果的不良行为辩护。但是，即便是出于最好的意图，与任何不诚实、不完整、不相关的信息披露进行沟通交流，实际上也会增加人们面临长期风险的可能性。基于这些原因，功利论最好用在与其他哲学流派相结合的分析中，例如本章后半部分所述。将比较常见的功利主义哲学与不同的推理形式相结合，可使我们在弥补其不足的同时，凸显其在审视公共利益方面的优势。

六　道义伦理学

道义伦理学，是被广泛认可的最为严格的伦理分析范式。该范式是由18世纪的普鲁士（德国）哲学家伊曼纽尔·康德（Immanuel Kant, 1785—1964）发展而来。康德因其关于伦理道德的著作久负盛名，是启蒙思想哲学家中最为出名的一位。他的著作以古希腊的美德伦理学为基础，但力求使其变得更为具体与实用。而由此产生的伦理学范式就是我们所熟知的道义论，字面意义来看即对责任的研究。当下，道义论已被广泛研究及应用于众多领域的专业实践之中。

道义论需从理性开始，但它的范式比其他伦理学流派更为严格。康德的理性基础是所有人的平等，因为他认为每个人都有能力进行理性分析，这不是仅限于贵族阶层、受教育阶层，或特权阶层的特权（Kant, 1785/1948）。因此也有人说，康德是历史上第一位平权哲学家。

而与功利论不同的是，道义论不是以结果为基础的；结果只是决策中的一个因素，但并不比其他因素更重要或更不重要。相较于潜在结果，道义论的基础是伦理原则。它要求对责任、权利与职责进行彻底审查，以形成一个普适性的伦理法则，并要求所有理性的人都能毫无偏见地作出决定。而该理论之所以具有普适性，在于它建立在平等的基础上：要求所有人必须仅通过理性来遵循伦理法则（Sullivan, 1989）。

道义论还要求个体具备高度的道德自主性、意义独立性、并进行客观的伦理分析与决策（Kant, 1793/1974）。康德认为，行为职责意味着可在实际中进行改变，因此还需要一定程度的权威性以执行伦理决策。这意味着康德的伦理学理论对那些没有权威性的群体而言可能帮助有限（Bowen，2004a）。此外，道德自主性是一种客观范式，它也要求个体排除利己、自私、社会习俗或规范、贪婪或其他可能在分析中导致偏见的因素。

道义论通常运用三个决策问题来指导伦理分析，康德称它们为绝对命令，因为这些问题无一例外都是必要义务，它们既不是假定的，也不是主观或有条件的，而是绝对适用于所有理性的人的。一个决策选项如要合乎道德，必须给予这三个问题肯定的答案（Kant，1785/1948）：

1. 我能否将我即将采取的行为变成一个普遍规律？它在其他类似情况下是否适用？——这个问题检测的是决策的普适性，以及个体作为行动接受方时它的可逆性。

2. 公众与利益攸关方的尊严及尊重是否得到维护？其他相关者是否被视为有价值的理性单位（Agent），而不是达到目的的手段？——这个问题的意义在于，我们需要以尊重与敬畏的态度去倾听公众的需求，必须将理性与道德自主相结合。

3. 所采取的行为是出于善意，还是出于做正确的事？——康德认为，善意是伦理学的终极检验，因为它是唯一不能被腐化、极端化，或被玷污的概念。

康德的绝对命令及其三个问题，可帮助我们从多个角度（如利益攸关方或公众）来检验一个潜在决策是否合乎道德。他旨在以此尽量减少偏见与自私。此外，第一个问题提及的普适性，还强调了伦理决策的持久性本质。当相互冲突的义务同时出现，康德就以此为决定因素来指导决策。而这个决定因素，就是我们要坚持的最为重要的伦理原则，也再次涉及该范式的普适性与跨文化力量。尽管道义论需要我们运用大量的信息或研究来理解多个不同的视角，但它基于的是伦理原则而不是可预期的后果。虽然进行道义论伦理分析并不是一件易事，但值得我们去花费时间与精力达到其预期的结果。而由于道义分析严格的本质，一般它能比其他框架构建出更为彻底、可靠、一致，与持久的伦理决策（Bowen，2004b）。

七　美德伦理学

道义伦理学的先驱者伊曼纽尔·康德曾写道，"我把伦理学定义为一门科学，它教导的不是我们如何获得幸福，而是如何使我们变得值得幸福"（1793/1974，#357，p. 45）。康德认为价值是终极目标，而他的定义则源自于美德伦理学。美德论是一种幸福主义（Eudiamonistic）理论，它赋予人类福祉与美好生活以价值。伦理的幸福主义价值观起源于古希腊哲学家所确立的传统，其词源来自于希腊语中的"幸福"（Annas，1993）。然而，伦理不能将幸福简单理解为自我满足来进行定义。相反地，苏格拉底、柏拉图，以及亚里士多德等古代哲学家们，基于理性的审视来质疑我们对善的定义，他们将伦理学视为一种为了达到最高或至高的善，而好好生活的学问。也就是说，美德论中的幸福观，将幸福等同于自我反省、内在知识、真理、和平以及通过实践与理性审视而获得的满足感。

美德论要求人们反思自己的行为，以及在追求美好生活的过程中，如何达到正直、质疑、求真、品德高尚的理想。美德伦理学家经常关注他们通过生活能做出何种贡献，他们是如何带来幸福的，或者他们将如何被他人所记住。当代美德伦理学家将这些复杂的目标称为追求"人类繁荣"（Foot，2003），即通过追求与达到高道德标准来提高我们与周围人们的能力以茁壮成长。然而，这就意味着，若要作出合适的判断，需要时间去反思并积累大量的生活经验，这就使得美德论变得非常不切实际。因为大多数的风险、危机，与突发公共卫生事件几乎不会留给我们任何时间去反思，而我们大多数人对可能面临的无数可能性也都没什么经验。因此，为了让美德论变得更容易付诸实践，它需要与功利论与道义论的概念融会贯通。当与其他伦理学流派相结合时，美德伦理学就可在弥补其实践缺陷的同时保持其概念优势。

八　综合伦理学研究

伦理学有助于我们确定解决困境的最佳方案，也有助于我们通过对具体情况的分析，为解决复杂的困境创造新的选择。而当我们基于理性分析时，需要对多个视角进行严谨考量，从而得出有说服力的结论与经过充分研究的论点。分析当然是越有力越好，因此，本章将伦理学的三个主要流派整合在一起，以便更好地对伦理分析作出指导（参见表12.1的伦理分析综合问题表）。

表12.1　　　　　　　　　　　　　　伦理分析综合问题表

1	我是不是足够理性？
2	我是不是足够客观？
3	我是不是足够道德自主（独立）并不存有偏见？
4	这个问题中的公众利益是什么？
5	有没有需要优先考虑的问题？
6	需要最大化的"善"是什么？
7	我是否能够理性预测问题的后果？
8	该问题潜在的负面后果或潜在危害是什么？
9	什么样的决策能最大化对于大多数的人的善，并最小化伤害？
10	我的决策能否变为他人所遵守的规则？
11	我的决策会带来什么潜在的危机？
12	若我的决策会变成永久的普适性规则，它仍是合乎道德的吗？
13	我的决策所基于的道德原则是什么？
14	我的决策是否足够诚实（真诚）？
15	决策的决定因素是什么？是否比其他因素更为重要？
16	决策真的是基于真正的价值观吗？而不是简单依赖于社会规范或传统？
17	尊严与尊重是否被维护？是否倾听与考量了多种观点？
18	尊严与尊重是否被维护？即便是不得不妥协的少数派？
19	信息披露是否足够完整、足够公正坦率，并置于相关语境之中？
20	决策能否促进人类繁荣？例如：某种程度能改善人类现状？
21	是否存在潜在负面影响或被忽视的群体影响其成为最佳决策？
22	我作出这个决策的意图是什么？
23	该决策是否有维护公正、权力与公平？
24	如果我不知道自己在决策中的角色到底是什么，或者我可能是决策中的任何一方或个人，那么这个决策是否仍合乎道德？
25	我是否从多个角度考量过这个决策？
26	潜在解决方案在多大程度上是基于理性的？它足以被维护或理解吗？
27	若是一个品行端正、正直诚实的领导者，他在这种情况下会怎么做？

续表

28	该决策是否出于良善意图？
29	我是否可以排除单纯的法律遵从，仅基于伦理来进行论证？
30	十年后再回顾这个决定，我是否仍会满意？
31	我是否有运用洞察力与气节来决定正确的方向？
32	该决策多大程度上支持了一个道德上有价值的准则或价值观？

功利论的主要优点在于它会考虑行动对公众的影响，并考量风险、危机与公共卫生议题的后果。该理论对政府机构而言尤其有价值，因为它可以组织并优先考虑公共利益，还可从任何视角加以利用。而功利论的缺点可通过与道义论强有力的基于原则的分析来进行弥补。这样一来，在严格依赖于每个人的尊严、尊重与平等的基础上，公众利益被视为首要目标，同时也不会导致多数人的暴政。

道义论，则用来建构一种基于责任的伦理决策原则范式。由于它坚持普适性的视角，要求维护所有相关公众的尊严与自尊，并运用良善意图或道德上良好的意愿作为对行动的最终检验。若一个决策能通过这些检验，那么它就是合乎道德的，因此，我们也将这三个检验纳入了综合问题指南之中。而之所以引入美德论的概念，是为了提升分析的伦理目标与坚定性，同时通过功利论与道义论等更为实际的问题，减少对后见之明的依赖。

将功利论、道义论与美德论融会贯通，意味着我们可以对良善、职责、权利与意图的多重意义进行检验，多元视角可增强分析的智力严谨性。虽然这些流派对伦理会有不同的定义方式，但它们对理性与道德自主性的依赖却是共通的。也意味着我们可以将这些流派整合为一体，形成一个整体分析。

以下所提供的综合分析中列举的问题，可适用于任何情况。这些问题可以用于个体、团体，或者组织机构。而进行提问的妙处就在于，尽管答案可能来之不易，但与不经审查就进行决策相比，在更好的分析基础上才能得到更好的解决方案。正如许多学者指出的，我们通过提问而变得智慧，即便是尚未有解答的问题，也能为我们提供有价值的见解与丰富的新点子以供思考。

伦理检验有助于我们从多个角度理解复杂的问题，并可对具有诸多影响与相互竞争的优先事项的困难状况进行理性分析。而简单的是非题几乎不需要完整的伦理分析来确定最佳行动方案。以上的问题根据时间顺序排序，用以指导伦理分析，且是从三大流派中筛选的最为适合进行伦理分析的问题。

九　研究启示

理论意义与展望是多方面的。将功利论、道义论与美德论整合，为我们提供了一个强有力的分析手段与方法，比单一流派的分析方法更为强大。然而，将三种流派整合有许多益处，但也面临三倍风险。我们必须意识到存在于各流派中的陷阱，并警惕那些已出现于分析之中的：例如美德论所需的后见之明与经验，可能会成为不断演变的媒介环境中快速变化的问题的解决障碍。而大多数人的暴政、将人们的担忧简化为数字，以及难以预测的未来后果，这都是功利论固有的缺陷，应加以防范。最后，若要在道义论寻求具有普适性的道德原则以维护各方的尊严与尊重，则需要庞大并毫无偏见的多元视角研究与分析。

这是一个费时且富有挑战性的过程，涉及高阶推理、逻辑与批判性思维。然而这种综合性的伦理研究法是一种全新的思路，它有着坚实的理论基础，但缺乏实践检验。将这一系列的道德分析法整合为一，可提供基于最无懈可击的道德原则并具有伦理意义的可靠决策。而这种基于良善意图的决策应该能够承受来自快速演变的媒介环境、虚假新闻与偏见的挑战。它们基于迄今为止最为严格的伦理分析，坚实而可靠。

在实践启示方面，可能会出现实施三流派综合伦理分析所无法预见的障碍。决策的好坏取决于其所依据的数据，而获取准确与完整的数据可能会成为一个障碍。在危机、灾难以及公共卫生恐慌期间进行传播沟通的时间压力，可能会导致失误。今后的研究，可着重检验与研究这种综合伦理分析法在不同专业背景与情境下的实践情况，以进行理论改良，并为实践实施提供可靠依据。

十　结语

面对公众对政府与媒介的不信任，机构组织现在需要成为利益攸关方与公众的最佳及最准确的信源。这就要求我们具有高度专业的伦理道德知识、运用多种形式对信源进行检验，并提供富有洞察力与批判性的分析。而在媒介环境中，每天都不断发生对内幕勾结与假新闻的指控，机构组织面临着信誉真空。

利益攸关方与公众现在可在哪里获取真实、准确、全面、客观与可信的信息？本章结合功利论、道义论与美德论为一体开发出综合伦理分析方法，旨在提供诚实且道德的信息来帮助机构组织以弥补信誉真空。这个集合伦理学三大流派的综合问题指南，提供了一个理论上强大且富有洞察力的办法，以帮助我们建构更好的组织与沟通传播，创建更好的组织和更好的沟通，并依次作出好的决策。

参考文献

Annas, J. (1993). *The morality of happiness*. Oxford: Oxford University Press.

Anzur, T. (2000). How to talk to the media: Televised coverage of public health issues in a disaster. *Prehospital and Disaster Medicine*, *15*(04), 70–72.

Barnes, M. D., Hanson, C. L., Novilla, L. M., Meacham, A. T., McIntyre, E., & Erickson, B. C. (2008). Analysis of media agenda setting during and after Hurricane Katrina: Implications for emergency preparedness, disaster response, and disaster policy. *American Journal of Public Health*, *98*(4), 604–610.

Barton, L. (2001). *Crisis in organizations II*. Cincinnati, OH: South-Western College Publishing.

Begley, S. (2014). CDC Chief faulted over confusing Ebola messages. *The Huffington Post*. Retrieved from www.huffingtonpost.com/2014/10/18/cdc-thomas-frieden-ebola_n_6006002.html.

Bennett, P. (2010). *Risk communication and public health*. Oxford: Oxford University Press.

Bowen, S. A. (2004a). Organizational factors encouraging ethical decision making: An exploration into the case of an exemplar. *Journal of Business Ethics*, *52*(4), 311–324.

Bowen, S. A. (2004b). Expansion of ethics as the tenth generic principle of public relations excellence: A Kantian theory and model for managing ethical issues. *Journal of Public Relations Research*, *16*(1), 65–92.

Bowen, S. A. (2005). A practical model for ethical decision making in issues management and public relations. *Journal of Public Relations Research*, *17*(3), 191–216.

Bowen, S. A. (2008). A state of neglect: Public relations as 'corporate conscience' or ethics counsel. *Journal of Public Relations Research*, *20*(3), 271–296.

Bowen, S. A. (2009). What communication professionals tell us regarding dominant coalition access and gaining membership. *Journal of Applied Communication Research*, *37*(4), 427–452.

Bowen, S. A. (2016). Clarifying ethics terms in public relations from A to V, authenticity to virtue: BledCom special issue of PR review sleeping (with the) media: Media relations. *Public Relations Review*, *42*(4), 564–572. doi: 10.1016/j.pub rev.2016.03.012.

Bowen, S. A., & Heath, R. L. (2007). Narratives of the SARS Epidemic and Ethical Implications for Public Health Crises. *International Journal of Strategic Communication*, *1*, 73–91. doi: 10.1080/15531180701298791.

Bowen, S. A., Hung-Baesecke, C. J., & Chen, Y. R. (2016). Ethics as a pre-cursor to organization-public relationships: Building trust before and during the OPR model. *Cogent Social Sciences*, 2. doi: 10.1080/23311886.2016.1141467.

Chew, C., & Eysenbach, G. (2010). Pandemics in the age of Twitter: Content analysis of Tweets during the 2009 H1N1 outbreak. *PLoS one*, 5(11), e14118.

Cho, H., & Salmon, C. T. (2007). Unintended effects of health communication campaigns. *Journal of Communication*, 57(2), 293–317.

Coombs, W. T. (1995). Choosing the right words for the development of guidelines for the selection of the "appropriate" crisis-response strategies. *Management Communication Quarterly*, 8(4), 447–476.

De George, R. T. (2010). *Business ethics* (7th ed.). Boston, MA: Prentice Hall.

Dillard, J. P., & Shen, L. (2005). On the nature of reactance and its role in persuasive health communication. *Communication Monographs*, 72(2), 144–168.

Edelman Trust Barometer (2015). New York: Edelman public relations. Retrieved from www.Edelman.com/insights/intellectual-property/2015-Edelman-trust-barometer/.

Elliott, D. (2007) Getting Mill right. *Journal of Mass Media Ethics*, 22, 100–112. doi: 10.1080/08900520701315806.

Foot, P. (2003). *Virtues and vices and other essays in moral philosophy*. Oxford: Clarendon.

Freimuth, V., Linnan, H. W., & Potter, P. (2000). Communicating the threat of emerging infections to the public. *Emerging Infectious Diseases*, 6(4), 337.

French, W., & Weis, A. (2000). An ethics of care or an ethics of justice. *Journal of Business Ethics*, 27, 125–136.

Friedman, M. (2002). *Capitalism and freedom: Fortieth anniversary edition*. Chicago, IL: University of Chicago Press. Original publication date 1962.

Glass, A. J. (2002). The war on terrorism goes online: Media and government response to the first post-Internet crisis. *Politics and public policy, Harvard University*. Cambridge, MA: Joan Shorenstein Center for Press.

Glik, D. C. (2007). Risk communication for public health emergencies. The *Annual Review of Public Health*, 28, 33–54.

Guttman, N., & Salmon, C. T. (2004). Guilt, fear, stigma and knowledge gaps: Ethical issues in public health communication interventions. *Bioethics*, 18(6), 531–552.

Huang, Y. (2004). The SARS epidemic and its aftermath in China: A political perspective. In S. Knobler, A. Mahmoud, S. Lemon, A. Mack, L. Sivitz, K. & Oberholtzer (Eds.), *Learning from SARS: Preparing for the next disease outbreak* (pp. 116–36). Washington, DC: National Academies Press.

Jones, J. H., & Salathe, M. (2009). Early assessment of anxiety and behavioral response to novel swine-origin influenza A (H1N1). *PLoS One*, 4(12), e8032.

Kaiser Family Foundation/Harvard School of Public Health. (2001). The health news index. Retrieved from http://kff.org/health-costs/poll-finding/health-news-index-septemberoctober-2001/.

Kant, I. (1785/1964). *Groundwork of the metaphysic of morals* (H. J. Paton,

Trans.). New York: Harper & Row.

Kant, I. (1793/1974). *On the old proverb: That may be right in theory but it won't work in practice* (E. B. Ashton, Trans.). Philadelphia: University of Pennsylvania Press.

Kant, I. (1785/1948). *The groundwork of the metaphysic of morals* (H. J. Paton, Trans.). New York: Harper Torchbooks.

Kimberly, J. (2010). How BP blew crisis management 101. CNN.com. Retrieved from www.cnn.com/2010/OPINION/06/21/kimberly.bp.management.crisis/.

Kim, S. H., Scheufele, D. A., & Shanahan, J. (2002). Think about it this way: Attribute agenda-setting function of the press and the public's evaluation of a local issue. *Journalism & Mass Communication Quarterly*, 79(1), 7–25.

Li, Z. (2015). *Does power make us mean? An investigation of empowerment and revenge behaviors in the cyberspace*. Unpublished doctoral dissertation, University of Miami.

McCombs, M. E., & Shaw, D. L. (1972). The agenda-setting function of mass media. *Public Opinion Quarterly*, 36(2), 176–187.

Menon, K. U., & Goh, K. T. (2005). Transparency and trust: Risk communications and the Singapore experience in managing SARS. *Journal of Communication Management*, 9(4), 375–383.

Mileti, D. & Fitzpatrick, C. (1991). Communication of public risk: Its theory and its application. *Sociological Practice Review*, 2(1), 20–28.

Mileti, D. S., & Sorenson J. H. (1990). Communication of emergency public warnings: A social science perspective and state of-the-art assessment. *Oak Ridge National Laboratory Rep.* ORNL-6609. Retrieved from http://cires.mx/docs_info/CIRES_003.pdf.

Mill, J. S. (1861/1957). *Utilitarianism*. New York: The Liberal Arts Press.

Mill, J. S. (1991). Utilitarianism. In J. Gray (Ed.), *On liberty and other essays*. New York: Oxford University Press. (Original work published 1863).

National Science Board. (2014). *Science and engineering indicators 2014*. Arlington, VA: National Science Foundation.

Newport, F. (2002). *Americans get plenty of health news on TV, but tend not to trust it*. Princeton, NJ: The Gallup Organization. Retrieved from www.gallup.com/poll/6883/americans-get-plenty-health-news-tv-tend-trust.aspx.

O'Malley, P., Rainford, J., & Thompson, A. (2009). Transparency during public health emergencies: From rhetoric to reality. *Bulletin of the World Health Organization*, 87(8), 614–618.

Perry, R. W., Greene, M. R., & Lindell, M. K. (1980). Enhancing evacuation warning compliance: Suggestions for emergency planning. *Disasters*, 4(4), 433–449.

Picard, A. (2010). What are the public-health lessons of H1N1? Preach less, engage more. *The Globe and Mail*. Retrieved from www.theglobeandmail.com/life/health-and-fitness/what-are-the-public-health-lessons-of-h1n1-preach-less-engage-more/article4323795/.

Ratzan, S. C. (2013). "They say" the next big pandemic is near: Are we prepared? *Journal of Health Communication*, 18(7), 757–759.

Ratzan, S. C., & Moritsugu, K. P. (2014). Ebola crisis—communication chaos we can avoid. *Journal of Health Communication, 19*(11), 1213–1215.

Reese, S. D., Gandy Jr, O. H., & Grant, A. E. (Eds.). (2001). *Framing public life: Perspectives on media and our understanding of the social world.* New York: Routledge.

Reynolds, B. M., Galdo, J. H., & Sokler, L. (2002). Crisis and emergency risk communication: Centers for Disease Control and Prevention. Retrieved from www.bt.cdc.gov/cerc/resources/pdf/cerc_2014edition.pdf.

Reynolds, B., & Seeger, M. (2005). Crisis and emergency risk communication as an integrative model. *Journal of Health Communication, 10*(1), 43–55.

Samaan, G., Patel, M., Olowokure, B., Roces, M. C., Oshitani, H., & World Health Organization Outbreak Response Team. (2005). Rumor surveillance and avian influenza H5N1. *Emerging Infectious Diseases, 11*(3), 463–466.

Scheufele, D. A. (1999). Framing as a theory of media effects. *Journal of Communication, 49*(1), 103–122.

Scheufele, D. A. (2000). Agenda-setting, priming, and framing revisited: Another look at cognitive effects of political communication. *Mass Communication & Society, 3*(2–3), 297–316.

Scheufele, D. A., Shanahan, J., & Kim, S. H. (2002). Who cares about local politics? Media influences on local political involvement, issue awareness, and attitude strength. *Journalism & Mass Communication Quarterly, 79*(2), 427–444.

Shoaf, K. I., & Rottman, S. J. (2000). The role of public health in disaster preparedness, mitigation, response, and recovery. *Prehospital and Disaster Medicine, 15*(04), 18–20.

Singer, P. (Ed.) (1994). *Ethics.* Oxford: Oxford University Press.

Smith, R. D. (2006). Responding to global infectious disease outbreaks: Lessons from SARS on the role of risk perception, communication and management. *Social Science & Medicine, 63*(12), 3113–3123.

Stewart, D. W., & Martin, I. M. (1994). Intended and unintended consequences of warning messages: A review and synthesis of empirical research. *Journal of Public Policy & Marketing, 13*(1), 1–19.

Stryker, J. E. (2003). Articles media and marijuana: A longitudinal analysis of news media effects on adolescents' marijuana use and related outcomes, 1977–1999. *Journal of Health Communication, 8*(4), 305–328.

Stryker, J. E., Emmons, K. M., & Viswanath, K. (2007). Uncovering differences across the cancer control continuum: A comparison of ethnic and mainstream cancer newspaper stories. *Preventive Medicine, 44*(1), 20–25.

Sullivan, R. J. (1989). *Immanuel Kant's moral theory.* Cambridge, UK: Cambridge University Press.

Tai, Z., & Sun, T. (2011). The rumouring of SARS during the 2003 epidemic in China. *Sociology of Health & Illness, 33*(5), 677–693.

Veil, S., Reynolds, B., Sellnow, T. L., & Seeger, M. W. (2008). CERC as a theoretical framework for research and practice. *Health Promotion Practice, 9*(4), 26–34.

Vos, S. C., & Buckner, M. M. (2016). Social media messages in an emerging health crisis: Tweeting bird flu. *Journal of Health Communication*, 21(3), 1–8.

World Health Organization (WHO). (2003). Global conference on severe acute respiratory syndrome (SARS): Where do we go from here? *Emerging Infectious Diseases*, 9(9), 1191–1192.

Witte, K., Meyer, G., & Martell, D. (2001). *Effective health risk messages: A step-by-step guide*. Thousand Oaks, CA: SAGE Publications.

第十三章

媒介演变环境下的风险与
健康传播策略：预防接种

波比·伊万诺夫　金伯利·A. 帕克　林赛·L. 迪林汉姆

一　研究介绍

传播仍是风险与健康促进与管理战略的中心（Ivanov，2012；Ivanov et al.，2016；Pfau，1995），因为，与这些活动相关的诸多过程都是"固有的传播与沟通过程"（O'Hair & Heath，2005，p. 4）。如加内特和柯兹敏（Garnett & Kouzmin，2007，p. 171）认为，"至今为止，卡特里娜飓风仍应被认定为一场如自然灾害一般的传播危机。"因此，这些学者与其他社会科学家（Degeneffe，Kinsey，Stinson & Ghosh，2009；Ivanov，2012；Pfau，1995）都一致呼吁设计并引入有效的传播信息作为战略工具，以努力预防与管理风险健康问题与危机。

作为管理风险与促进健康的有效工具，信息战略的基础源自预防接种理论的原理（Compton，2013；Compton & Pfau，2005；Ivanov，2012；Ivanov，in press）。而作为一种双边信息策略，预防接种理论已被证明可以削减政治动因暴力行为（Ivanov et al.，2016）、未成年人吸烟（Pfau，Van Bockern & Kang，1992；Pfau & Van Brockern，1994；Szabo & Pfau，2001）、酒精饮用（Godbold & Pfau，2000；Parker，Ivanov & Compton，2012）、回避疫苗接种（Wong & Harrison. 2014），以及无保护性行为（Parker et al.，2012）等问题负面影响的有效办法。因此，伊万诺夫（Inanov，2012，p. 77；Inanov，in press）认为，预防接种理论是在风险与健康传播语境下可被"无限应用的策略"。

然而，自 1961 年来，有关预防接种理论的研究尽管已持续了 50 多年，但学者们对媒介形态的潜在调节作用仍关注有限。只有少数学者进行了不同传统媒介间的对比研究（如 Pfau，Holbert，Zubric，Pasha & Lin，2000），预防接种理论研究中，基本上还是把"形态"作为信息内容的"中性"渠道来对待（Pfau，1990，p. 195；Dillingham & Ivanov，2016a）。因此，有关不同的传统或新兴媒介形态对预防接种过程，及其随后的信息效果的影响研究仍有待发展，而在一个快速演变的多媒介环境（Dholakia et al.，2010），其特征便是在线社会化与形式数字化（Zemmels，2012），由于预防接种理论特别是在风险与健康促进与管理方面，仍是一项广泛相关的战略，那么学者就必须将其作为一种信息传播战略，并考虑媒介演变对预防接种效果的影响。

　　本章将首先从预防接种理论的介绍开始。具体来说，本章首先将对预防接种的概念与逻辑进行概述，并梳理其最初与新近所确定的理论机制、变量、过程，以及理论边界。其次，本章将通过回顾现有的预防接种理论研究，重点阐述预防接种在风险与健康促进及管理中的战略应用。最后，本章将继续审视媒介形态在过往的预防接种研究中所起的作用，并最后对未来的风险与健康研究，以及在不断演变的媒介环境中发展的广义的预防接种理论研究进行展望。

二　预防接种理论的起源与机理

　　伊格利和柴肯（Eagly & Chaiken，1993，p. 561）将预防接种理论定义为"抵抗'态度改变'的始祖理论"。相较于能够潜在恢复而不是保护态度的反应策略，预防接种理论是一种先发制人的策略，它通过激励个体并强化既定的态度，来减少未来可能发生的说服性尝试的影响。预防接种信息被用来强化人们对当前态度的信念，并为未来的攻击做好准备（McGuire，1961）。该理论的根源可追溯至卢姆丹和贾尼斯（Lumsdaine & Janis，1953）的开创性研究之中，该研究检验了单边（即仅提供议题中一方立场论点）和双面（即提供议题中双方论点）信息的说服效果。研究结果显示，虽然两种类型的信息都会影响人们的态度与行为，但若寻求对未来可能发生的说服性攻击进行抵御，同时提供双边信息是一种更优越有效的策略。

　　而为了解释这一研究结果，麦克奎尔（McGuire，1964）运用了一个生物医学类比，他认为对态度进行预防接种从而产生抵抗力的方式，与人们通过接种疫苗以刺激人体免疫的方式是极为相似的。他观察到，在免疫过程中，人体通过接受灭活病毒接种，从而刺激人体的免疫系统，进而提升身体对疾病的抵抗力，促使免疫系统开始自主建立抵抗未来病毒攻击的能力。麦克奎尔还指出，疫苗剂量是免疫效果好坏的关键；若效果太弱，就可能无法刺激免疫系统，若太强，则可能会击溃免疫系统，并导致人体罹患原本期望能预防的疾病。

麦克奎尔（1961，p. 185）根据上述的接种免疫过程发展出自己的逻辑，他认为态度的预防接种可通过使用具有"威胁"或"休克"效果的说服性信息来产生更具抵抗力的态度，从而激发防御准备。麦克奎尔还认为，反驳——提出并反驳潜在的态度挑战的过程——是态度防御过程中的关键组成部分，可为个体提供针对态度压力承受力的实践与信心。因此，他总结指出，"威胁"与"反驳"是预防接种过程中两个关键的对抗机制。

而在建立预防接种的过程中，需要有效的信息设计，一般来说由两个信息要素组成：明确预警（Explicit Forewarning）与抢先反驳（Refutational Preemption；Ivanov，2012）。首先，进行明确预警的目的是为了向个人表明他们的态度并不是绝对正确的，因此他们很可能会因受到挑战而感到不知所措。其次，信息中的抢先反驳指的是先对个体当前态度提出较弱的挑战，然后再对相关挑战进行强烈驳斥。此外，威胁也同样可以由这两个信息要素生成。一方面，明确预警通过直接与公开的信息催生威胁感，而另一方面，抢先反驳则是通过向个体介绍潜在或即将到来的挑战，促使态度压力的危险转变为现实感受，因此是更为含蓄或内敛地引发威胁。反驳一般是由威胁激发，并受到了如何驳斥预防接种信息中提及的未来挑战的实践启示。根据麦克奎尔（McGuire，1964）的观点，无论是显性还是隐性的预防接种信息，都会引发威胁并激发反驳，而个体会通过信息中支持反驳的例证，反过来增强自身的态度抵抗。

然而，因斯科（Insko，1967）则质疑，预防接种过程的最初概念是不完整的。因此，近年来的研究多集中于探寻如何能够更好地解释预防接种错综复杂的过程与其他潜在机制的问题之上（Compton，2013；Ivanov，2012；Ivanov，in press）。研究结果指出，预防接种的过程除了会产生威胁与反驳，还会同时引发个体更高程度的议题相关性（Pfau et al.，2004）、自我效能（Farchi & Gidron，2010；Ivanov et al.，2016；Jackson, Compton, Whiddett, Anthony & Dimmock，2015；Pfau et al.，2009），以及影响（Compton & Ivanov，2014；Ivanov et al.，2012a，2012b；Miller et al.，2013）。此外，预防接种还能促进态度可达性（Pfau et al.，2003，2004）、强化被接种者的联想网络（Pfau et al.，2005），并增强态度确定性（Pfau et al.，2004；2005）；而所有的这些都能够增强个体的态度抵抗力。可见，预防接种信息为构建成功有效的风险与健康促进策略提供了一个极具价值的发展方向。

三　理论边界

作为一种基于理论的策略，预防接种可在特定范围内发挥作用。而这些边界既包含了理论，也包含了实践。本章将简要介绍与风险健康传播的信息设计最为相关的三个边界问题：初始态度、议题相关性与交叉保护。

1. 初始态度

伊万诺夫和同事（Ivanov et al.，2015，p. 220）认为，麦克奎尔的生物医学类比，"不仅仅是文体上的运用，同时也是解释性的"。预防接种是用来帮助健康个体进行免疫的，相对的，已经感染了疾病的个体就不是预防接种的合适人选。因此，与生物医学类似的是，态度的预防接种只适用于具有"健康"态度的个体。也就是说，将预防接种作为预防策略之外的任何策略，都会偏离生物医学类比的理论基础（Ivanov et al.，2016）。然而，一般从实用主义角度来看，一个强有力的信息策略不但能强化期望的既定态度，同时还可动摇原本中立的态度或影响并未期望的既定态度。因此，预防接种理论只是一种专为保护态度进行信息策略设计时的首选办法。

然而，基于预防接种的信息策略在实践中是可以实现上述所有功能的（Ivanov et al.，2017；Wood，2007）。具体来说，预防接种策略具有与预防接种理论原则相一致的预防功能；此外相较于抵抗功能，它还具有说服功能，因为它有助于创造新的，以及反对的态度（Ivanov et al.，2017；Wood，2007）。它比传统的支持性（或片面性）策略要好得多（Ivanov et al.，2017），因此为风险与健康预防及管理提供了一种强有力的替代信息传播方式。

2. 议题相关性

过往研究中，学者们认为议题相关性问题是"预防接种研究领域的关键"（Pfau et al., 1997, p. 210）。普福和同事（Pfau et al., 1997）最开始提出了这样一个观点，他们认为涉及对于个体而言属于中度重要的话题或议题的预防接种策略，是最为有效的。他们推断，高相关性议题反而会使该策略的有效性受到限制，因为个体已由于其高度的重要性而强化了自己的态度。他们还认为，可引起有限兴趣与相关性的议题，无法激发个体自发增强他们的态度防御。因此，相关性适中的议题，应该是运用疫苗接种理论的最佳机会。虽然普福等学者的研究在逻辑上是合理的，也能得到实践支持，但这些关于预防接种有效性与议题相关性之间存在曲线关系的研究主张，并没有得到统计学上的元分析（Meta-analysis）支持（Banas & Rains, 2010）。它虽然为标准化的 β 系数位于假设方向，但在两者之间并未发现线性或曲线相关性（Banas & Rains, 2010）。因此，我们应谨慎考量预防接种过程中议题相关性的潜在混淆作用。

3. 交叉保护

以威胁为驱动的防御建设，是预防接种成功的核心领域（Pfau et al., 1997）。麦克奎尔（McGuire, 1964）提出并证明，支持加强防御的动机，促使个体将态度保护罩延伸至预防接种信息中抢先反驳的内容以外的领域。还有另一种说法认为，预防接种信息的有效性会超出信息本身的论点并形成一把保护伞，为议题领域内的所有论点提供保护（Compton, 2013；Compton & Pfau, 2005；Ivanov, 2012；McGuire, 1964）。

然而，近年来帕克与同事（Parker et al., 2012；2016）则认为，这把保护伞还可能会超越议题领域本身，延伸至为相关态度创造交叉保护。他们以及其他学者的研究发现（Ivanov et al., 2015；2016）为交叉保护的可能性提供了早期证明。

综上所述，对理论边界的回顾，向我们显示了基于预防接种理论策略的各种可能性。预防接种理论为设计与实施有效的风险与健康传播策略，以加强、创造与改变目标及相关信念、态度，以及行为提供了机会。

四　预防接种理论在风险与健康传播语境中的应用

在预防接种理论研究的 50 多年历史之中，基于该理论的策略已被运用在多个领域之中，且其中的大部分都是成功的，如：政治（Pfau & Burgoon，1988；Pfau et al.，1990）、大众媒介（Pfau et al.，2006；2008）、商业（Ivanov et al.，2009；Ivanov et al.，2017）、企业传播（Dillingham & Ivanov，2015；Haigh & Pfau，2006）、公共关系与危机（Burgoon，Pfau & Birk，1995；Wan & Pfau，2004；Wigley & Pfau，2010）、人际传播（Sutton，2011）、跨文化传播（Ivanov et al.，2012b），以及教育（Compton & Pfau，2008）。而另一个引起预防接种研究家们高度关注的领域，便是风险与健康传播。因此，本章接下来将把目光放在过往预防接种研究中所关注过的特定风险与健康态度（行为）及政策之上。

1. 预防吸烟

预防青少年吸烟这个问题，已经引起了学者在预防接种方面的兴趣并开展了相应研究。在已往的一项为期两年的研究中，普福与同事（Pfau et al.，1992；Pfau & Van Bockern，1994）成功地维持了一群自信心较低的中学生高危群体对吸烟的反对态度以及禁烟意图。而班纳吉和格林（Banerjee & Greene，2006；2007）则在同一目标群体中组织禁烟干预工作坊，同样也得到了预防接种方面的积极成效。

2. 预防饮酒

杜耶（Duryea，1982；1983）主张将预防接种作为一种预防饮酒的教育策略以运用。自此开始，研究者们就陆续探索了预防接种在该领域的作用。戈博尔德和普福（Godbold & Pfau，2000）测试了标范化的预防接种信息在打击有关青少年群体饮酒人数的错误或夸大信息方面的有效性。通过传递青少年饮酒人数的真实信息，预防接种信息能够帮助青少年受到来自认为饮酒十分正常的同龄人所带来的劝酒压力。

此外，帕克与同事（Parker et al.，2012）则针对不同的人群，测试了预防接种对人们酗酒态度的交叉保护作用。作者发现，给大学生预防接种关于无保护性行为的危险，间接促进了对另一种危险行为相关态度的交叉保护。研究结果显示，样本群体对酗酒的消极态度被强化了。

3. 预防无保护性行为

帕克和同事（Parker et al.，2012）进行了一项研究以测试预防接种策略在减少大学生进行无保护性行为这种危险行为上的有效性。作者们设计了一个基于预防接种的信息，旨在维护人们对使用避孕套的积极态度。结果令人十分振奋，因为该信息不仅维持了人们的目标态度，还如前所述影响了延伸的相关态度，即强化了对酗酒行为的消极态度。

4. 接种疫苗

在最近的一项研究中，诺曼·黄与哈里森（Wong & Harrison，2014；Wong，2016）探讨了预防接种信息在保护人们对 HPV 疫苗接种积极态度上的能力。在实验中，他们检测了两种不同的预防接种策略。在第一个实验中，他们向参与者展示了旨在直接保护人们对 HPV 疫苗接种态度的信息。而在第二种方法中展示的信息则不是针对 HPV 疫苗接种的，而是关于广泛的疫苗接种实践的内容。这两种策略都成功地保护了人们对 HPV 疫苗接种的态度。这些发现具有重要意义，因为它们证明，预防接种不仅是一种有效的风险与健康策略，可以直接防御有 HPV 疫苗接种的积极态度，这种预防接种信息还确实会产生保护伞效应。如研究结果证明，人们对于一般的疫苗接种支持态度也会对特定种类的态度产生保护作用，就比如对 HPV 疫苗接种的态度。该研究向我们表明，设计针对全球性风险与健康相关的态度（如危险驾驶）的预防接种信息，也可能对各种特定的态度（如酒后驾驶、处方药使用后驾驶，甚至是边发短信边驾驶的行为）产生积极影响。

5. 风险与健康政策

由行业赞助的反政策信息会导致鼓励支持健康政策的努力功亏一篑（Niederdeppe，Heley & Barry，2015）。因此，为人们支持健康政策的态度制造缓冲，尼德德佩和同事（Niederdeppe et al.，2015）检测了预防接种在对抗反政策信息有效性方面的效果。他们将预防接种作为一种策略，以防止行业反政策信息的影响，这些反政策信息旨在削弱人们对降低肥胖、吸烟与止痛药成瘾风险等政策的支持态度。而结果同样令人振奋，预防接种信息产生了即时及延迟两种效果，有些人在接收信息后见成效，而有一些人在一周以后产生了效果。

预防接种研究者还发现，他们在努力保护支持许多与风险或健康相关的政策如限制电视暴力、赌博、大麻合法化、手枪买卖等方面同样也取得了成功（Miller et al.，2013；Pfau et al.，1997；2005）。而事实上，这些预防接种信息在保护上述议题中的双方态度方面有着同样的效果。

6. 其他的风险与健康相关问题

预防接种策略的有效性，当然不仅限于上述的议题与政策。例如，麦克奎尔（McGuire，1964）的原始研究就重点检测了预防接种策略在保护不同健康信念上的有效性如：定期刷牙、青霉素有益健康、每年都要进行 X 光检测以排除肺结核、每年都需要医生做定期检查等等。而无论信念是否受到保护，他的预防接种信息都是成功的。

此外，罗森堡（Rosenburg，2004）认为，预防接种信息可能是用来遏制校园言语伤害行为的一个有效办法。马图西茨和布林（Matusitz & Breen，2013）则认为预防接种可能是一种能降低犯罪累犯率的有效策略。他们还提出，预防接种信息可有效阻止年轻人加入黑帮（Breen & Matusitz，2008）。此外，金斯莱·韦斯特曼和同事（Kingsley Westerman，Margolis & Kowalski-Trakofler，2011）则建议使用预防接种信息来辅助应急安全培训。

还有诸多既有的风险与健康预防问题可通过预防接种策略得到有效改善，例如说促进与保护健康饮食习惯；对乳腺 X 光检查、结肠检查、母乳喂养的积极态度（Ivanov，2012）；以及定期锻炼（Compton & Ivanov，in press）。预防接种也可用来防止已戒除药瘾的人群再次复发（Ivanov，in press）。最后，它还可以促进人们健康的防晒措施、态度，以及行为（Ivanov，in press）。

7. 风险与健康预防领域之外

尽管大多数的风险与健康传播领域的预防接种研究都集中在如何应用于预

防上，但预防接种策略并不仅限于预防（Ivanov et al.，2017；Wood，2007）。例如，伊万诺夫、伯恩斯和同事（Ivanov，Burns et al.，2016）就将预防接种作为一种风险与健康的管理策略，而不是纯粹的预防策略来运用。他们并没有将该策略应用与于那些持有既定信念的个体身上，相反的，他们在不考虑初始信念期望值的基础上，成功运用了这一策略。他们在研究中使用该策略来增强公众对美国政府机构能力的信心，以防止并尽量减轻由于政治原因造成的暴力行为所带来的负面影响，例如在美国境内蓄意导致商用客机的坠机事件。此外，运用预防接种策略，他们还能提高人们对处理此类行为后果的感知能力，并同时降低了他们在经历此类暴力行为后所感受到的恐惧程度。因此，预防接种信息并不仅局限于预防，在风险与健康传播的管理方面，也是一种极有前途的战略手段。

五　不同媒介形态下的预防接种理论应用

如前所述，运用预防接种理论设计的健康与风险信息，在赋予说服力方面展现出了一致的效力（Parker et al.，2012；2016）。然而，关注于理解传播形态在预防接种过程中的作用的研究，成果并不丰富，结论也并不清晰（Dillingham & Ivanov，2016a；Pfau et al.，2000）。考虑到预防接种理论在影响风险与健康信息策略的应用中的"潜力"（Ivanov，2012，p. 77），媒介形态的问题就变得至关重要。简而言之，当预防接种信息离开了受控的实验环境以后，业界人士与学者是否仍有信心相信它们在现实世界多种形态的传播环境中，仍能发挥作用（仍能产生并维持对说服的抵抗力）呢？

在过去50多年的研究中，应用于纸质媒介的预防接种信息研究占据主导地位（Dillingham & Ivanov，2016a）。用已故的著名预防接种研究家迈克尔·普福（Michael Pfau，1990，p. 195）的话来说，媒介形态在预防接种理论中一直被视为"信息内容传播的中性渠道"。因此，证明预防接种信息相较于支持性或控制性信息更为优越的众多实践研究，比较的都是被试者在接触纸媒中的治疗信息（预防接种、支持或有/无信息控制），与随后的攻击性信息之后的态度（Compton & Pfau，2005）。

目前为止，只有两项研究（Dillingham & Ivanov，2016a；Pfau et al.，2000）

明确探讨了媒介形态在预防接种过程中的作用。还有一些作者接受了普福（1990）提出的可互换形态（Interchangeable Modality）概念，在他们各自的研究过程中使用了视频信息（而不是纸媒）。然而在回顾这些研究时，我们发现以往对传播形态在预防接种过程中具有中立性的主张令人存疑。例如，在探索预防接种理论阻止青少年酗酒的潜力时，戈博尔德和普福（Godbold & Pfau，2000）用一支视频攻击（Video affack）信息突破了同样由视频构建的预防接种信息所创建的保护。而与他们相反，伯贡和同事（Burgoon et al.，1978）也采用了视频预防接种/攻击策略进行信息设计，却得出了预防接种信息具有有效性的结果。

　作为回顾，首先我们要了解预防接种信息在纸媒语境下得到了蓬勃发展（Compton & Pfau，2005），其中，也有学者将视频接种与视频攻击信息相搭配进行研究（Burgoon et al.，1978；Godbold & Pfau，2000）。还有一些学者基于形态可互换性假设，在研究中将视频与纸媒接种信息交叉搭配，或者将纸媒接种信息与视频攻击信息交叉搭配，反之亦然（An & Pfau，2004；Banas & Miller，2013）。虽然这些研究大多数认为纸质媒介的接种效果更好，但结果并不明确。例如安与普福（An & Pfau，2004）的研究中，视频攻击信息就有效削弱了纸媒预防接种消息所产生的保护。而相对的，巴纳斯和米勒（Banas & Miller，2013），以及李俊洙和郑基云（音译，Lim & Ki，2007）的纸媒接种信息在面对视频攻击信息的挑战时，表现出众。这里巴纳斯和米勒（2013，p. 198）的研究尤其值得关注，因为他们所运用的视频攻击信息比较特别。他们认为，"电影具有图像、叙事、音乐与时长上的优势"，因此使用了40分钟长的电影信息作为攻击，然而尽管如此，纸媒的预防接种信息仍成功构建了持续的抵抗效果。而近年来，在健康研究语境下，诺曼·黄（Wong，2016）在研究中结合纸媒与视频设计预防接种信息，所产生的抵抗效果在整个说服性攻击视频播放的过程中都持续有效。而虽然普福、范博克恩和康（Pfau，Van Bockern & Kang，1992）并没有在他们的研究中加入信息攻击阶段，但他们仍能够使用视频预防接种信息，对低自信的中学生群体进行预防吸烟的信息接种。

　虽然学者们已经注意到（Dillingham & Ivanov，2016a），前述的一些研究（An & Pfau，2004；Godbold & Pfau，2000）证明，视频有可能会突破纸媒接种信息所产生的保护；还有其他研究证明，差异的出现，不仅是因为传播形态的不同，还在于视频信息所具有的唤起与吸引本质。纳比（Nabi，2003，p. 202）在研究中以动物实验为语境，探讨了新闻主播作为呈现者（Talking Head）所传递的预防接种信息，是否会像包含了动物被虐待图像的视频信息一般强烈影响被试者的态度。研究显示，当面对视频攻击信息时，曾接触过视频接种信息的被试者会表现出更强的抵抗。

普福和同事的研究（2006，2008）进一步证明了图像的效力，他们发现相较于单纯地进行新闻主播报道，观看过含有战争特写镜头视频的被试者受到的影响会更深（例如对战争的负面态度）。而由于战争视频的影响过于深刻，事实上普福和同事（2006）并没有成功让被试者对反战情绪产生预防。与此同时，观看仅由新闻主播报道的攻击信息的被试，即便是信息内容直白且强力，他们仍能保持对反战情绪的抵抗（An & Pfau，2004；Godbold & Pfau，2000）。此外值得注意的是，普福和同事（2006）的研究中，使用的是纸媒预防接种信息，以及两种形态的视频攻击信息（战争镜头视频与仅主播报道）。而在2008年的一项有关视觉唤起效果的后续研究中，普福等学者则发现，无论是纯文字的纸媒接种信息抑或是包含图片的纸媒信息，都无法承受来自视频信息的攻击。

虽然，前言所及的研究成果都在暗示视频信息相较于纸媒信息的优势，即通过使用唤起或引人注意的图像可强化态度，但有两项研究（Dillingham & Ivanov，2016a；Pfau et al.，2000）系统研究了由媒介形态所引起的预防接种信息在处理上的差异，但并没有发现显著差异。在比较这两种不同形态的接种信息时，迪林汉姆和伊万诺夫（Dillingham & Ivanov，2016a）、普福和同事（Pfau et al.，2000）都得出了不支持一种形态优于另一种形态（视频与纸媒）这一假设的结果，他们都对包含相关镜头的视频与纯纸媒文字信息进行了直接对比。虽然在两项研究中，视频信息的表现都较好于纸媒，但不具备显著差异性。两项研究中，普福和同事（2000）对比的是预防接种信息在不同媒介形态中的影响，而迪林汉姆和伊万诺夫（2016a）比较的则是纸媒与视频攻击信息的差异。两组研究在假设方向上存在差异（支持的媒介形态各不相同）。

基于媒介理论（Meyrowitz，1994）的假设，不少人认为纸质媒介是一种更具吸引力的媒介形态，因为阅读需要个体进行主动的信息中央处理，而电视内容可被动（外围）处理。因此，普福等学者（2000）假设，相较于观看视频预防接种信息的被试者，阅读纸媒预防接种信息的被试者会获得更强的接种效果（对说服的抵抗力更强）。而迪林汉姆和伊万诺夫（2016a）则不同，他们预测视频攻击信息相比纸媒信息更能突破个体从纸媒接种信息获得的抵抗能力，他们的假设基础来自于戈博尔德和普福（Godbold & Pfau，2000）、纳比（Nabi，2003）、安和普福（An & Pfau，2004）的视频增强效果研究。而两项研究（Dillingham & Ivanov，2016a；Pfau et al.，2000）都未能得出支持各自假设的结果（媒介形态差异影响接种效果），但对预防接种理论的未来发展而言，却是一个积极的发展方向。正如他们都在结论中指出的，研究不仅证明了纯以纸质媒介为载体的预防接种研究在当代仍具有实用性，还证明预防接种过程中默认的媒介形态中立性语境，进一步提升了该理论的应用价值。毕竟，虽然视频或纸媒接种信息都能抵御说服性攻击，但运用该策略的实践人员只能操作预防接种信息的呈现形态，却无法控制或完全预见目标人群可能面临的攻击方式是什么。

综上所述，关于媒介形态这个问题，普福等学者（2000）、迪林汉姆和伊万诺夫（2016a）都通过研究支持了普福（1990，p. 195）的最初见解，即形态是可互换的，它只是预防接种信息中"信息内容传播的中性渠道"。这些研究结果还间接解释了一系列视频与纸媒接种实验中令人困惑的矛盾结果，并消除了视频可能会改变接种过程这一实验暗示（Godbold & Pfau，2000）。一系列预防接种研究（Dillingham & Ivanov，2016a；Pfau et al.，2000）还指出，当在预防接种过程中引入人际因素以后，个体对传播形态的敏感性降低会持续存在。例如在探讨关于接种后谈话（Post-inoculation Talk，简称 PIT）的最新研究中就提到，参与者在实验结束后与朋友探讨相关议题时，纸媒预防接种信息所产生的抵抗力仍能阻挠说服性信息的攻击。一项最近的研究（Jackson et al.，2015）更是指出，即便是由组织者向参与研究的被试者亲口或面对面地转述说服性攻击信息，健康导向的纸媒预防接种信息仍具有有效性。

六　接种方式与接种后谈话（PIT）

目前为止，本章的讨论都集中在风险与健康战略预防接种信息的媒介形态控制与分配之上，即罗杰斯（Rogers，1995）曾提出的线性传播模型。换言之，在我们的讨论中，信息内容、格式、时间，与传播媒介都是由战略传播专家所控制的，并且是单向的，直接传递至目标信息接收者。这一过程，与我们传统上对诱导与促进预防接种效应的机制的理解是相一致的。需要提醒的是，风险与健康的预防接种信息会生成支持态度防御的动机。动机则由提出反驳与受指导的训练得以加强，而训练的目的则在于提高个人驳斥所面临的态度挑战的能力（McGuire，1964）。这种由动机驱使的反驳训练，被认为是个人承受挑战的附加技能或能力（Compton，2013；Compton & Pfau，2005；Ivanov，2012）。而直至近年来，这种反驳训练才被认为是一个完整的内在过程（Ivanov，Parker & Dillingham，2013），"如同个体在与预期的攻击信源进行一场内部对话一般"（Ivanov et al.，2012a，p. 704）。事实上，勃兰特（Brandt，1979，p. 324）曾指出，反驳是一个"假想的、默读式的心理过程"。因此，如果仅存在内在反驳，就无法进一步散播风险与健康预防接种信息，预防接种过程就真的变成了线性的，而在这种情况下，预防接种信息也只能通过一种方式来共享：从战略传播专家传递至信息接收者，从而激发内在防御过程。

　　然而，在一篇极具价值的预防接种研究论文中，康普顿和普福（Compton & Pfau，2009）提出的理论认为，反驳过程并不像人们曾经预期的那样只局限于个体内部（Brandt，1979）；实际上，它还存在于人际交流之中。他们建议，预防接种信息的接收者可以与其他人谈论信息的内容与主题，以维护和/或宣传自己的态度立场。若真是如此，那么风险与健康预防接种信息的传播过程，可能就并不完全符合传播的线性模型（Rogers，1995）了。相反地，预防接种过程也可能会符合趋同模型（Convergence Model）的趋势，即交流的参与者们创造并分享信息，以达成相互理解（Rogers & Kinkaid，1981）。而近期的预防接种研究证明，当预防接种信息接收者与他人交谈，并试图维护或宣传他们的态度立场时，反驳过程可能是一个心中默念的过程，也可能是一个直言不讳的过程（Dillingham & Ivanov，2016b；Ivanov et al.，2015）。具体来说，通过研究沟通交流的内容，伊万诺夫和同事（Ivanov et al.，2015）发现，预防接种信息接收者不仅会共享接种信息中所包含的内容，还引入接种信息中并不存在的新论点。而这些谈话，被称为接种后谈话（Post-inoculation Talk），简称 PIT（Ivanov et al.，2012a），它不仅会关注于当前主题，还会谈及相关问题，这是一种与传统或当下对预防接种过程的理解息息相关的实践。相较于以往的概念，近期的 PIT 研究结果指出，预防接种信息策略依赖的至少也是一个双重的信息传播过程。第一层，即传统的（线性）单向受控信息传递，在该过程中，信息策略专家运用他们所期望的媒介形态与时间节点，发布预先准备好的受控预防接种信息（Rogers，1995）。而第二层，预防接种也可通过信息接收者与非接收者之间关于预防接种信息的交流来进行扩散，而这就是一个超出了传播策略专家可控范围的过程（Rogers & Kinkaid，1981）。

现有的预防接种研究多集中于传统或线性的预防接种信息传播过程之上，并证明了信息的单向传播在支持态度与应对态度挑战方面的有效性（Compton，2013；Compton & Pfau，2005；Ivanov，2012）。那么，信息交换的二次扩散过程，对预防接种过程会产生怎样的效果呢？

PIT 的第一个也是最为显著的附加效果，就是预防接种信息在个体社交网络中的人际传播。研究（Ivanov et al.，2015）指出，通过 PIT 所共享的信息内容中，包含了原始的接种信息要素，继而可以将信息内容散播至原始信息未能抵达的群体之中，这就增强了预防接种信息策略的实用性，因为它的覆盖范围变得更广泛了。此外，在为传统的单向信息传播仅能提供有限机会的情况下（例如可影响传统或数字传播渠道的自然或人为灾害），对于信息传播专家而言，依赖个体社交网络进行预防接种信息的人际传播与扩散，弥足珍贵。例如在尼日利亚这种电视、手机，或其他信息接收设备人均持有数很低的国家（Compare Countries，n. d.），具备通过社交网络人际传播关于埃博拉疫情的预防接种信息以及管理策略的能力，对于风险与健康策略专家可能相当有用。

通过社交网络在人际间传递预防接种信息，实际上对风险与健康信息的传播非常有益；然而，PIT 对参与谈话者又有什么影响呢？毕竟如果接种效果因 PIT 而受到侵蚀，那么原本从人际传播过程中获得的益处，就会被削弱的接种效果所抵消掉。迄今为止，我们关于预防接种信息对首次通过 PIT 接收信息的个体会产生怎样的影响还知之甚少。唯一能确定的是，最初的信息分发过程中的非接受者，可通过与接种者的交流来接收这些信息（Dillingham & Ivanov，2016b；Ivanov et al.，2012b；2015）。然而，预防接种对这一类人群的影响是什么，仍尚未明了。因为到目前为止，还未有研究检验预防接种信息在社交网络中传播时的影响。这仍然是一个重要的实证问题。

此外，关于 PIT 对初始的信息接种者会产生怎样的影响，我们则有了更多了解。伊万诺夫和同事（Ivanov et al.，2012b）在研究中调查了 PIT 对态度的影响。结果表明，PIT 具有增强态度的能力。他们发现，预防接种信息能够催生（个体对）威胁（的感知），从而激发个体对他们当前态度的挑战者及其挑战的愤怒。而威胁与愤怒都会对 PIT 产生启发效果，从而增强目标的态度。迪林汉姆和伊万诺夫（Dillingham & Ivanov，2016b）则做了一个更细致的态度影响对比研究，分别对比的是有进行 PIT，与未进行 PIT 的预防接种信息。他们的研究结果指出，传统的预防接种信息，会通过默读反驳的方式促使个体态度向所期望的方向发展，而若加入 PIT，会增强人们对这些态度的确定性与信念。综上所述，PIT 不仅有利于提高信息传播策略的覆盖范围，还可以增强目标的态度。

根据传统的概念来说，风险与健康预防接种信息的传播，是由信息策略专家所控制的信息的单向线性扩散。而近期的研究（Dillingham & Ivanov，2016b；Ivanov et al.，2012b；2015）则指出，预防接种信息的分发过程可能是双重的。首先，风险与健康的预防接种信息由传播策略专家选择一种或多种媒介形态进行分配，是一种在策略专家所希望的时间节点与频率、向目标受众传递的精准信息；其次，预防接种信息也可通过 PIT 进行二次传播，这个过程中并不会受到策略专家的直接控制。因此，预防接种信息可以通过多种形态进行传播，且至少有两种形态：一种是从信源至接收者的直接、受控且单向的传播；另一种是通过 PIT 过程中参与者间的信息交流进行传播（Rogers，1995；Rogers & Kinkaid，1981）。这一过程促使信息传播的总体最终传播比率更高、最终的接种效果也比最初所产生的效果更好。

七 预防接种理论在不断演变的媒介环境下作为风险与健康传播策略的未来展望

1. 不同的媒介形态

虽然如前所述，现有的研究仍支持并认为，媒介形态不会对接种信息的结果产生实质性影响（Dillingham & Ivanov，2016a；Pfau et al.，2000），但仍有一些问题尚未解决。例如说，中性媒介形态的接种环境，对于实践者而言是非常有帮助的，但是对研究者而言这仍然存在困惑。几乎所有著名的大众传播理论学家们（McQuail，2010）都一致提出，媒介与信息之间存在不可分割的相互作用，甚至麦克卢汉（McLuhan，1964，p. 1）在他的经典著作中也曾断言"媒介即信息"。那么预防接种理论为何就能偏离这一规范呢？

有一种可能的解释是，纸质媒介与视频接种信息会产生总体相同的结果（即抵御说服），但会通过不同的预防过程来实现。而它们在处理中等程度的抵御方面存在怎样的差异，仍有待我们探索。普福和同事（Pfau et al.，2000）在他们最初关于媒介形态与接种的研究中提出了"加工过程的差异"这个概念，并引证了信息的双重处理过程模型这一充分论据，即详尽可能性模型（E-laboration Likelihood Model；Petty & Cacioppo，1986）。他们认为，纸质媒介信息需要个体对信息进行中央处理，而视频信息则可依靠外围途径进行处理。因此，他们认为纸质媒介所产生的抵御，应具有信息中央处理的积极性特征，例如说会形成更为根深蒂固且持久的态度抵御。虽然他们之后认为纸质媒介的接种信息效果会优于视频信息这个假设未能成立，但他们的观点值得依据本章前述的研究成果进行重新审视。也许，纸质媒介的预防接种信息的确能够产生更为持久、深远或有意的态度抵御，普福和同事的研究只是没有很好地捕捉到这种细微差异而已。

普福和同事在研究中，以面对攻击时的个体态度作为主要因变量进行了测量，而结果显示，视频与纸媒接种信息之间并不存在显著性差异。那么，如果我们对态度的确定性也进行测量的话，这些结果会否有所不同呢？有不少研究（Dillingham & Ivanov，2015；2016a；2016b；Pfau et al.，2005）已经将态度或信念确定性作为一个单独的结果变量进行了测量。如果普福和同事提出的不同媒介形态通过不同处理过程来达到相同结果这一观点是有价值的，那么纸媒信息就可能会以某种视频信息所没有的方式来增加确定性，尽管它们最终会产生相同的总体抵抗力。另外还有一项专门针对接种信息处理过程中的媒介形态（Dillingham & Ivanov，2016a）的研究成果也并没有否认这一观点，即纸媒信息会鼓励信息的中央处理，而视频信息则为外围处理留有机会。迪林汉姆和伊万诺夫发现，当由纸媒接种信息产生的态度抵御同时受到来自纸媒与视频信息的攻击时，个体对他们的信念及信念确定度会更高。因此我们可以认为，纸媒接种信息可以促使信息的中央处理，并有效提高个体的态度确定性。

此外如前所述，除了安和普福（An & Pfau，2004）的研究以外，还有几项将纸媒与视频信息交错搭配的研究也已向我们证明了纸媒接种信息具有极高的强度。而这些研究中并没有纳入纸媒信息是中央处理、视频信息是外围处理这一观点。此外，巴纳斯和米勒（Banas & Miller, 2013）、李俊洙和郑基云（Lim & Ki, 2007），以及诺曼·黄（Wong, 2016）的研究都未能实现运用视频接种信息来削弱由纸媒信息引发的态度抵抗这一目标。此外，虽然他们的研究主要着重于元预防接种（Meta Inoculation，即对预防接种策略进行预防接种，也可理解为反预防接种），但巴纳斯与米勒（2013, p. 200）在研究中，实际上也提出了接种的进行过程中存在启发式与中央处理式的双重可能性。根据研究结果，他们指出，"预防接种，既能在启发性情境中见效，也能通过深思熟虑的中央处理来产生效果"。这些关于视频接种/视频攻击的不同研究结果（Burgoon et al., 1978; Godbold & Pfau, 2000），若从处理差异的角度来审视也许会更有意义。也就是说，如果视频在预防接种中被认定为一种外围处理的媒介形态，那么图像、颜色，或声音等各种要素都可能改变所产生的抵御能力水平。因此，在未来的研究中，我们更应该探索预防接种的中央及外围加工所带来的可能性，以及对纸媒接种处理后的态度确定性开展测量研究。

2. 多媒介宣传

媒介形态相关研究仍有待发展，这证明多媒介语境下的风险与健康预防接种策略研究前景无限。有研究（Pfau et al., 2000）指出，纸媒与视频接种信息都会产生抵御力，而未来的研究发展方向则可能会集中于与纸媒信息相关的信息中央处理模式之上。而如果中央处理与外围处理都能有效发挥作用，那么实践人员就会具有更大的优势，以便他们在更精准的理论基础上更好的控制纸媒接种信息（Ivanov, 2012），他们还可以通过更具成本效益的方式如小册子、纸张、电邮、网站，或其他基于文本的媒介来进行信息分发。更令实践人员鼓舞的是，基于文本的预防接种信息对视频攻击具有一定的缓冲效果（Banas & Miller, 2013; Dillingham & Ivanov, 2016a）。虽然民众的识字率差距可能会成为实践人员运用纸媒预防接种信息进行风险与健康宣传的障碍，但还有研究指出，视频接种信息也同样能产生态度抵御，进而有效地维护个体有益健康的态度（Burgoon et al., 1978; Pfau et al., 2000）。

媒介形态可被混合于接种信息中或匹配为各种攻击形式，并与总体策略有效性的相对置信度相匹配这一概念，得到了过往研究的支持（Dillingham & Ivanov, 2016a; Pfau et al., 2000）。在视频中我们也可以添加类似于诺曼·黄（Wong, 2016）在研究中使用过的纸媒要素。当下不少研究已经探索了媒介形态交互匹配的接种信息治疗效果（纸媒接种信息与视频攻击信息，反之亦然），而据我们所知，诺曼·黄（Norman C. H. Wong）是该领域的开创先河者，他的研究中所展示的接种信息功效，对实践人员而言是非常令人振奋的。研究表明，视频信息并不会压倒或分散纸媒接种信息的功效；相反，这两者可以协同生效。因此，该领域未来的研究应该探讨多媒介（纸媒与视频相结合）攻击消息的影响，以确定混合媒介类型对接种与攻击消息的影响究竟如何。此外，相较于中性媒介形态的结论分歧（Dillingham & Ivanov, 2016a; Pfau et al., 2000），学者们在视频接种信息中整合视觉唤起以作为强化机制这一问题上，看法是一致的（Nabi, 2003; Pfau et al., 2006; 2008）。

实践人员可断言，在一定程度上打破传统的预防接种信息设计模式（Ivanov, 2012），例如在设计信息的视听要素时加入一些创造性，并不会牺牲信息原本的有效性。虽然在这个问题上，用视频来取代纸媒接种信息的建议并没有什么根据（Banas & Miller, 2013; Pfau et al., 2000），但当研究处于媒介接触饱和状态的目标群体（如青少年）时，使用唤起与回忆的视频信息应该不会破坏接种信息所产生的态度抵御（Wong, 2016）。虽然还没有学者研究过静态图像，但对视频的研究所证明的媒介形态的灵活性（Dillingham & Ivanov, 2016a; Pfau et al., 2000）可应用在附带文本的照片这种媒介形态之上。最近的一项非预防接种研究（Dixon, 2016）指出，当照片与解释疫苗利弊的文本同时出现时，这种双边（赞成或反对）健康信息更容易唤起人们对负面行为的联想，并产生更高的风险感知。基于以上的研究回顾，可以明确的是，继续对纸媒、视频、照片，甚至是人际传播进行实验研究是非常有必要的。

最后，通过广播或博客等媒介提供的纯音频信息的有效性，虽然在健康宣传实践中会被考量，但在预防接种研究领域仍是一个尚待研究的问题。尤其是在自然灾害语境下（Kingsley Westerman et al., 2011），无线电很有可能会是灾后重建初期唯一的传播与沟通方式。无线电是否能够有效传播预防接种信息，以帮助灾民避免蜂拥至公共场所、抛开恐惧，并遵守安全建议呢？虽然过往的预防接种研究多以纸媒信息为主要研究对象，但它们已向我们证明了单一形式信息的有效性（Compton & Pfau, 2005）。那么，说不定这种单一媒介形式的有效性，在音频接种信息上也同样适用。在未来的研究中，我们应该探索这种可能性，以促进音频信息在健康与风险环境中的有效运用。

3. 社交媒介

预防接种研究中还有一个未知领域，即在同步或异步的交互式媒介环境中如何保持接种信息的持续有效。相较于取而代之，媒介形态的中立性，以及日益被学者所认可的人际交流可对个体内在的预防接种过程进行有效补充（Dillingham & Ivanov, 2016b），当然也不会对人们使用互联网以（共同）创造及分享信息接种效果这一行为造成阻碍。故此，该领域的研究前景与应用潜力巨大。例如，个人在脸书上分享了一条预防接种信息，我们能否通过评论对该信息进行攻击呢？又是否能够通过另一条反驳评论来催生态度抵御呢？亲历预防接种至攻击的完整信息循环，能否被作为社交媒介观察者的威胁或灌输潜在抵抗的机制呢？同样的，推特的一条接种信息转发，是否能起到与 PIT 谈话相同的强化效力呢（Dillingham & Ivanov, 2016b）？这些问题都值得我们在进一步研究中逐一解决。此外，在考虑运用社交媒介来传播接种信息的可能性时，消息的长度也是一个关键问题。也就是说，过往研究中使用过的接种信息，往往比当下社交媒介语境下所允许（如推特的 140 字符限制）或合理预期得要更长。

简洁信息。新的通信技术及社交媒介的出现，要求风险与健康预防接种研究者们重新审视接种信息的结构与传递方式（Compton & Ivanov, 2013）。传统来说，纸媒或视听形态是预防接种信息最常用的媒介形态，一般通过传统的电视或报纸等具体形式进行传递，其信息长度较长。例如，帕克和同事（Parker et al., 2012）曾设计过一个成功的预防接种信息，旨在促进性生活丰富的大学生使用避孕套。这条信息的长度为 1378 个字。而随着短信与社交媒介的兴起，预防接种信息需要一种更为简洁的传播方式。风险与健康预防接种研究者们所面临的问题就是，预防接种信息是否能够被有效调整，以充分利用专门发布这些短消息的媒介呢？这一需求在风险与健康传播环境中尤为凸显，因为紧急警报系统（emergency alert systerm，简称 EAS）只能使用最多 90 个字符来分发重要信息（Wimberly, 2015）。然而，关于在此类媒介环境中如何设计有效信息的量化研究仍寥寥无几，而在一般的健康相关语境下，公共安全官员散发的健康相关警告信息在此类媒介中又该如何设计，也鲜有研究涉及（Sutton, League, Sellnow & Sellnow, 2015）。那么，风险与健康预防接种信息能否"适用"于短篇幅的媒介传播形式呢？

康顿和伊万诺夫（Comton & Ivanov, 2013）认为，预防接种信息的长度可被大幅缩短，且不丧失其有效性。类似于他们曾举过的政治传播例子，以下的健康促进信息旨在帮助戒毒者不再复发：

They'll tell u 2 use. It might feel good. But, u use even once & u r back on the bottom. Broke. Helpless. Fight back. Don't give in.（132 个字符）

他们会怂恿你去用它，那感觉可能会不错。但是只要你用一次，就会回到原点：崩溃、无助。反击吧！不要屈服。

这条适合在推特上发布的消息，具备了预防接种消息所需要的所有特性。首先，它为个体提供了威胁：它发起了一个明确的预警——他们会怂恿你去用它；其次，它再向接收者展示未来可能遇到的现实挑战——那感觉可能会不错，以间接（内在）地（McGuire, 1970）催生额外威胁。威胁是预防接种信息的必要元素，而非只是一个明确的预警（Compton, 2009）。它可以由明确的预警引发，也可以由如上例中的反态度论据来暗示。因此，虽然上述例子中使用了预警，但当消息长度受到局限时，它就不是接种过程必须包含的内容了，可被省略。例如我们可以把以上信息中的预警部分进行削减，从而简化为适用于风险与健康紧急警报系统的 90 个字符以内的信息：

Using may feel good. But, u use once. U r back on bottom. Broke. Helpless. Don't give in.（89 个字符）

用了也许感觉不错，但是只要你用一次，就会回到原点：崩溃、无助。不要屈服。

上述例子中的简洁信息，还通过解释反驳行为的好处，为接收者提供了一个抢先反驳——但是只要你用一次，就会回到原点：崩溃、无助。而在信息结尾，则是鼓励人们继续维护自己既有的态度或行为——不要屈服。

总体来说，这条简洁信息通过向接收者展示他们好不容易重拾的健康可能会遭受攻击，为他们提供动机以增强维护既有积极态度与行为的能力。然后，它再为接收者提供指导实践，告诉他们如何驳斥攻击。但该例子展示的，仅仅只是预防接种信息如何利用短文本格式的风险与健康信息传播媒介的其中一种方式。这些消息还可以通过插入标签来引导接收者获得额外的反驳，或与既有态度一致的信息来得到增强，此外，风险与健康预防接种信息还可设计成一条明确预警的简洁信息，并附上信息完整反驳内容的链接，以便接收者自行阅读。这里再用上面的例子来说，它还可以被设计为如下内容：

It's been tough. But，U r sober & in recovery. Yet b wary of pride and old habits. U r not safe. Test is coming. Can u pass it? Find out here. （140 个字符）

这很艰难，但你意识清醒且正在恢复。不过仍要谨防骄傲与旧习惯。你并不安全，考验就要到来。你能经受住它吗？在这里了解详情。

这条信息提供了预警，告诫接收者尽管近期在康复方面取得了成功，但其努力仍有可能功亏一篑。而这段预警旨在鼓励接收者点击信息结尾处词语下划线的关联链接，链接中包含了信息反驳部分的全文。可以是纯文本、音频、视频，或者它们的组合。

综上所述，风险与健康预防接种信息可被调整，以适用于短文本格式的传播媒介。当然，此类信息的成功率是接下来的实证研究需要检验的问题。在当代社会环境中，人们依靠智能手机、平板，与电脑等技术设备来收集与处理信息，而为了让预防接种信息设计能持续作为风险与健康的信息战略，它的传播与呈现方法必须符合当下受众所偏好的信息接收形态与格式。

强化消息。尽管现有研究明确指出，一般而言，预防接种信息是一种十分有效的信息策略（Banas & Rains，2010），特别是在风险与健康环境中也是如此（Ivanov et al.，2016；Parker et al.，2012；Wong & Harrison，2014），但随着时间推移其效果会逐渐减弱（McGuire，1962；Pfau，1997；Pfau et al.，1990；Pryor & Steinfatt，1978）。这可能是由于信息（Stiff & Mongeau，2003）与动机（Insko，1967）随时间衰退所导致的。正如因斯科（Insko，1967，p.316）指

出的，积累支持信念的材料的"诱导动机"会随着时间推移下降，这一趋势与我们记忆的"遗忘曲线"是相符合的。那么为了弥补这种衰减，预防接种策略专家需要依赖于强化注射（Booster Shots）即信息强化，并取得了一定效果（Pfau, 1997; Pfau & Van Bockern, 1994）。然而，在使用预防接种强化时，会令专家感到沮丧的主要挑战在于引入了初始的接种信息之后，应该如何安排强化注射合适的时机、形式、长度，以及频率（Ivanov, in press; Ivanov, Parker & Dillingham, 2016）。

在选择风险与健康信息传播的分发形态时，强化注射信息的形式与长度至关重要。随着策略专家们可利用的传统及社交媒介技术不断演变，可通过这些媒介快速进行分发传播的强化信息就特别值得关注。这些消息可像传统的结构那般，采用较长的形式（Pfau, 1997; Pfau & Van Bockern, 1994），也可以用更为简洁的形式呈现。例如，最近的一项风险与健康干预活动，就利用预防接种信息来帮助刚戒毒成功的瘾君子对抗复发风险，作为后续强化，策略专家采用了短信消息的方式来加强接种效果。

总体而言，不断演变的媒介技术，尤其是社交媒介允许我们在更好的时机、采用更好的频率（例如用文本或电邮信息的预定发送功能）来传递增强信息。预防接种信息已被证明消除自满情绪与增强恢复力方面是十分有效的（Ivanov et al., 2016）。而强化信息，可帮助个体应对信息与动机逐渐衰减的威胁，它可通过不同的社交媒介平台与移动设备（推特、手机、脸书、平板等）快速、频繁地联系信息接收者，从而发挥重要的战略作用。因此，风险与健康预防接种战略专家们有机会、也有责任充分利用这些新的强化信息传递模式。

接种后谈话。目前为止，本章有关 PIT 的讨论，主要集中在接种信息接收者（包括风险与健康信息接收者）是否会参与此类谈话，以及他们的动因是什么（如主张、维护，或两者兼有）。然而，目前为止我们关注较少的，是他们在 PIT 中谈论的内容是什么这个问题。例如说，谈话是在怎样的对话平台上进行的？个体是面对面，还是通过电话，使用推特、脸书，抑或是多种交流方式并用呢？一项正在进行的研究的初步结果表明，已接种者会与不同的人谈论信息的主题与内容。有时候，他们会与多人采用相同的模式（私下面对面）进行交流，有时候，他们也会采用其他方式与不同的人进行讨论。而目前尚未明了的是，他们是否会以不同的方式与同一对象进行多次交流，以及这种交流方式会对交流渠道产生影响，或反之受到影响。

康普顿与普福（Compton & Pfau, 2009）、伊万诺夫和同事（Ivanov et al., 2015）的研究都肯定了 PIT 的使用，认为其可达到个体对态度的主张与维护目的。此外，伊万诺夫等学者还发现，当个体在 PIT 中进行态度主张时，会比其在 PIT 中进行态度维护遇到更多的反驳挑战。而由于来自于规范的压力与抑制感降低（Bordia, 1997），利用计算机媒介的交流可能更有利于人们进行社会辩论（Berger, 2014）。若是如此，那么社交媒介平台就更适合个体进行以态度主张为主的 PIT，而不是以维护态度为动因的 PIT。因此，用于进行消息传输的PIT 渠道，可能会缓和谈话中的目的（态度主张或维护）。或者，PIT 的主要目的（主张 VS. 维护）可能会影响个体所选择的交流渠道；而已接种者也可根据 PIT 的主要目的以选择不同的对话渠道。一些正在进行中的研究旨在为上述这些推测提供答案，但仍需要更多的研究来揭示媒介形态对 PIT 的目的与内容的影响。媒介形态与 PIT 目的之间的潜在互动（主张 VS. 维护）可能会对风险与健康信息传播的有效性及预期结果产生重大影响。例如在缺乏计算机通信所需的技术设备与平台的埃博拉疫区，需要其他更适合的风险与健康预防策略来帮助接种信息接收者们。然而，如果这些已接种的个体不太可能与他人进行面对面的信息传播，那么以诱导接种为目的的 PIT 所具有的社会扩散优势就不复存在了。

总体来说，PIT 可以扩展基于风险与健康接种策略的效用，因为它增强了目标信息接收者的态度（或行为）防御，并帮助信息沿着社交网络进行传播。然而，传输渠道与平台可能会对 PIT 的过程产生潜在影响。因此，风险与健康接种策略专家还必须考虑不断演变的技术与媒介对 PIT 过程所产生的影响。

八　结语

有效的信息设计，仍是成功构建风险与健康预防及管理战略的重要组成部分（Ivanov, 2012；Ivanov et al., 2016；Pfau, 1995）。而由于过往研究所证明的有效性（Ivanov et al., 2016；Parker et al., 2012；Pfau & Van Brockern, 1994；Wong & Harrison, 2014），预防接种信息设计作为风险与健康传播策略已

广泛引起了学者的兴趣与青睐（Compton, 2013；Compton & Pfau, 2005；Ivanov, 2012, in press）。然而，为了让预防接种信息策略持续作为一项相关、可行，并受到青睐的战略选择，它们在传统纸质媒介及视频媒介形态中的实践应用，必须适应当下数字及社交媒介的多媒介形态大语境。本章回顾了运用不同的传统、单一或混合媒介形态的预防接种信息策略的稳健发展历程。此外，还针对风险与健康信息战略专家该如何利用不断演变的媒介环境，以提高预防接种信息战略的效果及实践应用，提出了具体建议。本章通过实例举证、直接或辅助论证的方式，呼吁学者们应该在多媒介形态的数字环境下检测预防接种策略的效力，以助信息战略专家更为充分地将不断发展的传播技术运用在实践之中。

最后，作为一种多层次（如线性与信息交换）的信息分发策略，预防接种策略对风险与健康预防及管理的策略专家而言极具发展价值。它在不同媒介形态下持续稳健的效力证明，我们未来还有机会脱离其既有标准模式，以实现策略的最大化效力。因此，它还有一个显著优势，在于预防接种信息具有为信息战略专家提供可在宣传活动设计中融入简洁与增强信息的潜力，以及利用接种信息在社交网络中进行人际传播的能力。成功的风险与健康预防及管理，将持续取决于支撑这些活动的信息传播战略的有效性。而预防接种信息就可为这些有效策略提供坚实基础。预防接种信息可在不同的媒介形态与形式中进行分发，因此它为我们提供了可靠且令人振奋的信息策略选择，以实现信息的最大化扩散与针对性传播的预期效果。总而言之，若使用得当，在不断演变的媒介环境中，预防接种信息在支持有效的风险与健康传播方面具有"无限潜力"（Ivanov, 2012, p. 77）。

参考文献

An, C., & Pfau, M. (2004). The efficacy of inoculation in televised political debates. *Journal of Communication*, 54, 421–436.

Brandt, D. R. (1979). Listener propensity to counterargue, distraction, and resistance to persuasion. *Central States Speech Journal*, 30, 321–331.

Banas, J. A., & Miller, G. (2013). Inducing resistance to conspiracy theory propaganda: Testing inoculation and metainoculation strategies. *Human Communication Research*, 39, 184–207. doi: 10.1111/hcre.12000.

Banas, J. A., & Rains, S. A. (2010). A meta-analysis of research on inoculation theory. *Communication Monographs*, 77, 281–311.

Banerjee, S. C., & Greene, K. (2006). Analysis versus production: Cognitive and attitudinal responses to antismoking interventions. *Journal of Communication*, 56, 773–794. doi: 10.1111/j.1460-2466.00319.x.

Banerjee, S. C., & Greene, K. (2007). Antismoking initiatives: Effects of analysis versus production media literacy interventions on smoking-related attitude, norm, and behavioral intention. *Health Communication*, 22(1), 37–48.

Berger, J. (2014). Word of mouth and interpersonal communication: A review and directions for future research. *Journal of Consumer Psychology*, 24(4), 586–607.

Bordia, P. (1997). Face-to-face versus computer-mediated communication: A synthesis of the experimental literature. *Journal of Business Communication*, 34(1), 99–120.

Breen, G. M., & Matusitz, J. (2008). Preventing youths from joining gangs: How to apply inoculation theory. *Journal of Applied Security Research*, 4, 109–128.

Burgoon, M., Cohen, M., Miller, M. D., & Montgomery, C. L. (1978). An empirical test of a model of resistance to persuasion. *Human Communication Research*, 5, 27–39.

Burgoon, M., Pfau, M., & Birk, T. S. (1995). An inoculation theory explanation for the effects of corporate issue/advocacy advertising campaigns. *Communication Research*, 22, 485–505.

Compare countries on just about anything! (n.d.). NationMaster Website. Retrieved September 7, 2016, from www.nationmaster.com/au.

Compton, J. (2009, Fall). Threat explication: What we know and don't yet know about a key component of inoculation theory. *STAM Journal*, 39, 1–18.

Compton, J. (2013). Inoculation theory. In J. P. Dillard & L. Shen (Eds.), *The SAGE handbook of persuasion: Developments in theory and practice* (2nd ed.) (pp. 220–236). Thousand Oaks, CA: SAGE.

Compton, J., & Ivanov, B. (2013). Vaccinating voters: Surveying political campaign inoculation scholarship. In E. L. Cohen (Ed.), *Communication yearbook 37* (pp. 250–283). New York: Routledge.

Compton, J., & Ivanov, B. (2014, November). *Inoculation theory and affect: Emotions and moods, mediators and moderators, and new directions for affect-focused resistance scholarship*. Paper presented at the annual meeting of the National Communication Association, Chicago, IL.

Compton, J., & Ivanov, B. (in press). Inoculation messaging. In B. Jackson, J. Dimmock, & J. Compton (Eds.), *Persuasion and communication in sport, exercise, and physical activity*. New York: Taylor & Francis.

Compton, J., & Pfau, M. (2005). Inoculation theory of resistance to influence at maturity: Recent progress in theory development and application and suggestions for future research. In P. Kalbfleisch (Ed.), *Communication yearbook 29* (pp. 97–145). Mahwah, NJ: Lawrence Erlbaum.

Compton, J., & Pfau, M. (2008). Inoculating against pro-plagiarism justifications: Rational and affective strategies. *Journal of Applied Communication Research*,

36(1), 98–119.

Compton, J., & Pfau, M. (2009). Spreading inoculation: Inoculation, resistance to influence, and word-of-mouth communication. *Communication Theory, 19,* 9–28.

Degeneffe, D., Kinsey, J., Stinson, T. & Ghosh, K. (2009). Segmenting consumers for food defense communication strategies. *International Journal of Physical Distribution Logistics Management, 39,* 365–403.

Dholakia, U. M., Kahn, B. E., Reeves, R., Rindfleisch, A., Stewart, D., & Taylor, E. (2010). Consumer behavior in a multichannel, multimedia retailing environment. *Journal of Interactive Marketing, 24*(2), 86–95.

Dillingham, L. L., & Ivanov, B. (2015). Boosting inoculation's message potency: Loss framing. *Communication Research Reports, 32,* 113–121.

Dillingham, L. L., & Ivanov, B. (2016a, November). *Talk while they will listen: Inoculation messages as a pre-emptive crisis communication strategy.* Paper presented at the annual meeting of the National Communication Association, Philadelphia, PA.

Dillingham, L. L., & Ivanov, B. (2016b). Using post-inoculation talk to strengthen generated resistance. *Communication Research Reports, 33*(4).

Dixon, G. (2016). Negative affect as a mechanism of exemplification effects. *Communication Research, 43*(6), 761–784. doi: 10.1177/0093650215579222.

Duryea, E. J. (1982, April). *Application of inoculation theory to preventive alcohol education.* Paper presented at the National Convention of the American Alliance for Health, Physical Education, Recreation and Dance, Houston, TX.

Duryea, E. J. (1983). Utilizing tenants of inoculation theory to develop and evaluate a preventive alcohol education intervention. *Journal of School Health, 53,* 250–256.

Eagly, A. H., & Chaiken, S. (1993). *The psychology of attitudes.* Orlando, FL: Harcourt Brace Jovanovich.

Farchi, M., & Gidron, Y. (2010). The effects of psychological inoculation versus ventilation on the mental resilience of Israeli citizens under continuous war stress. *The Journal of Nervous and Mental Disease, 198*(5), 382–384.

Garnett, J. L., & Kouzmin, A. (2007). Communicating throughout Katrina: Competing and complementary conceptual lenses on crisis communication. *Public Administration Review, 67,* 171–188.

Godbold, L. C., & Pfau, M. (2000). Conferring resistance to peer pressure among adolescents. *Communication Research, 27,* 411–437.

Haigh, M. M., & Pfau, M. (2006). Bolstering organizational identity, commitment, and citizenship behaviors through the process of inoculation. *International Journal of Organizational Analysis, 14*(4), 295–316.

Insko, C. A. (1967). *Theories of attitude change.* New York: Appleton-Century-Crofts.

Ivanov, B. (2012). Designing inoculation messages for health communication campaigns. In H. Cho (Ed.), *Health communication message design: Theory and practice* (pp. 73–93). Thousand Oaks, CA: SAGE Publications.

Ivanov, B. (in press). Inoculation theory applied in health and risk messaging. In R. Parrott (Ed.), *Encyclopedia of health and risk message design and processing*. New York: Oxford University Press. doi: 10.1093/acrefore/9780190228613.013.254.

Ivanov, B., Burns, W. J., Sellnow, T. L., Petrun, E. L., Veil, S. R., & Mayorga, M. W. (2016). Using an inoculation message approach to promote public confidence in protective agencies. *Journal of Applied Communication Research*, 44(4). doi: 10.1080/00909882.2016.1225165.

Ivanov, B., Miller, C. H., Compton, J., Averbeck, J. M., Harrison, K. J., Sims, J. D., Parker, K. A., & Parker, J. L. (2012a). Effects of post-inoculation talk on resistance to influence. *Journal of Communication*, 62(4), 701–718.

Ivanov, B., Parker, K. A., & Dillingham, L. L. (2013). Measuring counterarguing: A review and critique of the most popular techniques. *The International Journal of Interdisciplinary Studies in Communication*, 7, 59–74.

Ivanov, B., Parker, K. A., & Dillingham, L. L. (2016, April). *Inoculation, boosters, and multiple attacks: How much can inoculation withstand?* Paper presented at the meeting of the Kentucky Conference on Health Communication, Lexington.

Ivanov, B., Parker, K. A., Miller, C. H., & Pfau, M. (2012b). Culture as a moderator of inoculation success: The effectiveness of a mainstream inoculation message on a subculture population. *The Global Studies Journal*, 4(3), 1–22.

Ivanov, B., Pfau, M., & Parker, K. A. (2009). The potential of inoculation in protecting the country of origin image. *Central Business Review*, 28, 9–16.

Ivanov, B., Rains, S. A, Geegan, S. A., Vos, S. C., Haarstad, N. D., & Parker, K. A. (2017). Beyond simple inoculation: Examining the persuasive value of inoculation for audiences with initially neutral or opposing attitudes. *Western Journal of Communication*, 81(1), 105–126. doi: 10.1080/10570314.2016.1224917.

Ivanov, B., Sims, J. D., Compton, J., Miller, C. H., Parker, K. A., Parker, J. L., Harrison, K. J., & Averbeck, J. M. (2015). The general content of post-inoculation talk: Recalled issue-specific conversations following inoculation treatments. *Western Journal of Communication*, 79, 218–238. doi: 10.1080/10570314.2014.943423.

Jackson, B., Compton, J., Whiddett, R., Anthony, D. R., & Dimmock, J. A. (2015). Preempting performance challenges: The effects of inoculation messaging on attacks to task self-efficacy. *PLoS ONE*, 10(4), e0124886. doi:10.1371/journal.pone.0124886.

Kingsley Westerman, C., Margolis, K. A., & Kowalski-Trakofler, K. M. (2011, November). Training for safety in emergencies: Inoculating for underground coal mine emergencies. *Professional Safety*, 42–46.

Lim, J. S., & Ki, E. (2007). Resistance to ethically suspicious parody video on YouTube: A test of inoculation theory. *Journalism and Mass Communication Quarterly*, 84(4), 713–728.

Lumsdaine, A. A., & Janis, I. L. (1953). Resistance to "counterpropaganda" produced by one-sided and two-sided "propaganda" presentations. *Public Opinion Quarterly*, 17(3), 311–318.

Matusitz, J., & Breen, G. M. (2013). Applying inoculation theory to the study of recidivism reduction in criminal prison inmates. *Journal of Evidence-Based Social Work, 10*, 455–465. doi: 10.1080/15433714.2012.760929.

McGuire, W. J. (1961). Resistance to persuasion conferred by active and passive prior refutation of same and alternative counterarguments. *Journal of Abnormal Psychology, 63*, 326–332.

McGuire, W. J. (1962). Persistence of the resistance to persuasion induced by various types of prior belief defense. *Journal of Abnormal and Social Psychology, 64*, 241–248.

McGuire, W. J. (1964). Inducing resistance to persuasion: Some contemporary approaches. In L. Berkowitz (Ed.), *Advances in experimental social psychology* (Vol. 1, pp. 191–229). New York: Academic Press.

McGuire, W. J. (1970, February). A vaccine for brainwash. *Psychology Today*, 36–39, 63–64.

McLuhan, M. (1964). *The medium is the message*. New York: Bantam Books.

McQuail, D. (2010). *McQuail's mass communication theory* (6th ed.). London: SAGE.

Meyrowitz, J. (1994). Medium theory. In D. Crowley & D. Mitchell (Eds.), *Communication theory today* (pp. 50–77). Stanford, CA and London: Stanford University Press and Polity Press.

Miller, C. H., Ivanov, B., Sims, J. D., Compton, J., Harrison, K. J., Parker, K. A., Parker, J. L., & Averbeck, J. M. (2013). Boosting the potency of resistance: Combining the motivational forces of inoculation and psychological reactance. *Human Communication Research, 39*, 127–155.

Nabi, R. L. (2003). "Feeling" resistance: Exploring the role of emotionally evocative visuals in inducing inoculation. *Media Psychology, 5*, 199–223.

Niederdeppe, J., Heley, K., & Berry, C. L. (2015). Inoculation and narrative strategies in competitive framing of three heath policy issues. *Journal of Communication, 65*, 838–862. doi: 10.1111/jcom.12162.

O'Hair, H. D., & Heath, R. L. (2005). Conceptualizing communication and terrorism. In H. D. O'Hair, R. L. Heath, & J. A. Becker (Eds.), *Community preparedness and response to terrorism* (pp. 1–12). Westport, CT: Praeger.

Parker, K. A., Ivanov, B., & Compton, J. (2012). Inoculation's efficacy with young adults' risky behaviors: Can inoculation confer cross-protection over related but untreated issues? *Health Communication, 27*, 223–233. doi: 10.1080/10410236.2011.575541.

Parker, K. A., Rains, S. A., & Ivanov, B. (2016). Examining the "Blanket of Protection" conferred by inoculation: The effects of inoculation messages on the cross-protection of related attitudes. *Communication Monographs, 83*, 49–68. doi: 10.1080/03637751.2015.1030681.

Petty, R. E., & Cacioppo, J. T. (1986). *Communication and persuasion: Central and peripheral routes to attitude change*. New York: Springer-Verlag.

Pfau, M. (1990). A channel approach to television influence. *Journal of Broadcasting & Electronic Media, 34*, 195–214.

Pfau, M. (1995). Designing messages for behavioral inoculation. In E. Maibach & R. L. Parrott (Eds.), *Designing health messages: Approaches from communication theory and public health practice* (pp. 99–113). Newbury Park, CA: SAGE Publications.

Pfau, M. & Burgoon, M. (1988). Inoculation in political campaign communication. *Human Communication Research*, 15, 91–111.

Pfau, M., Compton, J., Parker, K. A., Wittenberg, E. M., An, C., Ferguson, M., Horton, H., & Malyshev, Y. (2004). The traditional explanation for resistance based on the core elements of threat and counterarguing and an alternative rationale based on attitude accessibility: Do these mechanisms trigger distinct or overlapping process of resistance? *Human Communication Research*, 30, 329–360.

Pfau, M., Haigh, M., Fifrick, A., Holl, D., Tedesco, A., Cope, J., Nunnally, D., Schiess, A., Preston, D., Roszkowski, P., & Martin, M. (2006). The effects of print news photographs of the casualties of war. *Journalism & Mass Communication Quarterly*, 83(1), 150–168.

Pfau, M., Haigh, M. M., Shannon, T., Tones, T., Mercurio, D., Williams, R., Binstock, B., Diaz, C., Dillard, C., Browne, M., Elder, C., Reed, S., Eggers, A., & Melendez, J. (2008). The influence of television news depictions of the images of war on viewers. *Journal of Broadcasting & Electronic Media*, 52(2), 303–322.

Pfau, M., Holbert, R. L., Zubric, S. J., Pasha, N. H., & Lin, W. (2000). Role and influence of communication modality in the process of resistance to persuasion. *Media Psychology*, 2, 1–33.

Pfau, M., Ivanov, B., Houston, B., Haigh, M., Sims, J., Gilchrist, E., Russell, J., Wigley, S., Eckstein, J., Richert, N. (2005). Inoculation and mental processing: The instrumental role of associative networks in the process of resistance to counterattitudinal influence. *Communication Monographs*, 72, 414–441.

Pfau, M., Kenski, H. C., Nitz, M., & Sorenson, J. (1990). Efficacy of inoculation strategies in promoting resistance to political attack messages: Application to direct mail. *Communication Monographs*, 57, 25–43.

Pfau, M., Roskos-Ewoldsen, D., Wood, M., Yin, S., Cho, J., Lu, K. H., & Shen, L. (2003). Attitude accessibility as an alternative explanation for how inoculation confers resistance. *Communication Monographs*, 70, 39–51.

Pfau, M., Semmler, S. M., Deatrick, L., Ason, A., Nisbett, G., Lane, L., Craig, E., Underhill, J., & Banas, J. (2009). Nuances about the role and impact of affect in inoculation. *Communication Monographs*, 76, 73–98.

Pfau, M., Tusing, K. J., Koerner, A. F., Lee, W., Godbold, L. C., Penaloza, L. J., Yang, V. S., & Hong, Y. (1997). Enriching the inoculation construct: The role of critical components in the process of resistance. *Human Communication Research*, 24, 187–215.

Pfau, M., & Van Bockern, S. (1994). The persistence of inoculation in conferring resistance to smoking initiation among adolescents: The second year. *Human Communication Research*, 20, 413–430.

Pfau, M., Van Bockern, S., & Kang, J. G. (1992). Use of inoculation to promote resistance to smoking initiation among adolescents. *Communication Monographs*, 59, 213–230.

Pryor, B., & Steinfatt, T. M. (1978). The effects of initial belief level on inoculation theory and its proposed mechanisms. *Human Communication Research*, 4, 217–230.

Rogers, E. M. (1995). *Diffusion of innovations* (4th ed.). New York: The Free Press.

Rogers, E. M., & Kincaid, D. L. (1981). *Communication networks: Toward a new paradigm for research*. New York: The Free Press.

Rosenberg, S. (2004). Inoculation effect in prevention of increased verbal aggression in schools. *Psychological Reports*, 95, 1219–1226.

Stiff, J. B. & Mongeau, P. A. (2003). *Persuasive communication*. New York: The Guilford Press.

Sutton, C. A. (2011). *Inoculating against jealousy: Attempting to preemptively reduce the jealousy experience and improve jealousy expression*. Athens: University of Georgia.

Sutton, J., League, C., Sellnow, T. L., & Sellnow, D. D. (2015). Terse messaging and public health in the midst of natural disasters: The case of the Boulder floods. *Health Communication*, 30(2), pp. 135–143. doi: 10.1080/104102 36.2014.974124.

Szabo, E. A., & Pfau, M. (2001). *Reactance as a response to antismoking messages*. Paper presented at the annual meeting of the National Communication Association, Atlanta, GA.

Wong, N. (2016). Vaccinations are safe and effective: Inoculating positive HPV vaccine attitudes against antivaccination attack messages. *Communication Reports*, 29(3), 127–138. doi: 10.1080/08934215.2015.1083599.

Wong, N. C. H., & Harrison, K. J. (2014). Nuances in inoculation: Protecting positive attitudes toward the HPV vaccine & the practice of vaccinating children. *Journal of Women's Health, Issues & Care*, 3(6). doi: 10.4172/2325-9795.1000170.

Wood, M. L. M. (2007). Rethinking the inoculation analogy: Effects on subjects with differing preexisting attitudes. *Human Communication Research*, 33, 357–378.

Wan, H. H., & Pfau, M. (2004). The relative effectiveness of inoculation, bolstering, and combined approaches in crises communication. *Journal of Public Relations Research*, 16, 301–328.

Wigley, S., & Pfau, M. (2010). Arguing with emotion: A closer look at affect and the inoculation process. *Communication Research Reports*, 27(3), 217–229.

Wimberly, R. (2015, April 24). Longer messages are needed for Wireless Emergency Alerts: A DHS study says 90-character WEA messages create a "milling" effect and are insufficient to convince people to take protective action. Emergency Management Website. Retrieved September 7, 2016, from www.emergencymgmt.com/disaster/Longer-Messages-Needed-Wireless-Emergency-Alerts.html.

Zemmels, D. R. (2012). Youth and new media: Studying identity and meaning in an evolving media environment. *Communication Research Trends*, 31(4), 4–22.

第四部分

极端事件中的媒介与信息探析

第十四章

天气情报预警：紧急天气
情况下的地方台广播员信息传播

迈克尔·D.布鲁斯　钱德拉·克拉克　斯考特·霍德森

一　引言

　　天气预报员是训练有素的专业人员，具有天气方面的专业知识，而他们通常把自己看作是公务员。他们的任务是研究大气与气候，帮助人们为一天的天气做准备，帮助他们决定是要带伞，穿暖和的衣服，还是拿出太阳镜。而在恶劣天气等更危险的情况下，天气预报员可被誉为英雄或失败者。大多数天气预报员都热衷于传播信息，并尽可能用最好的技术来协助他们向社区传播重要的天气信息。观众则对拥有这种能力的人持有很高的期望。如果天气预报员预测错了，他们很快就会被嘲笑或蔑视，但如果一个家庭在被龙卷风摧毁了家园后还能安全地走出家门，天气预报员就应该得到赞扬。

　　为了向观众提供最新的天气信息，全国各地的地方电视台每年都要花费数百万美元购买最新的气象工具。这些电台的管理层制定了商业战略与巨额预算，在多个城市购买卫星卡车、手机背包、安装于社区的摄像头系统等，并投资开发允许实时警报与信息的手机应用程序。他们作出如此巨大的投资是为了维持收视率，同时也是因为电视台被授权成为社区的服务人员。美国联邦通信委员会要求无线广播公司以"公共利益、便利性、必要性"为主旨服务其所属社区，以换取广播许可证。即便当下我们已掌握了所有的技术，但与大多数观众交流的最好及最有效的方式仍然是广播与电视。美国地方性新闻的收视率在不同时间段仍保持着持续上升（Matsa，2015）。在2013年的盖洛普民意调查（Gallup poll）中，美国民众表示他们会通过电视新闻（55%）、互联网

（21%）、报纸及印刷出版物（9%），以及广播（6%）来获取当下的事件信息（Saad，2013）。此外，虽然移动与网络技术是一种非常不错的通信工具，但在重大天气事件中遭遇断电的话，其可靠性也就变得没那么可靠了（Burger，Gochfeld，Jeitner，Pittfield & Donio，2013）。

在过去的五年里，美国东海岸发生了几次巨大的龙卷风灾害以及一次严重的飓风灾害，这几次灾害凸显了气象学家、天气预报员，以及地方广播员在灾害发生前、期间，及灾后向公众传递信息的重要作用。无法预测的龙卷风、飓风、水位上升，以及风损所造成的惨状，促使当地广播及电视台在向受灾地区人民传达天气紧急状况的多种媒介中占据了最为重要的位置。

本章旨在从新闻传播学的角度考察地方广播机构在传播突发天气事件中的作用。作者将运用危机与紧急风险传播模型（The Crisis and Emergency Risk Communication model，简称 CERC）的几个要素，对美国过去 18 个月以内发生的三次大规模自然灾害中，广播公司所作出的努力进行检验。并通过个人访谈与研究的方式，考察了广播公司在恶劣天气情况下的传播策略。

二　基本原理

1. 风暴灾害简述

在 2011 年至 2012 年，美国本土发生的三次重大天气事件：亚拉巴马州塔斯卡卢萨的 EF-4 级龙卷风；密苏里州乔普林市的 EF-5 级龙卷风；以及飓风桑迪向我们证明了在天气危机发生时期，地方媒介对社区的重要性。自这些事件发生以来，气象学家与地方电台管理人员审视了这几起事件中他们的媒介信息与商业计划，以改善他们与公众之间的沟通交流。可见，气象专家与他们的团队进行的自我评估，与地方及联邦政府机构并没有什么不同，他们都会在下一次重大事件发生之前检视自身该如何改进。

一方面，在美国与加拿大，国家气象局现在主要使用增强藤田分级（Enhanced Fujita Scale），即 EF 级来表示龙卷风的强度与严重程度。龙卷风的规模越大，死亡、受伤，以及财产损失的可能性就越大，然而，大多数人都死于 EF-0 至 EF-4 级的龙卷风，这是由于 EF-5 级龙卷风发生的频率较低（Paul & Stimers，2011）。另一方面，美国国家飓风中心则根据萨菲尔—辛普森飓风等级（Saffir-Simpson Hurricane Wind Scale）来测量飓风持续风速的强度，并以 1—5 级来评估潜在的财产损失。由于可能会造成重大财产及生命损失，达到三级或更高级别的飓风会被视为重大飓风。

EF-4 级龙卷风，塔斯卡卢萨，亚拉巴马州：2011 年 4 月 27 日。2011 年 4 月 27 日，美国亚拉巴马州及东南部的几个州爆发了一场巨型龙卷风灾害。早在灾前一周，当地的气象学家就已通过观测天气模型预测到该州可能会爆发毁灭性的严重风暴。然而，虽然当地气象台有一周的时间来执行这次潜在风暴灾害的报道计划，但他们也并未准备好迎接这一天袭击亚拉巴马州的共 60 多场龙卷风灾害。

风暴平息后，令人震惊的生命与财产损失统计浮出水面：塔斯卡卢萨市（56 人死亡）、阿拉巴马市（252 人死亡）、全州共 316 人死亡；而塔斯卡卢萨市超过 12% 的财产及设施被毁。据估计，亚拉巴马州的财产损失高达 15 亿美元，风暴造成的残骸碎片超过 1000 万约 764.55 立方米（Thompson，2011）。虽然这些数字令人震惊，但塔斯卡卢萨市市长及该州应急管理局认为，广播电台的提前预警挽救了数百人的生命。尽管如此，这场风暴的严重程度仍警示着该州灾害管理机构：亚拉巴马州需要一个更有效的信息传播策略。特别是自 2000 年以来，亚拉巴马州共遭受过 900 多次龙卷风袭击，丧生人数占美国龙卷风死亡人数的 1/4（Lewis，2012）。

EF-5 级龙卷风，乔普林，密苏里州：2011 年 5 月 22 日。龙卷风在密苏里州并不罕见。每年春天，该州几乎每周都会检测到龙卷风的发生。2011 年 5 月 22 日这一天的天气预报显示，当日天气将会十分恶劣。但没有人会预料到，一场 EF-5 级的巨型龙卷风会开辟道路直接贯穿城市中心地带。该龙卷风登陆时的地面风速为时速 22.1 英里，最大密集风速达每小时 200 英里，最大风速半径可至 1 英里（Wheatley，2013）。乔普林市最终报告了超过 18000 辆汽车、8000 座建筑、400 家企业、7000 所住宅、8 所学校，以及 1 家大型地区医院的严重受损或被毁（Reynolds，n. d.）。灾害造成的直接保险损失超过 19 亿美元，是该州有记录以来最严重的龙卷风灾害之一（Freedman，2012）。此外还造成了 162 人的死亡，使之成为自 1950 年现代记录开始以来袭击美国本土的最为致命的龙卷风灾害（Paul & Stimers，2011）。

飓风桑迪：2012 年 10 月 29 日。飓风桑迪于 2012 年 10 月 29 日以一级飓风强度登陆美国东岸的泽西海岸。此次飓风共造成了 150 人死亡，新泽西州及纽约州的住宅损失分别为 34.6 万户与 30.5 万户。飓风桑迪及洪水所造成的破坏使其成为美国历史上仅次于卡特里娜飓风的第二大飓风灾害。在飓风灾害一年后，新泽西州与纽约市的商业损失总额分别为 83 亿美元与 190 亿美元。包括私人、公共，及间接损失（Huffinton Post，2013）。总体而言，该飓风在美国的四个州及哥伦比亚特区共卷走了 500 亿美元（Blake，Kimberlain，Berg，Cangialosi & Beven，2013）。

然而，由于该地区多个自治市被迫削减曾经由房产税资助的项目与服务，导致总体损失在灾后四年内持续上升。此外，由于飓风带来的破坏，新泽西州的两个县的房地产价值下降了 50 亿美元，这一结果连带导致地方政府及学校还损失了 7700 万美元的收入（Maxfield，2013）。

这三次超级风暴，使得 2011 年至 2012 年成为美国历史上最致命的天气灾害时期之一。因此，应急准备及预警缺失问题，受到了来自社会科学家及气象行业人士的广泛关注（Lewis，2012）。世界多个国家气象服务机构认为，在特定的社会环境与高风险情况下，对信息适当性的新研究非常重要，而重点就是信息及其传达的方式。气象学家与风险管理者还同样对其他因素如传递信息者的可信度、气象学家和应急管理官员该如何对信息有效性产生影响等问题表示了关注（Steelman & McCaffrey，2012）。

三　文献综述

首先，学界普遍认为，媒介在天气危机与灾害的诸多方面发挥着关键作用（Houston，Pfefferbaum & Rosenholtz，2012）。媒体的一项常规功能就是在天气风险发生之前、期间，以及之后向社区通报具体情况。学者们还认识到，媒介是公众获取对风险、科学，与环境信息认知的主要来源（Luhmann，2000；Nelkin，1995；Peterson & Thompson，2009；Scanlon，2007b；Wilson，1995）。此外还有研究表明，对信源的信任，深刻影响着接收者是否信任消息的内容。因此有效利用公众对特定人士（如合适的官员与权威人士）的信任，可增强人们对信息的信任（Fessenden-Raden，Fitchen & Heath，1987）。最近，伯格等学者（Burger et al.，2013）则发现，即便是对样本进行了年龄分布控制，他们的研究结果仍显示，电视与广播是飓风桑迪发生之前、期间，以及之后最值得信赖的信源。

尽管社区依赖媒介组织来获取风险信息，但如昆兰特里（Quarantelli，2006）等专门研究卡特里娜飓风等灾难的学者们发现，地方性新闻媒介组织在处理此类事件方面的准备实际上非常有限。昆兰特里（2002）对灾害多发城市地区的媒介机构展开了实地研究并发现，他们很少会关注如何进行应急与灾害规划。在被调查的媒介机构中，只有33%的广播电台、54%的电视台（28家中的15家），以及60%的报纸有计划对灾难进行过报道宣传。1994年美国洛杉矶北岭大地震（Northridge）后，学者们得出了一个一致的研究发现就是，大型公司会比小型企业更有可能做好充足的应对准备（Dahlhamer & Reshaur，1996；Tierney & Webb，2001），这一发现在大型媒介身上也可适用。

其次，有不少学术研究致力于媒介与天气，但很少有成果被发表在新闻传播学的相关期刊上。斯坎隆（Scanlon，2007a）指出，灾害研究与大众传播领域的研究人员几乎很少会互相参考。天气或灾害学者与新闻传播学者之间的研究也明显存在脱节，这很可能是由于各学科的研究起源与重点不同所导致的。

因此，关于自然灾害与人为灾害的研究文献多集中出现在应急管理、气象学、健康等研究领域。而从传播学研究的角度来看，关于天气与灾害研究的内容主要集中在风险与危机传播领域之中，而该领域最早是源自组织传播与公共关系领域的（Houston et al.，2012）。传统上来说，这些领域的重点一直在于如何开发出关于潜在健康与环境危险的具有说服力的公共信息、针对这些危险的建议对策，即风险传播（Reynolds & Seeger，2005；Witte，1995），以及如何保护组织形象，即危机传播（Houston et al.，2012）等。

在新闻传播学期刊中能找到的灾难研究，主要倾向于使用内容分析的方法展开研究，并着重于研究灾后媒介的报道框架，例如关于卡特里娜飓风的研究便是如此（Borah，2009；Fahmy，Kelly & Kim，2007；Houston et al.，2012）。新闻传播学领域的天气研究，很少能提供一种以风险为中心的方法来改进如何向公众传播突发天气事件的方式。当然，危机与紧急风险传播模型（The Crisis and Emergency Risk Communication model，以下简称CERC模型）确实着重于有效的风险传播的重要性。这一综合模型由健康传播研究家（Reynolds & Seeger，2005）及美国疾病控制与预防中心（CDC，以下简称疾控中心）合作开发，以作为教育与帮助公共卫生专业人员在复杂紧急情况下做好准备履行扩散传播责任的工具。危机，顾名思义就是存在不确定性的各种混乱局面。因此，雷诺兹和西格（Reynolds & Seeger）认为，CERC模型的五个阶段——灾前预测（Pre-crisis）、初始事件（Initial Event）、维持现状（Maintenance）、解决方案（Resolution）、灾后评估（Evaluation）——为系统地降低风险传播中的不确定性提供了坚实基础。

最后，维尔、雷诺兹、塞尔诺与西格（Veil, Reynolds, Sellnow & Seeger, 2008）指出，CERC模型可作为解释在其他情况下如何处理风险与危机的通用理论框架。例如，CERC模型曾被用于研究美国加利福尼亚州、蒙大拿州，以及怀俄明州的山火管理各种相关策略，并可用以确认某些传播方式是否能够影响预期的自然灾害结果并促进更有效地传播（Steelman & McCaffrey, 2012）。

四　研究方法

本研究主要采用质性的人类学研究方法。研究数据由一个以大学教师主导的本科生团队在这三次大型风灾发生后的数周内进行了收集。本团队是2011年6月11日的塔斯卡卢萨与乔普林风暴发生后不久，由美国国家广播员协会（NAB）、广播教育协会（BEA）所委托的一个视频制作团队中的一个小分队，该项目旨在通过一系列小型纪录片来展示广播员在天气紧急情况下的具体作用。本团队由本章的两位作者：霍德森（Hodgson）以及克拉克（Clark）领导。

经过数周的研究以及对资源、采访和地点的规划，本团队于2011年7月在塔斯卡卢萨开始进行采访。总共采访了21名曾经历过塔斯卡卢萨风灾的个人，包括灾难幸存者、地方与州官员、电台记者、伯明翰/塔斯卡卢萨电视网各电视台的气象专员与电台经理，这些采访都是在一周之内完成的。

在2011年8月初，本团队在密苏里州乔普林市进行了访谈与数据收集，以此展开塔斯卡卢萨与乔普林风灾的数据对比。虽然两次风灾地区的媒介网络规模各不相同，但我们仍希望能够具体了解这两个城市如何应对恶劣天气风险，以及广播公司在拯救生命方面起到了怎样的作用。因此我们在乔普林市总共进行了11次采访，采访对象包括与前述相同的电台员工、地方与州应急官员，以及灾难幸存者。

而当飓风桑迪迫在眉睫时，本团队又开始组织下一次实地调查，以了解并记录风暴可能造成的损失。本团队于 2012 年 11 月 13 日，在马里兰州的巴尔的摩市开始工作，共历时 9 天对华盛顿特区、巴尔的摩、费城、新泽西，以及纽约的记者、主播、气象学家，以及新闻经理进行了共 33 次采访。团队还采访了新泽西州州长克里斯·克里斯蒂（Chris Christie），以及新泽西州贝尔马市市长等政府官员。

五　数据分析

整个研究过程中所收集的各种相关新闻信息，对个人或广播电台的任何音频或视频采访内容，都旨在完成美国国家广播员协会（NAB）委托的研究，不存在金钱利益交换等问题。而每个地区发布的新闻信息也被一一收集，以确保数据被用于教育时的有效性。

一个由作者任职学校的本科生及研究生团队为该研究的所有录音采访与音频视频材料进行了文本汇编。随后作者仔细检查了这些转录文本，以寻找符合CERC 模型阶段趋势的内容。符合条件的相关主题与引用会被依次添加至CERC 模型中最为相关的各阶段之中，并在调查结果部分进行具体讨论。本研究的结果旨在挖掘数据中试图强调有效的风险传播，对有效传播的威胁等问题的具体呈现。

六　研究结果

该部分将使用雷诺兹和西格（Reynolds & Seeger, 2005）提出的 CERC 五阶段模型以对所收集到的质性数据进行具体分析，分别将包括：灾前预测、初始事件、维持现状、解决方案、灾后评估五个部分。

1. 灾前预测

在灾前预测阶段，各地区的机构与电台需要共同努力以促进灾害准备。主要包括广播电台与电视台在灾害发生前与应急管理人员进行合作，与广播电台签订合作协议，并对工作人员及风暴观测员进行培训等内容。

　　若没有与企业、市政府及州政府进行合作，电视台及预警工作人员（与天气预报员）就无法通过多个媒介平台完成他们的职责。因此在大多数情况下，电视台会与当地经销商合作，由他们提供一辆装备齐全的越野车（SUV）或面包车充当移动气象工作站。若与市政府及州政府机构进行合作，该移动工作站就可使用交通监控摄像头，或在社区周围安装自己的摄像头网络，以便在天气变化期间进行随时查看。

　　该阶段还需要加强对中断节目与广告的具体政策的关注。我们采访的气象学家指出，他们有权对节目进行自主改动或中断，而亚拉巴马州伯明翰市的WVTM 电视台总经理吉恩·柯康纳尔（Gene Kirkconnell）表达了如下类似的看法。

　　　　这是我们应该处理的事情，我们在直面危机，不管是自然灾害还是对公众而言的另一种威胁时，我们从来不会出于利益考虑去决定是否该切断节目或广告，我们需要尽可能多的时间与尽可能大的传播广度向公众提供能够拯救生命的信息。

　　　　　　　　　　　　　　　　　　　　　（个人访谈，2011 年 7 月 22 日）

　　我们在对塔斯卡卢萨、乔普林、巴尔的摩、华盛顿特区、费城、新泽西，以及纽约的天气预报员、新闻主管、记者和新闻经理进行采访时，明显发现所有的这些广播团队成员在重大天气事件发生之前、期间与之后都扮演着重要角色。他们受到当地民众的高度信任，因此他们相信在危机期间，他们有责任在多个媒介平台上提供信息。此外，他们还认识到，电台每天都投入大量的资源来建立信任，这样民众在恶劣天气情况下就会求助于他们。例如伯明翰的WBRC 福克斯第六新闻频道的詹姆斯·保尔·戴斯（James Paul Dice）就说道：

　　　　或许当前并没有什么恶劣天气状况，但你仍需要在外面与人们讨论如何在大风暴来临时保持安全。4 月 27 日之前我们就这样做了无数次，我们在社区里与各团体讨论该如何应对可怕的天气状况，我们制作天气广播节目，还举办了一个大型的气象广播活动，实地走访了属于我们观察区的所有不同社区，而本市所有 21 个自治县都在播放我们的天气广播节目。我认为在 4 月 27 日那些毁灭性的风暴来袭时，我们的社区服务真的起了不小作用。

（个人访谈，2011 年 7 月 21 日）

与当地应急管理官员合作，可让媒介专业人士在天气危机期间提供更好的传播与沟通服务。乔普林市贾斯珀自治县的应急管理主任基思·斯坦默（Keith Stammer）向我们解释了他的办公室是如何与媒介进行合作的：

我们很幸运地在这个镇上拥有一个全职的公共信息官员，这都是我们的 PIO（Public Information Officer，即公共信息官员）的功劳。我们很早以前就已经建立起了与媒介间的联系。每当我们需要进行防灾演习时，我们都会进行桌面演练，我们会邀请媒介、广播电台、电视台、纸媒来参加我们的会议，以便他们能够观察，甚至最好能够参与桌后演练之中以实践媒介功能。所以，当风灾发生时，我们就可以利用手上的媒介资源，例如电话、传真，以及其他类似的资源来拨打给媒介电话。如果我需要用某个短语来帮助发布公共服务公告或传递我们希望告知公众的信息，我们就可以用到它们。

（个人访谈，2011 年 8 月 9 日）

而纽约市的 WCBS 电视台天气预报员罗妮·奎因（Lonnie Quinn）认为，她作为一个地方广播电台的气象专员，可以更好地对风暴进行报道：

所以当全国性的大型媒介、天气频道、网络新闻发布他们的新闻时，他们并不在风暴发生当地。当然我知道他们有一些记者会在现场，但他们仍驻扎在风暴中心以外的地区。而我们（地方广播电台气象专员）则生活在这里，与所有经历这一切的民众共同呼吸。我想说的是，我们就是本地人，我们的亲戚、家人、朋友他们都遭受了风暴侵害。因此与那些记者不同的是，我们可以在风暴中心的街道上、街区中进行实地报道，我们了解这些民众，这是我们生活的地方。我们不仅仅是在保护观众，我们还在保护我们的人民。

（个人访谈，2012 年 11 月 19 日）

2. 初始事件

在雷诺兹和西格（Reynolds & Seeger，2005）的模型中，初始事件指的是直接与受影响地区的公众进行沟通的阶段。在恶劣天气情况下，该阶段一般通过传统媒介及新媒介来实现，一般最早可发生在一周以内。该阶段最常见的特征就是：相关警告信息会大量减少。因为在这一阶段，需要使用的工具都已在灾前预测阶段中得以配备到位。广播电台与电视台主要利用其定期广播与社交媒介持续向公众通报相关的最新情况。广播电台会开始使用"注意天气"的提醒方式来促进确保家人与朋友知悉并了解当前的具体情况。而当严重威胁迫在眉睫时，电视台就会利用所有的既有节目与广告时间来确保人们知道去哪里获取最新信息。

塔斯卡卢萨龙卷风灾害中就有许多关于生存与警告的故事，它们警醒了亚拉巴马州的人民，告诫他们应该去做什么来帮助别人像他们一样对天气有所了解。例如，当时有一位大学部长正在车里收听广播，当他听到当地的天气预报员说"现在赶紧避难吧！"时，他立刻在一家叫作"卡卡圈坊"（Krispy Kreme）的甜甜圈店停车并警告里面的顾客赶紧逃生，随后他还疯狂地打电话给他弟弟所在的教堂里警告这群大学生赶紧撤离，而正当学生们逃往避难所的时候，正好遇上了龙卷风来袭，他们目睹了整个风暴的毁灭性威力。而最初他停车的那家甜甜圈店最后什么都没能留下来（T. Durden，个人访谈，2011 年 7 月 19 日）。

这位大学部长的电话帮助他的弟弟卡莱布·德登（Caleb Durden）在内的六名大学生获悉关键信息并立刻采取了行动。他们都躲在塔斯卡卢萨基督中心教堂内的一个公用柜子里。最后他们得以幸存，但教堂却被摧毁了。卡莱布·德登指出：

> 我们当时收看了几个不同的频道，而它们都在说同一件事：你需要到安全的地方去，塔斯卡卢萨会遭受重创，你需要尽快找到避难所。我当时

收看了美国广播公司（ABC）的 33/40 频道，他们启动了塔台摄像机和雷
达，然后他们一直在谈论塔斯卡卢萨。他们说：这会非常糟糕，你需要找
个安全的地方。而福克斯电视台的那个人，JP·戴斯（JP Dice），他说如
果你在塔斯卡卢萨，你就要遭到袭击了。

（个人访谈，2011 年 7 月 19 日）

而在其他情况下，广播电台也可成为天气实况报道的得力合作伙伴，因为
它们允许电视台接收信号并通过电波进行转播。在塔斯卡卢萨市，有两个电台
DJ 捕捉到了实况展示 EF-4 龙卷风穿越主要州际地区时威力的视频，他们拍摄
到巨大的云墙从他们的移动工作站前经过的景象（T. Delo，个人采访，2011
年 7 月 22 日）。

而在乔普林市，新闻导播与他们的工作人员对突如其来的恶劣天气并不感
到陌生。但在 2011 年 5 月 22 日那天下午袭来 EF-5 级龙卷风，彻底颠覆了他
们以往处理常规事件的理念，促使他们在当天利用所有的可用资源进行了全面
报道。他们还不断强调，当地的信息都来自他们社区中众所周知的可靠信源：
凯特琳·麦卡德尔（Caitlin McCardle），一位隶属于 KSNF/KODE 电视台的知名
天气预报员：

就在我们真正看到塔台摄像机中拍摄到的龙卷风之前，国家气象局已
经发布报告，在乔普林以西的方铅矿上空出现了一些漏斗云。这是直到我
们通过塔台摄像机看到龙卷风确实存在前的最新报告。我还注意到在乔普
林的西南方向，有一个小型的钩状回波在持续发展，所以我让我们的周末
导播继续将塔台摄像机的拍摄距离调至尽可能远的西南方向，幸好我们这
样做了，因为我们真的看到了地面上的龙卷风。因此在国家气象局正式发
出龙卷风警报之前，我们就在这里给大家发出了警告。我们几乎是在与风
暴观测者同一时间发现了龙卷风的存在。但是，从他们将信息传回国家气
象局，再到向公众和所有其他媒介发布之间会有一段时间延迟。而我们在
塔台摄像机中捕捉到了它，塔台摄像机中的那个龙卷风，那是一个可怕的
景象。

（个人采访，2011 年 8 月 11 日）

而针对飓风桑迪，气象站花了数天时间帮助人们准备应对最初的袭击，包括飓风登陆后的准备、疏散，以及应对最终的破坏性结果。纽约的 1010 WINS 新闻电台记者约翰·蒙通（John Montone）向我们描述了他所在电台的工作人员是如何优先进行风暴报道的：

> 他们很多人都驻扎在旅馆里，或者干脆在车站过夜，睡在沙发上。我们需要全天 24 小时持续报道，但这是我们的极限。然而我们仍全力以赴，不再播放商业广告，我们放弃体育新闻，放弃特别节目。我们就是全天候覆盖地进行报道，保证你在一天中的任何一分钟、任何一小时中的任何一分钟，只要打开收音机，你就能得到有用的信息，有关于这场灾难的重要信息。

（个人采访，2012 年 11 月 20 日）

3. 维持现状

雷诺兹和西格（Reynolds & Seeger，2005）将维持现状阶段的任务，认定为与公众的沟通交流，以帮助他们进行决策并辨别错误信息。在多数情况下，直到恶劣天气威胁彻底消失前，该阶段都不会被激活。在亚拉巴马州的风灾中，电视天气预报员直到最后一次恶劣天气警报在晚上 10 点左右结束以后，才停止对电视台广播信息的控制，让位于新闻部进行损失及恢复状况报道。伯明翰市的 ABC 33/40 频道的天气预报员詹姆斯·斯潘（James Spann）就总结道，"我不希望在某人的生命可能还在龙卷风经过路径上遭受威胁的时候，听到新闻报道告诉我们风暴造成的总体损失状况如何。所以在整个风暴结束前，都由我们来控制信息传递"（个人采访，2011 年 7 月 19 日）。

而在乔普林市，由于风暴来袭前的预警时间更为短暂，因此通过当地广播进行维持现状稳定的信息传递变得至关重要。电视主播指出，风暴过后的这段时间是一个冲击期，民众都渴望知道到底刚才都发生了什么。乔普林市 KO-AM/EFJX 电视台的新闻总监克里斯蒂·斯宾塞（Kristi Spencer）向我们描述了她在风灾过后，于电视台中所扮演的角色：

> 我想我们当时唯一在做的就是提供所有我们能提供的基本信息，就是

我们所知的那天晚上的所有信息，因为龙卷风摧毁了通信设备，为我们带来了一些障碍。所以，我们对那些正在感到害怕的人们而言就是一条纽带，他们迫切希望知道自己周遭到底发生了什么，而若能每晚从当地的新闻主播那里得到一些信息，多少也是一种安慰。我认为我们能够真正地提供一个地方性视角，回答当地人民一些全国性频道所无法回答的问题。

（个人采访，2011 年 8 月 8 日）

乔普林市贾斯珀自治县的应急管理主任基思·斯坦默（Keith Stammer），还向我们表示在一场造成如此大范围破坏的风灾以后，与媒介的沟通有多么重要：

我不知道你能否在没有媒介参与的情况下，在一个 6 英里长、半英里宽、1800 英亩的灾区成功进行搜救行动。媒介不仅是我们的眼睛与耳朵，可以观察正在发生的事件并随时向我们报告情况，他们还能够帮助我们与外面的其他人进行沟通交流。我们可以把信息推送给他们，然后他们可以把信息带回来。不然我不知道我们应该怎么做。

（个人访谈，2011 年 8 月 9 日）

有不少媒介人士的个人财产也遭到了风暴破坏，但他们仍在努力确保受灾地区的信息继续传递扩散。WJRZ Magic 100.1 广播电台的节目总监格林·卡利纳（Glenn Kalina）在得知自己的家已经遭灾后，仍坚持在电台继续工作：

我家就在海湾边上，所以海水倒灌直接涌到了我家门口。灾后 19 天我们才得以进入房子里，我们的房子被水淹得非常严重。我们的生活一切都得从头开始。我还在消化这个现实，但有很多人的情况比我更糟。所以我需要照顾好社区，我也会照顾好我自己，我能够处理好。

（个人访谈，11 月 17 日星期六）

4. 解决方案

根据雷诺兹和西格（Reynolds & Seeger, 2005）的说法，解决方案阶段具体包括了与一般民众就可能影响整个社区的问题进行沟通交流。在经历了这些毁灭性的风灾之后，当地警察与安全机构会设立宵禁，帮助民众远离受灾地区，同时保护受灾者的财产，以确保地区安全。而媒介会向社区通报宵禁信息、提醒受灾者，以及传递清理志愿者进入受灾地区的具体情况。

将电视与广播电台交给官员来传达救灾工作信息并控制局势，是很常见的。在这三场重大风灾过后，灾区当地媒介向执法、医疗、应急管理，以及美国联邦应急管理局（FEMA）的代表们敞开大门，为他们提供麦克风的使用权，以作为与民众进行广泛沟通交流的重要途径。在每个案例中，这些合作政策都是在灾前预测阶段就已经制定好了的。乔普林市贾斯珀自治县的应急管理主任基思·斯坦默（Keith Stammer）告诉我们：

> 为了把信息传递给民众，我们通过媒介尝试了不少办法。广播就是个很好的例子，我们当地的广播电台在他们所有不同的电台进行了同步广播，所以当你和其中一个电台沟通时，实际上是同时与六个以上不同的电台进行沟通。我们的电视台也做了同样的事。我们向他们提供信息，他们帮我们传达。而纸媒是一个更为有意思的传播渠道。有些人在野外没有互联网、没有电、收音机也没电了。所以我们做的第一件事，就是让当地纸媒发行报纸，然后我们把这些报纸放在各个地方的展台以供免费阅览，这样的话，人们就可以把它们拿回去，带到他们家园被毁的地方，很多人这样做是为了从报纸中了解到底发生了什么，顺便进行人工宣传。后来，当我们能够重建更多的站点时，我们就可以安装一些大屏幕，然后人们就可以从这些屏幕中看到现在正在发生的事情，这为人们提供了莫大的帮助。
>
> （个人访谈，2011 年 8 月 9 日）

而在塔斯卡卢萨，整个城市的通信系统被完全摧毁，当地的广播电台与电视台就成为了城市代言人。他们允许地方、州，以及联邦官员进入他们的工作室，提供可用资源、重建工作，以及宵禁等相关重要信息。虽然塔斯卡卢萨市长称赞广播公司向公众提供了灾前预警，避免了数百人的伤亡，但他同时也赞许媒介在风灾过后，帮助增强了公众服务的力度（W. Maddox，个人采访，2011 年 7 月 22 日）。塔斯卡卢萨市的"清晰渠道"（Clear Channel）电台还公开了他们的电话热线，在接下来的 17 天里，帮助听众不间断地通过电波进行相互沟通与交谈，分享他们个人与身体康复过程中所发生的点点滴滴（T. Delo，个人访谈，2011 年 7 月 22 日）。

新泽西州州长克里斯·克里斯蒂（Chirs Christie）每个月会在新泽西的 101.5 电视台主持一个名为"提问州长"的节目，节目中他会接听来自民众关于任何问题的电话。他认为这个既有节目是一个非常可靠的工具，可在重建期间用以进行沟通交流，"在风灾过后，我一边巡视全州评估损失，一边通过广播公司与民众进行交流沟通"（个人采访，2012 年 11 月 20 日）。正如塔斯卡卢萨市与乔普林市的当地电视台一样，新泽西的 101.5 频道的电视台经理们觉得他们有义务尽快播放有关重建信息的常规节目，他们的电视台总监埃里克·约翰逊（Eric Johnson）曾表示，他们有责任保持频道的全天候直播，并帮助社区进行沟通对话：

> 新泽西州在风灾过后面临的一个严重危机就是燃油供给。因此会有听众给我们打电话求助说一号公路上的埃克森加油站现在燃油不足，那么两分钟之内，就会有 100 辆车奔到现场帮忙。
>
> （个人采访，2012 年 11 月 20 日）

5. 灾后评估

雷诺兹和西格（Reynolds & Seeger，2005）还将这一阶段称为"经验教训"阶段。该阶段，参与危机应对的各方会评估各自在危机传播与沟通工作中的优点与不足。通常会展开跨部门的沟通交流与后续讨论，以有助于制定新的自灾前预测阶段开始的完整行动计划。

例如对飓风桑迪的灾后评估，就曝光了通讯传播中的失误。弗里德曼（Freedman，2013）就指出了美国国家飓风中心与国家气象局的几次失误，包括：（1）未能观察到并警示北卡罗来纳州的北部地区；（2）当时所制定的规则限制了国家气象局在热带风暴转变为准飓风后及时发出飓风警报；（3）对萨菲尔—辛普森风级的过度依赖——飓风桑迪暴露了萨菲尔—辛普森风级不足以预测风暴真实严重程度这个问题，因为该标准忽略了风暴的大小与潜在风暴潮等数据的评估。因此，飓风研究专家现在正在探索能够替代萨菲尔—辛普森风级的标准,例如综合动能评级(Integrated Kinetic Energy scale),以准确传递飓风的潜在危害信息。

而当广播公司评估风灾后果时,如何改进风暴追踪是一个经常被谈及的问题。密苏里州乔普林市的 KSNF/KEDE 新闻频道的新闻主管雷沙·彼尔德(Leisha Beard)就指出,市民在真正确认自己的确处于危险情况之前,通常并不会躲到安全地区:

> 并不是我们没有认真对待龙卷风警报,而是对这四个州而言,这太家常便饭了。当你听到龙卷风警报时,你不会立刻跳进浴缸里,你通常会先打开电视看看。

(个人采访,2011 年 8 月 8 日)

现在我们所使用的新风暴追踪技术,如智能手机气象应用 iMap,正是由塔斯卡卢萨飓风、乔普林龙卷风,以及飓风桑迪的传播评估报告发展而来的。这是目前正在开发中的几个新应用之一,这些程序可以根据人们的全球定位系统(GPS)的坐标来帮助人们了解他们当前是否正处于风暴路径之上。

而在评估这些风暴的传播过程中,我们还发现了其他问题。天气预报员指出,他们发现随着时间推移,人们对天气的认识会逐渐减弱。他们还表示,为了让人们采取行动,在信息传递中需要使用一些特定的语言和语气。伯明翰市 ABC 33/40 频道的詹姆斯·斯潘(James Spann)还强调,需要继续在为公众提供更多的现场视频和实地观察方面作出努力:

> 大多数电视台播放的龙卷风实况视频都非常糟糕。你通常会看到一个长时间的雷达信号报道,没有电视天气预报员出现在镜头中。而你必须在镜头前与观众进行眼神交流和肢体语言交流,你必须有固定的摄像头、网络与现场实时观测仪表器才能达到效果。让志愿者在现场(当然是经过适当训练的)用实时仪表器来补充电视报道,其实并不需要太多成本。约翰·奥德舒(John Oldshue)和本·格里尔(Ben Greer)对塔斯卡卢萨龙卷风的实况直播就是在它袭击城市之前进行的,这无疑挽救了许多人的生命。

(个人访谈,2016 年 4 月 10 日)

而在电视台与广播电台对他们的工作人员配置进行评估的同时，还需要关注他们提供服务的主要目的是什么。其专业根本，就是以记者的身份与受众分享故事，尤其在漫长的灾后重建过程中，这是非常必要的。大卫·佛伦德（David Friend）作为纽约 WCBS 电视台的副总裁兼新闻总监，他在为自己的团队于飓风登陆期间的报道表现感到自豪的同时，也清楚知悉他们仍有职责需继续履行，他指出：

> 一旦风暴结束，我们就应该讲述当地受灾人民的故事，并尽我们所能为他们提供帮助。为他们捐赠食物与毛毯，协助红十字会进行募捐；或者让他们站出来讲述自己的故事，告诉我们所遭受的不幸。我们应该尝试所有一切去帮助他们重建生活。

（个人访谈，2012 年 11 月 19 日）

七 研究讨论

自从 2011 年亚拉巴马州与乔普林市发生致命龙卷风灾害以来，电视天气预报员就已经加大了对观众的教育力度，因为这类恶劣天气事件仍会频繁出现。美国国家气象局首席科学家凯文·劳（Kevin Law）表示，他们一直致力于这些风暴的科学研究，同时也在研究人类在重大天气事件发生前的行为，以及人们对警告的反应（Morgan，2014）。

气象学家、社会科学家，以及气象站管理人员已经认识到，为拯救生命，需要使用特定的术语，需要在雷达图示上增添更多的视频展示，需要善用社交媒介上的实况直播，还需要更频繁地使用首次天气预警，所有的这一切都会带来丰厚回报。当下在不同媒介平台，我们还可以看到他们开展天气教育、风暴警报巡游、天气广播节目，详情网站、天气报告等多种项目。此外，根据恶劣天气的风险程度高低，这些专业人士不仅需要详细解释天气预报，还需要详细介绍我们应该在什么地方避险，以及特定时间内的特定安全地点有哪一些。

电视台与电视天气预报员已经率先与当地官员及应急管理机构开展合作，努力让民众知道，发生任何事情之前要把他们看作一种资源。美国全国各州则正在开展利用重大节日或其他指定节日来进行的气候认知培训活动。例如，乔普林市现在每年都会在市内举办气象教育课程；而亚拉巴马州中部，当地电视台全年都会举行风暴观测及天气警报巡演。最后，在美国东岸，每当飓风季节来临时，也会举办与发电预备、房屋维修，以及食品安全相关的宣传活动。与此同时，电视天气预报员们每周会访问学校，并会在民间组织演讲；而应急管理规划专员还会与教堂、俱乐部、非营利组织，以及政府机构开展每年约 20 次不同的天气培训课程。

医生与气象学家也会从伤亡事件中持续吸取教训。现在，在风暴袭来的警告语中，我们会看到鼓励人们戴上自行车或棒球头盔，甚至水壶以保护头部不被飞来的碎片割伤等内容。还有一个值得一提的警示语就是，我们需要随身携带哨子以便呼救，随时穿上合适的包脚鞋，以便在残骸中行走时能保护双脚。

而天气预报员所面临的一个令人沮丧的难题是，要说些什么才能保证人们会听从他们的建议，并在必要时能够采取行动。现在他们常用的短语有："到低楼层去；远离门窗；保证你与外界间隔尽可能多的墙；不要待在车子或移动的房屋之中。"詹姆斯·斯潘（James Spann）因其在 2011 年 4 月亚拉巴马州龙卷风后的天气报道而获得诸多国家荣誉，他也因此成为倡导人们从灾难事件中学习并吸取教训的主要代表人物。他向我们指出：

> 2011 年 4 月 27 日的风灾造成了 252 人死亡，但对于物理学家而言，这一天是一个再好不过的研究机会。此外，我们还求助于社会科学家，以帮助我们在威胁生命的糟糕天气中实现更好地信息传播与沟通；这是我们的一大弱点。诸如"龙卷风警报"这样的警示语如果使用得当，会产生莫大的帮助。同时，社会科学家也帮助我们解决了一些问题，例如如何利用自治县的警示实现多方位的信息传播、如何削减警笛依赖性、如何配置地图颜色、设计图形与术语等。

（个人访谈，2016 年 4 月 10 日）

八　结语

虽然本团队进行了大量采访，总共收集了数百小时的访谈资料，但我们采访的对象只占参与这些风暴传播与沟通的当地广播公司的很小一部分。此外，本章的研究结果只能代表我们所选取的三场重大风灾，严重限制了我们将结果适用于其他类似案例的可能性。而本研究的另一个局限性在于，在这些极端灾害发生后能够进入灾区的时间受到了限制，使得我们很难在灾害发生后的混乱之中立即进入这些地区。虽然如此，我们仍认为在灾害发生后尽快地开展数据收集、录像与采访是至关重要的。此外，随着社交媒介和移动通信技术的普及，记录在这些媒介平台上的信息传播活动也非常重要。

现在仍有一些气象学家会自责，认为他们没能挽救更多的生命。自这些风灾发生后的一段时间里，来自灾区的电视天气预报员们参加了许多全国性会议，亲自讲述了他们在面对潜在天气灾害时，是如何让他们的观众采取行动的。他们提出的解决方案包括使用更多的实时直播工具来进行风暴追踪，而不是在屏幕上长时间地展示天气图。这些专家认为，人们对着他们看不太懂的趋势图，是不会作出应急反应的。他们还强调了在天气灾害期间利用社交媒介进行公众教育的必要性。社交媒介是一种有效的工具，可帮助人们确认朋友及家人是否安全，还能通过贴标签来进行信息传播。因此，未来的研究中，我们应该考察在吸取了这些风灾的教训以后，广播电台的应对方式是否有所改变，他们又会如何将社交媒介整合到工作之中。

最后，许多公众纪念活动都是在灾难纪念日时进行的。因此，我们应该通过推进旨在了解广播公司在恶劣天气事件中如何传递风险的研究，作为这三场超级风暴的五周年纪念。在这短暂的时间里，我们应该已经吸取了一些经验教训，对未来如何应对各类型的严重风暴必然会产生影响。

参考文献

Blake, E., Kimberlain, T., Berg, R., Cangialosi, J., & Beven, J. (2013). *Tropical cyclone report: Hurricane Sandy*. National Hurricane Center.

Borah, P. (2009). Comparing visual framing in newspapers: Hurricane Katrina versus tsunami. *Newspaper Research Journal, 30*(1), 50–57.

Burger, J., Gochfeld, M., Jeitner, C., Pittfield, T., & Donio, M. (2013). Trusted information sources used during and after Superstorm Sandy: TV and radio were used more often than social media. *Journal of Toxicology & Environmental Health: Part A, 76*(20), 1138. doi: 10.1080/15287394.2013.844087.

Dahlhamer, J. M., & Reshaur, L. (1996). *Business and the 1994 Northridge Earthquake: An analysis of pre- and post-disaster preparedness.* Newark: University of Delaware Disaster Research Center.

Fahmy, S., Kelly, J. D., & Kim, Y. S. (2007). What Katrina revealed: A visual analysis of the hurricane coverage by news wires and U.S. newspapers. *Journalism & Mass Communication Quarterly, 84*(3), 546–561.

Fessenden-Raden, J., Fitchen J. M., & Heath, J. S. (1987). Providing risk information in communities: Factors influencing what is heard and accepted. *Science, Technology, & Human Values, 12*, 94–101.

Freedman, A. (2012). The Joplin tornado: Where does it rank? *Climate Central.* Retrieved from: www.climatecentral.org/news/the-joplin-tornado-one-year-later-where-does-it-rank.

Freedman, A. (2013). Heeding Sandy's lessons, before the next big storm. *Climate Central.* Retrieved from: www.climatecentral.org/news/four-key-lessons-learned-from-hurricane-sandy-15928.

Houston, J. B., Pfefferbaum, B., & Rosenholtz, C. E. (2012). Disaster news: Framing and frame changing in coverage of major U.S. natural disasters, 2000–2010. *Journalism & Mass Communication Quarterly, 89*(4), 606–623. doi: 10.1177/1077699012456022.

Huffington Post. (2013, October 29). Hurricane Sandy impact. Retrieved from: www.huffingtonpost.com/2013/10/29/hurricane-sandy-impact-infographic_n_4171243.html.

Lewis, R. (2012, March 13). Tornado Tech: What if Dorothy had a smartphone? *All Things Considered* [Radio broadcast]. Birmingham: Alabama Public Radio.

Luhmann, N. (2000). *The reality of mass media.* (K. Cross, Trans.). Stanford, CA: Stanford University Press.

Matsa, K. (2015, April 29). Local TV news: Fact sheet. *Pew Research Center, State of the news media 2015.* Retrieved from: www.journalism.org/2015/04/29/local-tv-news-fact-sheet/.

Maxfield, J. (2013, October 26). Hurricane Sandy anniversary: Economic cost. *Daily Finance.* Retrieved from: www.dailyfinance.com/on/hurricane-sandy-anniversary-economic-cost/.

Morgan, L. (2014, April 24). Tornado psychology after April 27, 2011: Persuading people to act. Retrieved from: http://blog.al.com/wire/2014/04/tornado_psychology_persuading.html.

Nelkin, D. (1995). *Selling science: How the press covers science and technology.* New York: Freeman.

Paul, B., & Stimers, M. (2011). *Tornado warnings and tornado fatalities: The case of May 22, 2011 tornado in Joplin, Missouri.* (Quick Response Report #226). Boulder: Natural Hazards Center, University of Colorado at Boulder.

Peterson, T. R., & Thompson, J. L. (2009). Environmental risk communication: Responding to challenges of complexity and uncertainty. In R. L. Heath & H. D. O'Hair (Eds.), *Handbook of risk and crisis communication* (pp. 591–606).

New York: Routledge.

Quarantelli, E. L. (2006, June 11). Catastrophes are different from disasters: Some implications for crisis planning and managing drawn from Katrina. Retrieved from: http://understandingkatrina.ssrc.org/Quarantelli.

Quarantelli, E. L. (2002). *The role of the mass communication system in natural and technological disasters and possible extrapolation to terrorism situations.* Newark: University of Delaware Disaster Research Center.

Reynolds, B., and Seeger, M. (2005). Crisis and emergency risk communication as an integrative model. *Journal of Health Communication*, 10, 43–55.

Reynolds, M. (n.d.). The Joplin tornado: The hospital story and lessons learned [PDF document]. Retrieved from: http://c.ymcdn.com/sites/www.leadingagemissouri.org/resource/resmgr/annual_conference/wednesday_joplin_tornado_les.pdf.

Saad, L. (2013, July 8). TV is Americans' main source of news. *Gallup.com*.

Scanlon, J. (2007a). Research about the mass media and disaster: Never (well hardly never) the twain shall meet. In D. A. McEntire (Ed.), *Disciplines, Disasters, and Emergency Management* (pp. 75–94). Springfield, IL: Charles C Thomas.

Scanlon, J. (2007b). Unwelcome irritant or useful ally? The mass media in emergencies. In H. Rodriquez, E. L. Quarntelli, & R. R. Dynes, 2007. *Handbook of disaster research* (pp. 413–429). New York: Springer.

Steelman, T., & McCaffrey, S. (2012). Best practices in risk and crisis communication: Implications for natural hazards management. *Natural Hazards*, 65(1), 683–705. doi: 10.1007/s11069-012-0386-z.

Thompson, J. (2011, August 30). The Tuscaloosa tornado: Lessons to learn outlined at FRI. *FireRescue1*.

Tierney, K., & Webb, G. (2001). *Business vulnerability to earthquakes and other disasters.* Newark: University of Delaware Disaster Research Center.

Veil, S., Reynolds, B., Sellnow, T., & Seeger, M. (2008, October). CERC as a theoretical framework for research and practice. *Society for Public Health Education*, 9(4), 26–34. doi: 10.1177/1524839908322113.

Wheatley, K. (2013, May 22). The May 22, 2011, Joplin, Missouri EF5 tornado. *Tornado History*. Retrieved from: www.ustornadoes.com/2013/05/22/joplin-missouri-ef5-tornado-may-22-2011/.

Wilson, K. M. (1995). Mass media as sources of global warming knowledge. *Mass Communication Review*, 22(1), 75–89.

Witte, K. (1995). Generating effective risk messages: How scary should your risk communication be? In B. R. Burleson (Ed.), *Communication yearbook 18*, (pp. 229–254). Thousand Oaks, CA: SAGE.

第十五章

即便无可避免，你仍负有责任

——2012 年西尼罗疫情中的媒介
风险与归因评估

俞南　罗伯特·利特菲尔德　劳拉·C. 法瑞尔　王若旭

由于人们对医疗事件有着广泛兴趣，所以诸如大规模疫情爆发等卫生事件自然会引起新闻界的关注（Pew Research Center, 2009）。新闻媒介年复一年地密切关注着这些流行病，并在过去的几十年中持续改进着他们的做法（Blakely, 2003；Koteyko, Brown & Crawford, 2008）。公共卫生事件的新闻报道之所以重要，在于通过这些报道，人们可以形成对一种疾病的认知，并相应地为潜在健康风险做好准备（Blakely, 2003；Roche & Muskavitch, 2003）。

历史上有许多大型流行病对人类社会造成了影响。诸如 1918 年西班牙流感、1957 年亚洲流感、1958 年香港流感、2003 年非典，以及 2009 年 H1N1 流感等。这些流行病都在世界不同国家造成了严重的经济、社会与健康后果（Blakely, 2003；Hume, 2000；Luther & Zhou, 2005；Yu, Frohlich, Fougner & Ren, 2011）。在这些流行病中，西尼罗病毒多年来一直是美国本土最为严重的一个健康威胁（Sifferlin, 2015）。自 1999 年在纽约发现美国本土第一例西尼罗病例（West Nile Virus, 2013）以来，至今已有三万多美国人感染了该病毒。2012 年是西尼罗病毒最为肆虐的一年，这一年在美国的 48 个州都发现了感染病例，并最终导致了 286 人死亡，成为自该病毒上一次于 2003 年爆发以来，最严重的一次大流行（CDC, 2013）。

此外，有关新闻媒介如何描述疫情爆发的研究，引起了学术界的广泛关注（Blakely, 2003；Dudo, Dahlstrom & Brossard, 2007；Hume, 2000；Roche &

Muskavitch，2003；Yu et al.，2011）。已往的研究大多集中于媒介是否在新闻中准确地呈现了健康风险问题，或者预防策略是否得到了恰当传递（Dudo et al.，2007；Roche & Muskavitch，2003；Yu et al.，2011）。而本研究旨在通过审视美国媒介对2012年西尼罗疫情的描述，来进一步扩展该领域的研究，并将着重于研究媒介中对风险的描述、疾病可预防性，以及责任归属的探讨。

一　文献综述

在过去一个世纪以来，媒介对疫情爆发的报道发生了巨大改变。布莱克利（Blakely，2003）通过对1918年西班牙流感、1957年亚洲流感，以及1968年香港流感的媒介报道考察，发现科学在遏制传染病方面的进展会改变媒介对流行病的描述方式。当科学成为可能解决流行病的一种办法时，媒介便开始将注意力从公众焦虑转移至科学的预防方法之上，试图为这些危急的公共卫生问题提供答案。学者们认为，除了需要呈现流行病的风险与规模外，媒介还应该分担责任，为一般民众提出的"那又如何"这个问题提供答案，以满足他们了解如何减少受健康风险影响的必要性（Roche & Muskavitch，2003）。因此，本研究的分析将包括媒介对风险表征的描述，以及对疾病责任归属的评估。

1. 新闻媒介的风险评估

对于媒介研究者而言，风险评估是一个十分有趣的课题，因为记者对疫情爆发的风险评估，实际上形塑了人们对该流行病的危险性及威胁性的实际认知（Dudo et al.，2007；Roche & Muskavitch，2003；Yu et al.，2011）。媒介报道的风险评估若不准确，会造成很大问题：若媒介报道夸大实际风险，可能会引起人们的恐慌或绝望；而低估实际风险，则可能会导致严重后果，例如人们不会采取必要的预防措施来保护自己（Dudo et al.，2007；Roche & Muskavitch，2003）。

一些学者指出，媒介对流行病的报道质量不高，且往往会提供不准确或不充分的信息（Dudo et al.，2007；Roche & Muskavitch，2003；Yu et al.，2011）。例如，罗赫和穆斯卡维奇（Roche & Muskavitch，2003）就曾研究美国几份主要报纸对2000年西尼罗疫情爆发的报道精准性。研究结果表明，西尼罗相关的风险信息缺乏文本精确性，例如疫情风险程度的描述，通常会使用定性词汇（如危险的、致命的、严重的爆发），而当提供数据信息时，又往往缺乏相关背景（如样本或人口规模）的介绍。

风险程度描述经常被用以评估媒介在风险陈述上的准确性与精准性。风险等级信息会随着上下文的精确性产生持续变化：低精确性的文本对公众几乎没有信息价值；而高精确性的文本则具有更大的价值，它能够提供与一般大众相对比的风险比较（Griffin, Dunwoody & Neuwirth, 1999；Resnik, 2001）。过往的研究还确认了新闻媒介可用以描述健康风险程度的三种关键策略（Dudo et al., 2007；Roche & Muskavitch, 2003；Yu et al., 2011）。具体包括：（1）定性风险；（2）定量风险——数据（如5人死亡）；（3）定量风险——数字/总体数据（如：0.02%的感染者死亡）。

而当把疫情描述为一种定性风险时，新闻报道通常会使用定性措辞来描述该疾病的严重程度，例如"一个巨大威胁""更严重的爆发""致命疾病"等等。这被认为是用以描述健康风险最不精确的一种方式，因为读者会对这些词进行客观判断（Dudo et al., 2007；Roche & Muskavitch, 2003；Yu et al., 2011）。而通过使用数据信息（分子或数量/总体信息），便可提高风险等级描述的精确程度，例如"两人死亡""两百人中就有一人会出现症状"等。而后一种表述被认为更为准确，因为它为公众提供了可供分析与评估健康风险的背景信息（Dudo et al., 2007；Roche & Muskavitch, 2003；Yu et al., 2011）。

作为健康风险的信息来源，新闻媒介是必不可少的，许多民众对风险的印象都建立在媒介所提供的信息之上（Fischhoff, 1995；Kitzinger & Reilly, 1997）。对风险的准确陈述，可促使公众以理性的方式去评估风险（Dudo et al., 2007），并帮助他们作出必要的个人决策，以降低总体个人风险，同时最大限度地降低个人成本（Roche & Muskavitch, 2003）。因此，新闻媒介承担着重要责任来对疫情爆发的准确风险评估进行报道，以便公众对疾病的易感性与相关性形成现实认识。因此，本研究首先提出以下研究问题：

RQ1：媒介是如何对2012年西尼罗疫情的风险程度进行描述的？

很多学者认为，仅提供与疫情爆发相关的风险信息却不提供解决方案，是不足够的（Dudo et al.，2007，Yu et al.，2011）。因此，媒介需要报道与疾病相关的预防办法，这对民众加强个人防护而言至关重要（Dudo et al.，2007；Roche & Muskavitch，2003；Yu et al.，2011）。因此，在本研究中，除了检验媒介对西尼罗疫情风险程度的描述以外，我们还将检验新闻媒介是如何描述西尼罗病毒的可预防性，以及在疫情爆发期间各方所该承担的预防责任这两个问题。

2. 西尼罗疫情的可预防性

可预防性是疾病的关键特征之一。指的是疾病后果可被预防以及预测的程度，该特征被认为是与疾病归因相关的重要概念（Lucas, Lakey, Alexander & Arnetz, 2009a；Lucas, Alexander, Firestone & Lebreton, 2009b）。

有一些疾病相较于其他疾病更容易被预防（Lucas et al.，2009a；Weinstein, 1984）。而可预防性这一概念，对于像西尼罗病毒这样的大型流行病而言至关重要，因为一种疾病是否可被预防，直接影响由病毒传播所引起的公众恐惧与焦虑的程度。例如，2003 年的非典疫情引起了全世界恐慌，因为当时这种疾病神秘且无法治疗，人们不知道是否有合适的预防策略可用以应对它（Hung, 2003）。

而提到西尼罗病毒，避免蚊虫叮咬是预防感染的唯一途径。因此有助于避免蚊虫叮咬的措施——如尽量减少室外活动、排干住宅周围的积水等——就经常被推荐为降低西尼罗病毒感染风险的有效方法（West Nile Virus, 2013）。然而，许多人对完全避免蚊虫叮咬的可能性提出了疑问（Fox, 2013）。

所以当我们把可预防性这个概念应用于媒介对 2012 年西尼罗疫情的报道研究时，我们旨在了解西尼罗病毒在报道中，是被描述为可预防的（如：可预知感染与否、可选择接种疫苗），还是不可预防的（如：缺乏已知信息、疾病传播情况无法预测）。这些类别的信息可能在塑造人们对自身是否能做些什么来抵御病毒的看法上，起着不可或缺的作用（Lucas et al.，2009a）。因此，我们提出下一个研究问题如下：

RQ2：2012 年西尼罗疫情的媒介报道是如何描述疾病的可预防性的？

3. 西尼罗防疫责任归属

框架理论一直被研究者作为分析议题角度选择的指导性原则，特别适用于原因与责任的相关研究（Iyengar，1991；Kim，2015）。当下的框架理论研究向我们展示了在各种社会与健康议题中，媒介是如何呈现责任归属的（Jarlenski & Barry，2013），例如反式脂肪、孤独症疫苗（Holton，Weberling，Clarke & Smith，2012）、抑郁（Wang & Liu，2015）、肺癌（Major，2009）、肥胖（Kim & Willis，2007），以及贫困（Jang，2013）等。通常来说，在报道社会或健康问题时，媒介通常会将责任归于个人、社区、政府，以及社会组织等多个层面。而将责任归于社会或个人层面，可能影响整个决策的过程、他人的判断，以及社会的互动（Weiner，1995）。

金与威利斯（Kim & Willis，2007）曾在研究中分析了300多篇美国报纸及电视节目的新闻报道，他们发现，针对肥胖问题，尽管总体来说媒介都会强调其责任与解决办法都取决于个人而不是社会，但相较于报纸，电视新闻报道更喜欢强调个人该如何去解决这个问题。而在另一项研究中，金、卡瓦略和戴维斯（Kim，Carvalho & Davis，2010）则发现，当谈及克服贫困这个议题时，媒介更倾向于将责任推给社会，而不太会给个人施加压力。霍尔顿等学者（Holton et al.，2012）则指出，新闻媒介在报道 MMR 联合疫苗[①]会增加自闭症风险这个骗局时，会全力以赴将责任归咎于特定的人——安德鲁·韦克菲尔德（Andrew Wakefield）博士[②]。而俞南与徐谦（音译，Yu & Xu，2016）还发现，当转基因食品出现问题时，社交媒介用户经常会指责科学家与政府。

媒介对责任归属的不同表述，会引导或误导受众对社会问题的原因确认，以及解决方案的选择（Holton et al.，2012；Iyengar，1991；Jang，2013；Kim & Willis，2007；Yu & Xu，2016）。例如，本·波拉特和夏克（Ben-Porath & Shaker，2010）就发现，新闻中所描述的受害者形象，显著影响了人们对卡特里娜飓风之后政府责任的看法。

[①]　MMR 联合疫苗即麻疹、腮腺炎和风疹的联合疫苗。

[②]　安德鲁·韦克菲尔德（Andrew Wakefield），英国人，医学博士，曾在发表于《柳叶刀》的论文中声称 MMR 疫苗会增加儿童自闭症风险，导致英国及爱尔兰疫苗接种率大幅下降，后被证实大部分研究内容为捏造。

而学者们一直担心的是，当社会问题被简化为个人层面的问题时，社会层面的责任可能就会被忽视（Wallack，Dorfman，Jernigan & Thema，1993）。对于大多数流行病相关的健康问题而言，个人自然是责任一方，因为个人一旦感染，可能导致严重或致命的健康后果（如埃博拉或非典）。与此同时，由于是传染性疾病，个人的健康状况可能会影响周围的人。这就使得大规模的疫情爆发不再仅仅只是一个健康问题，而可能是对整个家庭、社区，乃至整个社会的威胁。例如，2003 年在中国爆发的非典疫情造成了社会的恐慌与不稳定，导致全国范围的停摆，如学校停课或商店停业等（Yu，2004）。

面对流行病爆发，媒介报道可能会触及"谁"来负责采取预防措施这个问题。因此，本研究还有一个目标就是具体了解责任是如何分配给个体、社区，或整个社会的。此外，除了调查 2012 年西尼罗疫情的新闻报道如何报道责任归属之外，我们还对疾病的可预防性（西尼罗病毒是可预防还是不可预防），是否与媒介呼吁采取预防行动之间存在关联这个问题进行了考察。有学者指出，当事件可被预防时，个人更有可能承担主要责任，而当某些事情无法预防时，媒介就不会特定责任归属何方（Weiner，1995）。

因此，本研究最后提出以下研究问题：

RQ3：媒介对 2012 年西尼罗疫情的报道中，对可预防性的描述与对责任的描述之间，存在怎样的联系？

二　研究方法

1. 样本抽取

本研究收集了美国全国性及地方媒介对 2012 年西尼罗疫情进展的相关报道。文章的收集通过每天（同一时间段）使用谷歌新闻搜索进行，主要使用诸如"西尼罗病毒""西尼罗疫情爆发""西尼罗病例"等关键词进行搜索。而每天在搜索结果中出现于前五位的新闻报道将被作为样本收录。第一例人类感染西尼罗病毒的病例，在 2012 年 6 月 20 日发现于美国的得克萨斯州达拉斯自治县，这标志着该疫情的开始。直到 2012 年 12 月，西尼罗病毒共影响了全美48 个州。而本研究共收集了自 2012 年 7 月底至 11 月初，共 15 周的相关新闻报道。在样本收集完成之后，从中剔除重复报道，最终获得共 450 篇新闻报道作为样本。

约 83% 的样本来自美国的地方媒介，14.7% 来自全国媒介，2% 来自国际媒介。其中，超过 46% 的样本为报纸报道，其余依次为电视报道（32.9%）、网络媒介报道（14.4%）、广播报道（4.0%）、杂志报道（1.8%），以及新闻机构报道（0.4%）。尽管所有的文章都是在网上收集的，但我们仍记录了文章的初始来源。例如，一篇刊载于 WFAA.com 网站的文章，在本研究中被记录为出自地方性电视台 WFAA，因为这是一家为美国得克萨斯州达拉斯—沃思堡地区服务的地方电视台，而这篇文章就转载自这里。

2. 编码方案

风险程度。本研究中对西尼罗疫情风险程度描述的编码方案，遵循的是以往分析传染病疫情覆盖范围的研究中曾使用过的编码策略（Dudo et al.，2007；Roche & Muskavitch，2003；Yu et al.，2011）。此类定性风险描述的编码，主要基于描述西尼罗病毒健康风险的一系列定性词汇与短语来进行。这些词汇包括"大威胁""构成威胁""严重爆发"以及"致命疾病"等等。而定量风险描述的编码规则包括：（1）数据（如：30 人死亡）；（2）数字/总体数据（如：一千名患病者中有 30 人死亡，2% 的人出现感染症状）。这两个类别的区别在于，后者提供了背景信息，允许读者在评估健康风险时将这些具体数字置于总体人口语境中进行理解。

可预防性。若文章中出现了西尼罗病毒可被预防或可被预测的信息，编码人员就会将该疾病编码为"可预防的"。但如果文章中表达的是该疾病无法被预防、预测或治疗；或控制局面的方法尚不确定或未知等信息时，那么编码人员就会将西尼罗病毒编码为"不可预防的"。

责任归属。责任归属主要分为两个大类：个人责任与社区责任。若文章中出现提及或提倡个人采取行动的信息如：（1）避免蚊虫叮咬（如：门窗遮蔽到位、减少户外活动，及时排水或佩戴驱蚊设备）；（2）与当局合作（如：及时上报死亡鸟类及被忽视的水洼、支持社区预防行动）；以及（3）提高认识与知识（如：寻求更多关于西尼罗病毒的信息）时，责任归属就会被编码为"个人责任"。而若文章报道的是关于社区在防治该疾病方面所做的努力如：

（1）资源准备（如：准备化学药剂或捕蚊器）；（2）采取消灭蚊虫等预防措施（如：进行空中杀虫喷雾消杀）；（3）监控与教育（如：监控并教育公众该病毒传播的知识），则将责任归属编码为"社区责任"。

此外，除了这些主要变量的编码，我们还对文章来源（如：地方性或全国性媒介）、媒介类型（如：报纸、电视、广播、杂志、通讯社，以及网络）进行了编码。通过几轮讨论并使用小部分样本进行前测，我们对编码手册进行了改进与修订。

3. 编码员间信度与编码过程

编码手册完成以后，有两名编码人员通过编码实践与讨论进行了培训。而在编码间可靠性测试进行前，他们对编码手册的理解达成了一致。两名编码人员都进行了编码员信度测试。两位编码员都是女性，一位为白人，一位为亚裔。她们分别对总体样本中随机抽取的10%的文章进行了编码。她们对编码方案中提到的所有类别（文章来源、媒介类型、可预防性、责任归属等）进行的编码一致性百分比为92%—100%，信度值（克里彭多夫 α）为 0.78—1，科恩 κ 值为 0.80—1。可见，编码员间信度结果令人满意。

在编码员间信度测试完成后，我们由三名女性编码员完成了整个样本的编码，而整个编码过程大约花了三个星期的时间。

三　研究结果

1. 西尼罗疫情概述

总体来说，约6.2%的新闻报道没有包含任何与西尼罗疫情风险程度相关的信息，而约9.8%的报道只包含了对该病的定性描述。例如，2012 年的西尼罗疫情被频繁地描述为"2003 年以来最严重的疫情之一"；还有许多报道将该疾病描述为"致命的"或"毁灭性的"。另一方面，采用定量风险描述的报道占到总数的84%（即包含了数据信息）。引用数据（45.7%）或数字/总体数据（38.3%）来描述死亡率或疫情状况的报道数量，远超过仅使用定性风险描述的报道数量（9.8%），也超过了未包含风险程度描述的报道数量（6.2%）：χ^2（3，N = 450）= 214.4，p < 0.001（参见表 15.1）。而用分子/总体数据来

描述风险程度，是最为准确及精准的报道方式，占到总文章数的 38.3%。
45.7% 的文章则是在没有提供总体人口数据背景的情况下，用实际受影响或死
亡人数等数据进行的风险程度描述。虽然结果为 χ^2 （1，N = 378） = 3.1，p =
0.08，但并不存在统计学意义上的显著差异性。

表 15.1　　　　　描述西尼罗病毒风险程度的各精确程度类别占比概述

未描述风险程度	定性描述	数字/总体数据	分子数据
6.2%	9.8%	38.3%	45.7%

注释：各类别占比于 p < 0.05 差异显著；定性描述 = 不包含任何数据信息的定性风险描述；数量/
总体数据 = 即受影响个体数量/可能受影响人口规模的数据；分子数据 = 不包含总体人口背景的数据信
息，χ^2 （3，N = 450） = 214.4，p < 0.001。

2. 西尼罗疫情的可预防性

本研究的 RQ2 检验的是媒介对西尼罗病毒的可预防性描述情况。研究发
现，描述西尼罗病毒为不可预防的报道数量（41.4%）明显多于描述其可预防
的报道数量（6.4%）：χ^2 （1，N = 214） = 113.7，p < 0.001，而大约 52% 的
报道根本没有提及该疾病的预防性究竟如何。也就是说，超过 93% 的报道要么
忽略了对西尼罗病毒可预防性的讨论，要么就明确指出该疾病充满随机性——
病毒是由受感染的蚊子传播的，但避免蚊虫叮咬并不是一件易事。在描述西尼
罗病毒无法预防的报道中，有一些报道会提及目前还未有能够治疗西尼罗病毒
的药物或预防疫苗；而有一些则声称现在对这一流行病进行监控为时过早，因
为仍未明了有哪些因子与该病毒相关（参见表 15.2）。

表 15.2　　　　　描述西尼罗病毒可预防性的文章百分比概述

未提及可预防性	不可预防	可预防
52.4%	41.1%	6.4%

注释：各类别占比于 p < 0.05 差异显著；χ^2 （2，N = 450） = 155.08，p < 0.001。

3. 预防责任

个人责任：有约 51% 的新闻报道提到了个人责任问题。具体来说，其中有

42.4%的报道提到了避免蚊虫叮咬的预防方法，另外有20.3%的报道提及了需要提高个人意识与知识的信息，而8.9%的报道则提到个人需要与当局进行合作。

此外，媒介建议的预防方法包括：减少黎明与黄昏时段的户外活动；清除房屋周围的开放积水区域；关闭门窗；穿长衣长裤；使用驱虫剂；或寻求更多与西尼罗河病毒相关的信息。媒介同时还鼓励个人向当局上报鸟类死亡信息，或支持社区开展的驱除蚊虫措施。

本研究通过一个 2×3 的列联卡方分析发现，媒介报道中对西尼罗病毒的可预防性描述，与个人责任归属描述之间存在显著关联：χ^2（2，N = 450）= 19.1，p < 0.001，$V^* = 0.21$。也就是说，认为西尼罗病毒是可预防的新闻报道中，提及个人预防责任的报道占比（72.4%）明显高于缺乏此类信息的报道占比（27.6%）：χ^2（1，N = 29）= 5.8，p < 0.05。

而当用同样方式分析那些认为西尼罗病毒不可预防的新闻报道时，我们得到类似的结果。这些报道中提及个人责任的占比（70.8%）也明显高于未提及此类信息的报道占比（29.2%）：χ^2（1，N = 185）= 32.1，p < 0.001，$V^* = 0.21$。该结果表明，即便该疾病被认为是不可预防的，媒介仍主张个人采取措施来预防它（参见表15.3）。

社区责任：约有44%的新闻报道介绍了社区在抗击西尼罗病毒上所做的努力。其中有30.2%的报道提及了灭蚊措施（如：空中喷洒驱虫喷雾、鼓励暂停户外业务等），而20.4%的报道则介绍了社区的监测及教育措施，另外有超过8%的报道提到了社区在资源提供方面的努力（如提供检测实验室、驱除蚊虫的化学药剂等）。

我们同样采用 2×3 列联卡方进行分析并发现，媒介中对该病毒的可预防性描述与社区责任归属描述之间存在显著关联：χ^2（2，N = 450）= 7.36，p < 0.05，$V^* = 0.13$。也就是说，当报道中未提及病毒的可预防性信息时，提及社区责任的报道占比（61.4%）明显高于没有提及社区责任的报道占比（38.6%）：χ^2（1，N = 236）= 12.4，p < 0.001。结果指出，即便新闻报道不清楚西尼罗病毒是否可被预防，他们仍会持续报道社区在遏制病毒传播上所做的努力（参见表15.4）。

表 15.3　　　各可预防性类别下描述社会责任的西尼罗疫情报道所占百分比

		可预防性		
		可预防	不可预防	未提及是否可预防
个人责任	提及	72.4%$_a$	70.8%$_a$	50.8%$_a$
	未提及	27.6%$_b$	29.2%$_b$	49.2%$_a$

注释：各列联百分比于 $p < 0.05$ 时呈显著差异，χ^2（2，$N = 450$）$= 19.14$，$p < 0.001$。

表 15.4　　　各可预防性类别下描述个人责任的西尼罗疫情报道所占百分比

		可预防性		
		可预防	不可预防	未提及是否可预防
社会责任	提及	58.6%$_a$	49.2%$_a$	38.6%$_a$
	未提及	41.4%$_a$	50.8%$_a$	61.4%$_b$

注释：各列联百分比于 $p < 0.05$ 时呈显著差异，χ^2（2，$N = 450$）$= 7.36$，$p < 0.05$。

四　研究讨论

1. 风险描述的准确性

本研究中我们所检验的一个关键问题是媒介报道对西尼罗病毒风险的描述准确性。鉴于 2012 年的西尼罗疫情被称为"过去十年以来最严重的疫情"（CDC，2013），媒介更应正确且精准地向公众传达这一健康风险的严重性与风险程度。

首先，与仅使用定性风险描述相比，定量风险描述更为准确，因为它可为受众提供更多的数据信息以进行客观评估（Dudo et al.，2007；Roche & Muskavitch，2003；Yu et al.，2011）。本研究结果表明，大多数新闻报道（84%）都采用了该方法进行报道。这可看作是自 2000 年西尼罗报道以来的一个重大改进：当时的新闻报道中所能提供的定量数据信息十分有限（Roche & Muskavitch，2003）。

罗赫和穆斯卡维奇（Roche & Muskavitch，2003）认为，2000 年西尼罗疫情的报道普遍缺乏精确性，因为当时 89% 的新闻报道几乎没有包含任何数量/总体层面的数据信息。而在本研究中可见这方面有了一些改善。超过 38% 的新闻报道包含了关于面临西尼罗病毒风险或死亡的人数，并同时提供了总体人口数据（如：每一百人中就有一人可能出现严重症状）。

在此我们建议，记者在未来报道健康风险时应继续采用这种方式，因为给风险程度提供一个精确的背景介绍，可提供一个整体全面的健康风险图景，以便个人对其易感性作出合理且准确地判断（Dudo et al. , 2007；Roche & Muskavitch，2003）。尤其在当下快速演变的媒介环境中，这种改进尤其具有价值，因为在这种环境中，健康风险信息可通过在线新闻媒介或社交媒介（如推特、阅后即焚或脸书）等数字媒介平台快速传播。

皮尤研究中心（Pew Research Center）最近发布的一份报告（Fox，2014）指出，72%的互联网用户表示，他们曾在网上搜索过健康信息。而当重大健康风险（如埃博拉、寨卡或西尼罗病毒）逼近时，人们将依赖于大众媒介以及他们的人际网络（面对面或在线网络）来接收可靠的健康信息。而随着越来越多的传统媒介向数字化媒介全面转型，记者将面临如何迅速准确地在数字媒介平台上报道健康风险问题这个挑战（Risi，2016）。正因如此，对大规模流行病进行准确的风险描述变得极为重要，因为对风险不准确的报道，可能会导致不必要的恐惧或焦虑产生。故此，我们希望新闻记者能够通过呈现数据描述与总体人口背景等内容来不断改进他们对健康风险的报道方式。

2. 可预防性与责任

本研究还发现，大部分2012年西尼罗疫情的新闻报道将该疾病描述为不可预防的，或者有的报道干脆忽略了对该疾病可预防性的讨论，此外仅有6.4%的报道对西尼罗病毒的可预防性持乐观态度。鉴于目前还没有针对西尼罗病毒的预防疫苗或有效治疗方法，因此这种报道方式也合乎情理。而将此疾病描述为可预防或可预测的少量新闻报道，其主要内容多集中于研究开发检测该病毒传播模式的科学研究之上，其中还有不少文章强调了天气状况与传播病毒的蚊子繁殖模式之间的关联性。这些新闻报道都在向读者传递一个信号：在不久的未来，西尼罗病毒可能会得到有效预测或预防。

然而，还有超过52%的报道并未提及该病毒的可预防性，41%的报道则指出预防西尼罗病毒并不是件易事。大部分的报道都指出，病毒的行踪难以预测，该疾病通常无法得到有效预防。

基于归因理论来看，若风险被认为是不可防范的，那么就无法确认其责任该如何承担（Weiner, 1986；2006；2010）。因此，对疾病可预防性与否的描述非常具有意义，它可能会影响个体是否能够被激励并采取预防措施。而由于西尼罗病毒这一类的疾病目前还未有针对性的疫苗或治疗方法面世，因此其可预防性在很大程度上是无法被确定的（Sifferlin, 2015）；故此，媒介呼吁人们所能采取的自我防护措施就仅限于避免蚊虫叮咬，而这一措施本身就极具不确定性。诚然，通过减少户外活动、使用驱虫剂、排除积水、在社区内使用空气喷雾等预防措施，确实可以减少人们接触到受感染蚊子的机会（CDC, 2016）。但是，现实中人们无法完全避免或控制蚊虫叮咬。尤其在温暖潮湿的季节，蚊子数量也会激增，因此想要彻底消灭蚊子是不可能的（West Nile Virus, 2013）。

本研究结果表明，2012 年西尼罗疫情的媒介报道，实际上展示的是理论与实践之间的悖论。根据归因理论来说，不可防范的风险无法激励预防措施，但媒介一方面暗示西尼罗疫情爆发很大程度上无法预防，另一方面又鼓励个人与社区采取相应的预防策略。

尽管媒介报道一直把西尼罗病毒的传播描绘成不可预防的，但仍有相当一部分的新闻报道在频繁呼吁人们采取个人预防措施，并持续强调社区在防治该疾病方面所做的努力。媒介对西尼罗病毒的报道实际上在向公众传达一种不切实际或错误的期盼：虽然该疾病在科学上来说或无法预防或预测，但通过某些预防措施我们仍可将风险降至最低。

3. 未来展望

本研究为未来有关媒介、受众，以及大规模流行病之间的关系研究提供了一些新方向。首先，鉴于对即将到来的健康风险的准确评估至关重要，继续评估不同类型媒介在不断演变的媒介环境中的表现是十分有意义的。无论是传统抑或是网络新闻记者，都肩负着向公众准确传达如西尼罗病毒等健康问题相关信息的重要责任。其次，研究人们对西尼罗病毒的态度与看法也相当重要，这可以帮助我们了解在没有科学认证的治疗方式或疫苗面世的情况下，个人将如何应对风险。最后，研究者们还可以通过实验来检测在对西尼罗病毒可预防与否、责任归属等不同描述语境下，呼吁采取预防措施的健康信息的说服力究竟如何。总的来说，本研究的研究结果可能有助于今后其他国家或国际流行病的相关调查研究，未来我们还可将研究领域拓展至流行病爆发问题在社交媒介是怎样被讨论的这个问题之上。

五　结语

通过对 2012 年西尼罗疫情媒介报道的研究分析，我们发现，新闻报道频繁使用定量方法来描述西尼罗疫情的风险程度。这与之前 2000 年的疫情报道相比而言，其风险报道的精确度得到了大幅提高（Roche & Muskavitch，2003）。本研究还表明，西尼罗病毒在媒介报道中常被描述为无法预防的，而与此同时媒介又会频繁鼓励个人与社区采取预防措施。这种报道方式很可能会让读者对西尼罗病毒的预防工作产生一种矛盾看法：虽然鼓励人们采取预防措施，但其有效性或有用性却是未知的。

此外，我们还建议记者在未来应该持续改进他们的写作方式，对风险、责任，以及疫情爆发进行准确评估，这样公众才能就他们与特定疾病的相关性，以及如何进行自我保护形成一个现实认识。

最后，本研究对传统媒介以及他们在报道疫情爆发时所扮演的角色进行了考察，涵盖了广泛的媒介平台如全国性、国际性、纸质、广播，以及在线新闻机构等等。本研究还检验了归因理论在西尼罗疫情报道中的实践应用，该方法可将社会心理学理论与媒介研究进行有机结合。总体而言，本研究为健康与风险传播研究中的重要领域提供了有价值的理论与实践参考。

参考文献

Ben-Porath, E. N., & Shaker, L. K. (2010). News images, race, and attribution in the wake of Hurricane Katrina. *Journal of Communication*, 60(3), 466–490.

Blakely, D. E. (2003). Social construction of three influenza pandemics in *The New York Times*. *Journalism and Mass Communication Quarterly*, 80(4), 884–902. doi: 10.1177/107769900308000409.

Centers for Disease Control and Prevention (CDC). (2013, June 28). *West Nile virus and other arboviral disease—United States 2012*. Retrieved from www.cdc.gov/mmwr/preview/mmwrhtml/mm6225a1.htm?s_cid=mm6225a1_e

Centers for Disease Control and Prevention (CDC) (2016). West Nile virus. Retrieved February 27, 2017 from www.cdc.gov/westnile/prevention/.

Dudo, A., Dahlstrom, M., & Brossard, D. (2007). Reporting a potential pandemic: A risk-related assessment of avian influenza coverage in U.S. newspapers. *Science Communication, 28*(4), 429–454.

Fischhoff, B. (1995). Risk perception and communication unplugged: Twenty years of process. *Risk Analysis, 15*(2), 137–145. doi: 10.1111/j.1539-6924.1995.tb00308.x.

Fox, M. (2013, May 13). 2012 was deadliest year for West Nile in US, CDC says. *NBC News*. Retrieved October 3, 2013 from www.nbcnews.com/health/2012-was-deadliest-year-west-nile-us-cdc-says-1C9904312.

Fox, S. (2014). The social life of health information. *Pew Research Center*. Retrieved February 26, 2017 from www.pewresearch.org/fact-tank/2014/01/15/the-social-life-of-health-information/.

Griffin, R. J., Dunwoody, S., & Neuwirth, K. (1999). Proposed model of the relationship of risk information seeking and processing to the development of preventive behaviors. *Environmental Research, 80*(2), S230–S245. doi: 10.1006/enrs.1998.3940.

Holton, A., Weberling, B., Clarke, C. E., & Smith, M. J. (2012). The blame frame: Media attribution of culpability about MMR-autism vaccination scare. *Health Communication, 27*, 690–701. doi: 10.1080/10410236.2011.633158.

Hume, J. (2000). The "forgotten" 1918 influenza epidemic and press portrayal of public anxiety. *Journalism and Mass Communication Quarterly, 77*(4), 898–915.

Hung, L. S. (2003). The SARS epidemic in Hong Kong: What lessons have we learned? *Journal of the Royal Society of Medicine, 96*(8), 374–378.

Iyengar, S. (1991). *Is anyone responsible? How television frames political issues.* Chicago, IL: University of Chicago Press.

Jang, S. M. (2013). Framing responsibility in climate change discourse: Ethnocentric attribution bias, perceived causes, and policy attitudes. *Journal of Environmental Psychology, 36*, 27–36. doi: 10.1016/j.jenvp.2013.07.003.

Jarlenski, M., & Barry, C. L. (2013). News media coverage of trans fat: Health risks and policy responses. *Health Communication, 28*(3), 209–216. doi: 10.1080/10410236.2012.669670.

Kim, S. H. (2015). Who is responsible for a social problem? News framing and attribution of responsibility. *Journalism and Mass Communication Quarterly, 92*(3), 554–557.

Kim, S. H., & Willis, L. A. (2007). Talking about obesity: News framing of who is responsible for causing and fixing the problem. *Journal of Health Communication, 12*, 359–376. doi: 10.1080/10810730701326051.

Kim, S. H., Carvalho, J. P., & Davis, A. C. (2010). Talking about poverty: News framing of who is responsible for causing and fixing the problem. *Journalism and Mass Communication Quarterly, 87*(3–4), 563–581. doi:

10.1177/107769901008700308.

Kitzinger, J., & Reilly, J. (1997). The rise and fall of risk reporting: Media coverage of human genetics research, "false memory syndrome," and "mad cow disease." *European Journal of Communication*, *12*(3), 319–350. doi: 10.1177/0267323197012003002.

Koteyko, N., Brown, B., & Crawford, P. (2008). The dead parrot and the dying swan: The role of metaphor scenarios in UK press coverage of Asian flu in the UK in 2005–2006. *Metaphor and Symbol*, *23*, 242–261.

Lucas, T., Lakey, B., Alexander, S., & Arnetz, B. (2009). Individuals and illnesses as sources of perceived preventability. *Psychology, Health, & Medicine*, *14*(3). doi: 10.1080/13548500802705914.

Lucas, T., Alexander, S., Firestone, I. J., & LeBreton, J. M. (2009). Belief in a just world, social influence, and illness attributions: Evidence of a just world boomerang effect. *Journal of Health Psychology*, *14*, 248–256.

Luther, C. A., & Zhou, S. (2005). Within the boundaries of politics: News framing of SARS in China and the United States. *Journalism and Mass Communication Quarterly*, *82*(4), 857–872.

Major, L. H. (2009). Break it to me harshly: The effects of intersecting news frames in lung cancer and obesity coverage. *Journal of Health Communication*, *14*, 174–188. doi: 10.1080/10810730802659939.

Pew Research Center. (2009). Health news coverage in the U.S. media, early 2009. Retrieved October 3, 2013 from www.journalism.org/2009/07/29/health-news-coverage-us-media-early-2009/.

Resnik, D. B. (2001). Ethical dilemmas in communicating medical information to the public. *Health Policy*, *55*(2), 129–149. doi: 10.1016/S0168-8510(00)00121-4.

Risi, J. (2016). Digital didn't kill traditional media. *The Huffington Post*. Retrieved February 26, 2017 from www.huffingtonpost.com/jennifer-risi/digital-didnt-kill-tradit_b_10116548.html.

Roche, J. P., & Muskavitch, M. A. T. (2003). Limited precision in print media communication of West Nile virus risks. *Science Communication*, *24*(3), 353–365. doi: 10.1177/1075547002250300.

Sifferlin, A. (2015). Scientists find a way to predict West Nile outbreaks. *Time*. Retrieved February 26, 2016 from http://time.com/3850841/west-nile-mosquitoes/

Torell, U., & Bremberg, S. (1995). Unintentional injuries: Attribution, perceived preventability, and social norms. *Journal of Safety Research*, *26*(2), 63–73. doi: 10.1016/0022-4375(95)00007-D.

Wallack, L., Dorfman, L., Jernigan, D., & Themba, M. (1993). *Media advocacy and public health: Power for prevention*. Newbury Park, CA: SAGE.

Wang, W., & Liu, Y. (2015). Communication message cues and opinions about people with depression: An investigation of discussion on Weibo. *Asian Journal of Communication*, *25*, 33–47. doi: 10.1080/01292986.2014.989238.

Weiner, B. (1986). An attributional theory of achievement, motivation and emotion. *Psychological Reviews*, *92*(4), 547–573. doi: 10.1037/0033-295X.92.4.548.

Weiner, B. (1995). Judgements of responsibility: A foundation for a theory of social conduct. New York: The Guilford Press.

Weiner, B. (2006). *Social motivation, justice, and the moral emotions: An attributional approach*. Mahwah, NJ: Lawrence Erlbaum Associates.

Weiner, B. (2010). The development of an attribution-based theory of motivation: A history of ideas. *Educational Psychologist, 45*(1), 28–36.

Weinstein, N. D. (1984). Why it won't happen to me: Perceptions of risk factors and susceptibility. *Health Psychology, 3*(5), 431–457.

West Nile virus. (2013, October 3). *The New York Times*. Retrieved October 3 from http://health.nytimes.com/health/guides/disease/west-nile-virus.

Yu, N. (2004, January 20). SARS lessons: How to address crises. *China Daily*, p. 5.

Yu, N., Frohlich, D. O., Fougner, J., & Ren, L. (2011). Communicating in a health epidemic: A risk assessment of the swine flu coverage in US newspapers. *International Public Health Journal, 3*(1), 1–14.

Yu, N., & Xu, Q. (2016). Public discourse on genetically modified foods in mobile sphere: Framing risks, opportunities, and responsibilities in mobile social media in China. In W. Ran (Ed.), *Private chat to public sphere, mobile media, political participation, and civic activism in Asia*. New York: Springer.

第十六章

埃博拉疫情中的竞争与互补叙事

摩根·盖特谢尔　黛博拉·塞尔诺·里希蒙德

切尔西·伍德斯　格雷格·威廉姆斯

艾琳·赫斯特　马修·塞格　蒂莫西·赛诺

危机所带来的意外、威胁，以及不确定性会造成一时的认知（理解）空白。在一段时间内，观察到危机发生的人们，尚不能完全理解危机的性质、原因、影响的程度，以及他们可以立即采取的行动有哪些。而这种"沟通传播的真空与危机的意义缺失，创造了一个充满各类叙事的话语空间，而这些叙事往往是多重与相冲突的"（Seeger & Sellnow，2016，p. 8）。叙事，即我们所讲述的故事，它们既有助于我们切身理解危机，又有助于向他人解释危机的起源与影响，从而构建关于危机的现实。理所当然地，那些名誉受到威胁的人们会编造故事，在这些故事中，他们与他们所领导的组织会在危机中以最为积极的、合理的方式呈现。而其他的利益攸关方与观察者，则会从他们各自的角度去讲述故事。通常来说，外部观察者的故事会以一种相互竞争，不那么友好的语气来描绘处于危机中心的组织。而随着时间推移，这些相互竞争的故事便在观察它们的公众眼中逐渐聚合或凝聚为一体，彼此的竞争性与分歧也逐步减弱。此外，随着越来越多的证据被披露，我们会发现相互竞争的故事中的一部分并不可信，而另一部分则得到证实。然而，如果我们所需要面对的危机充满了持续不断的争议，那么在某一叙事成为主导或被广泛接受之前，整个叙事过程就会变得越发复杂。

与健康相关的叙事，尤其容易引起这种持续不断的争议。一般的危机中，特定被控制的某个事件会造成瞬间灾难，但可得到快速应对，而健康危机则不同。诸如流行病爆发等健康危机难以得到立即解决，时不时还会出现一些不稳定状况，例如由于治疗措施的一时犹疑，可能造成疫情加剧从而导致死亡率超出预期。在健康传播语境中，随着后果以及对严重性的看法不断转变或强化，危机叙事可能会反复或意料之外地出现分歧。2013 年在西非爆发的埃博拉疫情便是如此。过去曾发生过的埃博拉疫情虽然极具恐怖性与毁灭性，但都在发现首次病例后较短的时间内就被有效控制在农村地区不再蔓延。然而在 2013年，埃博拉疫情在人口密集地区爆发，并以前所未有的速度蔓延。随着疫情跨越国界与大陆，西非埃博拉疫情的叙事，在将近一年的时间中呈现出一种极端分裂且争议性的演变态势。因此，我们认为西非埃博拉疫情的叙事，是呈现健康相关危机及其叙事复杂性的典范。

在这一章中，我们将首先对该危机所创造的叙事空间是如何从分歧走向融合这一过程进行概述；其次，我们将进一步解释，具有高度可见性与危险性且漫长持续的危机，是如何不断扩大其叙事空间，以容纳那些为解释局势而产生的叙事中出现的特殊冲突；再次，我们还将介绍贯穿整个西非埃博拉疫情危机中具有争议的叙事；最后，我们将从理论角度解释复杂的健康危机中的叙事趋同过程，并为如何应对这种旷日持久的危机叙事提出解析与实践建议。

一　危机叙事的自然循环

叙事性解释是危机演变过程中固有的一部分。通常来说，危机分为三个阶段：危机前、危机中与危机后（Ulmer, Sellnow & Seeger, 2014）。在危机发生前，会出现不起眼或相当明显的警告信号。若这些警告信号被遗漏、忽视，或超出人的可控范围，那么危机就会发生。而危机过后，人们会进行调查、采取纠正措施，并开展回顾性学习，而这一次危机结束，我们又回到下一个危机发生之前，这时风险得到监控，从上一次危机中吸取的教训也可得到应用（Seeger & Sellnow, 2016）。与此类似的是，危机叙事的一个自然循环始于危机爆发之时，然后分歧让位于危机过后的讨论从而走向融合，最终汇聚为一致的、适应未来的经验教训，并再次进入新一轮的危机前阶段。而在危机发生阶段，就会产生多种不同的叙事来解释正在发生什么，为什么会发生，而谁该为此负责。而当危机持续时期较长时，叙事的数量以及影响程度都会加剧。

然而，在应对危机时出现多种不同的叙事，实际上是一种积极状况。危机的本质会带来震惊与意外。因此，目睹危机发生的人们会基于各自不同的观察角度，自然地、自发地产生多种不同的解释。而试图用一种统一的叙事解释来扼杀这种多样的解释过程，说好听一点是不正确的，说难听一些就是侵犯言论自由。佩雷尔曼（Perelman，1969，p.71）指出，在对任何有争议的议题展开公开讨论时，这种多元化的解释是必不可少的。他还表示，允许在理解过程之中倾听多种声音，"就不会造成任何个人或团体（无论他们是谁）享有过多的特权去设立单一标准来告诉我们什么是有效的，或什么才是得当的"。若失去了叙事多元化，特定组织或机构就可强加一种忽略其违法行为的叙事于公众，将责任推给无辜或无关人士，并回避掉改变的必要性。叙事多元化可确保人们能听到多种不同的声音，促使所有受到危机影响的人们都能参与到叙事讨论之中。然而问题在于，叙事多元化也可能会变成一种操纵手段。相互竞争的叙事中可能会掺杂隐藏议程，以试图诋毁对手，或作为一种分散或转移讨论重点的策略，将有意义的辩论转变为敌对或毫无成效地闲扯。然而，随着时间推移，这种试图分散讨论的企图往往会暴露在一个成熟与融合的叙事之中（Seeger & Sellnow，2016）。

1. 叙事多元化与分歧

危机初期出现的多种叙事，往往为我们提供了关于危机截然不同甚至相互竞争的观点（Heath，2004）。这些叙事试图解答的都事关意图、责任与证据的问题（Ulmer & Sellnow，2000）。有关意图的问题都集中于危机发生前的各种活动上。简单来说，这类叙事试图回答的是这样一个问题：那些有能力防止或控制危机的国家是否有考虑到利益攸关方的最佳利益。例如，警告信号是被故意忽略的吗？若是如此，那些无视警告的人会得到什么潜在好处？而责任问题问的则是谁该受到指责。在现有的知识与能力条件下，疾病传播的速度是否无法阻止？若是如此，划分责任就是徒劳的。但如果对疫情爆发的应对是无能、冷漠，或贪婪的，那么划分责任，就是解决危机的必然步骤。最后，回答意图与责任问题还涉及对证据的持续探索与解释，仅靠确认与分享证据并不能解决叙事分歧，反而，证据该如何被解释，往往存在不少暧昧性。因此，在对关于危机的证据解释达成某种程度上的一致之前，叙事分歧可能会一致持续下去。

2. 从多元化走向融合

叙事融合基于解释的一致性，这种一致性可以是部分的，也可以是完整的（Perleman & Olbrechts-Tyteca，1969；Sellnow，Ulmer，Seeger & Littlefield，2009）。受到危机影响的人们会从多个来源寻求基于意图、责任，以及证据的信息。而在信源间进行信息确认，是一个自然发生的过程，尤其当个人直接受到危机影响或对危机相当关注时更是如此（Anthony，Sellnow & Millner，2013）。随着时间推移，人们对危机的了解会越来越多，一些分歧的解释就会被广泛忽略，而其他解释要素就会在不同信源中一致出现。当然，某种程度上的分歧仍可能继续存在，但随着叙事的发展，人们往往会在危机的诸多方面最终达成一致。因此，叙事融合不同于叙事主导或重合。叙事主导是基于信息被剥夺或胁迫的叙事一致性。特定的叙事之所以会占据主导地位，是因为叙述者所知道的只有这些，也可能是因为他若讲述另一个故事会受到惩罚或失去回报。而叙事重合，是几乎无法实现的，这种情况只有在各方看法无可争议地相一致，叙述者认为没有其他版本的故事可讲时才会出现。重合的叙事可能会过于肤浅或显而易见，让叙述者提不起兴趣去讲述。

叙事最终会逐渐达成一致。随着叙事开始融合，先前分歧的叙事会在特定的假设与特征上开始呈现出一致性。观察者与叙述者会在有关危机的意图、责任，与证据的不同表述中发现一致的部分。当然，意见的完全一致是不可能的，且根据佩雷尔曼（1969）的叙事多元概念而言，这也是不可取的。趋向融合的叙事间会具备足够的一致性，以满足叙述者与其听众所期望的概率与精准度（Fisher，1987）。当受众普遍认为该叙事准确陈述了危机时，该叙事就符合了概率标准。而叙事精准度的要求更为细节化，关注的是叙事中分享的各种细节信息。如表 16.1 中所示，叙事在危机前阶段呈现聚合趋势，在危机发生期间呈分裂态势，而在危机后阶段，随着受众对概率与精确度的认同达到一致，叙事便开始走向融合。而叙事多元化存在于危机周期的所有三个阶段之中，在危机发生阶段最为凸显，在危机后逐渐削弱，而在危机前阶段主要呈现于叙事的精确度层面。

表 16.1　　　　　　　　　　　　危机中的叙事融合

危机阶段	融合程度	多元化
危机前	高度聚合	广泛基于精确度层面
危机中	高度分裂	多样化
危机后	逐渐融合	随着概率与精确度趋向一致逐渐削减

二　西非埃博拉疫情叙事

如前所述，长时间的危机如流行病等卫生危机，在实现叙事一致性方面需要较长的时间。随着疾病的发病率与死亡率上升，逐步蔓延跨越国界与大陆板块，来自多个来源的不同叙事都各自推测疾病高峰期何时到来，以及应对疾病传播的最佳方式是什么（参见表 16.2）。

表 16.2　　　　　　埃博拉疫情时间线一览（2014.03—2014.11）

3 月 25 日	美国疾控中心发布了关于几内亚境内疫情爆发的首个公告，并通报了利比里亚与塞拉利昂的确诊病例。几内亚确诊 86 例，其中死亡 59 例（病死率 68.5%）
3 月 24 日	法国巴斯德研究所的初步结果表明，本次爆发地为埃博拉病毒的扎伊尔株
4 月 1 日	医疗慈善机构"无国界医生"（MSF）警告称本次疫情是"史无前例"的。世界卫生组织（WHO）的发言人称疫情目前波及"范围相对较小"
4 月 4 日	暴徒袭击了几内亚的埃博拉治疗中心。当地医护人员，以及塞拉利昂和利比里亚的医护人员感受到了恐惧与疑虑的人们的敌意。有谣言称此次疫情爆发是个骗局
4 月 16 日	《新英格兰医学杂志》认为，本次疫情的零号病人是一名来自几内亚的两岁儿童，于 2013 年 12 月 6 日死亡
5 月 26 日	世卫组织证实并通报了塞拉利昂的首例埃博拉死亡病例
6 月 17 日	利比里亚首都蒙罗维亚通报发现埃博拉疫情
6 月 23 日	无国界医生组织指出，疫情已经"失控"，并呼吁大量的资源支援
7 月 25 日	尼日利亚证实发现境内首例埃博拉病例，是一名来自蒙罗维亚的男性
7 月 29 日	领衔塞拉利昂埃博拉抗疫的谢赫·乌玛·可汗（Sheik Umar Khan）博士死于埃博拉病毒感染
7 月 22 日	在援助组织"撒玛利亚救援会"（Samaritan's Purse）工作的一名美国援助人员南希·莱特博尔（Nancy Writebol）埃博拉病毒检测呈阳性，她是在治疗病人时被感染的

续表

7月24日	利比里亚财政部高级官员，美籍利比里亚裔律师帕特里克·索耶（Patrick Sawyer）在尼日利亚当地的一家医院去世。他是本次疫情中第一个因埃博拉病逝的美国人
7月26日	利比里亚的撒玛利亚救援会埃博拉综合病例管理中心的医疗主任肯特·布兰特利（Kent Brantly）感染了埃博拉病毒
7月29日	在塞拉利昂的凯内马政府医院负责监控埃博拉治疗的谢赫·乌玛·可汗博士死于埃博拉并发症
7月30日	美国志愿组织"和平队"（the Peace Corps）从利比里亚、塞拉利昂，以及几内亚撤走其志愿者
7月31日	疾控中心将警告级别提升至三级，并建议人们非必要勿前往塞拉利昂、几内亚，以及利比里亚
8月2日	埃博拉患者肯特·布兰特利医生被撤回至美国佐治亚州亚特兰大市的埃默里大学医院
8月4日	报道称试验药物"ZMapp"被运至利比里亚并用于治疗布兰特利与莱特博尔二人
8月6日	南希·莱特博尔抵达美国亚特兰大的埃默里接受治疗
8月8日	世卫组织专家宣布称埃博拉疫情为国际紧急卫生事件，需要全球协调一致应对。本次疫情被称为是发现该病40年以来最为严重的一次疫情爆发
8月12日	世卫组织表示死亡人数已超过1000人，并允许使用未获批准的药物与疫苗。一名西班牙牧师在马德里的一家医院死于埃博拉感染
8月19日	利比里亚总统埃伦·约翰逊·瑟利夫（Ellen Johnson Sirleaf）宣布从8月20日开始实施宵禁，并下令隔离两个社区并禁止人们进出
8月20日	蒙罗维亚安全部队开枪并使用催泪瓦斯驱散试图冲出隔离区的人群，导致一名未成年人死亡
8月21日	肯特·布兰特利医生从埃默里大学医院出院，另据报道，南希·莱特博尔也在8月19日出院。埃默里的工作人员称二人对"公共卫生不会造成威胁"
8月24日	刚果民主共和国宣布其境内爆发埃博拉疫情。这一疫情与西非疫情并不相关。受感染的英国医务人员从塞拉利昂乘飞机回国接受治疗
8月28日	世卫组织通报死亡人数为1550人，警告疫情可能已造成2万多人感染
8月29日	塞内加尔通报其境内的首例埃博拉确诊病例
9月2日	无国界医生组织主席向联合国通报指出，世界正在输掉与埃博拉的战斗，抨击"全球性的不作为"
9月6日	塞拉利昂政府宣布，为了阻止埃博拉传播，从9月19—21日在全国范围内实行封锁

9月8日	英国将向塞拉利昂派遣军事与人道主义专家以建立医疗中心；美国则向利比里亚派遣战地医院以照顾当地医护人员
9月12日	古巴宣布将向塞拉利昂派遣165名接受过特殊训练的医生与护士救助病患
9月13日	利比里亚呼吁美国总统奥巴马为抗击埃博拉疫情提供援助
9月16日	美国承诺将派遣3000名军事工程师与医务人员前往西非建立诊所并培训医护人员
9月16日	美国奥巴马总统宣称他正在为抗击以西非为中心的埃博拉疫情而努力。位于美国亚特兰大的疾控中心总部指出"这是疾控中心史上最大规模的一次全球性援助行动"。奥巴马总统还指出"面对这次疫情，全世界都在期待"美国领导国际社会开展抗疫活动，他同时表示美国已经准备好承担这一领导角色
9月20日	利比里亚人托马斯·埃里克·邓肯（Thomas Eric Duncan）为帮助其国内感染埃博拉的妇女，从利比里亚经停布鲁塞尔及华盛顿特区，最后抵达达拉斯
9月23日	疾控中心估计，至明年1月，西非可能会有55万至140万人感染埃博拉病毒
9月25日	利比里亚人托马斯·埃里克·邓肯因腹痛及发烧症状前往达拉斯医院就诊，尽管他告诉护士他来自西非，他仍被送回所住公寓
9月28日	邓肯被救护车送回达拉斯医院
9月30日	疾控中心证实邓肯感染埃博拉病毒
9月30日	疾控中心主任托马斯·弗里登（Thomas Frieden）宣布美国首例埃博拉感染病例，并指出该病患已被送往德格萨斯健康长老会医院隔离治疗
10月1日	利比里亚政府官员公布了在美国的病患托马斯·埃里克·邓肯的姓名
10月6日	西班牙的一名助理护士被认为是目前所知的第一个在非洲以外地区感染埃博拉病毒的患者，这名护士救治了两名在西非感染了埃博拉病毒的西班牙传教士
10月6日	美国国家广播公司（NBC）的自由摄影师阿苏迦·穆克珀（Ashoka Mukpo）抵达美国布拉斯加州的医疗中心治疗在西非感染的埃博拉病毒。随后于10月21日，医院表示穆克珀的血液中不再含有埃博拉病毒，他将被允许出院
10月8日	托马斯·邓肯在达拉斯死于埃博拉。美国政府命令国内五个主要机场对来自西非的乘客进行发烧检查
10月11日	一名曾照顾过死亡病患托马斯邓肯的达拉斯护士尼娜·法姆（Nina Pham），在初步血液检测中呈埃博拉病毒阳性。她是首例在美国本土感染埃博拉病毒的病患
10月15日	另一位同样曾照顾过邓肯的达拉斯护士安珀·文森（Amber Vinson）也被确诊感染埃博拉。当局报告说她在阳性诊断出来前曾乘坐商务飞机从克利夫兰飞往达拉斯
10月17日	美国总统奥巴马任命埃博拉病毒应对协调员

10 月 20 日	以达拉斯的两起埃博拉感染为契机, 疾控中心发布了最新的《埃博拉病毒指南》, 并强调加强人员培训与监督的重要性, 建议医护人员在穿戴个人防护装备 (或 PPE) 的同时要严防皮肤接触或暴露
10 月 21 日	无国界医生组织表示他们将在下个月开始, 在其于西非的治疗中心试验埃博拉治疗药物
10 月 23 日	一位近期刚从几内亚回美国的 33 岁医生, 克雷格·斯宾塞 (Craig Spencer) 被确诊埃博拉病毒阳性, 成为美国本土确诊的第四例病例
10 月 24 日	美国国家卫生研究院宣布, 达拉斯护士尼娜·法姆的血液中不再含有埃博拉病毒, 她在 10 月 24 日从马里兰医院出院, 而文森则于 10 月 28 日从亚特兰大医院出院
10 月 24 日	为应对纽约的埃博拉感染病例, 美国纽约州与新泽西州宣布, 他们的州在联邦命令基础上, 要求机场加强了对来自西非的旅客的检查。新的命令要求对任何来自利比里亚、塞拉利昂、几内亚等国家与埃博拉病毒感染者有过直接接触的个人采取强制隔离措施。该政策允许对来自受感染国家的旅客采取最高 21 天的留院观察或隔离。达拉斯护士尼娜·法姆在这一天痊愈出院。纽约州与新泽西州再次发布新规要求对所有从埃博拉斯肆虐的西非国家返美的医护人员进行强制隔离, 其中包括一名名为卡奇·希克科斯 (Kaci Hick-ox) 的护士, 他虽然病毒检测呈阴性, 但被留院两天后才得以离开
10 月 25 日	美国伊利诺伊州下令隔离所有自西非受埃博拉影响国家回国的医务人员
10 月 26 日	美国佛罗里达州将对从埃博拉疫情肆虐的国家返回的人们进行为期 21 天的监控
10 月 27 日	美国军方开始隔离在西非执行埃博拉抗疫任务后返回的人员。澳大利亚关闭了与受埃博拉影响最严重地区的边境往来, 禁止向塞拉利昂、利比里亚, 以及几内亚公民发放签证
11 月 5 日	首例在非洲以外地区感染埃博拉的病患, 助理护士玛利亚·特蕾莎·罗梅罗·拉莫斯 (Maria Terresa Romero Ramos), 目前已从西班牙马德里当地一家医院出院
11 月 11 日	首例在纽约市确诊埃博拉病毒的克雷格·斯宾塞医生已从贝尔维尤医院出院。自此, 美国本土所有病患清零
11 月 15 日	在塞拉利昂因治疗病患而感染埃博拉的马丁·萨利亚 (Martin Salia) 医生, 抵达位于奥马哈的内布拉斯加州医疗中心。她是塞拉利昂本地人, 与一名美国人结婚从而成为合法的美国永久居民
11 月 17 日	萨莉亚医生死于内布拉斯加州医疗中心

三 埃博拉叙事地图

危机, 是亟须解释的令人震惊且充满不确定性的事件 (Sellnow & Seeger, 2013)。随着越来越多的可用信息在故事 (往往通过新闻报道与社交媒介) 中被分享, 意义得以被构建。而来自多个信源的叙事, 有助于我们解释埃博拉叙事中所包含的威胁与风险要素。在本节中, 我们将解释基于诸多因素的对事件本身的叙述性解释，是如何各不相同的。这些因素包括有谁叙述、他们的立场如何、又是谁进行讨论，以及风险是如何被界定的。

埃博拉病毒最初是于1976年，在扎伊尔地区爆发后被科学界知晓的一种病毒。它被最终确认为当时激烈爆发并迅速得到遏制的一场严重病毒性出血热（VHF）疫情的源头。埃博拉病毒与马尔堡病毒（Marburg virus）同属于丝状病毒科（Filoviridae），而马尔堡病毒于1967年在德国的一所商业实验室的工作人员身上被发现，那次疫情爆发被证实与当时进口用于研究的非洲绿猴相关（Peters & Peters，1999）。

尽管在2013年12月几内亚爆发埃博拉疫情之前，埃博拉仅存在于非洲农村地区，但该病毒一直是当地的一个地区性隐患。与此前仅限于农村地区爆发不同的是，2013年埃博拉疫情于几内亚爆发后，其迅速蔓延至塞拉利昂与利比里亚等城市中心地区。而目前已确认的是，诸如缺乏足够的医疗基础设施、传统的葬礼习俗，以及国际社会的反应缓慢等因素导致了该疾病的迅速传播与蔓延。

四　2014年埃博拉疫情叙事

随着埃博拉疫情在西非地区的蔓延扩大，该问题成为美国媒介所关注的焦点。而美国媒介的报道框架主要由两个问题构成：第一，非洲的疫情到底有多严重，我们该如何控制疫情？第二，该疾病是否可能会传播至美国？尤其是第二个问题，在托马斯·邓肯3月份去世后变得至关重要。

而媒介对该疫情的报道越发重视，开始在报道中加入美国疾控中心的持续通报信息，以及来自医学界各成员的评论与意见，以应对人们对埃博拉的高度关注。

随着时间推移，公众对危机与风险的叙事要么走向分歧，要么走向融合（Seeger & Sellnow，2016）。尤其随着关于危机的更多信息被披露，相互竞争的危机叙事就会逐渐走向统一。例如技术层面的信息可以帮助我们理解危机是如何发生或为何发生。而有关染病和死亡的第一手信息，则有助于让关于危机影响的叙事变得更为人性化。另外，情感表达的信息，更是有助于调和最初的危机叙事与相互竞争的叙事中所产生的分歧。最后，随着时间推移，人们所知道的信息越来越多，有的证据被证实，有的证据被驳斥，涉及危机的叙事意图逐渐明朗化，责任与责难归属就得以被分配。而通过这一发展过程，最初被分裂的叙事走向对危机的理解共识并开始同质化。

最为理想地，相互竞争的叙事为更广泛的理解与假设检验创造了空间。接踵而来的对话交流促使人们能够表达不同的观点，提出对危机的各种不同的功能性理解，并探讨我们可以、应该，或必须采取哪些步骤来应对威胁。而在最坏的情况下，相互竞争的危机叙事则创造了操纵舆论的空间，助长误解，加速危害。可见，竞争叙事可能会与其他的问题或趋势产生相互作用，而理解竞争与融合的叙事，正是理解特定事件更为广泛的叙事空间的核心问题。

五 埃博拉疫情叙事

本研究的主要目的在于了解技术领域内，公众的埃博拉叙事及其相互之间的关系。这里所谓的技术领域，指的是那些由专家提供或引用的，以有关疾病、治疗、风险，以及疫情发展的科学信息为基础的叙事（Goodnight，1999）。

研究中，我们追踪并编码了《纽约时报》与《华盛顿邮报》中，自 2014 年 9 月 30 日美国首例埃博拉患者托马斯·邓肯被确诊开始直至 11 月的所有相关叙事。资料收集人员会根据一份叙事指南，从每篇新闻报道中收集与指定信息类型相符合的信息内容。而编码人员则会对媒介渠道、出版日期、引用的技术来源、这些来源所表达的叙事，这些叙事是与疾控中心的官方叙事相一致还是背离等类别的信息进行编码，最终运用 Excel 表格对数据进行汇总整理以便进一步分析。这些叙事的具体故事线会被记录下来，并被分别评估编码为与官方叙事趋同、分歧，或是两者兼有之。

《纽约时报》与《华盛顿邮报》的报道包含了各种不同的叙事来源。其中包括与政府或大学相关的学科专家、卫生保健专家或组织，以及无国界医生组织等援助团体。其他还包括商业发言人、幸存者，以及政治家等叙事来源。

在《纽约时报》与《华盛顿邮报》所报道的共 187 个叙事中，有 119 个叙事与官方叙述相一致，认为埃博拉只是一个微不足道的威胁（参见表 16.3 与表 16.4）。

表 16.3　　　　　　《纽约时报》与《华盛顿邮报》埃博拉叙事

	叙事数	相一致	相背离	两者兼有
《纽约时报》	101	59	38	4
《华盛顿邮报》	86	60	17	9

表 16.4　　　　　《纽约时报》与《华盛顿邮报》的埃博拉叙事一览

	相一致的叙事	相背离的叙事	两者兼有的叙事
《纽约时报》的叙事	相关规程应对合适 医护英雄 需要更多的信息 监控措施得当 科学的应对措施 需要资源 很难感染埃博拉病毒 旅行禁令并不有效 未来展望主要依赖于疫苗 污名化会造成负面影响 管控措施十分有效	指南/应对不得当 疾控中心公信力不高 需要隔离措施 需要旅行禁令 个人隐私遭到侵犯 高度的恐惧 疾控中心信息混乱 管控措施未见成效 科学局限性	应对资源 旅行 疫苗 社交距离不得当
《华盛顿邮报》的叙事	规程/指南得当 未发现明显的恐惧或谣言传播 应对资源 医护英雄 成功的应对 监控得当 坚实的科学基础 污名化 报道状况良好	应对不得当 管控不得当 传播沟通效率低下 准备不充分 科学局限性 无视警告 应对资源	人类利益 旅行 责任 媒介批判

1. 官方叙事

埃博拉疫情的官方叙事来自于美国疾控中心，该机构为美国联邦法律指定的负责领导应对传染病疫情的官方机构。疾控中心的正式信息通报与相关叙事在整个疫情发展期间都保持了相对一致性，主要集中在有限的风险表述上。而这些叙事主要来自科学与公共卫生领域的观点。根据官方叙事的说法，美国普通民众感染埃博拉病毒的风险非常小甚至几乎不可能。由于该疾病只能通过直接的体液（如尿液、血液、唾液、粪便等）接触传播，因此人们很难通过偶然接触的方式接触到埃博拉病毒。此外，除非出现疾病症状，人一般不具有传染性（CDC，2016）。

　　此外，疾控中心还指出，埃博拉病毒在美国可通过既定的传染病管理技术与规范得到有效控制。因此旅行禁令，隔离措施与遏制是没有必要的，而且还可能会适得其反，导致任何监控与和报告变得更加困难。此外，疾控中心也表示对该病毒感到恐惧是没有根据且不理智的，因为美国既有的公共卫生监控程序非常充分。再者，埃博拉疫情发生在距离美国相当遥远的西非地区。

　　对官方叙事的支持性叙事内容包括了应对的科学性，以及认为方案与指导的科学支持充分的主张。此外还有一系列的叙事讲述的是有关充足的资源、可靠的监控、良好的科学进展、成功的应对措施，以及对规程及指南充分性的支持性信息。其他的一些一致性叙事则指出，对于埃博拉的恐惧与谣言毫无根据，医护人员是英雄，对非洲人民的污名化是危险且毫无理由的。

　　官方叙事还在包括奥巴马总统、疾控中心负责人托马斯·弗里登（Thomas Frieden）博士在内的官员所发表的公开声明中得到了重申。2014 年 9 月 16 日，奥巴马总统访问了美国亚特兰大市的疾控中心园区，并与弗里登博士发表联合声明，强调了埃博拉病毒的低风险性：

　　　　首先，我希望美国人民知道，我们疾控中心的专家以及整个政府，都认为埃博拉在美国本土爆发的可能性极低。我们已经采取了必要的预防措施，包括与西非国家进行合作，在机场加强筛查以防止携带病毒的人群登上前往美国的飞机。如果埃博拉病毒携带者真的抵达我们的海岸，我们也已采取了新措施，并在国内做好应对准备。

　　　　　　　　　　　　　　　　　　（奥巴马，2014，公开声明第四段）

　　奥巴马总统接着还在声明中赞扬了那些致力于以专业方式应对这次威胁的医疗工作者们。

　　许多媒介平台都在不断重复这一说法，即埃博拉不是威胁，可以得到有效管控。不同来源的叙事都支持这一说法为埃博拉疫情的主导叙事。包括专题专家（Subject Matter Experts，SME）、代言人、研究人员与公共卫生官员。除了专题专家领域人士以外，还包括一小部分是研究人员与卫生工作者，尤其是护士的叙事支持了这一说法。

六 分歧叙事

尽管官方叙事占据了埃博拉叙事的主导地位，但仍出现了一些与之相反或不同的叙事。2014 年埃博拉疫情主要的分歧，集中来自其他的专题专家（包括独立研究人员与医学专业人员）的声明上。也有一些政治人物表达了基于对联邦政府的普遍不信任，以及直接对奥巴马政府的不信任而进行的反驳叙述。总体来说，这些反驳叙事主要基于三种观点。

首先，有人提出了关于埃博拉病毒是否仍存在未知性这个问题。其中大部分的疑虑都集中于在没有直接身体接触的情况下，埃博拉病毒是否具有传播可能性。还有人指出，埃博拉病毒可以通过喷嚏等飞沫黏液的气溶胶进行传播，尽管这种传播方式被认为在美国不太可能实现。而著名的流行病学家迈克尔·奥斯特霍尔姆（Michael Osterholm）就于 2014 年 9 月 11 日发表了一篇评论文章，指出了通过病毒突变传播埃博拉病毒的可能性：

> 现在你只可能通过直接的体液接触感染埃博拉病毒。但是，埃博拉病毒这个种类在进行复制时是出了名的充满随机性。这意味着，进入上一个人体内的病毒，可能与进入下一个人体内的病毒在基因上会有所不同。如果发生了某些特定的病毒变异，就可能会导致仅通过呼吸就能感染埃博拉病毒。
>
> （Osterholm，2014）

而第二种相背离的叙事基于的是这样一种观点：疾控中心是错误的，抑或是认为疾控中心在故意误导公众，或疾控中心就是无能的。例如《华盛顿邮报》在 2014 年 10 月 15 日的一篇文章中指出，疾控中心的所作所为一直与他们的声明相矛盾，同一篇文章还引用了一位国会议员候选人埃里克·威廉姆斯（Eric Williams）的话，这位议员公开质疑，"我们真的得到真相了吗？"《华盛顿邮报》的文章虽然指出在美国本土感染埃博拉病毒的概率极低，但接着就表示公众对该问题仍保持高度关注。

尽管官方叙事表示埃博拉风险较低，但美国全国各地的民众都对埃博拉威胁表达了深切忧虑。根据《华盛顿邮报》与美国广播公司（ABC）的一项最新民调显示，近 2/3 的美国民众都担心埃博拉会在美国爆发，超过四成的美国民众"非常"或"有点担心"他们或其密切接触的家庭成员可能会染上埃博拉病毒（Harlan，2014）。类似的媒介报道还引述了来自持怀疑态度的政客（主要是共和党人）的表态，他们认为联邦政府应对不足，发布旅行禁令与隔离措施是合理的（Barrett & Walsh，2014）。一些评论员指出，埃博拉威胁已成为中期选举的一个举足轻重的问题。

最后，第三种叙事基于的是对科学更为广泛的批判，包括科学局限性、新兴科学技术发展的不确定性，以及政府应对措施不足等说法。例如美国国家护士联合会（National Nurse United，简称 NNU）在质疑医疗规程已经准备充分足够发表了他们的看法。而在邓肯被确诊后，国家护士联合会再次表达了对准备不足的担忧。而紧接着这一看法的就是公众对疾控中心建议的质疑。尤其是在弗里登博士发表了关于达拉斯护士尼娜·法姆（Nina Pham）违反规程的公开声明之后，叙事发生转变，对疾控中心的批评变得更为尖锐。持续变化的叙事还包括质疑疾控中心最初制定的治疗方案对于医护人员而言毫无成效也前后不一致等。

然而，一旦疾控中心推出新的指导方针，国家护士联合会就会立刻停止批评，并声称尽管还未达到确保对医护人员充分保护的应有力度，但疾控中心的修订行为是对先前建议的改进。国家护士联合会还承认疾控中心并不具有监管权，并请求医院、白宫，与国会采取行动以应对。

这些实质上对疾控中心的官方叙事进行批判与反驳的叙事，主要源于人们广泛的不信任与恐惧情绪。他们主要针对主导的官方叙事提出质疑，并指出其存在不完整性或不符合事实状况，例如美国本土已出现确诊病例等等。

七 研究讨论

占主导地位的叙事一般是可被预见并令人耳熟能详的：科学能够控制疾病，规程足够充分，风险也是有限的，甚至可以忽略等等。这种叙事极大程度上基于消息来源——奥巴马政府与疾控中心的可信程度。总体来说，分歧叙事主要强调的是不确定性与仍然未知的要素。由于埃博拉是一种外来疾病，而其爆发迫使专家们不得不涉足未知领域去探索许多未知问题，包括疾病是如何传播的等等。早期过于宽泛的保证与不断变化的指导方案：如该穿什么防护装备、该如何穿戴、该如何处理废物、是否应该实行航班限制或隔离措施等等，这些要素都加剧了对疾控中心的批评。相较于认为疾控中心对公众关切反应灵敏，这些叙事更多的是在暗示疾控中心的早期应对有缺陷。而疾控中心在应对措施上的改变，则成为指责疾控中心并非无所不知的证据。

另外还有三个要素助长了分歧叙事的出现。首先，由于面对需要新科学技术应对的新威胁时，风险的传播总会相当困难。因为公众并不了解埃博拉病毒，所以会有更多的空间以作出不同的阐释与解析。而该病毒的传播模式也并不为人所熟知。所以当风险以与主导叙事不一致的方式出现时，不确定性就变成了分歧叙事中日渐重要的核心主题。对疾控中心的不信任实际上源自与对科学的怀疑，以及认为专家意见代表的是精英主义与优越感的这种认知。其次，新闻报道中的平衡报道原则赋予了分歧叙事超出其可确保范围更多的事实依据。新闻报道往往会转向报道另一种观点，以此来讲述故事的两面或多个方面，以实现报道的客观性。而报道公平性，往往也是通过报道新故事的多个角度实现的。此外，新闻报道的平衡原则还可丰富故事背景与视角。在某些情况下，寻求报道的平衡性还会促使媒介报道原本不会引起关注的故事的其他版本或竞争叙事。报道平衡性甚至还可为鼓励这些叙事的发展创造机会。最后，与其他所有的风险一样，埃博拉病毒威胁具有重大的政治影响力。本案例中，埃博拉疫情为反对派批判奥巴马政府的能力创造了机会。涉及公共安全与保护的问题可蜕变为一股强大的政治力量。而本次埃博拉疫情就发生在美国总统大选临近之时，更是加剧了该问题被政治化的可能性。

本研究还为应对健康相关危机的风险与危机传播研究者提供了一些实践参考。首先，与健康相关的危机存在不确定性是不可避免的。即便是最顶尖的科学技术也可能会被病毒变异这种潜在可能性钻了空子、可能会在某些个体的治疗中失败、也可能在进行了疫苗接种、采取了防控或隔离措施后仍无法阻止疾病的传播。相关发言人应该承认这种不确定性是固有的，并时刻注意避免对公众的过度安抚。而实际上，承认科学的不确定性实际上是有效进行危机传播的准则之一（Seeger，2006）。如果奥巴马总统与弗里登博士在最初的叙事中表现得不那么的明确肯定，那么当埃博拉病毒在美国本土发生首例人传人感染案例时，他们所受到的批判可能会少得多。其次，本案例证明，承认危机叙事的多元性不再只是一种权利，而是一个必要条件。例如美国国家护士联合会

（NNU）代表那些认为现有规程不够充分的护士们发言，就向我们展示了在危机叙事的演变过程中，倾听所有的声音是至关重要的。而相对的，危机叙事中的分歧也可能源自某些不那么真实诚恳的担忧。例如有些学者指出，对美国疾控中心以及奥巴马总统在防控埃博拉风险方面是否值得信赖的这些争议，很大程度上只不过是一种政治操纵。而危机传播研究者所面临的挑战，就是要在与健康相关的危机中承认这种批评的存在，但必须要优先考虑那些正处于风险中的人群的福祉。在公开争辩中不关注那些处于风险的人群，很可能会加剧而不是解决叙事中的分歧。

埃博拉病毒的意外性、威胁性，以及不确定性，造成了人们在理解与认知上的空白。而这种传播真空与意义缺失，需要由风险叙事填补。2016 年 6 月，世卫组织正式宣布西非的埃博拉疫情结束。而在美国的八例确诊病例中，有六例是在西非感染的，只有两例发生在美国本土。而这两例之所以会被感染，是由于在治疗第一个病例托马斯·邓肯时的保护措施不力所导致的。因此，虽然官方叙事被证实为最准确的，但分歧叙事仍造成了大量关注、困惑，以及不确定性，导致了资源与注意力的分散。然而，对于危机管理者而言，他们应始终预见并准备好应对不同的叙事，因为它们都是危机故事中不可避免的组成部分。

各组织机构可采取若干实践步骤，以准备好应对各种不同且高度批判性的叙事。应对分歧叙事的第一步，就是在危机发生前了解该如何准确追踪最新产生的叙事，并确认组织机构该如何在不断变化的叙事中展现自己。组织机构需要回答这些问题：批评我们的是谁？这些批评者一般会在哪里表达他们的反对意见？我的组织机构在这些平台有什么访问权限？其次，组织机构可以在危机发生之前，参考与媒介记者合作的最佳实践准则，为分歧叙事做好准备（Seeger, 2006）。建立一个报道与组织机构相关问题的，包括传统与新兴媒介记者的网络，对于及时应对危机，以及从最开始就参与到危机叙事之中而言至关重要。最后，组织机构应做好准备，以确定分歧叙事在什么时候，或是否具有重要性。我们并非需要对所有的分歧叙事都进行回应（Coombs & Holladay, 2012）。如果出现了一个批判性的叙事，但它的受众有限或来源高度可疑，对它进行回应只可能引起人们对无关紧要的事情的关注。以上这些可规划管理的步骤，能够帮助组织机构制定危机计划。在危机传播中经常发生这样的情况，若未能制定一个全面的危机传播计划，可能会导致灾难性的延迟，并降低应对措施的最终效力。

竞争叙事,是危机发生期间与危机后的意义形成过程中的一个固有要素。埃博拉疫情危机同时引发了公众的恐慌与不确定性。而这些要素结合在一起,就创造了一种能促使不同的叙事蓬勃发展的氛围。此外,埃博拉疫情危机也戏剧性地揭示,规划与资源并不能解决该疾病相关的许多风险。尤其当病例从非洲转移至美国本土时,这种缺乏准备的情况十分明显。我们希望这场戏剧性的疫情危机,能够激励各组织机构努力合作协调,投入足够的资源,为今后应对此类引起恐慌的疫情爆发做好准备。

参考文献

Anthony, K. E., Sellnow, T. L., & Millner, A. G. (2013). Message convergence as a message-centered approach to analyzing and improving risk communication. *Journal of Applied Communication Research*, 41(4), 346–364.

Barrett, T., & Walsh, D. (2014, October 3). Ebola becomes an election issue. *CNN. com*. Retrieved from www.cnn.com/2014/10/03/politics/ebola-midterms/.

Centers for Disease Control and Prevention (2015, December 10). What you need to know about Ebola. Retrieved from www.cdc.gov/vhf/ebola/pdf/what-need-to-know-ebola.pdf.

Coombs, W. T., & Holladay, J. S. (2012). The paracrisis: The challenges created by publicly managing crisis prevention. *Public Relations Review*, 38, 408–415.

Fisher, W. R. (1987). *Human communication as narration: Toward a philosophy of reason, value, and action*. Columbia: University of South Carolina Press.

Goodnight, G. T. (1999). The personal, technical, and public spheres of argument. In *Contemporary Rhetorical Theory: A reader*, 251–264. New York: The Guilford Press.

Harlan, C. (2014, October 15), An epidemic of fear and anxiety hits Americans amid Ebola outbreak. *The Washington Post*. Retrieved from www.washingtonpost.com/business/economy/an- epidemic-of-fear-and-anxiety-hits-americans-amid-ebola-outbreak/2014/10/15/0760fb96-54a8-11e4-ba4b-f6333e2c0453_story.html?utm_term=.7f954f9c6b80.

Heath, R. L. (2004). Telling a story: A narrative approach to communication during crisis. In D. Miller & R. Heath (Eds.), *Responding to crisis: A rhetorical approach to crisis communication*, 167–188. Mahwah, NJ: LEA.

Obama, B. (2014). Remarks by the President on the Ebola outbreak. The White House. Retrieved from www.whitehouse.gov/the-press-office/2014/09/16/remarks-president-ebola-outbreak.

Osterholm, M. (2014). What we are afraid to say about Ebola. *The New York Times*. Retrieved from www.nytimes.com/2014/09/12/opinion/what-were-afraid-to-say-about-ebola.html.

Perelman, C., & Olbrechts-Tyteca, L. (1969). *The new rhetoric: A treatise on argumentation*. Trans. John Wilkinson and Purcell Weaver. London: University of Notre Dame Press, 31, 33.

Peters, C. J., & Peters, J. W. (1999). An introduction to Ebola: the virus and the disease. *Journal of Infectious Diseases*, 179(Supplement 1), ix–xvi.

Seeger, M. W. (2006). Best practices in crisis communication: An expert panel process. *Journal of Applied Communication Research*, 34, 232–244.

Seeger, M., & Sellnow, T. (2016). *Narratives of crisis: Telling stories of ruin and renewal* (Vol. 19). Stanford, CA: Stanford University Press.

Sellnow, T. L., & Seeger, M. W. (2013). *Theorizing crisis communication* (Vol. 4). New York: John Wiley & Sons.

Sellnow, T. L., Ulmer, R. R., Seeger, M. W., & Littlefield, R. S. (2009). *Effective risk communication: A message-centered approach*, 19–31. New York: Springer.

Ulmer, R. R., & Sellnow, T. L. (2000). Consistent questions of ambiguity in organizational crisis communication: Jack in the Box as a case study. *Journal of Business Ethics*, 25, 143–155.

Ulmer, R. R., Sellnow, T. L., & Seeger, M. W. (2013). *Effective crisis communication: Moving from crisis to opportunity*. Thousand Oaks, CA: SAGE Publications.

Venette, S. J., Sellnow, T. L., & Lang, P. A. (2003). Metanarration's role in restructuring perceptions of crisis: NHTSA's failure in the Ford-Firestone crisis. *The Journal of Business Communication*, 40(3), 219–236.

译者后记

2020 年是跌宕起伏的一年，新型冠状病毒肺炎（Covid－19）疫情在全球范围内大规模传播，不仅威胁到各国人民的生命，各行业、领域也受到不同程度的影响：城市交通总量受到出行管制大幅下降，居家隔离政策使得实体经济遭受前所未有的打击，而疫情初期的谣言大肆蔓延以及病毒本身的快速变异也导致了居民心理状况产生巨大波动……在如此背景下，政府及专业人士该如何应对突发公共卫生危机事件，媒介该如何通过有效渠道与方式向人们传递真实可靠的相关信息，我们该如何有效理解与应对各类可知或未知的潜在风险等，成为国内外业界学界乃至普通老百姓共同关注的一系列重要问题。

本著作重点围绕两个概念展开：风险传播与健康传播。纵观国内外学术界，对风险传播（Risk Communication）的概念阐述有很多种。简单来说，在突发公共卫生事件如新冠肺炎疫情暴发时，我们就会面临各种风险，如个体面临的心理危机、群体面临的潜在社会动荡或谣言蔓延等。而风险传播，就是为了规避与防止个体出现不幸、心理危机，或社会出现动荡等开展的政府、专业领域层面的有计划、有目标的社会传播活动。另一方面，健康传播（Health Communication），根据美国疾控中心（CDC）的经典定义来说，就是在受众研究的基础上，制作和传递健康信息与策略，以促进个人和公众健康的行为。该定义包含了健康传播领域迄今为止最经久不衰的理论模型与研究范式：知（know）—信（attitude）—行（practice），即提高健康素养，扭转健康态度，改变健康行为。

本书可谓是近十年来，全球风险与健康传播研究领域快速发展过程的一个缩影。正如本书标题中"不断演变的媒介环境"所指出的：当下随着时代的变化，媒介及其受众也在不断改变。而通过聚焦广泛集合于风险和健康传播研究中的当代问题，本书的编委会主席丹·奥黑尔教授以及参与合著的各位知名学者共同直面了在21世纪的第二个十年，人类社会在风险与健康传播领域所面临的各项亟待解决的挑战。我们可以读到，风险和健康传播专业人士及研究者们旨在运用信息以减轻各类威胁：如迅速蔓延的传染病、潜在的恐怖袭击危机、为自然环境带来长期危害的空气污染，以及常年困扰人类身体及心理健康的药物滥用等等。然而，这些最新的研究成果也向我们指出，即便是由最优秀的专业人士精心策划的宣传活动，其成功与否很大程度上仍取决于媒介如何报道，以及媒介提升人们接触相关信息的能力高低之上。大众在获取信息上对媒介的这种依赖性，意味着传播者们必须与记者密切合作并向其提供及时准确的信息，尤其是那些从事印刷、广播和电视工作的记者们。因此长久以来，大多数的理论健康与风险交流是在考虑到传统媒体的情况下开发的。然而，近几十年来的全球媒介格局变化如互联网的兴起、移动手机与社交媒体的普及，极大程度上改变了受众消费和生产信息的方式。这些转变促使受众开始主动地质疑某些人士的专业相关性，甚至在某些情况下是这些人是否能被认为是合法传播者等。与此同时，媒介格局的改变，也对专业人士与研究者们一直以来使用的理论假设与方法论工具提出了挑战。

本书通过四个部分的研究成果展示，探讨了近十多年来，全球风险和健康传播研究领域的各类重点及新兴问题，为相关领域研究者的未来研究方向提供了极具参考价值的一手材料。与此同时，该书还将带领读者梳理风险与健康传播研究数十年来，用以评估受众心理和媒介对行为影响的经典理论（如议程设置、预防接种、社会的风险放大理论）与方法（问卷调查、修辞分析、深度访谈、案例研究）。通过阅读这些前沿的研究成果，我们可以在反思传统的研究理论与工具灵活性的基础上，深入思考它们适用于新技术及工具的能力。

在第一部分"健康传播研究的发展概述"中，我们不仅可以看到西方知名学者深入探讨家庭成员向孩子们传递媒介信息的能力、知识及信仰沟所导致的对大麻合法化的认知差距、品牌辨识度对受众认知的影响及其与知名药企的"公益活动"之间的关系；还可读到中国知名学者们对中国在经济快速发展大背景下所面临的风险传播研究问题的深度思考。

第二部分"面向公众和媒介的风险与科学宣传及教育"中，学者们不仅探讨了在沟通职业安全与风险时需要直面媒介与受众的哪些变化、电视气象播报员该如何扮演好气候变化教育者这一角色、媒介是否应该在报道中将严重疾病（如癌症）的科研成果的不确定性传递给受众等问题，美国乔治梅森大学教授加里·克雷普斯（Gary Kreps）等学者对在线健康信息评估系统研究提出的三层次研究体系，为我们在高等教育领域系统性的建立风险与健康传播专业课程体系，提供了非常宝贵的参考材料。

第三部分"风险与健康传播语境中的理论应用"中，我们首先可通过美加输油管道建设项目这一具体案例，深入了解如何运用风险的社会放大理论以分析印刷媒介的框架设置。其次，通过对知名学术期刊的内容分析，学者们更是告诫我们在研究尤其是关于恐怖主义等威胁时，多元化的理论与研究视角是非常必要的。最后，通过对三大经典伦理研究学派的梳理，学者们还向我们展示了一个可适于风险与健康传播研究的"综合伦理决策模型"，以指导媒介在报道时该如何进行自我道德审查。最后，最为有趣的是，我们还可以读到健康传播研究者是如何将传播学中的经典理论"预防接种"与风险与健康传播研究的理论框架进行有效结合的。

在本书的最后一部分"极端事件中的媒介与信息探析"中，气象播报员在恶劣天气事件报道期间的指导性作用、西尼罗河疫情暴发期间的归因划分与个人采取预防行动的必要性、不同传播者与行为者如何使用相互竞争或融合的叙述对同一事件（埃博拉疫情）进行描述等问题，都得到了广泛探讨。

总体而言，该书涵盖了广泛的风险与健康传播研究领域的实质性内容，也审查了广泛的理论、方法、媒介、技术在该领域的实践应用。其内容的广度值得赞许，但也有学者指出该书缺乏对新兴研究方法与工具的深入讨论，如网络分析、主题建模、监督机器学习及自然语言处理方法，以及如何帮助研究者应对日益庞大复杂的语料库数据存储和处理方面的技术进步所产生的数据等等。此外，还需要注意的是，理论在发展有效的风险与健康传播方面占据着中心地位，但随着时代改变与技术发展，以往常用来描述与解释具体现象的一些经典模型和理论，在新兴媒介环境中可能已经过时或需要修正。然而，理论的发展并不能完全跟上技术发展的脚步，因而随着技术创新的发展，作为学者，我们更需要重新审视与评估一直以来所运用的理论的适用性。

最后，通过本书，我们并不能为如何应对前述的各类风险与健康问题找到一个简单的答案：它向我们展示的，是风险与健康传播研究领域的过往与未来可能的发展动态，而并不是在为我们提供一个明确的结论。我们应清晰认识到，当下的社会现实是复杂且多变的，快速变化的数字技术与媒介环境更是让我们难以对未来进行精准预测。而正是由于媒介环境在不断变化，风险与健康传播研究者们的研究需求与工具也需要不断更新换代，并在开发新的研究方法、新的研究理论上时刻保持着思维的灵活性与视野的可持续性。

译者　陈曦子
2022 年 6 月 16 日于美国洛杉矶